KB079788

현대 정치철학의 네 가지 흐름

현대 정치철학의 네 가지 흐름

한국철학사상연구회 지음

에디투스

현대 정치철학의 네 가지 흐름

발행일   2019년   4월   30일   1쇄
         2022년   12월   15일   5쇄

지은이   한국철학사상연구회
펴낸이   연주희
펴낸곳   에디투스

경기도 성남시 분당구 황새울로로351번길 10, 401호

전화 070-8777-4065 팩스 0303-3445-4065 이메일 editus@editus.co.kr

www.editus.co.kr

ISBN 979-11-966224-7-3

이 도서의 국립중앙도서관 출판예정도서목록(CIP)는 서지정보유통지원시스템 홈페이지(seoji.go.kr)와 국가자료공동
목록시스템(www.nl.go.kr/kolisnet)에서 이용하실 수 있습니다.(CIP 제어번호: CIP2019015745)

오늘날의 정치와 정치적 사유

지난 2016년의 촛불은 한국 사회에서 새로운 정치적 실천들과 그에 관한 담론들이 터져 나올 것이라는 기대감을 갖게 만들었다. 분명 시민들에게 내가 든 촛불, 내가 지른 함성이 청와대라는 거대 권력을 무너뜨릴 수도 있다는 자신감은 무시할 수 없는 경험이었다. 그리고 그러한 경험의 효과는 미투(#MeToo)운동이나 갑질 행태에 대한 고발 등, 일상적, 미시적 영역에서의 권력관계 전반에 대한 저항으로 뻗어 나갔다.

그러나 이러한 기대감은 오래가지 못했다. 새로운 정치의 시대, 변화의 시대가 열릴 것이라는 기대도 잠시, 촛불 이후 정권이 바뀌어도 기실 아무것도 바뀌지 않는다는 대중적인 자조와 한숨이 보편화된 지 오래다. 민주주의 정치의 퇴조 이후에는 혐오의 정치가 그 공백을 메우고 있다. 미투운동에 가해지는 백래시(backlash)의 물결, 그리고 난민, 성소수자 등 사회적 약자와 소수자에게 가해지는 혐오 정서의 흐름들 속에서 한국 사회에 새로운 선동적 포퓰리즘이 등장할 위험마저 감지되고 있다.

하지만 이러한 역방향의 흐름에 저항하면서 보편적 시민권을 확대하고 일상의 민주주의를 되찾기 위한, 그리고 거대 권력을 민주적으로 통제하고 불평등을 철폐하기 위한 다양한 정치적 실천들 또한 존재한다. 그러한 실천들은 사회의 현주소를 분석하고, 오늘날의 정치적 변화 과정에 관한 통찰력을 제시할 담론과 이론을 요청하고 있다.

이렇듯 촛불 이후의 정치 지형과 그에 대한 다양한 기대와 우려 속에서 한국 사회의 변화는 우리로 하여금 다시 '정치'와 그 조건들에 대해 근본적으로 사유해야 할 과제를 제기하고 있다. 현재 우리에게 필요한 것은 '닥치고 정치'라는 식의 반지성주의적 정치 담론이 아니다. 잡담에 가까운 그러한 담론은 적과 우리라는 단순 이분법적 편가르기와 맹목적 팬덤 현상 속에서 정치를 탈정치화할 뿐이다. 오늘날 절실히 요구되는 것은 정치 그 자체에 대한 충분한 성찰과 비판적 논쟁들이다. 이 책은 바로 그러한 목적을 이루기 위해 탄생하였다.

이 책은 정치에 대해 통찰한 현대 철학자들의 다양한 시선들을 소개한다. 현재 한국 사회에서 정치적이며 비판적인 사유를 향해 나아가고자 하는 대중들이 접근하기 용이한 현대 정치철학 입문서는 그리 많지 않다. 이 책은 그런 독자들이 쉽게 접근함으로써 자신의 사유와 성찰을 발전시키고, 정치철학적 주제들에 대한 토론과 논쟁에 참여할 수 있도록 돕기 위한 목적으로 작성되었다. 책은 현대 정치철학을 네 가지 주요한 흐름으로 나눈 4부로 구성하였으며, 각 부를 구성하는 네 개의 장마다 해당 철학자의 사상에 대해 이미 학위논문이나 연구논문을 발표한 경험이 있는 전문 연구자들이 배정되었다. 현재 학계뿐 아니라 대중적으로 가장 널리 언급되는 20세기 현대 정치철학자들과 그들을 묶어 주는 철학적 주제들을 선정해 이를 통해 현재의 정치적 성좌(星座)를 분석하려는 것이 기획의 목적이라 할 수 있다.

1부의 주제는 '전체주의에 대한 철학적 반성'이다. 여기서는 나치 세력의 집권 전후로 현대 전체주의와 파시즘에 관해서 성찰했던 철학자들이 다뤄진다. 물론 전체주의에 저항했던 철학자들만 다뤄지는 것은 아니다.

예컨대 이 책의 첫 장에 등장하는 칼 슈미트는 한때 나치의 협력자였고, 총통의 지배를 정당화하기도 했던 인물이다. 그러나 그의 정치이론은 오늘날 우리가 민주주의 내에서 독재의 출현 가능성, 그리고 전체주의적 지배의 위험을 사고하고자 할 때 반드시 다뤄져야 할 것이기도 하다. 바로 이 지점이 슈미트와 논쟁을 벌인 발터 벤야민의 개입이 필요한 이유이기도 하다. 다음 장에서 벤야민의 정치·역사철학적 고찰들은 그의 고유한 맑스주의적 관심과의 관계 속에서 논의된다. 이어지는 아도르노, 아렌트 또한 모두 전체주의에 대한 비판을 자신의 철학적 사변의 주된 관심으로 삼은 철학자들이다. 하지만 그 과정상에는 차이가 있는데, 아도르노는 전통 철학의 개념적 동일성에 대한 강박적 사고에 주목하면서, 철학적 동일성 원칙에 대한 비판에서 출발하여 이를 맑스주의, 정신분석학, 합리화 이론 등과 접목시켜 전체주의적 지배의 원리를 밝히는 전략을 택한다. 반면 아렌트는 정치의 근본 개념들을 규정하면서, '정치적인 것'과 '사회적인 것'의 개념적 구분 속에서 전체주의적 지배로 전락한 현대 정치의 한계를 비판한다. 이러한 20세기 현대철학의 전체주의 비판을 통해 우리는 오늘날 반지성주의의 흐름 속에서 전 세계적으로 급부상하고 있는 우익 포퓰리즘 정치와 (이주민, 난민, 무슬림, 성소수자 등에 대한) 혐오 선동의 빠른 확산 속에서 어떠한 대항적 의제를 만들어 갈 것인가를 고민해 볼 수 있을 것이다.

2부의 주제는 '1968 전후의 프랑스 정치철학'이다. 20세기의 가장 결정적인 사건 중 하나였던 68혁명은 사회적 실재를 분석하는 새로운 분석틀을 요구했고, 이 혁명을 전후로 터져 나온 프랑스의 급진적 정치철학들은 흔히 구조주의/후기구조주의라는 타이틀 속에서 논의된다. 첫 글에서 소개되는 알튀세르의 최종심급 개념은 바로 이러한 구조주의와 후기구조주의의 교차점을 형성하면서, 전통 맑스주의의 토대/상부구조 도식을 넘어서 사회적 구성체를 새로운 방식으로 이해하기 위한 시도였다. 알튀세르의 이데올로기론과 밀접한 연관 속에서 자신의 권력이론을 전개한 푸코는 고고학과 계보학의 방법을 통해 권력의 작동 방식을 분석하며, 이를 생명 권력과 통치성에 관한 고찰들로 이어 나갔다. 이어서 다뤄지는 들뢰즈의 차이의 존재론은 차이와 강도(強度), 생성의 역량을 강조하면서, 68혁명과 같은 (체계성에 고정되지 않는) 혁명적 투쟁의 분출과 같은 사건을 개념화하고 자 했다. 한편 이러한 투쟁의 분출 과정을 랑시에르는 민주주의라는 기표 가 갖는 의미 속에서 고찰하면서, 정치와 치안의 이중 운동이 내는 불화 속 에서 해방적 정치의 가능성을 찾는다. 이렇듯 68혁명을 전후로 프랑스 지 성사에서 전개된 철학적 사유의 계보들이 보여 주는 지평들은 오늘날 촛 불 '이후'의 정치를 고민해야 하는 우리에게 분명 큰 시사점을 제공해 줄 것으로 생각된다.

3부의 주제는 '페미니즘과 차이의 정치'다. 한국은 물론 전 세계적으로 열풍을 일으킨 미투운동 이후, 페미니즘은 오늘날 시대적 정의를 상징하 는 흐름이 되었다. 한쪽 성이 배제된 채 논의되는 민주주의와 정의, 진보는 반쪽짜리일 뿐만 아니라, 한쪽 성을 배제한다는 점에서 그 자체로 반(反)민 주적이며 불공정하고, 사회의 퇴보에 불과하다는 것이 사회적으로 공감대 를 얻기 시작했다. 그러나 페미니즘의 물결에 대한 기존 남성 중심 사회의 백래시 현상도 곳곳에 나타나고 있으며, 페미니즘 운동이 다른 사회적 운 동들, 예컨대 계급적 불평등에 대항하는 운동이나 생태주의 운동과 어떤 관계를 맺어야 하는지, 또 페미니즘 운동은 '여성'을 어떻게 규정하며, 다 른 성소수자들(LGBT)과 어떠한 관계를 맺어야 하는지를 둘러싸고 다양한 논쟁들이 벌어지고 있다. 이 책의 논의들은 이러한 논쟁에 적지 않은 기여 를 할 수 있을 것으로 기대된다. 첫 번째로 다뤄지는 낸시 프레이저는 이러 한 정의의 여러 차원들을 경제적 재분배/문화적 인정/정치적 대의 사이의 관계로 규정하면서, 페미니즘과 지구적 정의의 문제에 관한 정교한 틀을 제시하고 있다. 성적 대상화, 혐오 등 페미니즘 이론의 기본을 이루는 개념들을 규정한 마사 누스바움은 각 개인의 역량이 종합적으로 발전할 수 있는 정의로운 공동체가 필요하다고 역설한다. 배제를 넘어서는 역량의 증대로서의 정의에 대한 고민은 아이리스 매리온 영에게서도 이어진다. 영은 현대 정의론의 고전인 존 롤즈의 정의의 원칙이 갖는 한계를 비판하면서, 재분배의 문제 설정을 넘어서 특정한 사회집단의 지위와 관련된 영역에서 차이의 민주주의에 기반을 둔 사회적 정의가 실현되어야 한다고 주장한다. 주디스 버틀러에게서 차이의 문제는 고정된 젠더 역할의 수행을 거부하는 횡단적 해체의 움직임에 대한 강조로 이어진다. 버틀러는 페미니즘에 퀴어와 해체라는 키워드를 도입하여, 실체화된 여성성과 젠더 이분법을 넘어 모든 억압적 젠더 역할로부터 해방되는 주체의 자기 긍정적 관계를 선언한다. 이 책에서 소개되는 이러한 다양한 각도의 페미니즘 철학의 논의들이 오늘날 한국 사회의 '페미니즘 리부트' 속에서 제기되는 여러 화두들에 의미 있는 준거를 제공할 수 있기를 희망해 본다.

끝으로 4부의 주제인 '민주주의와 세속화된 근대'에서는 근대 민주주의 담론 전반에 대한 양극적인 논의들이 다뤄진다. 따라서 이 4부는 일관적이지 않은 구성으로 보일 수도 있다. 먼저 위르겐 하버마스와 찰스 테일러는 세속화된 질서로서 근대 입헌 민주주의 체제를 인정하면서 그 내부에서 민주주의가 제대로 안착하기 위한 규범적 틀을 제시하고 있다면, 아감벤과 지젝은 근대 민주주의론 자체의 근본적 한계를 제시하면서 세속화된 현대사회 질서 내에서 또 다른 우상과 물신이 등장한다고 주장한다. 이들은 서구 기독교 전통이 현대 정치에서 차지하는 역할에 대한 분석을 통해 현대성을 사유하며 이를 넘어서고자 한다. 이를테면 하버마스에게 생활세계에서의 의사소통 합리성에서 비롯하는 토의 민주주의가 체계적 합리성의 자립화와 생활세계 식민화를 견제함으로써 민주주의를 지키는 힘으로 작동할 수 있다면, 테일러는 근대 이후 자유주의의 확산이 갖는 한계를 지적하면서, 세속화된 근대성이 불안정으로 이어지는 메커니즘을 조명하고, 이를 극복하기 위한 공동체주의적, 정치적 자유의 관점을 제시한다. 반면 아감벤은 세속화된 근대사회가 또 다른 의미에서 세속화된 기독교 신학의 구조를 재생산하고 있다고 보면서, 근대 주권론이 갖는 생명정치적 한계를 드러낸다. 그에 따르면 전체주의와 민주주의 사이의 근본적 차이란 없으며, 근대 주권의 구조가 벌거벗은 생명을 초래한다는 점에서는 동일한 귀결로 이어진다는 것이다. 마지막으로 지젝은 위기의 징후를 드러내는 이러한 자유주의적 민주주의를 넘어서, 세속화된 근대의 역설인 이데올로기적 유령과 물신을 극복하기 위해서는 사라진 공산주의의 전통이 부활되어야 한다고 주장한다. 다만 그는 이러한 사유를 전통 맑스주의로부터 직접 도출하기보다는, 프로이트와 라캉, 헤겔에 대한 독자적 해석을 경유해 이끌어 낸다.

20세기 정치철학은 물론 훨씬 더 복잡한 사상사적 맥락과 다양한 주제들을 담고 있어, 이상 논의된 네 가지 주제들과 이 한 권의 책만으로 현대 정치철학적 사유들을 모두 망라하는 것은 불가능하다. 이 책이 놓친 주제들—예컨대 영미 정치철학에서의 자유주의/공동체주의 논쟁, 주로 프랑스에서 전개된 현상학적 공동체론, 이탈리아 자율주의 이론, 독일 프랑크푸르트학파의 최근 논의 등—은 추후에 후속 기획을 통해 다룰 수 있으리라고 기대해 보면서 우선 이 책을 통해 오늘의 한국 사회에 정치의 새로운 화두를 던질 수 있기를 희망해 본다.

한국은 다른 어떤 국가보다도 역동적 민주주의의 역사를 가진 사회로 이해될 수 있을 것이다. 이 책의 발간으로부터 정확히 100년 전 일어난 3·1 운동이라는 최초의 근대적 민중 봉기에서 출발하여, 4·19, 5·18 항쟁과

1987년의 6월 항쟁을 거치며 얻어 낸 민주화, 그리고 2016-2017년 촛불 시위에 이르기까지, 한국의 근현대 역사는 지치지 않고 민주주의와 인민 주권에 대한 열망을 표출해 왔다. 그러나 이러한 투쟁의 역사에도 불구하고 한국 사회의 민주주의는 온전히 민주화되지 않았다. 엘리트 중심의 정치 질서와 기성 정치에 대한 환멸 속에 퍼지는 정치 혐오는 오늘날 사회의 탈정치화로 귀결되고 있다. 이 책에서 제시된 현대 정치철학의 네 가지 주제들이 촛불 이후 한국 사회에서 정치에 대한 사유와 논의의 진전과 확산에 기여하기를 바라며, 나아가 현재의 조건에서 대안적, 대항적, 해방적 정치의 새로운 가능성에 대한 논쟁의 지평들이 열리기를 기원한다.

개인적으로 필자는 한국철학사상연구회의 사업 2부장으로 이번 현대 정치철학 기획서의 발간을 떠맡은 데에 대해 큰 영광으로 생각한다. 이 책은 현대 정치철학에 대한 대중적 입문서로 기능할 수 있을 뿐만 아니라, 16명의 국내 연구자들이 참여해 집단적으로 집필한 독자적 연구서로서 그 학술적 의의 역시 크다 하겠다. 한마디로 이 책은 현대 정치철학의 맥락을 재구성함으로써 당면한 정치적 현실에 대한 다양한 이론적, 담론적 논의들이 활성화되는 데 기여할 뿐 아니라, 현대 정치철학에 대한 한국 학계의 수용 능력과 논의 수준을 높이는 데에도 기여할 수 있을 것이라고 생각된다. 이 기획에 기쁜 마음으로 지지 의사를 보내고, 바쁜 와중에도 적극적으로 집필에 참여해 준 한국철학사상연구회 소속의 남기호, 박지용, 조배준, 최원, 박민미, 김범수, 조은평, 이현재, 유민석, 김은주, 조주영, 한길석, 유현상, 이순웅, 김성우 선생님들에게 진심 어린 감사의 인사를 전하고 싶다.

2019년 4월
저자를 대표하여
한상원

차례

책을 펴내며 **오늘날의 정치와 정치적 사유**

첫 번째 흐름 **전체주의에 대한 철학적 반성**

칼 슈미트: 민주주의 속의 독재의 가능성   19

발터 벤야민과 맑스주의   39

테오도르 아도르노: 총체성과 전체주의를 넘어   67

한나 아렌트: 전체주의에 대한 저항과 '정치적 삶'   93

두 번째 흐름 **1968 전후의 프랑스 정치철학**

알튀세르의 '최종심급' 개념   119

미셸 푸코: 경계의 정치   157

질 들뢰즈: 차이의 존재론   177

자크 랑시에르 : '감각적인 것을 분할하는 체제'와 평등의 정치   197

세 번째 흐름 페미니즘과 차이의 정치

낸시 프레이저: 삼차원의 비판적 정의론   227

마사 누스바움: 철학자 혹은 헤타이라   247

아이리스 매리언 영: 정의의 정치 그리고 차이의 정치   265

주디스 버틀러: 젠더퀴어의 정치학   293

네 번째 흐름 민주주의와 세속화된 근대

세 개의 하버마스: 공영역, 의사소통 합리성 그리고 토의 민주주의   317

찰스 테일러의 근대 비판과 인정의 정치   343

아감벤: 호모 사케르와 민주주의 문제   365

슬라보예 지젝: 민주주의에 비판적인 거리 두는 혁명 정치 복원   393

전체주의에 대한 철학적 반성

1
칼 슈미트
Carl Schmitt

남기호

연세대학교 인문학연구원 HK교수. 연세대학교 철학과에서 학사와 석사를
마치고 독일 보쿰 루르(RUHR) 대학에서 청년 헤겔의 인륜성 개념을 주제로
박사학위를 받았다. 주요 관심 분야는 독일 고전철학 시기의 사회철학과 야
코비 철학이며, 최근에는 문자와 정신의 연관성 속에서 헤겔 철학에 대한 해
석을 시도하고 있다. 지은 책으로는 『다시 쓰는 서양 근대철학사』(공저), 『우
리와 헤겔 철학』(공저)이 있으며, 옮긴 책으로 『코젤렉의 개념사 사전 6―계
몽』이 있다.

칼 슈미트: 민주주의 속의 독재의 가능성

살아온 길

칼 슈미트(Carl Schmitt, 1888-1985)의 사상은 위험하다. 그가 민주주의의 수호자에서 나치의 어용학자로 변신했기 때문이기도 하지만, 이러한 변신에도 나름의 이론적 문제의식이 작동했기 때문이다. 그의 사상은 위험하지만, 꼭 한 번은 짚고 넘어가야 한다. 왜냐하면 그가 던진 문제는 바로 민주주의의 근간을 뒤흔들 수 있는 근본 문제에 관한 것이기 때문이다. 현대에도 수많은 정치철학자들의 머리를 쥐어짜고 있는 이 문제는 바로 민주주의가 자체 내에 지닐 수밖에 없는 독재의 가능성이다. 이를 살펴보기에 앞서 먼저 그의 생애를 간단히 짚어 보자.

칼 슈미트는 독일 노르트라인-베스트팔렌 주에 속하는 자우어란트(Sau-erland) 지방의 중소 도시 플레텐베르그(Plettenberg)에서 1888년 7월 11일 독실한 가톨릭 집안의 둘째 아들로 태어났다. 이 시기는 1878년 비스마르크의 문화투쟁이 종지부를 찍은 지 10여 년이 지나 아직 그 여파가 가시지 않은 상태였다. 문화투쟁은 비스마르크가 1871년 개신교가 지배적이었던 프로이센을 중심으로 독일 최초의 근대적 통일국가를 건립하고 가톨릭 세력들의 정치력을 저지하려는 데서 비롯된 일종의 종교 정치투쟁을 지칭한다. 프로이센의 거대한 속주(屬州)인 노르트라인-베스트팔렌에서도 개신교가 주류였다면, 이 주에 속하면서도 가톨릭이 지배적이었던 플레텐베르크는 일종의 종교적인 섬과도 같았을 것이다. 당시의 이데올로기적 관점에서 볼 때 통일된 제국 대 분열된 연방국가, 근대적 계몽주의 대 전 근대적 반계몽주의, 개신교 대 가톨릭, 이성주의 대 낭만주의 등의 대결 구도 속에서 성장한 칼 슈미트는 쉽게 후자에 속하는 사상가로 일단락되곤 한다. 하지만 이것은 사실상 진영 나누기식 평가일 뿐이다. 자세히 들여다본다면 그의 사상은 오히려 그러한 대결 속에서 계몽주의 내부에 내재하는 반계몽주의적 성향을, 이성주의 속의 반이성주의적 요소를 예리하게 포착한 측면이 적지 않다. 물론 그 정치적 위험인자와 함께 말이다.

칼 슈미트는 김나지움 시절까지 가톨릭계 학교에 다녔으며, 1907년부터 베를린 대학과 뮌헨 대학에서 법학을 공부한 뒤 1910년에 슈트라스부르크 대학에서 박사학위를, 1916년에는 같은 대학에서 교수자격취득논문을 마쳤다. 이 시기는 이미 1차 세계대전이 발발한 뒤였기에 슈미트는 자원병으로 입대해 1919년까지 바이에른 보병 친위대에서 근무하게 된다. 이후 1919년부터 뮌헨 상업대학 강사를 거쳐, 1921년부터는 그라이프스발츠 대학 정교수로, 그리고 1922년 본 대학, 1928년 베를린 상업대학, 1933년 쾰른 대학, 같은 해 10월 베를린 대학으로 옮겨 1945년 12월 2차 세계대전이 끝난 뒤까지 그는 정교수로서 화려한 경력을 지녔다. 개인사적으로 그는 본 대학 교수 시절이었던 1924년 본 지방법원에서 열린 (1915년 결혼했던) 파울라 도로티아와의 결혼 무효 소송에서 승소해 이혼한다. 이어 1926년 세르비아 출신 두슈카 토도로비치와 재혼해 1931년 외동딸 아니마를 얻는다. 그러나 가톨릭교회 쪽에서 아직 이혼을 인정한 상태가 아님에도 재혼을 했기에, 1950년 토도로비치의 사망 시기까지 슈미트는 교회 공동체에서 파문당한 상태였다. 30대 초반부터 시작된 교수 경력이 보여 주듯이 학문적으로 그는 이미 젊은 시절부터 두각을 나타내고 있었다.『정치적 낭만주의』(1919),『독재』(1921),『정치신학』(1922),『오늘날 의회주의의 정신사적 상황』(1923),『정치적인 것의 개념』(1928),『헌법 수호자』(1931) 등 그의 대표적인 저서들이 이른 시기부터 꾸준히 출판되었기 때문이지만, 그의 학문적 두각은 동시에 당시 정치적 현안과의 밀접한 연관성 속에서 추구되었기 때문이기도 하다. 패전 후 1923년부터 1926년까지 베르사유 체제에 저항하는 그의 저술들이 그러했고, 1930년부터 1932년까지 바이마르 대통령 체제를 정당화하려는 그의 저술들이 그러했다. 특히 1932년 바이마르 제국 총리 파펜(Papen)이 대통령령을 이용해 사회민주당이 지배하고 있던 프로이센 주 정부를 파면하는 '프로이센 파면(혹은 프로이센 쿠데타) 사건'에 제국 정부 변호인으로 활동한 것은 슈미트가 대중적 이목을 끌게 된 대표적인 사례로 꼽힌다. 이 시기까지만 해도 슈미트는 바이마르 체제를 수호하기 위해 헌법의 적인 나치당과 공산당에 대한 독재적인 제한 조치들을 강력하게 주장하고 있었다. 그러나 1932년 7월과 11월 두 차례 총선에서 연이어 제1당을 차지한 나치당의 히틀러가 이윽고 1933년 1월 30일 내각 총리에 취임한 후에 슈미트의 입장은 갑자기 바뀌게 된다. 즉 그는 같은 해 5월 1일 나치당에 가입하고, 동시에 첫 어용 저서『국가, 운동, 민족. 정치적 통일의 세 편성』을 비롯해 이후에도「총통이 법을 보호한다」(1934)라는 이데올로기 논문 등 일련의 나치즘 저술들을 발표한다. 혹자는 이 때문에 슈미트의 사상을 1932년을 기점으로 그 이전과 이후로 나누어 고찰하곤 한다. 그러나 민주주의 체제를 수호하기 위해 독재의 필요성을 역설하던 전기 저술들과 기존 헌법 체계를 유지하며 독재를 휘둘렀던 나치에 대한 정치적 협조 사이에는 어느 정도 일관된 슈미트 고유의 이론적 입장이 있다는 논의도 있다. 그러나 그의 정치적 경력은 오래가지 못했다. 1936년 12월 나치 친위대(SS) 기관지『검은 군단(Das Schwarze Korps)』이 예전에 유대인들과 지적 교류를 했거나 나치당에 반대해 대통령제를 수호하려 했던 슈미트의 과거 행적을 문제 삼기 시작한 것이다. 그 이후로 그는 정치 일선에서 물러나 학술 활동에 전념한 것으로 알려진다. 그렇지만 이후에도 그는 프로이센 추밀 고문관 직위를 계속 유지하며 친(親)나치 저술 활동을 계속했다. 1945년 패전 후에는 소련군과 미군에게 정치범으로 체포되었다가 석방된다. 1947년 다시 미군에게 체포되었으나 불기소 처분으로 석방되어 고향 플레텐베르그로 돌아온다. 이곳에서 그는 1985년 4월 7일 사망하기까지 『구원은 옥중에서』(1950), 『대지의 노모스』(1950), 『파르티잔 이론』(1963) 등 여러 저서들을 발표하며 조용한 여생을 보낸다.[1] 이제 그의 사상을 살펴보자.

주요 사상

칼 슈미트의 사상은 정치철학, 법철학, 헌법 이론, 미학 등 다양한 측면에서 논의될 수 있다. 여기서는 그중에서도 오늘날까지 정치철학의 주요 난제라 할 수 있는 민주주의의 내적 모순을 중심으로 그의 사상을 살펴보고자 한다. 이를 위해서는 우선 그가 진단한 현대 의회주의의 문제 상황에 주목할 필요가 있다.

1) 의회주의의 문제

1차 세계대전 패전 후에 확립된 독일 바이마르공화국은 자유민주주의를 거의 최대치에 이를 정도로 실현하고자 했던 정치체제라 할 수 있다. 이

---

1   여기까지 칼 슈미트의 생애와 관련된 역사적 자료에 대해서는 김효전, 「칼 슈미트의 생애와 업적」, 동아대학교 『대학원 논문집』 제2집, 101-119쪽; 칼 슈미트, 『현대 의회주의의 정신사적 상황』, 나종석 옮김, 길, 2012. 153-221쪽(옮긴이 해제 「문제적 정치철학자 카를 슈미트, 어떻게 볼 것인가」); 칼 슈미트, 『합법성과 정당성』, 김도균 옮김, 길, 2016. 172-215쪽(옮긴이 해제 「민주주의와 법치주의의 변증법」); 독일 Wikipedia, Carl Schmitt 항목 등을 참조했다.

시기에는 '30개가 넘는 정당들이 각축'을 벌였고[2] 국가의 주요 현안마다 국론이 모이지 않아 공전을 거듭했다. 더구나 의회는 패전국으로서 베르사유조약의 무리한 전쟁배상 요구에 응대해야 할 중요한 사안들에 대해서도 아무런 결정을 내리지 못하곤 했다. 거듭되는 국가 혼란의 효과적인 해결책은 헌법에 보장된 대통령의 비상조치권이었다. 1919년부터 1932년까지 240번이 넘는 비상조치권을[3] 발동했다는 것은 오늘날 믿기지 않을 정도이다. 칼 슈미트의 관심사는 언제나 바로 이러한 구체적인 현실 문제의 해결에 있었다. 그리고 그가 보기에 이 현실 문제의 핵심은 민주주의를 자유주의와 잘못 결합한 데에 있다.

슈미트가 이해한 현대의 국가 개념은 이렇다. 즉 국가란 민족(Volk)을 결합시키는 "법인(法人)"으로서의 인격성을 지니며, 그렇기에 민주주의 국가의 법인격성은 다른 무엇보다 통치자와 피치자, 국가와 민족을 평등하게 결합하는 "동일성 관념"에서 출발해야 한다는 것이다. 이에 반해 "여론" 같은 것을 통해 의사를 형성하는 민족이란 정말 "자신이 무엇을 원하는지를 알지 못"하고 있는 것이다. 더 중요한 것은 여론이나 투표를 통해 표출되는 "다수결의 결과 속에서" 동일성을 **보전하는** 진정한 "국가의사를 찾아내는 것"이며, 이것이 바로 정치의 기본 역할이다.[4] 다시 말해 "민주주의의 정치적 힘은 이질적이고 불평등한 것, 동질성을 위협하는 것을 배제"하는 데에 있다. 그러나 현대 민주주의 국가는 "토론과 공개성의 원리"에 입각한 "의회주의"를 도입함으로써 오히려 민주주의의 위기를 자초했다. 왜냐하면 의회에서 행해지는 것은 사실상 정당들 간의 **"진정한 토론"**이 아니라 사회경제적 세력 집단으로서 다수의 획득을 통해 자기 집단의 이익을 도모하

---

2 칼 슈미트, 『합법성과 정당성』, 174쪽(옮긴이 해제).

3 칼 슈미트, 『현대 의회주의의 정신사적 상황』, 187-188쪽(옮긴이 해제).

4 칼 슈미트, 「국가 개념과의 관계에서 본 현대 민주주의 개념」(1924), 『입장과 개념들』, 김효전·박배근 옮김, 세종출판사, 2001, 25, 28-30쪽.

는 "타협과 제휴" 등의 경멸적인 사업일 뿐이기 때문이다.[5] 이러한 시대 배경과 문제의식의 격정적 표출이 바로 1923년에 출간된 『현대 의회주의의 정신사적 상황』이라 할 수 있다.

이 책에서 슈미트는 의회주의의 폐해를 단지 동일성을 모색하려는 진정한 공개 토론의 부재에서만 찾지 않는다. 더 나쁜 것은 중요한 결정이 "점점 더 소수로 이루어지는 위원회"나 "대자본 이익단체의 대변자들"에 의해 "문이 닫힌" 밀실에서 이루어진다는 것이다. 공개 토론은 이를 선전하고 포장하는 "공허한" 절차적 "형식성"으로 변질되어 버렸다. 토론이 겨우 이렇게 유지될 뿐이라면, 이제 "토론 자체가 토론에 부쳐져야" 한다. 이런 식의 토론이 이제 정말 필요한 것인지 토론해 보자는 것이다. 슈미트에 따르면 이러한 밀실 결정과 집단 이익 추구는 의회주의가 정치사적으로 민주주의의 산물이 아니라 "자유주의"의 결과라는 것을 보여 준다. 이때 슈미트가 말하는 자유주의는 경제적 의미만이 아니라 **포괄적인** 형이상학적 체계"의 의미까지 지닌다.[6] 18세기 신흥 부르주아 계급이 주장했던 자유주의적 관점은 경제적으로나 정치적으로, 더 나아가 진리의 문제까지도 "자유로운 경쟁"을 통해 "예정된 **조화**"가 저절로 달성되리라는 낙관적 믿음이었다. 이 믿음은 19세기 "군주제"와의 투쟁에서 "입법이 행정에 영향을 끼"칠 수 있는 다양한 "인민대표" 제도들로 실현되었다. 예를 들면 "토론" 및 "사념(思念)" 표출의 "공개성"과 "권력분립" 그리고 군주의 의지나 명령에 기초하지 않는 "군주견제론자들(Monarchomachen)"의 "법률" 개념 등이 그렇다.[7] 슈미트는 후에 「헌법 수호자로서의 제국 재판소」(1929)에서 이 시기를 17-18세기 절대왕정이 지배하던 "절대국가(der absolute Staat)"와 구별해 입

---

5   같은 책, 75, 78, 80-81쪽.

6   Carl Schmitt, *Die geistesgeschichtliche Lage des heutigen Parlamentarismus*, Berlin: Duncker & Humblot, 2016, pp. 45-46.

7   같은 책, pp. 41, 43, 45, 50, 52.

법국가(Gesetzgebungsstaat) 또는 "법률국가(Gesetzesstaat)"의 형성 시기로 특징 짓는다. 19세기엔 "자유로운 시민층이 법치국가(Rechtsstaat)의 이름으로" 절대국가와의 투쟁을 통해 "행정부를 법률 아래에 종속"시켰지만 실제로는 법률 제정에만 중점을 두는 입법국가 내지 법률국가가 형성되었다는 것이다.[8] 이러한 구분은 1931년 「총체국가로의 전환」에서 좀 더 세분되어 관련 권력들의 **비중**에 따라 "중세"의 "사법국가"와 16세기부터 18세기에 이르기까지 형성된 "행정국가" 그리고 19세기 "입법국가"의 구분으로 발전하며, 같은 해 발표된 『헌법 수호자』에서도 반복된다. 여기서 입법국가는 "통치권과 국가"에 맞서 민족이나 사회를 대표하는 의회의 활동을 중요시하기에 "중립국가(der neutrale Staat)"로 불리기도 한다. 이 국가는 자유로운 시민층의 사회적 경제적 활동에 대한 행정 권력의 "무조건적 불간섭, 절대적 비개입"을 원리로 하기 때문이다. 이로써 중립국가는 "사회의 **자기** 조직(Selbstorganisation)"이 된다. 다시 말해 스스로 조직된 사회세력들이 의회를 중심으로 정치력을 행사하는 국가가 되는 것이다. 그러나 슈미트는 이에 매우 회의적인 물음을 던진다. 이렇게 자기조직된 사회세력들이 의회를 통해 진정으로 국가적 **"통일성"**에 도달하는지, 아니면 의회란 단지 "이기적인 사적 이해들"의 공통성을 이익집단들에게 다원적으로 배분하는 "무대"가 된 것은 아닌지 말이다. 슈미트가 보기에 의회는 결국 다원적 이해들의 충돌로 다수결에 따른 행위 능력을 상실하거나, 아니면 그때마다 형성된 다수가 권력 획득과 정적(政敵) 배제를 위해 합법적인 온갖 수단들을 이용하는 곳 그 이상일 수 없다.[9] 그렇다면 중립국가는 한편으로는 예정된 조화

<hr />

8 Carl Schmitt, "Das Reichsgericht als Hüter der Verfassung(1929)" in *Verfassungsrechtliche Aufsätze aus den Jahren 1924-1954*, 66-Berlin: Duncker & Humblot, 2003, pp. 67, 98-99. 입법국가 또는 법률국가(Gesetzesstaat)라는 말은 후에 슈미트를 비롯한 국가사회주의 법학자들에 의해 형식적 법치국가(Rechtsstaat)로 분류되고 히틀러가 이끄는 실질적 법치국가와 구분하기 위해 자주 사용되었다. Carl Schmitt, *Nationalsozialismus und Rechtsstaat in Juristische Wochenschrift* 63. Jahrgang, H. 12/13, pp. 713-718.

9 칼 슈미트, 「전체국가로의 전환」(1931), 『입장과 개념들』, 212-214, 216-217, 220, 223쪽. 또

처럼 언젠가 저절로 이루어질 국가적 통일성과, 다른 한편으로는 이에 대한 낙관적 믿음으로 국가의 간섭을 받지 않고 집단적 이해를 토론하고 협상하며 계약하는 사회적 이해 세력들로 이루어지는 셈이다. 그리고 이 세력들은 이해관계들의 "투쟁 영역으로부터 나와서 중립적인 영역 속으로 이동하고" 이 "획득된 중립 영역"이 "곧바로 다시 투쟁 영역으로" 변화하는 끊임없는 운동에 처하게 된다. 그러나 이 운동 속에서 국가권력으로부터 중립적으로 보장되어야 할 자연과학, 종교, 경제, 특히 기술 등은 결코 "탈정치화"될 수 없다. 정치와 연관될 때 이 영역들은 결코 평화로운 중립성을 유지할 수 없으며 단지 권력투쟁의 "도구와 무기"로 쓰일 뿐이다. 이 영역들은 "평화에도 전쟁에도 똑같이 쓰일 수 있으며," 그래서 "오늘날 가장 처참한 전쟁은 오직 평화라는 이름으로서만, 가장 가공할 노예상태는 자유라는 이름으로서만" 이루어지고 있는 것이다.[10]

2) 민주주의의 내적 모순

슈미트에 따르면 인민(δημος)의 지배(κρατος)로서의 "민주주의"의 "유일한 대립물은 모든 종류의 특권국가이다."[11] 이 점에서 19세기 민주주의는 특권적 절대군주제와의 대결 속에서만 의미를 지닐 수 있었다. 그러나 민주주의의 승리로 "군주제 원리가 사라졌을 때, 민주주의 자체도 내용적 정교함을 상실했다." 인민(Volk)이 지배하는 민주주의가 지배자와 인민 의지의 동일성, "국가와 민족의 동일성을 실현"하는 데 존립한다면, 이 민족 "의지의 형성 문제"에서 민주주의는 항상 배타성을 조건으로 한다. 그런데 특권적

한 *Der Hüter der Verfassung*, Berlin: Duncker & Humblot, 2016, pp. 75-78, 81, 89; *Legalität und Legitimität*, Berlin: Duncker & Humblot, 2012, pp. 7-19, 참조.

10 칼 슈미트, 「중립화와 탈정치화의 시대」(1929), 『입장과 개념들』, 183-184, 188쪽.

11 칼 슈미트, 「국가 개념과의 관계에서 본 현대 민주주의 개념」(1924), 『입장과 개념들』, 24쪽.

절대군주제가 패배했을 때 민주주의는 더 이상 배제해야 할 대상을 갖지 못하고 자유로운 원자적 개인들의 권력 게임으로 평준화된다. 그러나 슈미트가 보기에 다수든 소수든 자신을 "민족 의지의 참된 대변자"로 간주하는 자라면 으레 상대편을 배제하는 "매우 비민주적인 배타성"을 지니기 마련이다. 이는 민주주의의 시작에서부터 "청교도혁명의 수평파들"이나 프랑스혁명의 "자코뱅주의자들"에게서 그리고 그 후에도 계속 되풀이해 나타났다. 민주주의로부터 소위 "새로운 귀족제"가 자주 탄생하는 것이다. 물론 이때의 귀족제는 결코 세습적인 것이 아니라 끝없는 경쟁을 통해 매번 새롭게 쟁취되는 지배집단의 형성을 의미한다. 슈미트는 민주주의의 이 내적 모순을 두 가지 측면에서 나름의 "변증법"으로 해석하고자 한다.[12]

민주주의는 "존립하는 군주제의 부정"으로서 여러 "상이한" "정치적 노력들"과 결합될 수 있었으며, 특히 모든 특권의 **배제 측면**에서 "자유주의와의 동일성" 속에서 출현했다. 그러나 군주제가 패배하자 민주주의는 여러 자유주의 이해 세력들의 인민 의지와의 동일성을 획득하기 위한 각축장으로 변질되어 버렸다. 왜냐하면 민주주의의 "본질"은 "모든 결단들이" "오직 결단하는 자들 자신에게만 타당해야 한다"는 것이기 때문이다. 그러나 민주주의의 "추상적" "주체"인 민족은 "구체적으로 보면(in concreto)" 여러 "이종적(移種的)인" "대중들(Massen)"로 이루어져 있다.[13] 이 이종적인 대중들에게 중요한 결정은 무엇보다 자유로운 개인들의 경제적 이익이라는 공통분모이다. 이에 따라 형성된 "당파 이기주의"가 "의회" 활동을 통해 자연스럽게 "이기주의를 넘어선" "정치적 의지"를 형성할 것이라는 믿음은 그러나 슈미트가 보기엔 "민주주의적"이라기보다 오히려 "자유주의적인" 것이다.[14] 게다가 이러한 믿음에 기초해 의회에서 결정되는 것은 사실상 민족의

---

12 Carl Schmitt, *Die geistesgeschichtliche Lage des heutigen Parlamentarismus*, pp. 32, 36–37.

13 같은 책, pp. 32, 34.

14 Carl Schmitt, "Das Problem der innenpolitischen Neutralität des Staates(1930)" in *Ver-*

정치적 동일성이나 실질적 평등이 **아니라** "자유주의적 개인주의"에서 비롯된 대중들의 경제적 이합집산일 뿐이다. 따라서 "현대 대중민주주의 (Massendemokratie)"의 위기는 "현대 의회주의"의 위기와도 같다.[15] 그리고 의회주의의 뿌리는 자유주의이지 결코 민주주의가 아니다. 민주주의는 치자와 피치자 간의 정치적으로 평등한 동일성에 존립하기 때문이다. 자유주의적 의회주의는 이러한 동일성에 도달할 것이라는 낙관적 예정조화를 바탕으로 실제로는 다원적 이해들의 그때그때마다의 협상과 배분에만 전념한다. 그러나 바로 이 다원적 **배분의 측면**에서 슈미트는 중립국가의 획기적인 지양 가능성을 본다. 다시 말해 더 이상 간섭해서는 안 되는 중립국가가 이렇게 사회의 자기조직이 되었다면, 결국 그 동안 전제되어 왔던 "국가와 사회, 정부와 민족 간의 구별은 사라져 버리게 되고" "사회적이고 경제적인 모든 문제들은 직접적으로 국가적인 문제가 된다." "국가가 된 사회" 즉 사회의 자기조직으로서의 국가는 이제 "인간의 공동생활과 관계된" "사회적인 모든 것"에 관여하고 이를 "점유"하게 된다. 슈미트는 이 과정을 20세기에 특징적인 "잠재적 총체국가(der totale Staat)로의 이행"이라 부른다. 전면적인 비간섭 중립국가는 전면적인 간섭 총체국가를 낳을 수밖에 없다는 것이다. 물론 "국가와 사회의 구별을 전제로 하던" "의회"가 이제 총체국가의 정치적 통일을 산출할 수 없다는 것은 분명하다.[16]

슈미트에 따르면 민주주의의 본질은 결정된 사안들이 오직 결정하는 자들에게만 타당하다는 **실질적** 평등에 있다. 그런데 정치적 결정은 실제로는 늘 개별 정치가들이 한다. 따라서 민주주의의 실질적 평등에 중요한 것은 그러한 정치적 결정에 모든 인민이 함께 결정한다는 동일성의 확보에 있다. 이러한 동일성은 보통 여러 사회세력들이 투표를 통해 다수를 획득함

fassungsrechtliche Aufsätze aus den Jahren 1924-1954, p. 46.

15 칼 슈미트, 「의회주의와 현대 대중민주주의와의 대립」(1926), 『입장과 개념들』, 90-92쪽.

16 Carl Schmitt, *Der Hüter der Verfassung*, pp. 78-79, 82.

으로**써** 형성되는 일반의지로 표현된다. 이때 소수에 투표해 패배한 사람은 내가 "일반의지의 내용에 대해 실수했다"는 것을 알게 되며, 다수의 결정에 복종하거나 복종하기 싫다면 배제되어야 한다. 그리고 바로 이 점에서 민주주의의 실질적 평등은 본질적으로 실질적 **불평등**을 수반한다. 아울러 피선거권을 통해 인민 의지와의 동일성을 획득하는 주체는 "군국주의적이 거나 평화주의적일 수도" "절대주의적이거나 자유주의적일 수도" 기존의 다수당이거나 극히 소수의 정당일 수도 있다. 어떠한 사회세력이건 간에 이 주체가 다수의 득표를 통해 일반의지를 형성하면 실질적 평등을 창출한 것이며 소수 세력들을 배제할 수 있는 "정당성(Legitimität)"을 내용적으로 획득한 것이다.[17] 따라서 민주주의의 모순으로 보였던 것은 사실상 배타성에 기초하는 민주주의의 실질적 평등의 핵심에 해당하는 것이며, 동질성을 획득하지 못하고 합종연횡하는 민주주의는 사실상 민주주의 자체의 모순이 아니라 민주주의와 결합한 바로 자유주의적 의회주의의 모순인 것이다. 따라서 이 자유주의적 의회주의의 폐해를 극복하고자 한다면 "볼셰비즘"이든 "파시즘"이든, 더 나아가 어떠한 "독재"이든 간에 이것이 "반자유주의적"일 수는 있어도 인민 의지와의 동일성을 획득하는 한 결코 "반민주주의적이지는 **않다**" 오히려 "실질적인 민주주의"는 "동일한 것"을 "동일하게", 동일하지 않은 것을 "동일하지 않게" 하는 것, 다시 말해 "이질적인 것의 배제 또는 섬멸"을 통한 "동질성"의 총체적 확보에 있다.[18]

---

17 Carl Schmitt, *Die geistesgeschichtliche Lage des heutigen Parlamentarismus*, pp. 34-35, 37, 39.

18 칼 슈미트, 「의회주의와 현대 대중민주주의와의 대립(1926)」, 『입장과 개념들』, 83, 91쪽.

3) 독재론

슈미트가 보기에 도래하고 있는 "20세기 총체국가"의 민주주의적 핵심
골격은 자연스럽게 독재에로 귀착한다. 여론이든 선거이든 통치자와 인민
의지의 동일성을 확보하는 것이 민주주의의 본질이라면, 이 본질은 독재
적 성향을 내용으로 지닐 수밖에 없다. 그러나 독재는 앞서 말했듯이 결코
"민주주의의 대립물이 아니며", 오히려 "창출되어야 할" "참된 민주주의의
이름으로" 혼돈에 빠진 자유주의적 민주주의를 일시적으로 중단시키는 조
치일 뿐이다. 이로부터 "민주주의적인 동일성"을 "지도하는 합리주의자들
의 독재"의 길이 정당화된다.[19] 만약 자유주의적 의회주의에 의해 총체국가
의 민주주의적 동일성이 위협받는다면, 누군가는 나서서 이를 중단해야
할 것이다. 무엇보다 국가권력의 구성원들이, 예를 들어 국회의원들이 자
신들이 속한 사적인 집단의 이해를 위해 국가에 이런 위협을 가한다면, 모
든 논의와 정책 협상을 중지시키는 결단의 주체가 필요해진다. 이른바 국
가의 예외상태를 정치적으로 결정하는 주권자가 필요한 것이다. 독재에는
독재자가 있어야 한다.

슈미트는 바이마르공화국 시기 출판된 자신의 주저 『독재』에서 예외상
태를 결정하고 극복하는 권력을 "위임적 독재(kommissarische Diktatur)"와 "주
권적 독재(souveräne Diktatur)"로 유형화한 바 있다. 위임적 독재는 "로마공화
국"에 의해 발명되어 18세기까지 유지된 유형으로서 시에예스(E. Sieyés)의
용어를 차용하자면 이미 "제정된 권력(pouvoir constitué)"과 이에 따른 법질서
가 위기 상황에 처했을 때 그 복원을 위해 일시적으로 법질서를 정지하고
독재 권력을 행사할 수 있는 권한을 특정한 정치적 지위의 사람에게 합법
적으로 위임하는 독재이다. 그래서 이것은 '입헌적 독재 또는 합법적 독재'

---

19   Carl Schmitt, *Die geistesgeschichtliche Lage des heutigen Parlamentarismus*, pp. 37, 58–
    59, 66–70.

라 불리기도 한다. 이때 독재를 위임받는 정치적 지위는 주로 행정 권력에 위치한 독재관이나 군주 또는 장군 등이었다. 이에 반해 프랑스혁명 시기인 1790년 로베스피에르의 "헌법제정의회"를 기점으로 19세기 이후에 지배적 유형이 된 주권적 독재는 기존의 법질서를 혁명적으로 부정하고 새로운 헌법을 "제정하는 권력(pouvoir constituant)"을 "독재자적 입법자"에게 부여하는 독재이다. 이러한 의미에서 이것은 '초입헌적 독재 또는 혁명적 독재'라 일컫기도 한다.[20] 위에서 설명한 슈미트의 국가 유형 분류에 따른다면 사법국가와 행정국가 내지 절대국가에는 위임적 독재가, 입법국가 내지 중립국가에는 주권적 독재가 적합하다고 할 수 있다. 이어서 슈미트는 총체국가로 이행하고 있는 현재 독일에 적용되고 있는 독재 유형을 "1919년 8월 11일" 제정된 바이마르 "헌법 48조" 규정[21]에 의거해 "주권적 독재와 위임적 독재의 결합"으로 보고 있다. 아울러 그는 이 독재 권력의 주체를 이미 제정된 권력의 일부일 수밖에 없는 의회가 아니라 "입법 행위까지도 포함"하는 "무제한의 전권위임"을 받는 제국 대통령으로 본다.[22] 이러한 관점은 바로 1929년부터 촉발된 한스 켈젠(H. Kelsen)과의 헌법 수호자 논쟁에서 슈미트가 "민족의 정치적 통일"과 "헌법의 수호자"로서 제국 대통령을 주장하는 밑거름이 된다. 그의 논거는 간단히 말하자면 이렇다. 우선 오늘날 정치적 통일과 헌법의 위기는 자유주의적 의회의 "입법자"들로부터 비롯된다. 따라서 입법자들 자신이 위기의 해결 주체일 수는 없다. 그렇다고 "국가재판소나 헌법재판소" 같은 사법기관이 그것을 도맡을 수도 없

---

20 김효전, 「위임적 독재와 주권적 독재—칼 슈미트에 있어서 독재의 개념」, 『고시연구』 제19집 제8호, 79, 83쪽.

21 이에 대해서는 Carl Schmitt, "Die staatsrechtliche Bedeutung der Notverordnung, insbesondere ihre Rechtsgültigkeit(1931)" in *Verfassungsrechtliche Aufsätze aus den Jahren 1924-1954*, pp. 235-262; *Legalität und Legitimität*, pp. 18-19, 70-87; 「라이히 대통령의 독재—바이마르 헌법 제48조에 따른」, 『독재론』, 김효전 옮김, 법원사, 1996, 249-298쪽 참조.

22 칼 슈미트, 『독재론』, 23, 147-148, 163, 178, 240-243쪽.

다. 왜냐하면 법치국가의 사법은 "단지 법률에 의거한 판결로서만" 작용하며, 그렇기에 "정치적으로는 항상 너무 늦게" 기능하기 때문이다. 더구나 이러한 종류의 사법기관이 어떤 "구체적인 사태"가 현행 "헌법률"에 "포섭"되는지에 대한 판결을 넘어서 불명료한 헌법률의 내용 **자체**에 대해 어느 것이 합헌이고 위헌인지를 판결하게 된다면, 이는 사실상 사법 독립성을 포기하고 "입법"의 역할을 떠맡는 것이나 다름없다. 따라서 유일하게 가능한 헌법 수호자는 입법 권력 내의 다원적 이해집단들에 대한 "정당 정치적 중립성"을 지니는 동시에 의회와 마찬가지로 그러나 이와 별도로 "전체" 민족에 의해 선출된 정치적 "독립성"을 지니는 제국 대통령일 뿐이다. 대통령이야말로 사회적 경제적 집단들의 이해관계를 "중재"하면서 동시에 이를 초월해 국가 전체의 정치적 통일과 연속성을 대표하는 주체라는 것이 슈미트의 결론이다.[23]

국가재판소는 제정**된** 헌법의 수호자일 수는 있다. 그러나 "정치적 구성물"로서의 헌법은 본질적으로 정상과 예외를 가르는 "정치적 결정을 필요로 하며", 이러한 결정은 바로 "정치적 자유재량"을 지닌 진정한 의미의 헌법 수호자 즉 제국 대통령이 한다.[24] 제국 대통령은 물론 **구체적** 법질서의 관점에서 총체국가의 정상과 예외를 판가름한다. 그의 또 다른 주저 『정치신학』에서 슈미트는 "법적 삶"에서 "누가 결정하느냐"라는 결단주의적 계기의 중요성을 강조한다. 구체적으로 이루어지는 "모든 사법적 결정"은 그 법률 내용과 **무관한** 측면을 포함한다. 왜냐하면 어떤 법규범으로부터 상황의 **세세한** 요소들까지 전부 사법적으로 연역될 수는 없기 때문이다. 예를 들어 배고픔에 빵을 훔친 사람을 절도죄로 처벌할지, 아니면 오히려 생계

23 Carl Schmitt, *Der Hüter der Verfassung*, pp. 24, 32-34, 37, 44-45, 132, 141-149, 155, 157-158; "Zehn Jahre Reichsverfassung(1929)" in *Verfassungsrechtliche Aufsätze aus den Jahren 1924-1954*, pp. 37-39; "Das Reichsgericht als Hüter der Verfassung(1929)", 같은 책, pp. 67, 69-70, 74-75 참조.

24 칼 슈미트, 「라이프찌히 국사재판소에서의 최후 연설」(1932), 『입장과 개념들』, 262-263쪽.

비를 마련해 주어야 할지는 절도에 관한 형법 규정으로부터 연역되는 것이 아니며 책임의 원천이 되는 그 사람의 구체적 행위 자체로부터 결정되어야 하는 것이다. 이러한 의미에서 "모든 법은 상황법(Situationsrecht)"이다. 그리고 법질서 **전체**가 문제시될 경우 이것이 아직 정상인지, 아니면 극복해야 할 "극단적 비상사태"인지를 "독점"적으로 결정하는 자가 바로 "주권자"이다. "주권자란 예외상태를 결정하는 자이다." 주권자에게 주어진 결단의 "권위가 법을 만드는 것이지, 진리가 법을 만드는 것이 아니다(Auctoritas, non veritas facit legem)." **무엇**이 정상적인 법질서인지 또는 그 부재로서의 무질서인지 결정의 "내용"이 중요한 것이 아니다. 무엇보다 중요한 것은 이러한 내용 자체가 효력을 발휘하게끔 하는 결정의 "주체"가 **누구**인지 하는 것이다.[25] 슈미트가 이렇게 제국 대통령에게 부여한 주권자의 결정은 『정치적인 것의 개념』을 인용하자면 특정한 "민족의 상태"로서의 국가의 "동지와 적(Freund und Feind)의 구별"이라 할 수 있다. 이때 결정은 결정의 규범적 내용과 **무관**하기에 이를 통해 구별되는 적은 꼭 "도덕적으로 악하거나" "미적으로 추할 필요도" 경제적으로 "경쟁자일 필요도 없다."[26] 단지 총체국가의 정치적 통일에 위협이 될 정도로 이질적이기만 하다면 "주민의 일부"라도 언제든 "국가에 의해" "배제"될 수 있다. 이를 위해서는 "환호"와 "갈채"만으로 충분하다.[27] 이제 한 걸음만 더 나아가면 이렇다. "진정한 국가"는 "적과 동지를 구별할 수 있"는 "강력한" 총체국가이다.[28] 슈미트는 결

---

25 Carl Schmitt, *Politische Theologie*, Berlin: Duncker & Humblot, 2015, pp. 13-14, 19, 36, 38-40. 진리가 아니라 권위가 법을 만든다는 문장은 홉스의 『리바이어던』 라틴어판(1668) 26장에 나오는 말이며, 슈미트는 이를 자기 방식대로 이용하고 있다. 이에 대해서는 남기호, 「칼 슈미트의 국가론에서의 리바이어던—정치적 상징의 오용과 홉스의 정치철학적 의의」, 『시대와 철학』 제26권 제4호, 9-47쪽 참조.

26 Carl Schmitt, *Der Begriff des Politischen*, Berlin: Duncker & Humblot, 2018, pp. 20, 26-27. 또한 「전면적인 적, 총력전, 전체국가」(1937), 『입장과 개념들』, 345-361쪽 참조.

27 칼 슈미트, 「의회주의와 현대 대중민주주의와의 대립」(1926), 『입장과 개념들』, 84, 92쪽.

28 칼 슈미트, 「독일에 있어서의 전체국가의 발전」(1933년 1월), 『입장과 개념들』, 267쪽. 또한

국 이렇게까지 말하게 된다. 오늘날 독일 민족의 "정치적 통일의 운명은 바로 나치당이 그 임무를 완수하는 것에 달려 있다." 그리고 "최상위 재판권자"이자 "최고의 정치지도자"로서 "총통"이 "법을 보호"한다.[29]

이후 학계에 미친 영향

주의 깊은 독자라면 이미 슈미트가 지적한 의회주의의 타락상에서 오늘날 한국의 정치 현실을 포착했을 것이다. 이익집단의 로비와 정쟁으로 시간만 허비하다 계중(稽衆) 중인 입법안들이 쌓여만 가는 것이 우리 국회의 현실이다. 여기에 국정 농단과 사법 농단까지 더해졌으니 권력분립이 무색할 정도로 우리 국가의 근간은 뿌리까지 썩어 있는 셈이다. 그러나 이러한 총체적 난국의 해결책은 과연 슈미트가 제안한 대로 어떤 영웅적인 주권자의 독재일 뿐일까? 우리는 오늘날 유대인 학살과 전쟁으로 5천만 명 이상을 죽음으로 내몬 나치의 독재도, 노동자의 고혈을 빨아 경제를 개발하고 시민 학살을 통해 권력을 강탈한 과거 우리의 군사독재도 올바른 해결책이 아니라는 것을 잘 안다. 최근 국내 학자들이 민주화 이후의 민주주의를 더 집중적으로 연구하는 것은 바로 이러한 문제의식 때문이다. 올바른 해결책은 바로 그 문제의 올바른 진단에서 출발해야 하기 때문이다. 자유와 평등의 잘 어울리기 힘든 근본 가치들을 실현하려는 민주주의가 자체 내에 지닐 수밖에 없는 문제의 진단 말이다. 바로 이 지점에서 슈미트가 던진 문제는 현대 정치철학의 주요 출발점이 되곤 한다.

「파시스트 국가의 본질과 생성」(1929), 같은 책, 158-159, 161-162쪽 참조.

29 칼 슈미트, 「총통은 법을 보호한다」(1934), 『입장과 개념들』, 288, 292쪽. 또한 「라이히 국가연방」(1933), 같은 책, 283-285쪽 참조. 제국 대통령 독재에서 히틀러 총통 권력으로의 이행에 대해서는 "Die Stellvertretung des Reichspräsidenten(1933)" in *Verfassungsrechtliche Aufsätze aus den Jahren 1924-1954*, pp. 351-358 참조.

슈미트는 이후 자신의 행적을 공식적으로 반성하기는커녕 불행한 "기독교적 에피메테우스" 행세를 한 것으로 알려진다.[30] 오늘날에도 그는 에른스트 윙어, 아놀트 겔렌, 마틴 하이데거 등과 함께 나치의 지성적 개척자로 여겨지기도 한다. 그러나 그가 던진 법학적, 정치철학적 문제들은 지금까지 여러 학문 영역들에 걸쳐 다양한 영향을 끼치고 있다. 예를 들어 법학 영역에는 국내에도 잘 알려진 헌법학자 에른스트-볼프강 뵈켄푀르데(E.-W. Böckenförde)가 그의 영향을 많이 받은 것으로 평가된다. 주권자란 예외상태를 결정하는 자라는 슈미트의 명제에 기초해 그는 '국가와 헌법 사이에는 그때그때의 상황에 따라서 긴장 관계가 생길 수 있다는 것'을 다각도로 예리하게 통찰하고 있다.[31] 철학에서는 무엇보다 위르겐 하버마스를 들 수 있을 것이다. 그의 자유주의 비판적인 좌파 이론은 슈미트의 반(反)자유주의를 수용한 결과로 평가될 수 있기 때문이다.[32] 슈미트의 바로 이 반자유주의는 유럽의 68혁명 시기에도 그랬지만 오늘날에도 사회주의적 좌파와 민족주의적 우파가 만나는 지점이 되기도 한다. 요즈음 국내외에서 주목받고 있는 조르조 아감벤은 슈미트가 말한 주권자의 결정에 따른 예외상태를 미셸 푸코의 개념을 활용해 '생명정치적'으로 분석한 저서를 발표하기도 했다.[33] 전지구화를 비판하는 안토니오 네그리와 마이클 하트의 최근 저서 『제국』에도 슈미트의 분석 기법이 활용된 것으로 알려진다.[34] 샹탈 무페는 더 나아가 자유주의와 민주주의의 대립을 슈미트처럼 양자택일적으

---

30 Carl Schmitt, *Ex Captivitate Salus*, Berlin: Duncker & Humblot, 2010, pp. 31, 53. 1950년 한 논문에서 슈미트는 "히틀러의 권력 장악"이 당시 "올바른 저항 능력이 없었던" "독일 공직자들"에겐 "불법적이지 않았으며", 이는 "사실적인 것(das Faktische)의 규범적 힘의 인정"이라는 "법학적 실증주의" 풍토에 기인한 것이었다고 말한다. "Das Problem der Legalität(1950)" in *Verfassungsrechtliche Aufsätze aus den Jahren 1924-1954*, pp. 442-443, 446.

31 에른스트-볼프강 뵈켄푀르데, 『헌법과 민주주의』, 김효전 옮김, 법문사, 2003, 26-42쪽 참조.

32 국순옥, 「위르겐 하버마스와 좌파 슈미트주의」, 『민주법학』 제22호, 13-50쪽 참조.

33 조르조 아감벤, 『예외상태』, 김항 옮김, 새물결, 2009, 17쪽 이하 참조.

34 안토니오 네그리 · 마이클 하트, 『제국』, 윤수종 옮김, 이학사, 2001, 44-45, 400-403쪽 참조.

로 가르지 말고 오히려 '경쟁적 다원주의' 모델로 발전시키자고 주장한다.[35] 이밖에도 슈미트의 직간접적인 영향들은 단지 학계에서뿐만 아니라 언론, 정치, 외교 등에서 다양하게 목격된다. 이는 그가 제안한 해결책 때문이 아니라 바로 그가 던진 문제 때문이다. 오늘날 칼 슈미트는 정치적 결정의 종착점이 아니라 정치철학적 사유의 출발점이다.

---

35 샹탈 무페, 『민주주의의 역설』, 이행 옮김, 인간사랑, 2006, 88, 156쪽. 또한 『정치적인 것의 귀환』, 이보경 옮김, 후마니타스, 2007, 185-212쪽.

2
발터 벤야민

Walter Benjamin

박지용

경희대학교 객원교수. 고려대학교 철학과에 입학하여 칸트 미학을 주제로 박사학위를 마쳤다. 맑스에서 출발하여, 헤겔, 칸트로 거슬러 가며 공부해 왔고, 다시 순차적으로 칸트, 헤겔, 맑스를 읽고 있다. 요즘은 한국철학사상연구소 헤겔 분과에서 낭만주의 철학자 프리드리히 슐레겔을 5년 넘게 읽고 있고, 발터 벤야민도 공부 중이다. 최근 발표 논문으로 「발터 벤야민의 보들레르 연구에서 나타난 역사유물론」, 「칸트의 역사철학에서 프랑스혁명의 문제」가 있고 옮긴 책으로는 『괴테 세계관의 인식론 기조』(한국인지학출판사, 2019)가 있다.

발터 벤야민과 맑스주의

지치게 만드는 전술은 자네가 좋아하던 전술이었지.
배나무의 그림자가 드리운 체스판 앞에 앉아 있었을 때.
자네를 자네의 책들로부터 쫓아낸 적들은
우리 같은 사람들을 아무리 봐도 결코 지치지 않는다네.

—베르톨트 브레히트,
「히틀러로부터 도주하던 중 목숨을 끊은 발터 벤야민에게
(An Walter Benjamin, der sich auf der Flucht vor Hitler entleibte)」

벤야민의 삶과 죽음

출생: 1892. 7. 15. 독일 베를린.
사망: 1940. 9. 26. 프랑스 국경 스페인 포르부(Portbou)에서 모르핀 과다
주사로 자살.

벤야민은 1892년 베를린의 부유한 유대인 가정에서 2남 1녀 중 장남으
로 태어났다. 그는 2차 세계대전이 발발한 1940년 나치를 피해 미국으로
도피하던 중 자살로 생을 마감한다. 20세기 가장 중요한 예술비평가 중 한
사람인 벤야민은 1930년대 이후 본격적으로 브레히트와 교류하면서 맑스
주의 이론을 적극적으로 수용하였고, 맑스주의는 벤야민 사상의 성좌에서
중요한 한 축을 이루게 된다. 벤야민 생존 당시에도 프랑스어, 영어, 독일
어로 번역되어 가장 널리 알려진 「기술복제 시대의 예술작품」(1936)은 복
제 기술 매체와 예술의 관계를 맑스주의에 입각하여 전개한 글이다. 그는

이 글에서 세계를 변혁하는 실천의 무기로서 당대의 최신 예술 매체였던 영화를 활용하자는 주장을 펼친다. 매체와 예술에 관한 논의에서뿐만 아니라 벤야민의 주요 사상은 오늘날 현대 철학자들에 의해 비중 있게 인용됨으로써 점점 더 큰 빛을 발하고 있다.

벤야민의 저술 활동이 본격적으로 개진된 1920-1930년대 독일의 정치적 상황은 1차 세계대전 패전 직후에서 2차 세계대전 발발로 이어지는 격동의 시기였다. 당시 독일의 정치적 불안정성은 1919년 독일 역사에서 최초로 설립된 공화국인 바이마르공화국의 몰락으로 이어졌고, 1933년 독일 제국의회 방화사건을 기점으로 나치의 파시즘이 독일 전역으로 확산되어 유대인과 공산주의자들은 서둘러 망명을 떠나야 할 처지가 되었다. 벤야민 또한 1933년 파리로 망명을 떠난 이후 두 번 다시 고향으로 돌아가지 못했다. 1939년 소비에트의 스탈린 정권과 나치 히틀러가 맺은 불가침조약(1939년 8월)은 2차 세계대전을 여는 결정적인 계기가 되었다. 당시 독일 사민당이 보였던 무력한 정치적인 대응과 나치즘의 대두, 소비에트와 독일 파시즘의 결탁은 위기의 정점이 되었고, 이내 세계는 2차 세계대전의 전장이 되고 말았다. 나치즘의 광풍이 몰고 온 삶의 위기에 맞서 벤야민은 구원적인 해방의 이념으로서 맑스주의를 급진화한다.

벤야민은 파시즘의 광풍을 피해 뉴욕으로 도피해 있던 프랑크푸르트학파의 사회연구소로부터 미국행 비자를 손에 넣고 망명지였던 파리를 떠나 다시금 미국으로 향하는 망명길에 오른다. 마르세유에는 벤야민처럼 미국으로 망명하려는 동료 유대인들이 각자의 망명길을 구상하던 중이었다. 이들 중에는 아렌트, 크라카우어도 있었다. 1940년 9월 25일 벤야민은 피레네산맥을 힘겹게 넘어 스페인 국경도시 포르부에까지 도착하기는 했다. 그러나 불행히도 국경을 넘던 그날 국경이 갑자기 폐쇄되었다. 프랑스 출국 비자가 없던 벤야민은 프랑스로 귀환 조치될 상황에 처했고, 그럴 경우 수용소행이 뻔할 것이라고 그는 생각했다. 벤야민은 아도르노에게 자신이 그 상황에 처해 결국 자살할 수밖에 없었다는 사실을 알리는 짧은 메모를 남기고 다량의 모르핀을 주사하여 자살한다.

벤야민은 자신의 유언이 되어버린 마지막 글이자 '역사철학 테제'라고도 불리는 「역사의 개념에 관하여」에서 보편사의 이념에 기초한 진보의 개념이 비역사적인 것이라 비판하고, 역사적 연속체를 파괴시키는 혁명적 실천의 전통을 되살리고자 한다. 당시 독일 사회민주당(SPD)의 사민주의 전략은 정치권력을 손에 넣는 데에는 성공하였을지 모르지만, 사회주의 혁명에 대해서는 냉담했을 뿐만 아니라 파시즘의 현실적인 위험에 적절하게 대응하지도 못했다. 벤야민은 체제 속에서 억압받는 사람들의 편에서 역사유물론과 신학의 협력으로 파시즘에 대항해야 함을 역설한다. 비록 벤야민의 맑스주의가 혁명을 통한 새로운 사회의 도래를 열렬히 긍정하는 방식이 아니라, 좌절한 혁명과 이름 없는 전사들의 희생을 기억하는 절망적인 긍정이라 해도, 이 싸움은 증오와 희생정신을 계승하는 계급투쟁의 승리를 가능하게 하는 동력이 된다. 이처럼 벤야민은 한편으로는 사민주의의 타협주의를 거부하고, 다른 한편으로 사회주의 소비에트의 속류화된 유물론에 대해서도 동의하지 않았다. 벤야민이 투사한 진보의 전통은 루이 블랑키와 (카를 리프크네히트와 로자 룩셈부르크가 조직했던) 스파르타쿠스단의 망각된 이름을 다시 불러내는 것이었다. 벤야민의 맑스주의는 무엇인가? 이 물음은 21세기 맑스주의의 미래와 관련해서도 논의되어야 할 중요한 물음이다.

벤야민이 처음 입학했던 대학은 프라이부르크였으며 이후 베를린 대학, 뮌헨 대학, 하이델베르크 대학 등에서 수학했다. 1917년 도라와 결혼한 뒤 스위스로 이주하여 학업을 계속했고 1918년 아들 슈테판이 태어난다. 1919년 베르사유조약으로 1차 세계대전이 끝나던 해, 스위스 베른 대학에서 최고 등급(summa cum laude) 판정과 함께 박사학위를 받았다. 그의 박사학위 논문은 『독일 낭만주의의 예술비평 개념』이었다. 이 논문은 F. 슐레겔과 노발리스 등 초기 낭만주의의 예술비평에 관한 것이었고, 낭만주의의 비평 이론을 괴테의 예술론과도 비교했다. 성공적인 학위 취득 후 벤야민의 학위논문은 평생의 절친한 친구 게르숌 숄렘의 아버지가 하던 인쇄소에서 출간되기도 했다. 이 논문에서 벤야민은 낭만주의 비평의 인식론적인 기초를 탁월하게 분석하였으며, 그의 낭만주의 연구는 20세기 후반 장-뤽 낭시와 라쿠-라바르트의 『예술의 절대』로 계승되었다.

1924년, 벤야민은 이탈리아 남부 나폴리만에 위치한 카프리섬에서 교수 자격심사논문 작업을 하던 중 라트비아 리가 출신의 아샤 라치스라는 볼셰비키 당원을 만난다. 이 만남은 벤야민의 일생에서 중요한 사건이기도 하다. 벤야민의 가장 오랜 친구 숄렘뿐만 아니라 저명한 벤야민 연구서를 출간한 수잔 벅 모스도 라치스와의 관계에서 벤야민이 맑스주의를 만난 것으로 설명하고 있다. 그러나 라치스가 브레히트를 소개하여 벤야민이 본격적으로 맑스주의와 만나게 되지만, 벤야민의 사상에서 내재적으로 맑스주의로 연결되는 과정이 밝혀질 수 있다면 연인과의 관계 때문에 맑스주의로 경도되었다는 판단은 재고될 여지가 있다.

벤야민은 결혼 생활 내내 항상 모험적인 연애와 일탈을 꿈꾸었다는 기록이 많다. 1917년 도라와의 결혼 후 1930년 이혼할 때까지 많은 염문을 뿌리기도 했지만, 대개는 이미 연인이 있는 여성들을 일방적으로 짝사랑하는 식의 삼각관계를 이루곤 했다. 라치스는 벤야민과 연인이기도 했지만, 연극 연출가 베른하르트 라이히와 동거 관계이기도 했다. 1927년 『모스크바 일기』는 라치스와 벤야민의 연애에 관한 사례를 잘 보여 준다. 벤야민은 기질적으로 도박에 심취했으며 해시시 체험처럼 도취적인 경험에 집착하기도 했다. 숄렘은 벤야민의 불안한 가정생활에 애정 어린 걱정을 하기도 했고, 벤야민의 인생 최대 악운이 라치스를 만난 것이라 우려했다. 벤야민보다 여섯 살 아래인 숄렘은 대학 시절 벤야민의 박식함에 영향을 받아 친분을 맺었으며, 유대 신학으로 학업을 지속하여 이스라엘에 정착한 후 20세기 최고의 유대 신비학자라는 명예를 얻는다. 숄렘은 1965년 『한 우정의 역사(The Story of a Friendship)』라는 저작을 벤야민에게 헌정했다.

벤야민과 함께 최후의 망명길에 올랐던 한나 아렌트 역시 숄렘처럼 벤야민에게 헌정하는 책 『조명(Illuminations)』을 1969년 미국의 쇼켄 출판사에서 출간했다. 숄렘이 개인적인 서신들을 토대로 벤야민의 사상과 삶을 조망한 반면, 아렌트는 벤야민의 대표글을 선집 형태로 출간했다. 이 책의 서문에서 아렌트는 벤야민의 핵심 사상을 개괄적으로 소개한다. 『조명』에는 「번역자의 과제」, 「이야기꾼」, 「프란츠 카프카」, 「서사극이란 무엇인가?」, 「보들레르의 몇 가지 모티브에 관하여」, 「기술복제 시대의 예술작품」, 「역사의 개념에 관하여」가 실려 있다. 아렌트의 영어본 선집은 주로 벤야민의 생애 후반기에 작성된 저술들을 묶은 것이다. 아렌트는 2차 세계대전이 끝난 뒤 바로 선집 발간을 위해 브레히트와 공동으로 원고 선택을 조율하려는 노력을 기울였으나, 그 결과는 10여 년이 지나서야 나오게 되었다. 이 선집 중에서 「서사극이란 무엇인가?」는 생존 당시 출판되지 못한 것으로, 브레히트 연극 이론의 혁명성을 알리는 글이다. 「보들레르의 몇 가지 모티브에 관하여」와 「번역자의 과제」는 모두 보들레르와 관련한 글이면서도, 후기에 쓰인 다른 글들(「기술복제 시대의 예술작품」, 「역사의 개념에 관하여」)과 연관성이 크다. 『조명』의 구성을 보면, 아렌트는 벤야민의 1930년대 저작을 높이 평가했으며 브레히트와의 연관성을 중요하게 고려했다는 점을 알 수 있다.

이 책의 서문에서 아렌트는 아도르노에 대해 그리 호의적으로 평가하지 않는다. 벤야민의 연구는 미국으로 옮긴 사회연구소(프랑크푸르트학파)의 지원금으로 이루어졌기 때문에, 벤야민의 학문과 생계는 전적으로 연구소에 의존할 수밖에 없었다. 아렌트는 아도르노가 벤야민의 곤궁에 그리 적극적이지 못했을 뿐만 아니라, 벤야민의 맑스주의에 대해서도 공정한 대우를 하지 못했음을 지적한다. 이런 정황들은 전후 독일 사회의 재건과도 연관되어 있었기에 벌어진 상황일 수 있었다. 전후 미국의 매카시즘 열풍은 망명자 브레히트뿐만 아니라 채플린도 법정에서 공산주의자인지 사상 검열을 받아야 했던 냉전체제의 이데올로기로 치닫게 되었다.

동독행을 선택한 브레히트는 서독으로 향한 사회연구소의 아도르노와 냉전 이데올로기의 불편함을 비공식적으로나마 겪을 수밖에 없는 상황이었다. 벤야민이 아렌트처럼 미국행 탈출에 성공했다면 어떻게 되었을까? 물론 이것은 비현실적인 가정이다. 그의 탈출은 성공하지 못했다. 성공할 수 있었음에도 애써 벤야민은 탈출의 길에서 스스로 멈추는 방법을 선택했을 수도 있다. 그는 말 한 마리를 독살시킬 수 있는 다량의 모르핀을 품에 지니고 있었다. 그리고 임시 수용된 호텔방에서 자살을 선택했다. 그러니 그가 미국행에 성공했다고 가정하는 것은 그와 비슷한 행로를 걸었던 동료들의 이후 행방을 비교함으로써 그의 선택을 예견해 보는 정도에 그칠 것이다.

아도르노, 브레히트, 아렌트는 모두 나치 히틀러의 독일을 피해 미국행에 오른 벤야민과 가까운 유대인들이었다. 브레히트는 전쟁 후 매카시즘의 재판을 받고 동베를린행을 선택했다. 아도르노는 원래 몸담았던 서독 프랑크푸르트 대학으로 돌아갔다. 아렌트는 미국에서 학문적인 성취를 성공적으로 이루어 냈다. 만약 벤야민이 미국으로 갔다면, 미국에 남게 되리라고 생각하기는 힘들다. 예루살렘으로 가겠다고 숄렘에게 약속하고는 연구비만 챙기고 유대어를 배우는 둥 마는 둥 하면서 유럽에 남고자 하는 구실을 찾았던 그로서는 낯선 외국어 환경에서 새롭게 시작한다는 것이 결코 쉬운 일은 아니었을 것이다. 벤야민은 스스로 유럽적인 정신문화의 계승자로 생각했다. 그렇다면 그는 아도르노를 따랐을까, 브레히트를 따랐을까? 1930년대 보인 좌파 급진주의의 행보에도 불구하고, 현실 사회주의국가에 보였던 신뢰가 브레히트보다 낮았다는 점을 생각해 볼 때 그의 선택은 아도르노의 행로와 같지 않았을까 조심스럽게 추측해 본다.

벤야민 사상의 개괄적인 윤곽

벤야민의 사상은 그가 생존 당시 맺고 있던 주요 인간관계를 통해서 여러 다양한 형상으로 그려진다. 벤야민 사상의 성격을 규정짓는 주요 특성은 유대 신비주의와 맑스주의라는 두 가지 상반되고 이질적인 요소의 종합이라는 데 있다. 벤야민의 사상이 조명되어 온 주요 광원들은 유대 신비주의적 요소에서 급진적 맑스주의의 요소를 아우르는 스펙트럼 속에서 작용하고 있으며, 이 두 요소는 벤야민의 독특한 철학 언어로 변용되어 재서술되곤 한다. 그때그때 조명되는 벤야민의 형상은 2차원 평면 공간 속에서 깨진 파편적 모습으로 비칠 수도 있지만, 3차원적 공간에서 입체적인 형상으로 구성될 수도 있다.

벤야민의 생애를 증언하는 가장 오랜 친구이자 저명한 유대 신비주의 신학자 숄렘은 벤야민의 생애와 사상을 소개한 저작 『한 우정의 역사』에서 벤야민 사상의 중요한 원천을 밝혀 주면서도 또 다른 측면에 대해서는 선입견을 낳게 했다. 숄렘의 시선에서는 맑스주의가 벤야민 사상에서 화해 불가능한 독소적 요인으로 작용하여 파멸의 길로 이끌었다고 보았다. 반대로 브레히트는 벤야민과 맑스주의를 공유하면서 그를 자신의 작품들에 대한 최고의 비평가로 인정했으나, 동시에 그의 신비주의를 못마땅하게 보았다. 아도르노는 벤야민 사상에서 브레히트와의 관계에서 형성되었으리라고 추정한 과도한 맑스주의에 대해서도, 벤야민 특유의 과도한 신비주의적 태도에 대해서도 비판적으로 지적하며 철학적인 철저함을 요구했고, 그의 매개되지 않은 느닷없는 파편적 사유에 당혹해 하며 이해할 수 없다고 말한다. 벤야민 생애 마지막인 망명 생활을 공유했던 아렌트는, 벤야민의 사상이 통상 맑스주의적 영향 관계에서 접근되는 것과는 달리 당시 나치즘과 연루되었던 하이데거 사상과 공유하는 바가 많다고 지적함으로써 또 다른 형상을 그려 내기도 했다.

이처럼 벤야민 사상의 특징은 언뜻 보기에는 체계적으로 연관되기 힘든, 산만하다고 말한다면 부적절한, 흩뿌려져 있음에 있다. 산만하다는 것은 정신의 기질을 표현하는 것이지만 벤야민 사상에는 모든 소재들의 다양성을 관통하는 집중된 정신이 배어 있다. 벤야민의 글쓰기 주제들은 초기의 언어에 관한 철학적 연구, 당대 문학과 예술에 대한 비평들과 서평들, 예술철학적 분석을 다룬 전문적 학술논문들, 정치 사회적인 현상에 대한 에세이들, 주요 문학작품에 대한 번역 등이었으며, 원고가 발표되는 경로로는 신문, 라디오, 강연, 학술지, 단행본 등 전방위적으로 매체를 활용했고, 그의 미발표 원고들은 사후에 지속적으로 출간되었다. 그의 철학은 아도르노가 표현하고 있듯이 '어떤 주의로도 분류될 수 없는' 사상의 독창성을 보이면서도, 이러한 독창성과 특이성에서 벤야민주의로 불릴 만한 이론적인 구성 요소들이 체계화될 수 있는가는 여전히 논의되어야 할 문제이다.

아렌트를 제외하고는 벤야민을 철학자로 규정하고 있지만, 정작 벤야민의 철학이 무엇인가에 대해서는 지금까지의 벤야민에 관한 연구사에서 다소 취약하게 다루어져 왔다. 그렇다고 아렌트의 이 언급을 (미카엘 뢰비처럼) 심각하게 다룰 필요가 있는지는 의문이다. 아렌트는 심지어 자신의 정체를 밝힐 때에도 철학자로 분류하는 것에 반대하여 자신은 정치학자라고 공언했다는 점에 주목할 필요가 있다. 아렌트는 공적인 직업의 분류에 따라서 볼 때나, 저작의 일관된 내용에 따라서 볼 때에도 벤야민을 철학자라기보다는 문필가라 해야 한다고 보았다.

벤야민의 철학자로서의 정체성에 문제가 생기는 이유는 근본적으로 벤야민이 가졌던 철학에 대한 태도에서 기인하는 것이라 볼 수 있다. 철학에 대해서마저도 벤야민은 일종의 비평적인 태도를 보이며, 통상 철학자에게 필수적으로 요구되는 이론적인 정초에 대한 해명이 필요할 때에도 전통적이고 관습적인 방식을 우회하여 자신의 방식으로 펼쳐 낸다. 가령 『독일 비애극의 원천』의 「인식비판 서문」에서처럼 성좌로서의 이념이 벤야민의 철학적 진리 개념이며, 진리를 드러내는 방식으로 모자이크적인 형상과 트락타트적(단편적) 서술 방식을 제시한다는 부분에서 그러하다. 이 저작에서 벤야민은 개념들의 논리적인 연관관계를 체계적으로 설정하는 연역적인 방식보다는 불연속적인 사유 파편들을 통해서 대상의 진리가 구제될 수 있다고 본다. 벤야민의 이러한 서술 방법은 체계적인 사유를 강조하는 철학의 관습에 따르지 않고 우회하면서도, 현상을 구제하는 이념을 성좌로서 현시할 수 있음을 보인다. 이처럼 근본적으로 새로운 벤야민 사유의 특이성은 종종 반론을 맞게 된다. 벤야민이 1938년 보들레르 연구 논문을 사회연구소에 제출했을 때, 아도르노마저도 매개되지 않은 비철학적인 서술 방식을 이유로 게재를 거절한 일이 있었지만, 이에 대해 벤야민은 자신의 서술 방식은 변증법적인 개념적 매개가 아니라 변증법적인 이미지를 제시하는 것이라고 응답한다. 이처럼 통상적인 철학에서 보자면 비철학적이고 비일관적으로 보이는 벤야민의 사상은 내적으로는 일관되게 지속되었던 것으로 보인다. 벤야민의 철학 개념은 좀 더 면밀히 검토해야 할 부분이다.

연구 주제에 관한 이론적인 전거를 제시할 때 철학자들은 많은 맥락들을 생각하는 편이다. 인용되는 철학자와 인용하는 연구자는 일종의 정신적인 유대 혹은 적대관계에 서게 되며, 그런 방식으로 철학은 현실 세계의 정치적인 이해관계를 반영하게 된다. 가령 어떤 철학자가 맑스에 관한 연구를 했다면, 그 연구자가 맑스주의자라는 인상을 낳는 것은 현실적인 관습이다. 철학의 관습에서 비추어 볼 때 벤야민은 부주의하거나 조심스러움이 부족해 보일 수도 있다. 일례로 벤야민 사후, 유고 편집권을 가졌던 숄렘과 아도르노는 유고를 정리하다가 벤야민이 칼 슈미트에게 보낸 편지를 의도적으로 배제한 일이 있었다. 나치의 국가철학을 정당화한 보수 이론가 슈미트와 관계를 맺어 보려 했던 벤야민의 태도는 그 의도가 무엇이었건 간에 불필요한 추문을 불러오게 되리라는 우려를 낳게 하는 것이었다. 다분히 돌출적으로 비칠 수 있는 벤야민의 이런 행동은 전통적인 독일 학자의 일반적인 조심스러움과는 사뭇 달랐다. 현실적으로 힘을 발휘하는 이즘(철학적인 적대)에 대해 심각하고 심오한 의미를 두지 않은 벤야민의 이러한 태도는 오해를 사기도 했지만, 맑스주의에 대해서도 민감한 현실적인 이론 지형에 큰 의미 부여를 하지 않고 자기 사유에 충실하게 함으로써 결과적으로는 이론의 새로움을 생산하게 되었다고도 할 수 있다.

칼 슈미트 사건을 이해하기 위해 대강의 맥락을 정리해 보자면 다음과 같다. 벤야민은 프랑크푸르트 대학의 신칸트학파로 알려진 코넬리우스 교수에게 교수자격심사논문으로 『독일 비애극의 원천』을 제출했다. 하지만 이후 벤야민은 논문 심사를 철회하여 독자적으로 출판하게 된다. 벤야민은 이 저작에서 바로크 시대의 주권론이라는 특정 서술과 관련해서 슈미트의 이론을 차용하였다는 점을 알리려고 그에게 편지를 보냈지만, 벤야민의 정치적 지향은 슈미트와 전혀 달랐다. 슈미트와 벤야민의 관계를 지우려 했던 배경에는 아도르노가 대표했던 프랑크푸르트학파의 대외적으로 공표된 철학과 관련된 것으로 볼 수 있다. 프랑크푸르트학파는 자본주의를 비판한다. 벤야민의 교수자격 논문 심사 때와는 한참 뒤의 일이지만, 아도르노가 학계에 안착하게 일조한 호르크하이머는 맑스주의 철학자로 당시에는 코넬리우스의 조교였고, 코넬리우스는 호르크하이머에게 벤야민의 심사논문을 읽게 했다. 호르크하이머는 '이해 불가능'하다는 견해를 코넬리우스에게 전했고, 코넬리우스는 심사를 진행하는 것이 양편 모두에 불리하다고 판단했다. 그 후 벤야민은 자진 철회 권고를 받게 된다. 1925년 있었던 이 일은 벤야민의 삶 전체에 큰 굴절을 안겼다. 학계로 진출하여 안정적인 삶의 토대를 가지려 했던 계획은 수포로 돌아갔지만, 자유기고가이자 좌파 아웃사이더로서 경계를 넘나드는 사유를 펼치게 되는 행보를 낳는 결과로 작용했다. 프랑크푸르트학파의 정체성을 표방하는 사회연구소의 잡지 『사회연구지』가 1932년부터 출간된 이래, 벤야민은 이 학술지의 대표 작가로 재정지원을 받았다. 이런 배경에서 보자면, 벤야민이 이론적으로 나치를 현실 권력으로 용인한 슈미트와 연루된 점은 사회연구소의 입장에서는 불편할 수밖에 없었다.

핵심적인 주장과 관련지어 볼 때에도, 예외상태를 결정하는 것이 주권의 개념이라고 본 칼 슈미트는 현실의 국가권력을 인정하는 보수적인 태도를 견지하여 이후 나치 히틀러를 긍정하게 되지만, 벤야민의 슈미트 차용은 정치적인 입장을 수용한 것이라고 할 수 없다. 근대국가의 세속화 과정에서 형이상학적이고 신학적인 이론이 현실 권력과 무관한 것이 아니라 현실 권력의 토대로 작용했다는 슈미트의 관점은 도덕적 규범을 통해 주권을 정당화하는 계약론에 대한 비판적 대척점에 서는 것이었다. 편지에서 밝혔듯이 벤야민은 바로크 비애극의 대표적인 주인공들인 왕의 묘사와 관련하여 작품 분석을 위한 부분적인 분석틀로서 슈미트의 주권 개념을 차용하지만 이는 한정적인 의미를 나타낼 뿐이다. 벤야민의 정치적 입장은 나치 등장 이래 예외상태가 상례가 된 독일의 상황을 극복하기 위해 '진정한 예외상태의 도래'(「역사의 개념에 관하여」, 8번 테제)라는 혁명적인 실천이 필요하다는 것이었다.

벤야민의 급진적인 혁명론은 슈미트의 『정치신학』이 출간되기 이전인 1921년의 단편 「폭력비판을 위하여」에서 이미 나타난다. 계약론의 규범이론을 거부하는 것은 슈미트와 공유하는 부분이기는 하지만, 벤야민은 프롤레타리아 총파업이라는 혁명적인 실천만이 신적 폭력이라고 불릴 수 있고, 이를 통해 사회의 혁명적이고 근본적인 변화를 낳는다는 점을 명확히 하고 있다. 또한 벤야민은 짧은 글인 「신학적 · 정치적 단편」에서 "역사적으로 볼 때, 신의 왕국은 목표가 아니라 종말이다. 그렇기 때문에 세속적인 것의 질서는 신의 왕국에 대한 생각에서 구축될 수 없으며 그렇기 때문에 신정정치는 아무런 정치적 의미도 가질 수 없고 오로지 종교적 의미만을 갖는다"라고 지적하고 있다. 이 단편의 핵심은 벤야민의 마지막 원고인 '역사철학 테제'의 내용과 직결된다. 아도르노는 이 단편이 1938년 (벤야민의 전처 도라가 숙박 시설을 운영하고 있었던) 이탈리아의 산레모에서 벤야민이 직접 읽어 주었던 글이라고 증언했지만, 숄렘은 내용과 여러 정황들로 미루어 1921년에 쓴 글이라 주장했다. 아도르노 사후 벤야민 글의 편집권을 상속받은 티데만은 양자의 견해를 모두 종합하여, 초기에 쓴 것이지만 일관되게 지녔던 입장이라고 정리한다.[『발터 벤야민 선집 5—역사의 개념에 대하여, 폭력비판을 위하여, 초현실주의 외』(최성만 옮김, 길, 2008) 129쪽에서 재인용.]

벤야민은 신학 이론의 정치적인 의미가 국가권력의 세속화 과정에서 연결될 수도 있다는 점을 근본적으로 부정한다. 현실 세계의 역사철학적인 전망은 현실을 넘어서 존재하는 구원적인 이념과 관련되어야 한다는 것은 철학에 낯설지 않은 전통에 속한다. 기독교적인 구원론에서 보자면 지상의 역사는 현실에서 실현되어야 할 목적론적인 과정으로 이해된다. 반면 목적 없는 구원은 벤야민의 메시아적 구원이자 유대교 사상에 그 기원을 둔 것이라 볼 수 있다. 역사의 연속체를 폭파시키고 자연의 무상성을 극단적으로 밀고 가는 혁명적 실천만이 진보의 이념일 수 있다는 관점은 벤야민의 오래된 근본적 관점에 해당한다. 티데만이 지적하고 있듯이 벤야민은 1920년대 초반에 이미 '역사철학 테제'에서 나타난 인식에 도달해 있었다고 할 수 있다. 그렇다면 맑스주의의 계기와 메시아적 구원의 계기는 벤야민 사상에서 오랫동안 모종의 종합을 이루고 있었고, 일관되게 유지되고 있는 근본 관점이었다고 볼 수 있다. 역사의 연속체를 파괴함으로써만 구원을 실행하는 혁명적인 실천이라는 발상은 당대의 맑스주의 진영에서뿐만 아니라, 현실 사회주의의 몰락 이후 맑스주의의 새로운 변형을 모색한 좌파 진영에서도 충분히 발견되지 못한 벤야민의 독창적인 철학에 속한다.

벤야민이 궁핍했던 망명 시기에 경제적으로 가장 의존했던 곳이 미국으로 피신한 호르크하이머와 아도르노의 사회연구소였다는 점은 벤야민의 전체 삶에서 아이러니한 부분이다. 벤야민의 안정적인 학계 진출이 좌절된 계기이자, 생의 후반기 연구 과제를 제시했고 이에 상응하는 보상을 챙겨 준 곳이 사회연구소이다. 벤야민과 사회연구소의 관계를 바라보는 아렌트의 평가는 썩 곱지 않은 편이다. 아렌트가 아도르노를 "최초이자 유일한 학생"이라고 표현한 부분은 아렌트가 가졌던 아도르노를 향한 불편한 심기와 불평을 드러내는 듯이 보인다. 아도르노는 프랑크푸르트 대학에서 사강사(Privatdozent)였던 시절 첫 세미나를 벤야민의 실패한 심사논문인『독일 비애극의 원천』을 교재로 선정했다. 이 점만 보면 사제 관계라 생각해 볼 수 있겠지만, 아도르노는 벤야민이 생애 마지막 집필한 보들레르 논문을 (호르크하이머의 부탁이기는 했지만) 심사 평가한 후 퇴짜 놓고 다시 쓰라고 주문하기도 한다.

아마도 아렌트는 망명 시기에 아도르노가 안전한 미국에서 재정 지원을 빌미로 벤야민에게 글의 주제를 정해 주고, 완성된 글에 대해 혹독하게 평가하기도 하고, 글의 수정에 개입하기도 한 사실을 벤야민으로부터 들어 알고 있었을지도 모른다. 아렌트가 망명 시기 이혼한 귄터 안더스(개명 전의 이름은 귄터 슈테른이었다)는 벤야민의 친척이다. (이후 재혼한 블루허는 스파르타쿠스단 활동을 한 혁명가였고 벤야민과도 친분을 맺은 인물이다.) 벤야민이 절체절명의 순간이 되어서야 뒤늦게 서둘러 망명을 도운 것도 아쉬운 부분이다. 아도르노가 벤야민 사후 원고 출간에도 소극적으로 대처했다는 비판은 68혁명 시기 다시 제기된다. 하지만 사소한 인간적인 섭섭함을 가졌을지언정 벤야민은 자신의 자살에 대한 쪽지를 아도르노에게 남길 정도로 그와 강한 연대와 신뢰를 가졌음은 분명하다.

벤야민이 학계에서 보장된 안정된 삶을 포기한 후, 인생의 행로로 선택한 것이 비평가로서 명성을 갖는 것이었다. 벤야민은 20대 초반부터 다독가로 정평이 나 있었다. 개인 서재에 방대한 저서를 소장하고 있었을 뿐만 아니라 수집가로서의 취미를 향유할 수 있었다. 그 배경은 부유한 집안의 재력 덕분이었다. 자신의 유년기를 회상하는 에세이 『1900년경 베를린의 유년시절』에는 부유한 아버지와 저택, 유대인 부유층 동네가 마치 게토처럼 폐쇄적으로 공간적인 유대를 형성했다는 기록이 있다. 저택에 자신의 서재를 채운 수천 권의 책에 대한 묘사, 경매장에서 고가의 희귀본을 운 좋게 소장하게 된 즐거움 등을 생생하게 그리고 있다. 수집과 도박은 이런 배경에서 벤야민의 평생 습관이 되었다.

벤야민의 예술적 취향은 당대 독일 문학보다는 프랑스 문학에 좀 더 기울어 있었다. 1920년대 문화예술 전반의 흐름에서 프랑스는 초현실주의적인 흐름을 보였던 반면, 독일은 표현주의적 예술 양상으로 전개되고 있었다. 당대의 예술뿐만 아니라, 박사학위 논문의 연구 대상이 된 독일 낭만주의 예술에 대한 전문적인 식견을 갖추고 있기도 했다. 횔덜린, 노발리스를 중심으로 펼쳐진 낭만주의는 쉴러와 괴테와는 다른 특이점을 이루면서 당대 예술의 한 본류를 형성했다. 벤야민이 낭만주의 연구에서 특히 주목했던 부분은 낭만주의 비평 잡지 『아테네움』 발간 시기(1798-1800)에 관한 것이다. 이 잡지는 낭만주의 문학작품을 생산하고 유통하는 통로이기도 했지만, 당대의 문학에 대한 전문적인 비평의 공간이기도 했다. 특히 벤야민에게 F. 슐레겔은 낭만주의 비평에 관한 이론적인 토대를 만든 중요한 이론가로 보였다. 낭만주의 비평은 작품과 협력하고 보완하여 작품을 함께 완성하는 이론적인 작업이다. 예술가에 의해 구현된 작품에 나타난 진리를 해명하는 것이 비평이므로 비평을 위해서는 시와 사유, 시인과 철학자는 공통의 지반에 서 있어야 한다. 낭만주의가 표방한 예술가적 사유는 시와 철학의 통합이기도 하지만, 시가 미의 이념을 구현한 것이고 철학은 구현된 미의 이념을 해명한다는 의미에서 예술이 더 우위에 서 있다고 본다.

벤야민은 낭만주의 연구를 토대로 하여 예술에 대한 이해를 더 심화하고 확장해 간다. 결정적으로 학계 진출을 목표로 했지만 실패한 연구 주제가 바로크 비애극이었다. 여기서 벤야민은 낭만주의 비평 개념을 자신만의 방식으로 좀 더 체계적으로 해명하게 된다. 벤야민은 비평적인 작업을 할 때나 번역 작업을 할 때 작업의 의미나 목적을 미리 설정해 두고 시작하는데, 이 해명을 '인식비판'으로 수행한다. 철학에서 일반적으로 통용되는 인식은 대상을 소유하여 주체화하는 목적에 봉사한다. 자연을 이해하고 통제하기 위해서 이성을 합리적으로 사용한다는 것이 근대 인식론의 계몽적 측면이다. 하지만 벤야민이 생각한 인식이란 의도의 죽음이며, 대상이 구현한 진리를 위해 사용되어야 함을 말한다. 인식을 위한 개념들은 대상이 가진 무의도적인 진리를 드러내기 위해 한 것이어야 한다. 비애극 연구 시기인 1925년까지 벤야민이 갖춘 인식비판의 주요 요지는 작품이 구현하고 있는 특정한 이념을 비판적으로 해명하기 위해서는, 확정된 철학적인 체계를 가지고 작품에 접근해서는 안 된다는 것이다. 비평적인 척도를 이론적으로 먼저 세워 두게 되면 작품이 구현한 진리를 해명하지 못하는 결과를 낳게 된다. 예를 들면 사회주의 리얼리즘이 표방하는 문학의 당파성이 그런 것이다. 예술은 나름의 특정한 방식으로 사회에 대한 비판적인 견해를 작품에서 보일 수 있는 것인데, '프티부르주아의 나약한 근성'이라고 치부되는 예술작품들에서 뚜렷한 당파성을 보이는 작품보다 더 근본적인 의미에서 사회를 비판하는 경우도 있을 수 있다.

비평적 실천의 정치적 의미

1930년대에 들어 브레히트와 친분을 갖게 되면서 벤야민의 사상은 맑스주의의 관점이 더욱 강하게 전개된다. 그러나 그렇다고 하더라도 벤야민이 맑스주의를 처음부터 새로 배운 것이 아니라, 자신의 기본적인 생각을 맑스주의로 변용했다고 하는 편이 맞을 것이다. 이를테면 이전에는 주로 예술작품에 접근할 때, 작품이 구현한 이념을 밝히기 위해 내재적인 의미 연관에 주목했다면 이러한 관점을 좀 더 역사적인 지평 속에서 전개하게 되었다. 작품이 처한 역사적인 조건을 규명하는 것은 역사유물론의 보완을 통해서 이루어진 것이므로 벤야민의 사상에서 맑스주의는 중요한 한 축을 이루는 것이 되었다. 벤야민 자신의 고유한 관점과 역사유물론이 보완된 성숙한 시기가 1930년대의 벤야민 사상이 된다. 이 시기 주요 작품은 브레히트 서사극의 미학적인 의미를 맑스주의에 입각하여 조명한「생산가로서의 작가」와, 브레히트적인 모티브를 영화에 적용한 기술복제 논문, 그리고 보들레르 연구가 있다.

1930년대 급진화된 벤야민 사상은 문학비평 영역에서뿐만 아니라 오늘날 매체 비평의 영역에서도 중요한 하나의 원천을 이룬다. 예술 생산의 메커니즘 속에서 각각의 작품이 어떤 생산관계 속에서 만들어지고 또 개별 예술작품이 세계에 대해 표명하는 입장이 무엇인지를 밝히는 것이 비평의 몫이다. 예술은 전통적으로 부르주아계급에 복무함으로써 자신의 사회적인 위치와 생계를 보장받는 프티부르주아의 직업적인 전유물이다. 대부르주아의 문화 유습에 기대는 전통적인 예술 장르인 문학, 음악, 미술, 연극 이외에도 기술 매체의 발전에 따른 새로운 대중예술인 영화가 출현한다. 전통적 예술이 아우라 기반의 예술이라면, 아우라 상실을 증언하는 영화는 산만함과 기분 전환, 오락을 제공하면서도 기술 매체를 통한 세계 변화에 개입하는 가능성을 제공한다. 필름의 속도에 따라 관객은 깊이 사유하지 않고 휙휙 지나가는 화면의 산만한 전개를 따라가면서 영화를 감상한다. 벤야민은 브레히트의 연극에서 관객의 역할 변화에 주목하여, 영화 매체에서 나타나는 관객의 지각적인 변화를 통한 해방의 동력을 이해하려 했다. 브레히트의 연극은 인물(배우)을 통해 인간이 처한 세계의 현실을 서사적으로 펼쳐냄으로써 관객을 수동적인 수용자에서 탈피하게 하여 함께 사유하고 또 현실에 개입하도록 추동한다. 이와 달리(혹은 유사하게) 영화의 관객은 비인간화되어 사물화된 영상과의 관계 속에 놓임으로써 일체의 동일시를 거부하고 연극보다 더 자유롭게 비평적인 태도를 유지한다.

영화에 대한 벤야민의 관점은 영화 전반에 걸친 미학적인 이론화 작업을 정초하기 위한 것이 아니라, 영화가 갖는 해방적 기능을 실천적으로 지향해야 한다는 데 있다. '자기 자신을 연출'하는 민중의 언어로서 영상은 세계 내 다른 노동자들의 삶을 통해 학습하고 또한 그들과 연대하게 한다. 예술 생산에서 작가와 관객의 구도로 획일적으로 분리되었던 오래된 생산 메커니즘은 영화(기술 매체)를 통해 변화를 겪게 되어, 민중은 자신의 삶을 작품으로 생산하는 데에까지 이르게 되었다. 이러한 예술의 해방적 기능을 벤야민은 당대 러시아 영화에서 발견한다. 가령 벤야민이 인용한 러시아 영화 작가인 지가 베르토프는 〈카메라를 든 사나이〉에서 민중 스스로 카메라를 들고 각지의 노동 현장을 촬영하여 노동자가 세계에서 어떤 일을 하는지 알려 주며 일종의 세계 내 노동 서사를 민중 스스로 재현하고 연출한다. 벤야민이 영화에 대해 걸었던 기대는 만인이 작품에 대해 비평하고 또한 만인이 참여하고 제작하는 것이 기술적으로도 가능한 매체 발전에 대한 통찰이 있었기 때문이다. 하지만 정작 서구의 영화산업은 거대 자본을 투입하여 스타 시스템을 양산하고 고전적인 동일시 효과만을 극대화하는 방향으로만 전개되었다는 점은 비관적인 측면을 이룬다.

파시즘과 전쟁의 위기가 조장되는 시대적 상황에서 벤야민은 당대의 예술적인 전개 양상에서 정치 현실과의 단절을 선언한 무비판적인 예술의 경향에 대해 경고한다. 예술의 순수성을 극단적으로 밀고 간 예술지상주의는 파국적인 세계 현실을 미학적으로도 정당화하는 오류를 낳았다. 잘못된 정치적 상황을 예술적으로 긍정하게 한 것은 예술가 자신이기도 했지만 근본적으로는 파시즘에서 비롯된다. 파시즘은 현실의 계급적인 소유관계에 전혀 손상을 입히지 않은 채 대중을 대규모로 전쟁에 동원시켜 희생시킨다. 벤야민은 '미래주의 선언'에서 나타난 전쟁 미학을 다음과 같이 비판한다. "파시즘은 예술적인 만족을 마리네티가 고백하고 있는 것처럼 전쟁에서 기대하고 있다."(「기술복제 시대의 예술작품」) 이처럼 파시즘이 행하는 정치의 예술화에 맞서 공산주의는 예술의 정치화로서 파시즘에 맞서야 한다.

파시즘은 부르주아계급이 정치적인 위기 상황에서도 계급적인 소유관계를 지속하고 강화하려는 의지를 대중 동원을 통해 기만적으로 은폐하려 한다. 이 은폐의 주요 수단이 예술이 된다는 점에서 파시즘은 정치를 예술화하려고 기도한다. 1936년 베를린 올림픽은 세계정치의 위기 상황에서도 나치즘에 의해 동원된 정치의 예술화를 잘 반영한다. 대중들이 총동원되어 히틀러와 스포츠에 동시에 열광하면서 정치적인 위기는 예술적으로 은폐되었다. 일례로 나치즘을 예술적으로 미화한 레니 리펜슈탈과 그녀의 작품 〈의지의 승리〉가 전후에 나치즘에 공모한 혐의로 단죄되었다는 사실이 이를 잘 보여 준다. 벤야민에게 있어서 예술에 대한 비평은 개별적인 예술작품이 지향하는 목적과 가치를 규명하는 것이라기보다는 작품이 어떤 사회적인 생산관계와 계급적인 이해관계 속에서 만들어지는가에 대한 유물론적인 관점에서 이루어진다. 비평적 행위란 그 자체로 정치적인 행위라 말할 수 있다.

역사유물론이 비평적인 실천에서 어떻게 새롭게 변용되는가를 보들레르 연구는 잘 보여 준다. 자신의 생애 마지막 작업이 된 보들레르 연구에서 벤야민은 두 개의 논문을 작성했다. 1938년 완성했지만 게재 거부된 「보들레르의 작품에 나타난 제2제정기의 파리」와 1939/1940년 『사회연구지』에 게재된 「보들레르의 몇 가지 모티브에 관하여」가 그것이다. 벤야민의 보들레르 연구는 벤야민의 주요한 관심이 중첩되어 있는 주제라 할 수 있다. 1923년 벤야민은 보들레르의 시집 일부분인 「파리 풍경」을 서론격의 글 「번역자의 과제」와 함께 독일어로 번역 출간하기도 했다. 「파리 풍경」은 1857년 출간된 보들레르 시집 『악의 꽃』 초판이 판매 금지 조치를 당한 뒤, 1861년 재판이 나오면서 새롭게 구성된 부분이다. 당시 보들레르 연구는 독일 학계에서 절대적인 영향력을 행사한 슈테판 게오르게를 중심으로 이론적으로 접근되었다. 벤야민은 정통 학계에서 접근했던 상징적인 해석과는 상당히 다른 해석을 시도하는데, 보들레르의 시를 알레고리를 중심으로 접근하고 있다. 벤야민은 보들레르의 우울에서 "진정한 역사적 경험의 조각난 파편"(「보들레르의 몇 가지 모티브에 관하여」 중 10번째 절)을 읽어 낸다.

19세기 대도시 파리의 풍경은 보들레르의 시어 속에서 도시 전체가 관상학적으로 시각적인 이미지를 보인다. 대도시의 관상은 도시 자체가 취하고 있는 일종의 제스처인 것이다. 브레히트는 서사적 요소에 제스처적인 요소를 변증법적으로 표현하려는 시도를 보였다. 이를 벤야민은 도시의 관상이라는 문화 유물론적인 독법으로 전용한다. 시인 보들레르는 도시의 관상을 시의 형상적인 이미지로 포착한다. 도시가 보이는 제스처는 곧 물결치는 군중의 이미지인 것이다. 도시의 아우라는 한때 행복했던 과거의 이미지를 뿜어내고 있으나, 사라진 과거적인 것을 현재의 경험으로 복원하리라는 기대마저 불가능한 몰락한 아우라를 드러낸다. 1930년대 이론적으로 보완된 맑스주의 시각은 보들레르를 더욱 좌파적으로 독해하게 한다. 이처럼 벤야민에게 보들레르는 지속적인 관심의 대상이 되어 왔다.

다른 한편, 1927년 벤야민은 아케이드 프로젝트[파사젠베르크(Passagenwerk)]라는 구상을 하게 된다. 19세기 자본주의의 역사에서 자본주의가 어떻게 변천해 가고 드러나는가를 도시의 일상적 체험이라는 구체적이고 역사적이며 경험적인 자료를 통해서 구성하려는 시도였다. '19세기 수도 파리' 특히 프랑스 제2제정기(1852-1870)를 대변하는 대도시의 주요 형상들을 아케이드의 도시 건축학적인 구조와 의미, 오스망의 도시계획, 군중의 출현, 자본주의의 상품 환등상(판타스마고리아)를 통해 역사철학을 구성하려는 대계획이었다. 벤야민은 문자로 형상화된 자본주의의 역사적인 구조물이라 할 수 있는 이 계획을 오랫동안 구상하였으나 완성하지는 못했다. 파리에서 망명 생활을 하던 1930년대 벤야민의 주요 작업 계획은 아케이드 프로젝트 메모들로 방대한 분량을 남겼다. 수천 페이지에 달하는 인용 발췌와 간단한 주석들로 일종의 파편적인 형태로만 전개되었다. 아도르노는 몽타주의 파편들이라고 말함으로써 출간에 부적절하다는 회의적인 관점을 비쳤지만, 미완으로나마 남은 벤야민의 기획은 그 전체상을 예견하기에는 충분하다고 말할 수 있다.

벤야민에게 보들레르의 위치는 아케이드 프로젝트의 전체 퍼즐 중에서도 가장 중요한 연구 대상이었다. 19세기 유럽의 역사에서도 특히나 시인 보들레르가 살았던 시대이자 보들레르의 유일한 시집 『악의 꽃』에서 형상화된 제2제정기 파리의 모습은 자본주의의 변천을 대변하는 역사적인 자료이기도 한 것이다. 역사는 혁명과 반혁명의 반복되는 부침 속에서 자신의 모습을 성좌로 형상화한다. 1848년 2월 혁명으로 프랑스 제2공화국이 설립되었으나 대통령으로 선출된 루이 나폴레옹은 보나파르트 나폴레옹이 그랬던 것처럼 1851년 황제로 군림하게 되었다. 1852년 국민투표를 통해 프랑스는 제2제정기를 맞이하였으며 보불전쟁에서 패한 파리코뮌 시기까지 지속한다. 파리코뮌 이후 프랑스는 제3공화국의 시대로 이어진다. 이 역사의 시간 속에서 시대를 문학으로 표현한 보들레르와, 혁명의 최전선에서 바리케이트를 이끌었던 백전노장의 혁명가 블랑키는 일견 아무런 연관이 없어 보일지라도 벤야민의 역사유물론에서는 극단의 성좌로 조우한다. 두 인물은 벤야민의 시선 속에서 "꿈과 행동의 비관주의적인 연대"

로서 그려진다.

　모더니즘의 시작을 보들레르에서 찾는 것은 어느 정도 공인된 역사적인 평가라 할 수 있다. 모더니즘은 자본주의 경제를 토대로 대도시에서 살아가는 사람들의 일상적인 경험을 주제화한다. 보들레르의 시에서 모더니즘의 모티브는 군중에 대한 충격 체험, 도시 하층민 넝마주이와 폐품, 상품 물신성에 대한 도취와 각성 등으로 채워져 있다. 보들레르의 시에서 표현된 문학적인 예술미를 보이려고 시도했던 게오르게의 비평과는 달리, 벤야민은 상품 물신성의 환등상(판타스마고리아)의 도취에서 깨어남의 측면을 강조하면서 자본주의 체제에 대한 비판과 보들레르의 시를 연결 짓는다. 보들레르가 직접 체제에 대한 투쟁을 문학적으로 선동하고 있지는 않지만, 무장투쟁의 정신과 그리 멀지 않다는 것이 벤야민의 핵심적인 관점이다. 브레히트는 당시 보들레르가 결코 프롤레타리아와 손잡지 않았다고 판단했고, 부르주아계급에 봉사하려는 몰락해 가는 프티부르주아일 뿐이라 평가하지만, 벤야민은 대조적으로 19세기 파리에서 시인 보들레르와 무장혁명 투쟁가 블랑키를 손잡게 함으로써 자신만의 독특한 역사유물론의 구상을 형상화한다.

벤야민과 오늘날 진보 정치

　「역사의 개념에 관하여」는 보들레르 연구의 연속적인 작업이며, 이 글은 보들레르 연구의 결과이기도 하다. 보들레르가 블랑키와 손을 잡았듯이, 역사유물론과 신학이 결합해야 한다는 벤야민의 주장은 '진보란 무엇인가'를 근본적으로 묻고 있다. 역사의 진보는 약속된 미래를 향해 나아가는 매끈한 시간의 진행이 아니라, 과거의 잔해더미가 쌓인 울퉁불퉁한 굴곡의 정점에서 더 이상 지탱될 수 없는 파국의 폭발이다. 혁명은 세계사의 폭주 열차라고 표현했던 맑스의 말을 뒤집어, 벤야민은 혁명은 "폭주하는 열차에 제동을 거는 비상브레이크"라고 말한다. 계급 없는 사회, 착취 없는 사회에 대한 유토피아적인 지향은 현실의 모순이 극복되고 사라지게 될 순간의 시간을 지향한다. 하지만 벤야민의 역사적인 구원은 미래로 정향된 것이 아니라, 반대로 과거의 억압받은 삶들로 향해 있다. 과거 속에서 여전히 고난에 처해 있는 사건들과 이름 없이 사라진 사람들의 울퉁불퉁한 고난의 시간을 거쳐 오는 역사의 형상 속에서, 역사를 거슬러 과거의 잔해를 끄집어내어 과거의 고통과 화해하는 행위를 벤야민은 '새로운 천사'의 이미지로 그려 낸다.

> "우리들 앞에서 일련의 사건들이 전개되고 있는 바로 그곳에서 그는, 잔해 위에
> 또 잔해를 쉼 없이 쌓이게 하고 또 이 잔해를 우리들 발 앞에 내팽개치는 단 하나
> 의 파국만을 본다. 천사는 머물고 싶어 하고 죽은 자들을 불러일으키고 또 산산이
> 부서진 것을 모아서 다시 결합하고 싶어 한다. 그러나 천국에서 폭풍이 불어오고
> 있고 이 폭풍은 그의 날개를 꼼짝달싹 못하게 할 정도로 세차게 불어오기 때문에
> 천사는 날개를 접을 수도 없다. 이 폭풍은, 그가 등을 돌리고 있는 미래 쪽을 향하
> 여 간단없이 그를 떠밀고 있으며, 반면 그의 앞에 쌓이는 잔해의 더미는 하늘까지
> 치솟고 있다. 우리가 진보라고 일컫는 것은 바로 이러한 폭풍을 두고 하는 말이
> 다."('역사철학 테제' 중 9번)

벤야민이 당시 독일 정치에 대해 내리는 판단은 '역사유물론 테제'에서 비교적 분명한 형태로 제시된다. 그것은 맑스주의(역사유물론)는 무엇이어야 하는가라는 원론적인 부분과 맑스주의에 유래하는 현실 정치에 대한 비판으로 구분할 수 있다. 브레히트가 벤야민의 죽음을 추모하는 시에서 표현했듯이, '히틀러로부터 도주하던 중 목숨을 끊은' 좌파 지식인이 쓴 마지막 글은 '역사유물론은 언제든지 승리한다'는 역설적인 믿음으로 시작

된다. 자신의 삶에서는 실패했을지라도, 실패와 희생을 기억하는 세대들은 역사유물론을 결국 승리로 이끌게 된다는 점이다. 과거 역사 속에서 억압받고 희생된 사람들을 기억하는 것은 계급 없는 사회의 도래에 관한 믿음과 직결되어 있다.

무상한 것이 영원한 것과 성좌적으로 마주친다는 발상은 벤야민의 근본적인 사유 방식이다. 지난 상처의 흔적은 가려지고 묻혀 있을 뿐 사라지지 않는다. 계급 없는 사회는 영광의 날로서 천상에서부터 화려하게 도래하는 낙원이 아니라, 모든 희생이 보상되는 구원의 날로서 최후 결전에서 승리의 순간에 실현된다. 보들레르의 유일무이한 충격 체험은 군중들의 물결 속에서 순간적으로 도래한 코뮌의 이상이자, 동시에 무상하게 사라진 아우라의 체험이었다. 하지만 한때 도시 속에서 해방적인 물결을 이루었던 군중은 어느 순간 파시즘에 환호하는 군중이 되었다. 무엇이 문제였던가?

벤야민은 '역사철학 테제'에서 사민당(SPD)의 의회주의 전술이 역사적인 실패이자 민중에 대한 배신이었음을 지적한다. 1918년 11월 독일 북부 항구도시 킬에서 일어난 혁명으로 황제 빌헬름 2세가 물러나고 프리드리히 에버트에게 임시정부의 권한이 이양되었다. 하지만 에버트가 속했던 사회민주당 진영은 사회주의 혁명을 주장하던 스파르타쿠스단을 처단하고 민족국가의 정치적 틀 내에서 다수당으로 집권함으로써 정치적인 권력을 갖게 되었다. 독일제국은 공화국으로 바뀌어 제헌의회가 소집되었다. 바이마르공화국은 당시 가장 진보된 헌법이라고 평가받는 법체계를 갖추고 있었으나, 당시에는 드러나지 않은 파시즘 권력의 가능성마저 함께 갖추고 있었다. 바이마르 헌법 48조는 비상사태에 관한 대통령의 권한을 규정하는 조항이었고, 이 조항에 따라 히틀러는 1934년 89.9퍼센트의 지지율로 총통이자 독일연방 수상을 겸직하는 독재 권력을 행사할 수 있었다. 요즘 좌파 지식인에게서 자주 회자되는 칼 슈미트는 히틀러 독재 권력의 법적 정당성을 법리적으로도 정치적으로도 대변한 보수 이론가이다.

슈미트가 만들어 낸 정치적인 것의 개념인 적과 아의 구분에서 보더라도 슈미트는 벤야민의 적이라는 점이 명확하다. 벤야민의 입장에서 보자면 독일 사민당은 물론 적대적인 적은 아니다. 하지만 벤야민은 사민주의자들이 택한 개량적인 전략에 대해서는 맑스의 원론적인 비판을 수용하면서 혁명주의적 입장을 표명한다. 부르주아적인 정치 질서 내에서 권력을 잡아 진보해야 한다는 개량주의적 입장의 역사적인 뿌리는 1875년의 '고타강령(Gotha Programme)'에 있다. 벤야민이 수용한 맑스의 혁명주의는 자본주의의 틀 안에서 기술 진보를 통해서 추구되는 노동 해방이 기만적이고, 해방의 약속을 영원한 미래로 미루는 기회주의적인 발상이라 비판한다. 이러한 판단으로부터, 바람이 불었을 때 바람을 일으켜야 했었다는 과거에 대한 반성으로서 스파르타쿠스단의 이름과 전통을 불러낸 것이다.

벤야민이 '역사유물론 테제'에서 꼬집고 있는 또 하나의 정치적인 과오는 독·소 불가침 조약이다. 1927년 스탈린 집권 시절 벤야민은 모스크바를 방문한 적이 있었다. 그러나 그는 자신이 목격한 사회주의의 현실을 '하루아침에 만들어진' 체제처럼 낯선 모습으로 그렸다. 벤야민이 소비에트 러시아에 대해 가진 기본적인 판단과 태도는 브레히트로부터 얻게 된 것이라 추정할 수 있다. 이에 관한 자세한 맥락은 지금까지의 벤야민 연구에서는 일종의 공백 상태였는데, 비치슬라의 연구서 『벤야민과 브레히트』(윤미애 옮김, 문학동네, 2015)를 통해 상당 부분 보충되었다. 막 출범하여 건설 과정 중이어서 만족할 만한 체제를 아직 실현한 것은 아니지만, 비인간적인 자본주의 체제보다는 소비에트가 역사적으로 진화된 사회라는 관점은 역사유물론의 기본적인 태도이다. 벤야민과 브레히트는 체제적으로 대립하는 세계정치의 상황에서 소비에트를 무관심하게 비판하거나 판단하려는 태도를 보이지 않는다. 이런 태도는 다분히 자유분방한 서구 좌파 지식인들이 자본주의 체제나 사회주의 체제나 모두 관료 체제 혹은 전체주의라고 재단했던 태도와는 차별성을 갖는다. 스탈린 체제에 대해서 우려하는 태도에도 불구하고 브레히트가 결국 동독을 선택했다는 의미를 생각해 볼 필요가 있다. 하지만 어떤 정치적인 고려가 있었든지 간에 나치와 불가침 협정을 맺은 스탈린의 결정은 전 세계 민중의 이익에 반하는 것이었고 2차 세계대전이라는 참상의 주된 원인 중 하나로 작용했다.

구원에 대한 메시아적 약속은 차안에서 실현될 행복에 대한 약속처럼 신비적인 종교로 치부되어서는 안 된다. 비애극 연구에서, 이념은 현상을 구제하기 위한 것이라는 점은 벤야민이 플라톤의 이데아론을 해석하는 기본적 태도였다는 점과도 연관된다. 고통에 찬 극단의 현실 속에서만 이념은 성좌로서 드러난다. 하지만 당시 사민주의(독일 사민당)가 가졌던 잘못된 관점은 진보가 언젠가는 도래할 해방에 대한 약속이라는 데에 있다. 노동 해방과 계급 없는 사회의 도래는 미래로부터 오는 시간이 아니라, 매 순간 구원적 실천 속에 열려 있다. 혁명이라는 시간은 메시아가 도래하는 시간을 말한다. 혁명에 대한 배신의 경험은 역사적인 실패의 교훈으로 자리해야 한다. 나치 독일의 현실이 지옥으로 변한 데에는 혁명을 배신하고 눈앞의 권력을 욕망했던 사민당의 현실 정치 때문이었다. 사민당은 스파르타쿠스단을 제거한 이후 의회를 장악하기는 했지만 결국 히틀러 독재를 막아 내지 못했다.

지배자의 폭력에 희생된 사람들은 비단 혁명전사들뿐만 아니라 억압 속에서 사라진 이름 없는 사람들이다. 그 희생자의 더미에 벤야민이 속해 있다. 벤야민을 기억하는 것은 파시즘의 폭력을 기억하는 것이다. 벤야민을 구제하는 것은 그가 쓴 글 속에서 하나의 해석을 더 추가하는 것이 아니라, 자본의 폭력 앞에 처참하게 내동댕이쳐진 단순한 삶이 지옥으로 나아가는 행렬을 구원하는 것이다. 구원은 곧 혁명이다. 군중의 충격적인 아우라를 회상하는 보들레르의 우울은 블랑키의 혁명적인 실천과 코뮌의 도래에 대한 기다림이다. 혁명은 혁명 이후 도래할 집권을 향한 열망과 정치적 지배의 약속이 아니라, 죽어 간 전사들의 이름을 기억하고 일깨워 살아나게 하는 구원의 폭풍이다. '역사유물론 테제'에서 벤야민이 힘주어 말하는 바는 혁명만이 우리를 구원할 수 있다는 믿음이다. 벤야민의 신학은 현실과 무관한 신적인 힘이 작용한다는 의미에서 신비적인 것이 아니라, 오직 파국 속에서만 구원이 있다는 혁명의 신학이다. 오늘날 벤야민이 맑스주의의 혁신에 기여하는 바가 있다면, 페레스트로이카 이래로 좌절된 혁명의 이름을 다시 불러내는 데 있다.

3
테오도르 아도르노
Theodor W. Adorno

한상원

충북대학교 철학과 교수. 서울시립대학교 철학과에서 맑스의 물신주의와 이데올로기 개념 연구로 석사학위를 받았고, 독일 베를린 훔볼트 대학교에서 아도르노의 정치철학 연구로 박사학위를 받았다. 옮긴 책으로『공동체의 이론들』(라움, 2017)이 있으며, 지은 책으로『앙겔루스 노부스의 시선: 아우구스티누스, 맑스, 벤야민. 역사철학과 세속화에 관한 성찰』(에디투스, 2018)이 있다.

테오도르 아도르노: 총체성과 전체주의를 넘어

생애

철학자이자 사회학자이며, 미학자이자 음악가인 테오도르 아도르노 (Theodor W. Adorno)는 1903년 9월 11일 프랑크푸르트에서 태어났다. 원래 이름은 테오도르 루트비히 비젠그룬트(Theodor Ludwig Wiesengrund)였는데, 어머니의 소원대로 어머니의 성 아도르노를 같이 병기하다가, 미국 이민 후에는 아도르노를 공식적인 이름으로 사용했다. 아버지 오스카 비젠그룬 트(Oscar Alexander Wiesengrund)는 개신교로 개종한 부유한 유대인 와인 상인 이었고, 어머니 마리아 칼벨리-아도르노(Maria Calvelli-Adorno)는 코르시카 계 프랑스인(제노바 출신의 이탈리아인이라는 말도 있다) 아버지를 둔 성악가였다.

어린 시절 '테디(Teddie)'라는 아명으로 불린 아도르노는 유복한 집안에서 양질의 교육을 받았고 행복하게 지냈다. 특히 그는 어머니, 그리고 아도르노의 집에서 쭉 함께 지낸 이모 아가테의 사랑을 듬뿍 받고 자라났다. 이 유복했던 어린 시절은 그 이후 나치에 의한 박해와 대조를 이루어 '상실된 유토피아의 이미지'라는 주제로 아도르노의 사상에 중요한 흔적을 남긴 다. 어머니와 이모의 사랑이 그에게 미친 영향은 아도르노가 소년 시절 어머니의 종교인 가톨릭 세례를 받고 첫 영성체는 물론 미사 복사까지 했던 것에서도 드러난다. 즉 그는 어린 시절 자신을 아버지의 조상들과 같은 '유대인'으로 규정하지 않았던 것이다. 성악가인 어머니와 피아니스트였던 이모의 영향으로 아도르노는 어려서부터 이모, 어머니와 함께 피아노를 연주하고 가곡을 부르며 음악가적 교육을 받는데, 이 역시 훗날 아도르노의 사상에 결정적 영향을 미친다.

아도르노는 14세가 되던 해, 당시 『프랑크푸르트 신문』의 칼럼니스트로 명성을 얻은 지그문트 크라카우어(Sigmund Kracauer)와 교류하면서, 그와 함께 매주 토요일 칸트의 『순수이성비판』을 읽었다. 이때 얻게 된 철학에 대한 관심은 아도르노를 자극했다. 그는 프랑크푸르트 대학에 들어가 철학, 음악학, 심리학, 사회학을 공부했다. 1922년에는 그의 평생의 지적 동반자인 막스 호르크하이머(Max Horkheimer)를 만나기도 했으며, 비극적으로 생을 마감한 발터 벤야민(Walter Benjamin)과도 교류하면서 그로부터 결정적인 사유의 자극을 얻는다. 1924년 아도르노는 한스 코르넬리우스(Hans Cornelius) 교수의 지도하에 에드문트 후설 현상학에 관한 연구로 박사학위를 받는다.

1925년 아도르노는 빈으로 가서 음악 칼럼니스트로 활동하면서 동시에 당시 '빈(Wien) 학파'라고 불리던 음악학파의 일원이 되기 위한 음악교육을 받는다. 그의 스승은 '12음 기법'으로 유명한 현대음악의 대가 아르놀트 쇤베르크(Arnold Schönberg)의 제자인 알반 베르크(Alban Berg)였다. 아도르노는 작곡가가 되고자 했으나, 베르크가 보기에 아도르노의 음악 실력은 천재라고 할 만한 수준은 아니었다. 어느 날 베르크는 아도르노에게 쓴 편지에서 "당신은 언젠가 칸트와 베토벤 중 하나를 선택해야만 할 것입니다"라는 말을 남겼다.

이듬해 프랑크푸르트로 돌아온 아도르노는 기독교 신학자 파울 틸리히(Paul Tillich) 교수의 지도로 키에르케고어에 관한 교수자격논문을 쓰고 학자로서의 삶을 살아간다. 1930년대에는 호르크하이머가 이끄는 프랑크푸르트 대학의 사회조사연구소에도 음악철학적인 논문을 기고하기도 했다. 이미 이 당시 아도르노는 루카치의 『역사와 계급의식』으로부터 받은 영향, 그리고 크라카우어와 벤야민, 호르크하이머와의 교류 속에 점차 자본주의에 대한 맑스주의적 비판, 그리고 유물론적 사회이론과 변증법적 철학을 수용하는 관점으로 이동한다.

1933년 히틀러 정부가 집권하여 유대인 혈통을 가진 교수들의 강의를 금지하자 아도르노도 더 이상 학술적인 활동을 수행할 수가 없었다. 그는 우선 1934년 옥스퍼드 대학의 연구원 자격으로 영국에 체류하다가 1938년 미국으로 이주하게 된다. 미국에서의 경험은 아도르노에게 여러 영향을 주었는데, 우선 미국 학계의 강한 실증주의적 경향은 아도르노에게 경험사회학의 중요성을 일깨워 주기도 했지만, 동시에 실증주의가 갖는 보수적 한계에 대해서도 성찰하도록 만들었다. 또 재즈, 헐리우드 등 미국의 대중문화는 음악가이기도 했던 아도르노에게 커다란 충격을 주었으며, 이러한 경험은 그의 문화산업 비판으로 이어지기도 했다. 이러한 성찰들은 아도르노가 호르크하이머와 함께 저술한 『계몽의 변증법(Dialektik der Aufklärung)』에 반영되어 있다. 이 책은 1939년부터 두 사람이 토론한 내용을 아도르노의 아내 그레텔(원래 이름은 Margarete Karplus)이 받아 적은 것을 토대로 1944년 완성되었고, 1947년 암스테르담에서 처음 출간되었다.

1953년 독일로 돌아온 아도르노는 프랑크푸르트 대학의 철학과 사회학 교수로 임명된다. 마르쿠제나 아렌트처럼 미국에 남은 망명 지식인들과 달리 그가 독일로 복귀한 이유를 묻는 질문에 대해, 그는 자신의 언어인 독일어를 이유로 거론했다. 독일어는 본성적으로 철학적인 언어이며, 실증주의를 넘어선 변증법적 사유를 전개하기 위해서는 독일어로 철학을 할 수 있는 독일로의 귀국이 불가피한 선택이었다는 것이다. 이제 독일에서 아도르노의 본격적인 철학자이자 비판적 사회이론가로서의 활동이 시작되

며, 소위 '프랑크푸르트학파' 또는 '비판이론(Kritische Theorie)'을 대표하는
학자로서 그의 명성은 최고조에 달했다. 1958년 아도르노는 호르크하이머
의 사회조사연구소의 소장직을 계승했으며, 1963년부터 1967년까지 독일
사회학회 대표직을 역임하기도 했다. 특히 1961년 튀빙겐에서 열린 독일
사회학회의 학술 대회에서 칼 포퍼(Karl Popper)와 함께 벌인 토론은 소위
'실증주의 논쟁'으로 불리며 독일 학계의 모든 이목을 끌었다. 이러한 왕성
한 활동 속에서 아도르노는 전후 독일 사회의 재건 과정에 필요한 계몽적
지식인의 역할을 수행했으며, 그는 자신에게 요구되는 사회적 발언을 회
피하지 않았다. 특히 정부의 비상사태법 제정 시도에 대한 그의 비판은 큰
공감을 이끌어 냈다(그는 이 글에서 남한 박정희 정부가 서독 영토에서 동백림 사건 관련
자를 연행하던 당시 서독 정부가 아무런 항의도 하지 않았다는 사실을 지적하며 정부를 규탄하
기도 했다).

이러한 아도르노의 활발한 이론적 활동과 사회적 발언은 독일의 68혁명
학생 시위대에게 커다란 영향을 주었다. 독일의 학생운동 단체인 '사회주
의 학생동맹(SDS)'의 주요 리더들은 아도르노의 제자들이기도 했다. 특히
그의 박사과정 제자 한스-위르겐 크랄(Hans-Jürgen Krahl)은 프랑크푸르트
대학 SDS 조직의 리더였으며, 시위대의 사회조사연구소 건물 점거를 주
도하기도 했다. 아도르노는 이들 학생 시위대에 우호적이었으나, 그들의
폭력적 시위 방식이나 맹목적 행동주의에 대해서는 우려를 나타냈고, 이
때문에 시위 학생들과 아도르노 사이의 갈등이 조성되었다. 특히 1969년
초 학생 시위대가 사회조사연구소를 점거하자, 연구소장이었던 아도르노
는 경찰에 시설보호를 요청하고 학생들을 강제 해산시키도록 했다. 이 때
문에 학생 시위대와 아도르노의 갈등은 정점을 이루었다. 1969년 4월, 세
명의 여학생이 아도르노의 강의에 난입해 나체 상태로 그에게 꽃을 던지
며 그를 조롱하는 퍼포먼스를 벌였는데, 이때 아도르노는 수치스러운 표
정을 지으며 강의실에서 퇴장했다. 그해 8월 재판에 출두해 자신의 제자

크랄을 고발하는 증언을 수행한 다음 날, 아도르노는 아내와 스위스로 여행을 떠난다. 스위스에서 등산을 하던 중 심장마비가 왔고, 결국 아도르노는 8월 26일 사망하였다.

주요 사상

1) 계몽, 신화로 후퇴하다

2차 세계대전의 와중인 1944년 초고가 완성된 『계몽의 변증법』은 "왜 인류는 진정한 인간적 상태에 들어서기보다 새로운 종류의 야만 상태에 빠졌는가"[1]라는 도발적인 질문에서 출발한다. 근대의 탄생을 알린 계몽주의 사상은 인류 역사가 갈등과 비극을 넘어, 모든 형태의 억압에서 벗어난 자유로운 세계를 실현하게 될 것이라는 낙관주의를 전파했다. 철학자들은 역사는 진보를 향해 나아가는 기나긴 과정이며, 그 과정의 최종적인 종착점이 곧 도래할 것이라고 주장했다. 그러나 20세기 인류는 파시즘의 지배와 세계대전, 유대인 학살을 목도했다. 자본주의를 극복하고 계급을 철폐시키고자 했던 사회주의혁명의 시도는 스탈린의 폭력적 독재로 귀결되었다. 호르크하이머와 아도르노는 이러한 사태의 원인을 근대적 계몽 기획의 실패에서 찾는다. 그리고 이러한 계몽의 실패의 원인을 주체의 이성이 갖고 있는 근본적 성격에 대한 역사철학적 성찰로 소급해 추적하고자 한다. 저자들은 이러한 계몽의 실패를 '계몽의 자기파괴' 또는 '계몽의 신화로의 퇴보'와 같은 표현으로 지칭한다. 즉 계몽은 자기 자신의 실현에 실패했으며, 오히려 그 자신과 적대관계에 있던 신화와 더 이상 구분이 불가능

---

1   테오도르 W. 아도르노·막스 호르크하이머, 『계몽의 변증법: 철학적 단상』, 김유동 옮김, 문학과지성사, 2009, 12쪽.

해졌다는 것이다. 이처럼 계몽이 자신의 대립물인 타자, 즉 신화로 전도되었다는 것이 현대사회에서 나타나는 변증법적 역설의 논리임을 지적하는 것이 『계몽의 변증법』이라는 저작의 취지라 할 수 있다.

이러한 전도는 계몽적 합리성이 자기 자신을 유일한 진리의 원천으로 선언하면서 스스로 비합리적, 억압적 힘으로 드러나면서 시작되었다. "아는 것이 힘이다(Knowledge is power)"라는 베이컨의 명제에서도 드러나지만, 지식은 곧 특정한 형태의 권력의 현시와 관계 맺는다. 계몽적 주체는 대상을 인식하고 그에 대한 지식을 소유함으로써 동시에 대상 자체를 소유할 수 있는 권력을 획득한다. 따라서 "권력과 인식은 동의어"[2]가 되었다. 이제 계몽은 인간의 외부에 있는 자연을 더 이상 두려워하지 않는다. 중세의 인간들이 흑사병의 원인을 몰라 속수무책으로 희생되면서 공포에 떨었고 이러한 공포가 마녀사냥과 같은 비합리적 광기로 표현되었다면, 계몽적 주체로서의 인간은 다양한 자연과학적 지식을 토대로 이 외적 자연을 지배하면서 스스로 자연보다 더 우월한 존재로 고양될 수 있었다.

그런데 이것이 뜻하는 바는 계몽이 추구하는 지식이 더 이상 그 자체 목적이 아니라, 지배를 위한 방법, 곧 수단이 되었다는 것이다. 이는 매우 역설적인 사실인데, 왜냐하면 지식과 인식을 추구하는 주체의 계몽적 이성이 스스로 지배적인 힘으로 고양시킬수록, 실은 그것은 다른 목적을 이루기 위한 수단으로 격하되기 때문이다. 즉 계몽적 지식, 그리고 이를 가능케 해줄 이성적 사유 능력은 자연을 지배하여 그로부터 유용성을 끌어내기 위한 목적에 종속된 수단이 되었다. 이제 총체화된 계몽은 계산 가능성, 유용성에 굴복하지 않는 것을 의심하고 배제하며, 이를 통해 세계를 합리적으로 지배하고자 한다. 그런데 계몽적 주체는 이러한 합리화의 과정 속에서 그 자신을 억압한다. 왜냐하면 주체 자신에 내재되어 있는 계산되지 않는, 유용하지 않은 요소들 역시 억압의 대상이 되기 때문이다. 인간을 '합

2   같은 책, 23쪽.

리적 주체'로 간주하는 근대적 사고는 동시에 인간이 갖고 있는 '비합리적' 요소들, 즉 감성과 욕구, 자연적 충동들을 '합리화'라는 이름으로 억압하는 효과를 창출한다. 즉 '외적 자연'을 지배해야 한다는 계몽적 주체의 사고는 강박이 되어 이제 주체 자신의 '내적 자연'을 억압하는 귀결에 빠지고 만다. '모든 인간은 이성적 존재로서 존엄하다'는 근대적 명제는 이성이 지배를 위한 수단으로 전락하게 되면서, 인간의 자기 자신에 대한 악업으로 귀결된다. 이것이 계몽의 시대, 데카르트 이후 '합리적 주체'가 선언되었지만 그 결과가 '주체의 소멸'로 이어진 20세기 비극의 원인인 것이다.

이러한 관점에 따르면, 나치즘과 전체주의가 보여 주는 현대적인 야만은 계몽이 신화적 비합리성 혹은 이데올로기로 변질되었음을 보여 주는 사건으로 해석될 수 있다. 계몽적 지식, 예컨대 생물학과 의학 등 인간의 생명을 살려야 할 과학적 지식들은 나치 정부 하에서 우생학이라는 형태로 아리아 인종의 생물학적 우월함을 증명하는 데 사용되었다. '합리적 주체'로 간주된 개인은 지도자의 카리스마에 맹목적으로 복종하는 대중의 일원으로 전락해 버렸다. 이제 계몽적 합리화 과정의 결과는 계몽 자신에 의해 소환된 새로운 '신화'(우생학이라는 비과학적 사실, 전체주의적 지배에서 나타나는 넘볼 수 없는 지도자의 권위)의 등장으로 이어졌다. 대중이 스스로 지성을 사용할 용기를 가져야 한다는 (칸트가 정식화한) 계몽의 원리는 실패로 귀결되었다. 현대 세계는 더 이상 진보하는 것이 아니라 새로운 야만으로 퇴보했을 뿐이다. 계몽은 이성의 빛을 통해 전 근대사회의 신화적 어둠을 몰아내고자 했으나, 이 빛은 따뜻한 해방의 빛이 아니라 비극의 씨앗을 내포한 차가운 빛이었던 셈이다.

이처럼 나치즘과 전체주의의 비극은 단지 독일이나 일부 국가들에서 나타난 현상이 아니라, 계몽 이후 이성에 근거한 인류 문명이 처한 총체적 위기의 표현이다. 아도르노와 호르크하이머는 이러한 퇴보 과정의 논리를 이미 (신화적 세계관 속에서 작성된) 호메로스의 『오디세이아』에서 발견할 수 있다고 본다. 이 저작이 다루는 주제는 오디세우스가 신의 저주, 괴물, 정령 등이 갖는 신화적인 힘을 극복하고 고향 이타카로 돌아가는 과정이다. 아도르노와 호르크하이머는 이 과정을 이성적 능력을 통해 신화적 힘을 극복해 나가는 합리적 주체의 형성 과정으로 해석하며, 오디세우스를 이러한 합리적 주체의 원형으로 본다.

특히 오디세우스가 세이렌의 노래를 이겨 내고 협로를 빠져나가는 에피소드는 합리적 주체가 어떻게 책략을 통해 신화적 힘을 이겨 내는지를 보여 준다. 세이렌(Seiren, Sirene)은 고대 신화에서 여인의 얼굴과 몸통에 새의 날개와 발톱을 갖고 있는 요정으로 묘사되고, 중세 이후에는 인어의 형태로 묘사되는데, 이들은 노래로 인간을 꾀어낸 뒤 잡아먹거나 물에 빠져 죽게 만든다. 『오디세이아』에서는 마녀 키르케가 오디세우스에게 그가 곧 세이렌의 협곡을 통과해야 한다는 사실을 일러 주고는, 이를 극복할 수 있는 책략을 알려 준다. 키르케의 조언에 따라 오디세우스는 선원들의 귀에 밀랍을 부어 그들이 들을 수 없게 하고, 자신의 몸은 밧줄로 꽁꽁 묶는다. 그리고 그가 밧줄을 풀어 달라고 애원하면 선원들이 밧줄을 더욱 두텁게 묶도록 미리 지시해 놓는다. 이제 선원들은 세이렌의 아름다운 노래를 들을 수 없기 때문에 유혹에 시달리지 않는다. 다만 오디세우스는 귀에 밀랍을 붓지 않아 세이렌의 노랫소리를 감상할 수 있지만, 이 노래에 취해 정신을 잃고 엉뚱한 지시를 해도 선원들은 듣지 못하고, 설사 자신을 풀어 달라는 애원을 듣는다 해도 애초에 지시한 대로 그럴수록 밧줄을 세게 묶어 실성한 오이디푸스를 꼼짝 못하게 만들고는 앞으로 노를 저어 협곡을 통과하게 되는 것이다.

이와 같은 에피소드는 합리적 주체의 책략을 통해 세이렌이라는 신화적 힘을 극복해 나가는 과정을 보여 준다. 그런데 이 과정, 즉 '자기보존'을 위해 지략을 통해 신화적 힘을 이겨 내는 주체의 과정은 동시에 '자기 상실'이라는 것이 아도르노와 호르크하이머의 지적이다. 피지배자들인 다수의 선원들은 명령에 의해 귀에 밀랍을 부어야 한다. 즉 그들은 자신의 신체 기관을 억누르고, 아름다운 노랫소리를 듣지 않음으로써, 즉 욕구를 절제함으로써 노를 젓는 행위, 곧 노동을 꾸준히 수행할 수 있다. 선원들은 노동을 위해 욕구의 좌절을 겪어야 하는 피지배계급을 나타낸다. 반면 명령하는 자, 주권자인 오디세우스는 세이렌의 아름다운 노랫소리를 감상할 수 있다. 그는 욕망을 향유할 수 있는 주체인 것이다. 그럼에도 이 주체는 이 아름다운 음악이 자신의 이성을 마비시킬까 봐 자신의 몸을 밧줄로 묶어놓아야 한다. 그는 온전히 욕구에 충실하지 못한다. 지배자 역시 생존을 위해서는 욕구의 좌절을 경험해야 한다. 이처럼 합리적 주체 자신의 지략을 통한 자기보존은 동시에 '자기부정(자신의 욕망을 부정)'이기도 하며, 주체는 이성적 주체가 되기 위해 자기 자신에 대한 검열과 거세를 감행해야 한다는 것이 아도르노와 호르크하이머의 진단이다. '내 안의 나'를 부정하는 논리, 자기부정과 원한, 가책의 사고가 이로부터 자라난다. 자신을 긍정하지 못하는 주체는 외부의 초월적 힘에 스스로 예속되어 버린다. 전체주의의 비극은 바로 이러한 주체의 자기부정에서 출발하는 것이다.

　세이렌의 에피소드는 또 다른 주체를 암시한다. 아도르노와 호르크하이머의 서술 속에서 세이렌의 노랫소리는 감상자의 쾌락과 욕구를 극도로 자극하는 현대 대중문화를 암시한다. 그러면서 저자들은 거부할 수 없는 대중문화의 유혹 속에서 대중이 결국 판단력을 상실하고 비합리적 권위에 손쉽게 순응해 버린다는 사실을 지적한다. 이처럼 대중 자신이 자발적으로 생산하고 소비하는 자율적 대중예술과 구분되는 의미에서, 대중의 욕구를 자극하는 상품화된 문화를 양산하는 자본주의적인 '문화산업'이 개념화될 수 있다. 아도르노와 호르크하이머의 비판은 이러한 문화산업이 예술을 파괴하고 상품화, 획일화시킬 뿐 아니라, 그것이 대중의 욕구를 평준화시키고, 개인이 스스로 자신의 가치관과 욕구를 알아내는 성찰 과정의 가능성을 박탈함으로써 대중을 수동적 상태로 전락시킴에 따라, 결과적으로 정치적 지배에 동원된다는 사실을 겨냥한다. 이처럼 현대적인 형태의 지배는 언제나 다수의 개인들을 획일적 존재로 만드는 동일성 원칙(Identitätsprinzip)에 근거를 두고 있다.

동일성 원칙과 사회적 지배

전통적으로 철학은 언제나 인식의 총체성을 추구해 왔다. 특히 근대 철학에 이르러 세계의 모든 존재를 빈틈없이 파악하는 총체적 인식이 사유하는 주체 자신의 인식 형식에 입각한 총체적인 체계성의 수립을 통해 가능하다는 믿음이 생겨났다. 다시 말해, 사유하는 주체는 자신이 가진 합리성의 능력을 토대로 만든 철학 체계를 통해 세계 전체를 인식할 수 있다는 것이다. 그런데 문제는, 이러한 주체 자신이 수립한 체계가 정말 세계를 온전히 파악할 수 있는가 하는 것이다. 인식의 총체성을 구축하기 위해서 주체는 자신이 수립한 체계의 그물망 속에 온전히 기입될 수 없는 것, 이 그물망을 빠져나가 버리는 것은 배제하거나 억압하는 방식을 취할 수밖에 없다. 총체적 인식이란 달리 말하자면 주체가 대상을 자신의 인식 체계와 동일한 형태로 주조해 내며, 이에 순응하지 못하는 것을 배제하는 것을 뜻한다. 따라서 주체는 총체적 인식을 달성하기 위해 세계를 자신과 동일한 것으로 만든다. 전통적으로 철학적 인식은 이와 같은 동일성 원칙을 내포하고 있었다.

아도르노는 이러한 동일성 원칙에 근거를 둔 철학 체계가 진리를 인식할 수 있는가 하고 반문한다. 그러나 아도르노의 비판은 한발 더 나아간다. 그는 이처럼 대상을 주체와 동일한 것으로 만드는 인식의 과정은 동시에 사회적으로 벌어지고 있는 동일화 과정의 폭력과 닮아 있지 않은가 하고 묻는다. 만약 그렇다면 전통 철학의 동일성 원칙에 대한 비판은 철학 자체에서 이루어지는 내재적 비판을 넘어서, 그것과 유사한 메커니즘 속에 이루어지는 사회적 지배 형태에 대한 비판으로 나아가야 할 것이다. 이처럼 아도르노의 비판이론은 '인식비판을 통한 사회비판', 곧 '인식비판과 사회비판의 통일'을 기획한다. 철학이 표출하는 사유의 체계성은 그것이 기대고 있는 사회적 실재의 구조적 체계성의 흔적을 내포하고 있다. 따라서 철학적 비판은 순수한 철학 내적 비판을 넘어 사회적 체계가 갖는 억압성에 주목해야 한다. 아도르노의 시대에 인식의 총체성(Totalität)에 대한 비판은 전체주의적(totalitär) 지배에 대한 비판과 결합되어야 했다. 총체적 인식이 대상 세계의 동일화에 기초해 있다면, 전체주의를 포함한 모든 형태의 사회적 지배 역시 특정한 형태의 동일화 방식과 연결되어 있다.

　이것은 유대인이라는 타자에 대해 원초적 폭력을 가함으로써 게르만 인종의 유전적 동일성을 지키고자 했던 나치 정권의 반유대주의적, 우생학적 사고방식에서 그 가장 극단적인, 그러나 동시에 가장 순수한 형태로 나타났다. 독일인들은 어째서 유대인들을 박해했을까? 그들의 반유대주의는 유대인들이 가지고 있던 특정한 민족적 특징에서 비롯한 것일까? 아도르노와 호르크하이머는 그렇지 않다고 말한다. "파시즘에서 유대인은 단순한 소수파라기보다는 부정적 원리로서의 반(反)종족(Gegenrasse)을 의미한다."[3] 다시 말해, 유대인의 민족적, 인종적, 종교적 정체성(선민의식, 수전노 기질, 예수의 신성을 부정 등)이 본래적으로 존재하며, 이것이 독일인들의 분노를 샀다고 보는 것은 사태를 온전히 이해하지 못하는 관점이다. 오히려 나치 세력과 같은 게르만 인종주의자들은 자신들의 인종적 동일성을 확보하기 위해서, 이 동일성에서 벗어나 있는 타자를 향해 공격적 충동을 투사해야 했다고 말하는 것이 더 옳은 관점이다. '우리'의 동질성을 확보하기 위해서는 '우리 안의 타자'에 대한 배제와 억압의 논리가 필요했다. 따라서 이렇게 구성된 타자는 오로지 동일성의 형성을 위해 만들어지는 부정성, 비동

3　같은 책, 252쪽.

일성으로서만 존재할 따름이다.

　나치즘이 점차 성장할 무렵 독일은 1차 세계대전 패전으로 인한 전쟁 배상금의 부담과 인플레이션, 경제위기, 그리고 이로 인한 정치적 동요로 인해 심각한 사회적 혼란을 겪었다. 위기의 상황에 처한 주체는 자신의 합리성을 상실해 버렸다. 아니, 애초에 근대 계몽주의가 주창한 '합리적 주체'란 존재하지 않는 것이었을지도 모른다. 사회적 위기는 주체의 위기로 이어졌고, 주체성을 상실한 군중은 총통의 명령에 복종하는 순종적 독일 국민으로 거듭나게 되었다. 총통은 그들을 주체로 호명했다. 그런데 이번에는 그들은 계몽적, 합리적 주체로서가 아니라 반유대주의적 주체, 사회적 위기로 인한 자신의 불안, 공포, 분노의 정념을 소수자에게 투사할 수 있는 전체주의 대중운동의 주체로서 호명된 것이다. 그들이 유대인 상점에 불을 지르고 유대인 추방과 학살에 동참할 때 그들은 또 다른 의미에서의 주체, 동일성 원칙의 주체, 비동일자의 추방과 제거에 앞장선 주체였다. "반유대주의의 행태는 주체성을 박탈당했던 눈먼 인간들이 다시 주체임을 자각하고 행동하게 된 상황 속에서 시작되었다. 행동주의 심리학이 지적하듯 …… 그들의 행동은 의미 없는 반사작용으로서의 살인 행위다."[4]

　이처럼 계몽이 신화로 후퇴하듯, 합리적 주체는 가장 비합리적인 주체, 희생제물 앞에서 분노하는 '어두운 충동'의 주체로 퇴보한 것이다. 주체 중심주의를 선언한 근대 계몽 기획은 결과적으로 주체가 가진 반성적 능력을 일깨우는 데 실패하고, 단순한 자극에 충동적으로 반응하는 광기의 주체의 탄생을 막지 못했다. 이는 합리적 주체가 애초에 자신과 같지 않은 것을 같게 만드는 동일성 원칙을 강박증적으로 신봉했던 것에도 일정 부분 책임이 있다. 체계성의 철학과 주체의 총체적 인식이란 대상 세계를 그 자체로 인식하는 것이 아니라 주체 자신의 형상을 투사함으로써 주체 자신과 같은 모습만을 바라보고, 그밖에 동일하지 않은 것(비동일자)을 제외하는

_____
4　같은 책, 256쪽.

메커니즘 외에 다름 아니었던 것이다. 이처럼 주체의 동일성 원칙은 인식을 하나의 투사(Projekt)로 만든다. 대상으로부터 인식된 것, 획득된 것은 곧 자기 자신일 뿐이다. 따라서 동일성의 주체는 나르시스트이며, 그는 집단 나르시즘 속에서 자신이 거대한 동일성의 일부임을 확인하며 위안을 얻는다. 전통 철학이 강조해 온 진리의 조건인 '주객 동일성'이란 결국 이러한 방식의 나르시즘적 투사 메커니즘이 아닌가? 그 결과 주체는 편집증 환자가 된다. 즉 그는 자신의 체계에서 벗어나는 것, 동일하지 않은 것에 대해 공포와 광기를 표출하는 것이다.

상처받은 삶으로부터의 성찰: 고통받는 개별자의 도덕

이처럼 파시즘의 광기와 세계대전의 총성 한복판에 저술된 『계몽의 변증법』은 어두운 음조를 띠고 있었다. 이 때문에 아도르노의 철학은 지나치게 비관적, 염세적인 것이 아닌가 하는 물음이나 비판을 받기도 했다. 이러한 '어두운' 색조는 망명 기간 작성한 자신의 에세이를 모은 책 『미니마 모랄리아』[5]에서서도 두드러지는 특징이다. 아도르노는 이 책에서 철학을 "슬픈 학문"이라고 부른다(이 표현은 니체가 말한 '즐거운 학문'으로서의 철학이라는 생각에 대항하기 위해 작성된 것이다).

아도르노에게 나치즘의 집권, 유대인 학살, 세계대전 등의 참상들은 "예로부터 꿈의 경험을 통해 우리에게 익숙해 있던 소리 없는 소음이 이제는 잠에서 깨어나면 신문의 큰 제목들에서"[6] 울려 퍼지는 비참한 상황이었다.

---

5 이 책은 그가 1944년부터 1947년까지 작성한 잠언들을 모아 1951년 첫 출간되었다. 이 책은 당시 10만 부 이상 팔리면서, 독일의 전후 최초 베스트셀러 철학 저작으로 기록되기도 했으며, 이 책의 판매고에 힘입어 독일의 신생 출판사였던 주어캄프(Suhrkamp)사가 지금도 전 세계적으로 인문학 시장을 주도하는 거대 출판사로 성장하는 계기를 마련하기도 했다.

6 테오도르 아도르노, 『미니마 모랄리아: 상처받은 삶에서 나온 성찰』, 김유동 옮김, 도서출판

"사물 안에 새겨져 있는 역사의 표현은 오직 지나간 고통"[7]일 뿐이라고 말하는 이 망명 지식인은 기쁨과 긍정의 표현 속에서 이데올로기적 요소를 발견할 만큼 예민해져 있었다. 그러나 그는 그러한 비극적 상황 속에서도 사태를 이해하고 그에 단호하게 저항하기 위한 부정성의 시선을 놓쳐서는 안 된다고 보았다.

> "활짝 핀 나무조차 사람들이 그 만개 밑에 가려진 공포의 그늘을 인지하지 않는 순간 거짓말을 한다. '얼마나 아름다운가'라는 순진무구한 표현도 아름답지 못한 존재자를 치욕스럽게 하는 구실이 된다. 아름다움이나 위로란 더 이상 없으며, 있다면 그것은 오직 다음의 시선, 즉 공포를 직시하고 감내하며 '부정성'에 대한 단호한 의식 속에서도 더 나은 상태에 대한 가능성은 놓치지 않으려는 시선이다."[8]

그런데 이처럼 사회가 야만으로 퇴보한 상황에서 개인은 어떠한 삶을 살고 있으며, 살아야 하는가? 과연 거대한 사회적, 역사적 비극을 온몸으로 체험한 개인에게는 어떠한 삶이 가능할 것인가?

20세기의 후기 자본주의는 자율적으로 사고하고 행위하는 주체의 소멸을 낳았다. 개인이 전체에 종속되어 버리는 전체주의적 사회에서뿐만 아니라, 개인의 자유를 최고의 가치로 보는 자유주의 사회에서도 '대중민주주의'와 '대중문화', '대량생산 대량소비'라는 특징을 갖는 대중사회의 부상에 따라 개인은 언제나 동일하고 사회적으로 규격화된 삶의 형식을 강요당한다는 것이 아도르노의 현실 진단이었다. 이처럼 주체의 자율성이 폐기된 세계에서 삶은 더 이상 참된 것일 수 없으며, '자유로운 삶'이란 가상에 불과하다. 그런데 자율적 주체가 소멸했다면 이는 곧 윤리의 불가능성

길, 2009, 73쪽.

7   같은 책, 74쪽.

8   같은 책, 41–42쪽.

을 함축한다. "올바른 삶"은 오늘날 더 이상 가능하지 않은 것이다. 이로부터 "허위적인 삶 속에 올바른 삶은 존재하지 않는다"[9]라는 유명한 문구가 도출된다.

그렇다면 윤리의 물음, '올바른 삶'이 무엇인가 하는 물음은 이제 기각되어야 하는 것일까? 그렇지 않다. 왜냐하면 더 이상 '올바른 삶'에 대한 물음이 던져지지 않는 이상, 사회적 억압과 지배를 비판할 수 있는 근거가 사라질 것이기 때문이다. "어떻게 살 것인가?"라는 물음은 따라서 "어떻게 주체의 윤리적 삶이 가능한 객관적 관계망을 만들어 낼 것인가?"라는 물음으로 소급된다.

아도르노는 우선적으로 오늘날 '올바른 삶'이 가능하기 위해서는 보편적 관계에 흡수되지 않는 개별자의 고유한 삶의 가능성이 전제되어야 한다고 보았다. '전체의 속박에서 벗어난 개인'이 존재할 수 없는 공간에서는 지배에 대한 비판 역시 존재할 수 없으며, 개인의 자유로운 삶은 통일성이라는 구호 아래 질식해 버릴 것이기 때문이다. "'차이'를 녹여 버리는 것을 곧바로 '의미'라고 외쳐 대는 전체주의적 통일성에 직면해서 사회의 해방적 힘들 중에서 어떤 것은 잠정적으로 '개별적인 것'의 영역으로 모여질 수도 있을 것이다. '비판이론'은 …… 이 '개인' 속에 자리를 잡을 수 있는 것이다."[10]

그런데 상품의 교환과 판매, 화폐와 이윤의 축적을 추구하는 자본주의적 생산관계는 과연 개인의 고유한 삶을 가능케 할 것인가? 역사의 진행 과정은 오히려 '개인'의 범주를 강조해 왔던 자유주의적인 근대와 자본주의 사회가 역설적으로 개인의 범주를 소멸시키고 있음을 보여 주었다. 왜일까? "자본주의에서는 '차이'와 고유성 덕분에 지배적 교환관계 속에 흡수당하지 않는 것을 의미하는 '질의 유토피아'가 물신적 성격 속으로 도피

9 같은 책, 61쪽.
10 같은 책, 31쪽.

한다."[11] 이와 같은 아도르노의 자본주의 비판은 맑스의 정치경제학 비판을 계승하면서도, 그것을 보편과 특수, 전체와 개인 사이의 관계에 관한 물음 속에 제기한다는 점에서 특징적이다.

이와 같은 관점은 당과 계급 같은 집단적 주체의 실천만을 강조하는 전통적 맑스주의에 대한 비판이 내포되어 있다. 전통적이고 교조적인 맑스주의는 '개인'의 고유성과 자율성을 강조하는 모든 사고방식을 '부르주아 자유주의'로 매도한다. 그런데 집단적 실천을 통한 해방이라는 맑스주의자들이 제기하는 역사적 과제가 결국 지향하는 바는 무엇인가? 사회의 구조화된 총체성의 예속으로부터 자유로운 개인들의 연합이 아닌가? 그것을 맑스가 '자유의 왕국' 또는 '자유로운 생산자들의 연합'으로 부른 것이 아닌가?

물론 '개인'에 대한 관념은 근대 부르주아 계급의 형성, 그리고 그들의 이데올로기인 자유주의 사상과의 긴밀한 연관 속에 형성된 것이 사실이다. 그러나 이를 이유로 개인의 자유라는 이념을 거부하는 것은 어리석은 일이다. 실은 자유주의 사상은 전통적으로 개인을 원자화된 실체로 보고, 자유를 오로지 소극적 의미(~로부터의 자유)로만 이해했기 때문에, 개인의 자유가 실현될 수 있는 객관적, 사회적 조건의 문제에 대해서 파악하지 못했다. 따라서 자유주의적인 개인주의는 오히려 개인에 대한 전체의 예속을 강화하는 무기력한 이념이라는 비판 역시 가능하다.

따라서 개인의 고유한 삶과 자율성을 강조하는 것은 그러한 고유한 삶을 보장하는 객관적인 사회적 관계망의 창출을 목표로 하는 사회적, 정치적 비판의 이론, 그리고 이를 이루기 위한 실천적 활동을 전제로 한다. "사회 해방 없이는 아무런 해방도 없다."[12] 즉 개인의 자율성이 보장되기 위해서는 개인을 넘어선 억압적이지 않은 보편적 관계망의 창출이 요구된다.

---

11 같은 책, 163쪽.

12 같은 책, 229쪽.

따라서 이처럼 개인을 '넘어선' 사회의 보편적인 상태에 대한 물음을 기각하는 개인주의적 자유주의는 오히려 개인을 예속시키는, 현존하는 사회적 억압을 강화하는 효과를 낳는다. 왜냐하면 자유주의의 효과로 탄생한 자신을 둘러싼 사회적 관계에 무관심한 개인, 원자화된 삶 속에서 다른 개인과 생존경쟁을 진행하는 개인은 바로 이 개인이 수행해야 할 사회 전체에 대한 비판적 활동을 불가능하게 만들었기 때문이다. 20세기의 경험이 말해 주듯, 자유주의적 개인주의가 개인을 무장해제시킨 자리에는 곧바로 순응하는 군중이 출현하며, 이는 전체주의적인 지배의 위험으로 이어졌다.

부정적인 것에 머물기: 변증법, 부정성, 비판

이러한 맥락에서 아도르노는 어떻게 '비판'이 가능한가 하는 관심에 자신의 모든 철학적 역량을 쏟아 부었다고 할 수 있다. 그는 철학이 역사적, 사회적 상황으로 초래된 개별자의 고통을 의식의 반성 형식을 통해 표현해야 한다고 보았다. 따라서 철학은 (고통의 표현이라는 의미에서) '부정적'이어야 하며, 이 고통을 낳는 현실의 모순적 논리를 제기한다는 점에서 '변증법적'이어야 한다. 그리고 그는 1966년 출판된 말년의 저작 『부정변증법(Negative Dialektik)』에서 변증법적 사유에 대한 자신의 철학적 관점을 집중적으로 전개한다.

아도르노에게 변증법이란 고정된, 실체화된 사유의 체계를 만들어 내는 것이 아니라 그러한 고정된 체계성을 넘어서는 사유의 운동을 의미했다. 즉 그것은 세계를 긍정적, 개념적으로 정립하기 위한 정신의 절차들이 아니라, 이성의 부정적이고 비판적인 활동을 지칭하는 것이다. 따라서 아도르노가 보기에 변증법은 언제나 '부정변증법'을 의미하는 것이어야 했다. 이러한 부정변증법은 '일관된 비판적 변증법'을 일컫는다. 변증법이란 (청년 맑스의 표현을 빌려 말하자면) "모든 현존하는 것에 대한 가차없는 비판"인 것이다. 이처럼 아도르노는 '변증법적 부정성'이 가진 비판적이고 전복적인 성격을 재조명함으로써 변증법적 사유 운동의 전통을 새로이 구제하고자 했다.

그것이 드러나는 지점은 '규정적 부정(bestimmte Negation)'이라는 사유의 방법이다. 규정적 부정은 본래 헤겔이 자신의 변증법적 부정성을 설명하기 위해 사용한 개념인데, 헤겔은 이를 스피노자의 격언인 '모든 규정은 부정이다(Omnis determinatio est negatio)'라는 표현에서 차용했다. 어째서 모든 규정은 부정인 것일까? 어떤 것이 자신의 존재 규정을 얻기 위해서는, 그 자신이 아닌 것, 자신의 타자와 맺는 관계가 필요하다. 즉 어떤 사물은 자신이 '아닌' 것과의 (부정적) 관계 속에서 비로소 자신의 규정을 정립할 수 있다. '연필'이라는 개념의 규정은 '연필은 어떠어떠한 특징을 가진 사물이다'라는 방식으로 정의 내릴 수 있을 것이다. 그런데 이러한 (긍정적) 정의에는 연필이란 볼펜이 '아닌' 필기도구라는 의미가 필연적으로 내포될 수밖에 없다. 연필을 규정한다는 것은 동시에 연필과 연필이 아닌 것(예컨대 볼펜)과의 부정적 관계를 정립한다는 것을 의미한다. 따라서 어떠한 개념에 대한 규정은 동시에 부정이다. 이런 맥락에서 부정성은 단순한 '없음'이 아니라 그 자체로 어떠한 긍정적인 내용을 산출한다.

'규정적 부정'이란 이런 의미에서 나온 개념이다. 반면 헤겔에 따르면, 전통 철학은 '부정성' 개념을 무(無)와 동일시하고 그 의미를 평가절하했다. 그러나 무엇인가를 규정하는 데 부정성이 반드시 필요하다면, 이러한 부정성은 (단순한 없음, 공백이라는 의미에서의) '추상적 부정성'과 같은 것이 아니다. 그것은 오히려 어떤 대상의 규정에서 본질을 이루는 부정성이며, 따라서 이 대상의 규정을 산출하는 데 구성적인 역할을 담당한다. 이처럼 부정성이 사유의 운동 속에서 단순한 무와 공백이 아닌 구성적 역할을 수행한다는 사고는 아도르노의 부정변증법 철학에 결정적인 영향을 미친다. 적어도 이런 의미에서는 아도르노가 헤겔의 제자라고도 말할 수 있을 것이다.

그런데 헤겔과 아도르노의 변증법 사유는 어떻게 구분되는 것일까? 헤겔은 규정적 부정의 과정을 통해 운동하는 사유가 궁극적으로는 자기 자신으로 복귀해 사유의 총체성을 이루고, 절대적 인식에 도달할 것으로 보았다. 즉 사유는 자기부정 속에 운동하지만 궁극적으로는 이 부정을 거쳐 긍정적 총체성으로 귀결된다. 헤겔 변증법은 자기 순환적 구조 속에서 '부정의 부정은 긍정'이라는 사유의 도식을 수행한다. 그러나 아도르노가 보기에, '부정의 부정은 긍정'이라는 헤겔의 도식은 부정성의 잠재력을 온전히 끌어내지 못하고 현실과 타협하는 헤겔 사유의 불철저함을 나타낼 뿐이다. 아도르노는 헤겔과 달리, 변증법의 부정적인 운동은 그 완성된 형태인 인식의 절대성과 총체성을 가정함으로써 긍정으로 귀결되는 순환운동이 될 수 없다고 보았다. 오히려 이 부정성의 운동은 일관되고 중단없는 방식으로 수행됨으로써 긍정성의 가상으로부터 해방되어, 자신의 비판적인 기능을 밀고 나아가야 한다.

이러한 맥락에서 아도르노는 『부정변증법』의 서문에서 이 책의 목표를 "변증법을 그런 긍정적(affirmativ) 본질로부터 해방"시키는 것이라고 말한다.[13] 이러한 변증법은 체계성의 유혹을 거부함으로써 동일성 원칙으로부터 철학적 사유를 해방시키고자 한다. 따라서 "변증법은 비동일성에 대한 일관된 의식이다."[14] 즉 변증법은 고정된 동일성의 체계에서 빠져나가는 것들, 동일성 원칙에 의해 배제된 것들에 주목하면서, 바로 이러한 배제의 존재야말로 동일성 원칙이 궁극적으로 성립 불가능한 가상임을 드러내 보인다.

부정변증법이 긍정성의 가상에서 해방되어야 한다는 아도르노의 사유는 변증법을 신학적 우상금지(Bilderverbot)와 결합시키는 시도에서 분명히

---

13 테오도르 아도르노, 『부정변증법』, 홍승용 옮김, 한길사, 2010, 51쪽.

14 같은 책, 58쪽.

드러난다. 이 지점에서 아도르노는 그가 헤겔로부터 차용한 규정적 부정의 방법을 유대 메시아주의적인 우상금지 원칙과 결합시킨다. 이 이념을 아도르노는 (특히 유물론 철학과 신학의 조우 가능성에 관한 물음과 관련하여) 이렇게 표현한 바 있다.

"단지 형상이 없을 때에만 완전한 객체는 사유될 수 있을 것이다. 이처럼 형상이 없는 상태는 신학적 우상금지와 합치된다. 유물론은 유토피아를 긍정적으로 그려 내는 것을 허용치 않음으로써 우상금지를 세속화했다. 유물론은 가장 유물론적인 곳에서 신학과 일치한다."[15]

구약의 율법서인 토라에 따르면, 모세가 신으로부터 받은 십계명에는 신의 모습을 형상으로 주조하지 만들지 말라는 내용이 포함되어 있다. 이는 우상숭배를 막기 위한 조치로서, 이후 유대인들은 신의 이름을 발음하는 것도, 신의 형상을 만드는 것도 금지했다. 아도르노는 이와 마찬가지로 철학 역시 그 궁극적인 목적(Telos)을 서술해선 안 된다고 보았다. 현재의 부정적인 상태를 넘어서는 긍정적인 다음 단계에 대한 진술은 현재 상태에 관한 성찰과 극복의 힘겨운 과정들을 중단시키고, 마치 다음 단계가 곧 도래할 것처럼 기만하는 역할을 할 뿐이다. 인식의 총체성에 관한 모든 관념론적 요구들은 화해되지 않은 비동일자에 대한 배제와 억압으로 나타나는 철학의 체계성이 갖는 폭력성을 은폐할 뿐이다.

나아가 아도르노는 이러한 신학적인 우상금지 원칙을 긍정적 유토피아에 대한 직접적인 묘사의 거부라는 유물론적 비판이론의 정치적 모티브로 수용한다. 현재의 억압과 분열을 넘어선 최종적인 해방과 구원의 상태를 장밋빛 청사진으로 묘사하는 모든 유토피아적인 시도는 그 취지와 다르게 또 다른 형태로 현재의 허위적 실천을 반복하는 효과를 낼 수 있다. 마치

---

15 같은 책, 291쪽.

자본주의의 모순을 극복하고 해방된 사회를 건설하고자 했던 소비에트 러시아의 실험이 또 다른 형태의 억압적 사회를 창조하고, 그 안에서는 사적 자본주의에서와는 다른 방식으로 착취와 폭력이 되풀이되었던 것처럼 말이다. 따라서 비판이론의 관점은 장밋빛 미래를 설계하는 것이 아니라, '지금 여기' 존재하는 고통과 불의를 주목하고, 그 구조적 원인을 분석하는 부정성의 중단 없는 노동이 되어야 한다. 구원의 빛은 미래에 대한 청사진이 아니라, 이러한 단호한 부정성의 시선 속에서 비로소 밝혀질 수 있을 것이다.

이론적 영향

아도르노는 호르크하이머와 함께 비판이론 혹은 '프랑크푸르트학파'로 불리는 20세기 독일의 철학, 사회학, 심리학의 통합적, 상호 학문적 연구 기획의 1세대를 형성한다. 아도르노 사후 이 이론적 기획의 주도권은 하버마스에게 이어졌으며, 이를 비판이론 2세대라 칭한다. 이러한 흐름은 다시금 악셀 호네트 등 비판이론 3세대로 이어졌고, 오늘날 독일은 물론 세계의 학계는 비판이론 4세대의 등장을 주목하고 있다.

비판이론 2세대에는 물론 하버마스 경향의 이론 진영만 포진해 있는 것은 아니다. 훨씬 소수지만, 하버마스의 동시대 철학자들 중에는 아도르노와 하버마스의 철학 사이에 존재하는 단절을 강조하면서, 1세대 비판이론이 가지고 있었던 비타협적 급진성이 2세대 이후 후퇴했다고 주장하는 학자들도 존재한다. 하버마스는 그의 저서 『현대성의 철학적 담론』에서 아도르노의 철학이 특히 『계몽의 변증법』에서 근대 계몽적 합리성이 지닌 긍정적 측면을 전면적으로 부정해 버림에 따라 그의 철학이 '탈출구 없는 이론'이 되었고, 비합리적 사변으로 전락했다고 비판한다. 이러한 선언 이후 하버마스는 미완의 계몽을 완수하기 위한 조건으로 담론윤리를 제안한다. 반면 하버마스에 대해 비판하는 이론가들은 현대 사회의 야만성에 대한 아도르노의 근본적인 비판이 하버마스 방식의 담론윤리로 연결될 수 있는가에 관한 반론을 제기한다. 나아가 이들은 아도르노의 계몽 비판이 계몽 자체에 대한 거부를 의미하지 않았다면서 하버마스가 아도르노의 사상을 왜곡했다고 비판한다. 이러한 '잊혀진' 2세대 전통에는 알프레트 슈미트(Alfred Schmidt), 오스카 넥트(Oskar Negt) 등이 있으며, 이들과는 다른 맥락이지만, 헬무트 라이헬트(Helmut Reichelt), 한스-게오르크 박하우스(Hans-Georg Backhaus) 등은 아도르노의 이론을 토대로 '새로운 맑스 독해(Neue-Marx-Lektüre)'라는 이름의 비교조주의적인 맑스 텍스트 해석 흐름을 주도하기도 했다.

어쨌거나 이렇게 아도르노는 현재 4세대에 이르기까지 독일에서의 지적 흐름에서 커다란 영향력을 행사해 온 프랑크푸르트학파의 초기 세대를 대표하는 인물로서, 나치즘의 야만을 극복하고 새로운 사회를 만들고자 했던 서독에서 커다란 영향을 행사했다. 아도르노는 전후 아데나워 정부의 보수화, 권위주의화를 비판하면서, 독일 사회에서 나치즘의 유산이 완전히 청산되지 않았음을 고발했다. 또 그는 전체주의의 위험을 극복할 수 있는 길은 민주주의의 강화이며, 이는 자율적으로 사고할 수 있는 성숙한 시민 주체의 형성에 달려 있다고 보았다. 이러한 맥락에서 그는 수차례의 라디오 강연을 통해 전후 독일 사회 재건에 필요한 철학적 사회참여와 이론적 실천을 수행했다. 헤겔이 나폴레옹의 침략 이후 프로이센의 근대화를 주창하며 자유의 정신을 설파했다면, 아도르노는 2차 세계대전 이후 독일 사회의 민주적 재건과 과거사 청산을 촉구하며 시민적 비판의 정신을 일깨웠다.

아도르노는 1969년 사망했지만, 이러한 그의 이론적 실천은 독일 사회에 커다란 영향을 미쳤고, 이를 통해 독일은 전범국가였던 자신의 과거를 철저하게 반성하는 모습을 보이면서 성숙한 민주주의의 선구자로 전 세계인들에게 기억될 수 있었다고 할 수 있다. 신자유주의와 세계화의 광풍 이후 양극화와 대의제에 대한 불만이 왜곡된 방식으로 터져 나오면서 전 세계적으로 민주주의가 위기를 맞이한 오늘날의 상황은 마치 '억압된 것의 회귀'라는 정신분석학의 표현처럼, 억압된 것처럼 보인 전체주의의 망령을 소환해 내고 있다. 위기는 성찰을 요구한다. 오늘날의 위기 속에서 야만으로 후퇴한 문명에 대한 아도르노의 분석, 그리고 민주주의의 조건으로서 비판 정신에 대한 그의 비타협적 강조는 우리에게 분명 새로운 성찰의 지점을 던져 주고 있는 것은 아닐까.

4
한나 아렌트
Hannah Arendt

조배준

건국대 철학과에서 박사과정을 수료하였고 한국철학사상연구회에서 활동하며 한국의 현대철학 분야로 관심이 넓어졌다. 현대 정치철학 담론과 '정치적인 것', 한반도 민주주의 개념의 수용과 변용, 분단의 지성사, 인문학적 통일론과 DMZ 공간 치유 등의 주제에 관심을 갖고 있다. 함께 쓴 책으로『길 위의 우리 철학』(메멘토, 2018),『가요 속 통일 인문학』(씽크스마트, 2018),『통일 한반도의 녹색 비전』(한국문화사, 2017),『통일 담론의 지성사』(패러다임북, 2015),『처음 읽는 한국 현대철학』(동녘, 2015) 등이 있다.

한나 아렌트: 전체주의에 대한 저항과 '정치적 삶'

유대인 망명자의 정체성

한나 아렌트(Hannah Arendt, 1906-1975)는 20세기의 가장 영향력 있는 여성 정치사상가이다. 그녀는 '단독자로서의 인간'에만 주목했던 기존의 철학 체계가 자신의 사상 궤적과 맞지 않으니 '철학자'라는 호칭 대신 '정치이론가'로 불러줄 것을 부탁하곤 했다. 물론 당면한 정치적 사태들을 관찰하고 고전들을 경유하여 깊은 사유를 길어 냈던 아렌트의 연구가 '철학자의 길'을 걸어간 것이 아니라고 말할 사람은 없을 것이다. 그녀는 명백히 '정치적 동물'일 수밖에 없는 인간에 대한 실존적 자기규정을 고립된 개인이 아니라 공동체의 관계 속에서 찾았다. 아렌트에게 있어 인간은 '정치적 삶(bios politikos)을 통해서만 자유를 누릴 수 있는 존재이기 때문이다. 그런 점에서 자유는 인간의 자아에 내재하는 것이 아니라 함께 추구하고 획득할 수 있는 인간의 고유한 능력이라고 볼 수 있다. 아렌트는 인간의 활동 범주가 가진 특성에 천착할 때 '더 나은 미래'를 만들어 갈 수 있는 희망은 오직 정치라는 행위를 통해서 가능한 것이며, 그런 의미에서 '정치적 동물'이라는 인간성의 조건은 필연적인 것이라고 보았다.

이처럼 아렌트는 '한 인간'이 아닌 '인류'라는 복수적(複數的)인 존재가 서로의 차이를 나누는 관계를 통해 함께 창출해 가는 세계의 다원성에 주목했다. 물론 이 관계성을 가장 잘 포착할 수 있는 원천적인 개념은 '정치'였다. 자신의 삶이 개인의 의지와는 무관하게 시대가 부과한 소용돌이 속으로 빠져드는 것을 지켜보면서, 아렌트는 역사적 삶의 모든 조건은 결국 정치에 의해 좌우된다는 점을 각인했기 때문이다. 자율적 연합 활동과 공론장(public sphere)에서의 대화를 통한 정치 행위의 중요성을 강조한 아렌트의 학문적 결론은 자신이 온몸으로 겪은 시대의 고통에 대한 실존적인 응답이었다. 흔치 않은 여성 정치사상가로 주목받았지만 여성주의적 문제의식에 직접적으로 천착한 것은 아니었던 아렌트의 사상은 시종일관 유대인이라는 정체성에 중심을 두고 확장할 수밖에 없었다. 아렌트만이 펼칠 수 있었던 사유의 배경엔 그녀가 감당해야 했던 두 가지 조건, 즉 '유대인'이라는 태생적 조건과 살아남은 '망명자'라는 시대적 조건이 있었다. 나치의 유대인 탄압을 피해 유럽을 떠돌던 기억과 '인종청소'를 벗어나 미국으로 망명한 사건은 그녀의 삶을 송두리째 바꿔 놓았을 뿐만 아니라, 인간의 정치 행위를 가능케 하는 근본 조건에 대해 평생 탐구하도록 만들었다.

1906년 독일 하노버에서 태어난 아렌트는 현재 러시아 영토이자 이후 자신의 중요한 사상적 토대가 된 칸트(Immanuel Kant)의 고향인 쾨니히스베르크(Königsberg), 그리고 베를린(Berlin)에서 성장했다. 그녀는 마르부르크 대학교 시절 철학 스승인 하이데거(Martin Heidegger)와 짧은 기간 동안 연인 사이였지만, 나치에 동조적이던 그와 결별한 후 하이델베르크 대학교로 옮겨 가게 된다. 1929년 실존주의 철학자 야스퍼스(Karl Jaspers)의 지도를 받아 『사랑 개념과 아우구스티누스』라는 신학적 문제의식을 가진 논문을 쓰고 박사학위를 받았지만, 아렌트는 히틀러의 집권 이후 빠르게 경직되고 배타적으로 변해 가는 독일 사회에서 점차 소외될 수밖에 없었다. 유대인이라는 이유로 교수 자격 취득이 좌절되자 그녀는 1933년 파리로 떠나게 되고, 그곳에서 유대인 망명자들을 도우며 발터 벤야민과 교류한다.

그러나 제2차 세계대전이 발발하고 프랑스가 독일군에 점령당하자 유럽에서 안전한 곳은 더 이상 없었다. 프랑스를 다시 떠나야 했던 아렌트는 1940년 하인리히 블뤼허(Heinrich Blücher)와 결혼했는데, 그는 맑스주의자였지만 스탈린주의에 실망하여 전향한 독일의 학자였다. 그와 아렌트의 가장 큰 공감대는 생존을 위협받는 상황에 굴복하지 않고 자신의 정체성을 포기하지 않으면서도 사상의 자유를 끊임없이 추구하는 '경계에 선 지식인'의 사명이었다. 죽을 고비를 몇 차례 넘기고 1941년이 되어 아렌트는 유대인 망명자에게 비자를 발행해 주던 미국 외교관의 '불법적인' 도움으로 어머니, 남편과 함께 미국 뉴욕으로 망명할 수 있었다. 독일 국적을 박탈당했던 그녀는 1950년 미국 시민권자가 되기 전까지 국적 없이 활동했는데, 정치적 권리를 행사할 수 없는 무국적자는 기본권의 상실도 위협받아야 했다. 나치의 박해를 피해 살아남은 망명 사상가의 연구 주제가 어디로 향할지는 거의 정해져 있는 것이었는지도 모른다. 시민권에서 배제된 사람은 최소한의 인권도 보장받기 어려울 수 있다는 당시의 경험은 그녀로 하여금 근대국가의 정치적 조건에 대해 다시 사유하게 만들었다.

결국 그녀에게 유대인 정체성은 결코 제거할 수 없는 조건이었지만 아렌트의 사유는 이미 결정되어 있는 '유대적인' 사고방식에 갇히지 않았다. 어떤 도그마나 이데올로기에 갇히지 않는 유대인으로서, 주류 공동체가 한정하는 담론의 자유를 벗어나 독자적인 사유를 억압하는 것들에 대해 저항했기 때문이다. 이러한 아렌트의 자기 정체성은 '자각적 패리아(the conscious pariah)'라는 개념으로 살펴볼 수 있다. 원래 불가촉천민을 의미하는 패리아는 유대인 공동체에서 무시되고 고립되는 존재이자 사회의 질서를 벗어나 있는 국외자이지만, 자각적 패리아는 자신의 정치적 지위에 대해 성찰하며 의식적인 정치 활동을 벌이는 각성된 존재를 가리킨다.

이처럼 정체성의 '안과 밖'을 동시에 탐색할 수 있는 엄정한 태도는 아렌트가 다른 유대인 지식인들과 구별되는 지점이었다. 유대인 학살의 실무 책임자였지만 전범 재판을 피해 아르헨티나에서 신분을 숨긴 채 살아가다 체포된 아이히만(Adolf Eichmann)이 정당화한 그 '업무'는 그에겐 그저 성실하게 진행해야 할 일상적 과업이자 상부의 명령일 뿐이었다. 1961년 '아이히만의 재판'에 대한 참관기를 쓰며 전체주의 체제에서 사유하는 능력을 잃어버린 이 가련하고 볼품없는 인간에 대해 그녀는 '악의 평범성(banality of evil)'이라는 말로 설명할 수밖에 없었다. 그러나 이런 관점은 유대인 지식인들의 비난에 직면했다. 그들에게 홀로코스트의 만행은 반드시 실체화된 '악(惡)'에서 나온 것이어야 했기 때문이다. 이러한 과정은 그녀가 말년에 이르러 '정치적 삶'의 더욱 근원적인 지점들에 대해 사유하는 계기가 되었다.

1959년에 아렌트는 프린스턴 대학교에서 전임 교수직을 제안받은 최초의 여성이었다. 1960년대에서 1970년대 초반까지 그녀는 자신이 속한 새로운 공화국인 미국을 중심으로 폭력과 혁명, 정치와 자유, 인종차별과 시민 불복종 등 낡은 정치 구조가 모순을 드러내는 지점들에 대해 적극적으로 개입하고 발언했다. 견고한 숙고를 거친 그녀의 글은 늘 정치적 현상에 대한 분석에 머무르지 않고 근대 세계가 잃어버린 '정치적인 것'에 대한 비평을 거쳐, 보편적 지평의 정치사상 담론으로 나아가려고 했다. 여기서는 아렌트의 정치사상 전체를 조망하기보다는 『인간의 조건』과 『전체주의의 기원』을 중심으로 아렌트 사유의 큰 방향을 살펴보려고 한다.

'정치적 동물'에 대한 근대적 재인식

1958년 출간된 『인간의 조건』은 인류의 정치적 본성과 그것이 발현될 수 있는 조건과 가능성에 대한 성찰이 체계적으로 담겨 있는 아렌트의 대표작이자, 그녀의 정치사상에 접근하기 위한 입문서라고 할 수 있다. 정치적 행위가 도구적 경향을 벗어날 수 있는 조건들을 모색하며 아렌트는 '관조적 삶(vita contemplative)'에 대비되는 '활동적 삶(vita activa)'을 강조하면서 그것을 노동(labor), 작업(work), 행위(action)로 나누었다. 이 세 가지에 상응하는 인간 활동의 기반은 노동의 경우 자연적인 삶의 필연성에 소요되는 생산이며, 작업은 비자연적이지만 인간의 세속화된 물질세계를 지속적으로 만들어 가는 과정이다. 여기서 아렌트가 인간의 세 가지 근본 활동들 중 하나로 이해하는 노동은 신체의 생물학적 기능과 욕구를 충족하기 위해 필수적으로 요구되는 생산 활동에 상응하는 삶의 조건이다. 이에 반해 행위는 정치적 관계에서 말을 매개로 이루어지는 차이의 공공적 교환이다. 그녀는 특정한 사안과 쟁점에 대해 서로의 의견을 나누는 정치 행위가 실질적 의미를 부여받는 것을 '다원성으로서의 인간 조건'이라고 불렀다. 그런데 아렌트가 바라보는 근대사회는 원래 가정의 관리를 의미했던 사적 경제 활동이 대중의 유일한 관심사가 되고 '사회적 영역'으로 부각되면서 사람들의 복수성(plurality)이 개인이나 자신이 속한 집단의 이해관계에만 매몰된 순응적이고 획일적인 행동(behavior)으로 전락한 시대이다.

이처럼 아렌트가 파악하는 근대사회의 핵심 문제는 인간 활동에서 인간다움과 개성을 발휘하는 활동인 정치 행위가 배제되거나 위축되어 삶의 지속을 위한 활동일 뿐인 노동과 그 노동의 산물을 소비하는 활동이 중심적 지위를 차지하고 있다는 점이었다. 『인간의 조건』은 노동이라는 생산 과정을 둘러싼 문제들이 정치적 능력의 성취 과정을 잠식하고 모든 가치 판단의 기준을 지배하게 된 전례 없는 시대의 도래를 비판하고 있다. 결국 우리 현대인은 정해진 프로그램대로 작동하는 노동과 작업의 세계에 예속되어 살아가며 가치 혼돈에 빠져 시간을 허비할 뿐, 진정한 자유를 가능케 하는 공공영역의 교류와 소통에서 소외되어 있다는 것이다. 아렌트가 말하는 정치적 삶의 고대적 기원에 대해 더 살펴보면서 그녀의 주장에 더 가까이 가보자.

인간은 '정치적 동물'이라는 아리스토텔레스의 규정은 폴리스에서 살아갈 때 인간다운 삶을 살 수 있는 존재라는 뜻인 '폴리스적 동물(zōon poli-tikon)'에서 연유한 말이다. 여기서 폴리스(polis)는 정치(politics)의 어원이 된 지중해 연안의 고대 도시국가를 가리킨다. 아렌트는 고대 그리스의 시민들이 자유롭게 토론을 벌이던 광장이자 그 모임을 가리키는 아고라(agora)처럼 정치 행위가 이루어지는 장소인 '공적(公的) 영역'을 강조하기 위해 폴리스에 대비되는 '사적(私的) 영역', 즉 생존에 필요한 일차적인 삶의 욕구들과 경제 문제가 해소되는 장소로서 가정을 의미하는 오이코스(oikos; economy의 어원)를 엄격히 구분하는 고대적 관점에 주목했다. 도시국가에서 정치란, 개인적 이해관계에 얽매이거나 권력자의 지배력에 종속되지 않으면서 타인들과의 의견 교환을 필수적으로 전제하는 공공영역에서 시민의 자격을 가진 이들이 벌이는 고유한 상호 활동이었다. 여기서 정치적 장소는 시민권을 소유하지 못하는 여성·어린이·노예가 활동하는 사적 공간과 엄격히 분리될 뿐만 아니라, 위계적으로 이해된 인간성 중에서 최고의 탁월함을 드러내는 곳이었다. 이러한 질서는 사적인 것이 공론장에 침투하여 정치적 자유가 축소되는 것을 방지하려는 의도에서 나온 것이다. 고대적 관점에서 '좋은 삶'은 시민 모두와 연결된 공공영역의 지속과 정치적 안정을 통해서만 가능한 것이기 때문이다. 아렌트가 고대 그리스에서 배운 것은 이처럼 '정치의 무대'는 계속 열려 있어야 한다는 것이었다.

반면 현대사회에서 경제 문제는 사적 영역에 한정되지 않을 뿐만 아니라 거의 모든 사람들이 최대의 관심을 갖고 몰두하는 공적 사안으로 부각했다. 앞서 말한 대로, 경제적 문제를 둘러싼 쟁점이 정치 문제의 지배적인 대상이 된 것이다. 이미 중세 시대부터 등장한 '사회적 영역'은 이 '공적↔사적' 영역의 중간에서 사적 영역들 사이의 충돌이 논의되는 장소였다. 특정한 목적을 달성하기 위해 만든 동맹에서 유래되어 '사회적' 차원을 의미하는 라틴어 societas는 생산 활동과 정치 활동이 밀접하게 연결되어 있는

봉건제 사회의 구조를 반영한다. 아렌트는 사적인 것에 속하는 생산과 소유의 문제가 공적 영역의 핵심적인 관심사로 등장한 이 '사회적인 것'을 통해 고도로 제도화된 근대 정치가 잃어버린 것을 부각한다. '사회적인 것'의 특징은 다원적 차이가 부정되고 획일화된 하나의 척도만이 강요된다는 점이다. 개성적이며 고유한 저마다의 차이와 각 사물에 들어 있는 다양한 가치들이 모두 '돈'이라는 기준으로 환산되고 평가받는 것은 가장 대표적인 예이다. 그런 세계에서는 획일적 행동 기준과 정해진 작업 방식을 통해 각자의 획일화된 욕망이 해소될 뿐이다. 아렌트는 사회적 영역에서 도출된 요구 사항이 여과 없이 정치 공간에서 관철되어 정치가 어떤 목적 달성을 위한 수단으로 전락하는 이러한 근대 세계의 자기소외에 대해 통렬히 비판했다. 정치적 공간과 행위의 구분에 대한 아렌트의 이러한 회고적 이해는 경제 문제에 종속되거나 포섭되어 인간의 고차원적 정치 행위 능력들을 발휘할 수 없게 만드는 근대 정치 구조 또는 자본에 포섭된 오늘날 국가의 신자유주의적 통치성에 대한 근본적인 반성을 촉구하고 있다. '활동적 삶'이 생산하는 활력과 생명성을 가지지 못한 근대인은 "자신에게로 내던져졌고 폐쇄된 자기반성의 내부로 던져졌다. 여기서 그가 경험할 수 있는 최고의 것은 정신의 계산하는 텅 빈 과정이며 자기 자신과 행하는 정신의 작용이다. 이 정신에 남겨진 유일한 내용은 탐욕과 욕망, 즉 신체의 무감각적인 충동이다. 근대인은 이 충동을 열정으로 오해하였으며 '추론'할 수 없고 계산할 수 없다는 이유로 '비이성적인' 것으로 간주하였다."[1]

이런 점에서 아렌트는 근대 민주주의 정치 원리와 그것을 수행하는 대의제와 공화정 제도가 모든 사람들에게 부여한 주권(sovereignty)을 손쉽게 자유와 동일시했다는 점에서 근본적인 오류를 지적한다. "만일 어떤 주권과 자유가 동일하다면 어떤 인간도 자유로울 수 없다. 왜냐하면 완고한 자기 충족과 자기 지배의 이상인 주권은 다원성의 조건에 모순되기 때문이

---

1 한나 아렌트, 『인간의 조건』, 이진우 · 태정호 옮김, 한길사, 1996, 389-390쪽.

다."[2] 인간을 인간답게 만드는 정치 행위의 능력은 혼자가 아니라 반드시 다수의 인간이 서로의 도움을 통해 키워 가는 것이다. 아렌트에게 있어 주권은 개별적 인격이든 대표자든 국가든 하나의 고립된 대상이 선험적으로 보유할 수는 없는 권력이다. 주권은 미래의 예측 불가능한 행위들의 연쇄 작용에서 비롯되는 '제한된 독립성' 안에서 존재한다고 보기 때문이다.

따라서 아렌트가 강조하는 정치는 공론장이 '사회적인 것'의 침투로 매몰되지 않는 조건에서 인간의 다원성·복수성(plurarity)을 보존하는 공동생활을 통해, 그리고 지속 가능한 말과 설득을 통해 공동의 문제를 다루는 갈등의 관리 과정이다. 법이나 권한을 악용한 폭력을 포함하여 모든 강압적 수단을 통해 합의를 강요하는 것은 곧 정치의 붕괴를 의미한다. 그래서 '정치적 문제'의 해소 과정은 자신의 의견이 참임을 증명하는 논증이나 인간의 보편적 이성에 호소하며 공동 판단의 원칙을 수립하려는 태도를 포괄한다. 이와 달리 '사회적 문제'나 담론의 의사결정 과정은 옳다고 여겨지는 척도를 먼저 제시하고 논리적 논증을 통해 입장을 증명하고 합리적 동의를 요청한다.

'정치적인 것'과 '사회적인 것'을 구분하는 것이 아렌트의 사상에서 중요한 것은 그것들이 서로 다른 문제를 다루는 과정이기 때문이 아니라, 우리가 공적 영역에서 다루는 구체적 문제에는 이 두 측면이 결부되어 있어서 전체 판단 과정을 구분하여 처리할 필요가 있기 때문이다. 전문적 정보와 객관적 지식이 사회적 차원의 판단에 기초를 제공하는 것이라면, 정치적 차원의 문제는 공적 영역에서 저마다 다른 의견과 가치에 따라 논의하고 합의할 사안에 해당한다. 예를 들면, 발전소를 새로 건설해야 되는 상황에서 발전소의 종류·장소·건설 시기 등의 문제는 첨예하게 대립할 수 있는 공적인 토론의 대상으로서 여러 차례 의견들이 제시되고 논의되어야 하는 정치적 문제이지만, 합의된 내용에 따라 추진될 발전소의 설비 용량, 경제

---

2   같은 책, 298쪽.

성과 안전성을 모두 고려할 건설 공법, 원자재의 선택과 구입 등은 모두 전문가들이 논의할 사회적 문제이다. 이처럼 아렌트가 강조하는 정치 영역은 인간의 복수성과 자유에 근거를 두고 일어나는 행위가 소통, 연대, 협력을 무한히 창출하는 특이성들이 연결되는 공간이다. 그것은 물질성이나 개별 인간들의 유한성과 독립되어 있으며, 공통적인 것을 기반에 두고 공통의 결과를 만들어 내는 이 세계의 무한한 지속을 가능케 한다. 이에 비해 경제적 영역은 호모 파베르(Homo faber)로서의 인간이 주어진 작업장에서 인간 생활의 도구가 되는 생산물을 목적 지향적으로 만드는 것으로 특징지워진다. "생산과정의 힘은 전적으로 최종 생산품에 의해 전적으로 흡수되고 고갈되지만 행위과정의 힘은 하나의 행위에서 결코 소진되지 않는다. 오히려 그 반대로 행위의 결과가 배로 늘어날수록 그 힘은 더욱 증가한다."[3]

이처럼 경제성이나 상품성 같은 획일화된 사회적 가치가 인간의 모든 가치를 대체할 수 없다는 생각은 정치를 전문 정치인들의 제도화된 타협 과정으로 환원하여 이해할 수 없다는 주장으로 연결된다. 아렌트는 정치적 영역의 고유성을 해명하며 사회적인 것의 영향력에 종속되지 않는 정치의 중요성을 강조한 것이다. 아렌트에게 있어 경제 지상주의에 빠진 근대의 정치 문화를 벗어나 정치적 동물로서 인간의 사유하고, 대화하고, 판단하는 능력을 회복하는 과정은, 인간이란 존재가 서로 다른 가치를 추구하면서도 그것을 나눌 때 비로소 인간답게 살 수 있다는 인식에 기초해 있다. 공론장이 사라진다면 그 어느 누구도 자유로울 수 없다. 정치적 무대의 재현 공간 없이, 그리고 서로를 자유롭게 만드는 '차이의 정치'가 억압받는다면, 자기 정체성은 물론 타자의 타자성도 결코 공유되거나 소통될 수 없기 때문이다. 행위와 하나가 된 말의 양식은 타인과 함께 살아가고자 하는 의지를 표현하는 수단이다. 정치적 생명을 뜻하는 비오스(bios)의 삶을 살

---

3 같은 책, 297쪽.

려고 하지 않는다면, 그리고 정치공동체에서 '새로운 시작'을 이어가려는 노력이 없다면 우리는 자기 생명의 단순한 보존 이외에 어떤 의미와 가치도 찾을 수 없는 개체적 생명일 뿐인 조에(zoe)로 살아갈 수밖에 없을 것이다. 따라서 아렌트에게 있어 정치적 삶을 황폐하게 만드는 전체주의적 상황은 내부의 모든 개별자들에게 기계적인 삶과 필연성의 굴레를 강요하는 것이다.

'총체적 지배'에 맞서는 정치적 자유

아렌트는 현대사회에서 '사회적인 것'이 지배적인 위치에 서게 될 때 그것은 독재자 한 명에 의한 지배가 아니라 가장 사회적인 형태의 통치 형태인 관료제로 드러난다고 경고한다. 이 관료제가 최악의 상태로 변질되면 가장 잔인한 폭정의 형태, 즉 전체주의(全體主義, totalitarianism)가 등장할 수 있다. 아렌트가 보기에 나치즘(Nazism)과 스탈린주의는 다양한 목소리가 들리는 것을 근본적으로 배제하고 차단하여 지배적인 하나의 척도만을 제시한다는 점에서 공통적이었다. 전체주의 사회에서는 절대적인 통치 이데올로기의 전면화를 통해 다른 모든 공적 담론을 장악하고 피폐하게 만드는 현상이 일어난다. 아렌트가 보기에 이러한 경향은 특정한 정치체제뿐만 아니라 현대사회의 전반에 걸쳐 나타나는 정치(적인 것) 자체의 협소화에서 찾아볼 수 있다. 결국 아렌트에게 전체주의는 제도화된 폭력의 결정체이자 근대사회의 모순이 귀결된 종착지였다.

1951년 초판이 출간된 『전체주의의 기원』은 전체주의라는 역사적인 사태와 기괴한 이데올로기의 배경, 그리고 그것의 반(反)정치적 특성에 대한 체계적이고 논리적인 분석이 아니라 이야기를 들려주듯이 쓰는 내러티브(narrative) 방식으로 집필되었다. 이러한 단편들의 모음집이라는 구조를 통해 아렌트는 확립된 지식의 독단화를 피하며 대중적 이해를 통해 전체주의라는 큰 그림에 접근하고자 했다. 또한 "사이비 과학인 동시에 사이비 철학일 것이며 과학의 한계를 위반하는 동시에 철학의 한계도 위반"[4]한다는 점에서 이데올로기는 고정된 내용을 통해 개념화될 수 없는 것이기도 했다. 그래서 아렌트는 출판사에서 제안한 이 책의 제목이 끝내 만족스럽지 않았는데, 그것은 기원(origin)이라는 말이 이 책을 찰스 다윈(Charles R. Darwin)이 쓴 『종의 기원』처럼 발생학적 연구로 오해하게 만들 것이라는 염려 때문이었다. 어쨌든 적지 않은 논란을 낳았던 이 책을 통해 그녀는 불안정한 신분의 정치평론가에서 정치사상가로 인정받으며 본격적인 연구를 진행할 수 있었다.

아주 다의적인 개념인 전체주의는 흔히 개인의 모든 활동은 민족·국가로 환원된 전체의 존립과 발전을 위해 이바지해야 한다는 이념이나 그것을 통해 개인의 자유를 심각하게 억압하는 사상으로 이해된다. 또한 전체주의는 파시즘(fascism)이나 나치즘의 정치적 특성, 혹은 제국주의적 식민화나 독재적 지배와 혼동되기도 한다. 하지만 파시즘이나 나치즘은 전체주의 사회가 아주 강고하게 발현된 20세기의 역사적 산물에 부여된 명칭일 뿐, 그 자체가 정치 자체를 말살시키는 전체주의의 본질을 설명하는 것은 아니다. 아렌트는 나치즘의 전체주의에 대한 연구를 유럽 사회에 만연한 유대인에 대한 오래된 혐오와 차별의 근원에 대해 탐색하는 것으로 시작한다. 여기서 먼저 구별할 것은 전체주의와 전체주의적 요소(element)이다. 전체주의가 1938년 이후 독일의 국가사회주의(National Socialism) 독재체제처럼 극단화된 인종적 제국주의와 1930년 이후 러시아의 볼셰비즘(Bolshevism)처럼 이데올로기와 테러를 일상적으로 활용하는 체제라면, 전체주의적 요소는 반유대주의, 인종주의, 제국주의, 테러리즘, 또는 그런 경향들이 복합적으로 결합하고 극대화돼서 나타나는 특징적 성향을 말한다. 즉

---

4   한나 아렌트, 『전체주의의 기원 2』, 이진우·박미애 옮김, 한길사, 2006, 268쪽.

전체주의적 요소를 갖고 있는 체제가 있다고 해서 그런 정부나 국가 체제를 모두 전체주의라고 부를 수 없다는 것이다. 결국 아렌트가 말하는 전체주의는 배타적인 이데올로기와 테러를 활용하여 전체를 일체화시키고 '안과 밖'의 경계를 지우는 '총체적 지배(the total domination)' 체제를 가리킨다.

그래서 아렌트가 설명하는 전체주의적 지배의 수단은 "전제정치, 참주정치와 독재정치 등의 우리에게 낯익은 정치 탄압의 형태와 본질적으로 다르다." 그것은 "전적으로 새로운 정치 제도를 발전시키며 나라의 사회적, 법적, 정치적 전통을 모두 파괴한다." 또한 "전체주의 정권은 항상 계급을 대중으로 전환시키고, 정당 체제를 일당 독재가 아닌 대중으로 대체하며, 권력의 심장부를 군대에서 경찰로 이전하고, 공개적으로 세계 지배를 지향하는 대외정책을 확립한다."[5] 또한 전체주의적 지배는 "모든 실정법을 무시"하고 그것의 토대를 이루고 있는 '법적 합의'를 파괴하며, 그 기원이 되는 "자연법칙이나 역사법칙들을 엄격하고 확고하게 따른다고 주장"[6]한다. 그것의 정당성은 실정법의 근원에서 유래하므로 '사소한 합법성'은 쉽게 폐지할 수 있다.

이런 점에서 아렌트가 말하는 전체주의적 적법성은 정의(justice)의 보편적 기준에 합치되는 것이며 직접적으로 인류라는 대상에 적용될 수 있는 것이다. 전체주의자들은 그 보편의 법칙들이 잘 집행된다면 최종 결과물로 새로운 종류의 "인류를 생산할 것이라고 기대한다."[7] 결국 이러한 '행위 원칙의 대체물'인 이데올로기를 통해 '법'의 의미가 변하게 된다. "인간의 행동과 운동이 일어날 수 있는 안정성의 틀을 표현하는 용어에서 운동 자체를 표현하는 용어"[8]가 되는 것이다. 이처럼 아주 조직적으로 수행되는 역

---

5   같은 책, 255쪽.

6   같은 책, 257쪽.

7   같은 책, 258쪽.

8   같은 책, 261쪽.

사적 운동은 전체주의 체제가 목적 없이 추구하는 이념 자체의 결과일 뿐이며, 그 맹목의 과정은 생산된 사람들을 '집행인' 아니면 '희생자'의 역할에 들어맞도록 준비시킨다. 최종적으로 전체주의 체제에서는 역사 및 자연의 운동법칙을 현실에 실현하기 위해 고안된 '총체적 테러'가 실정법의 자리를 대체한다.

아렌트는 이 테러라고 부른 것에 대해 "개인들 간의 경계와 의사소통 채널을 철로 만든 하나의 끈으로 대체한다. 이 끈은 사람들을 너무나 단단하게 묶기 때문에 마치 복수의 사람들이 사라지고 거대한 차원의 한 사람이 된 것처럼 보일 정도"[9]라고 묘사한다. 파괴된다고 말한 법적 공간은 인간들 사이의 자유로운 틈을 보장해 주는 곳으로서, 전체주의적 테러는 서로를 압박하게 하여 사람들 사이의 이 비어 있는 여백을 파괴한다. 여기서 법이 규정하는 울타리는 인간의 자유를 명시적으로 보장하며 살아 있는 정치 현실로서 시민의 자유를 수호하는 것이다. 아렌트는 그 정치적 자유가 인간이 '새롭게 시작할 수 있는 능력'이자, 누구의 지도 없이 행동할 수 있는 고유한 역량이며, 어떤 신념을 품을 수 있는 능력이라고 보았다. 그러나 전체주의는 의지·명예·공포와 같은 인간 행위의 판단 기준을 전혀 필요로 하지 않는다. 그것은 한 개인의 외부 세계와 내면세계의 모든 것을 철저하게 지배하듯이 모든 인간을 그런 상태에 두려고 시도하는 '총체적 지배'를 통해 "테러를 협박 수단으로 사용하는 것이 아니라 그 본질 자체가 테러인 국가"를 목표로 한다.

이처럼 아렌트에게 있어 전체주의는 서로의 차이, 개성, 다원성에 기반을 둔 공동 생활과 공적 영역 자체를 폐기하려는 시도였다. 전체주의를 단지 역사적 사건으로만 한정하여 볼 수 없는 것은 정치 자체를 제거하려고 했던 시도 때문이다. '모든 것은 가능하다'라는 믿음을 모든 구성원들의 몸과 정신 속에 관철하려는 지배의 경향은 인간의 법적·도덕적 인격과 개성

---

9   같은 책, 263쪽.

을 말살시키면서 인간성 자체를 파괴하려고 한다. 그런데 21세기에도 20세기의 전체주의에 대한 분석이 여전히 유효한 것은 무엇 때문일까. 집단의 전체성 속에 개별성을 유기체의 부분처럼 포섭하고 일치된 의사결정을 절대적으로 우선시하며 그것을 추진하는 데 개인과 사회의 모든 역동성과 활력을 소진시키는 사회는 어느 시대에나 나타날 수 있기 때문이다. 아렌트는 '전체주의 사회로의 초대' 이면엔 현대사회의 대중이 겪는 외로움과 소외, 그리고 피해의식과 공포가 자리 잡고 있다고 강조한다. 이러한 사회심리가 만연하고 지배와 예속에 대한 정치적 조응이 활발하다면 언제든지 전체주의가 출현할 가능성이 있는 것이다. "나치 독일의 몰락으로 전체주의가 사라지지 않듯이" 전체주의적 요소는 언제 어디에서나 다시 도래할 수 있다. "전체주의적 해결책들은 전체주의 정권의 몰락 이후에도 생존할 것이다. 즉 인간다운 방식으로 정치적, 사회적 또는 경제적 고통을 완화하는 일이 불가능해 보일 때면 언제나 나타날 강한 유혹의 형태로 생존할 것"[10]이라는 점은 아렌트가 우리에게 보내는 현재적 경고다.

그렇다면 전체주의의 위험에 맞설 수 있는 정치의 역량은 어디에서 성장할 수 있을까? 그것은 전체주의의 자양분이 되었던 것들, 즉 공포와 복종으로 치환되었던 인간의 행위 능력들을 활성화하는 데 있다. 현실의 경험에서 허구와 왜곡을 판별하고 사실과 진실을 파악하는 능력, 자발적으로 행위하는 능력, 자율적으로 정치적 결사체를 구성하고 연대하는 능력, 분노하고 저항할 수 있는 정의의 감수성, 사익과 공익을 구별하는 공동선(common good)에 대한 판단 능력, 자신의 머리로 사유하여 언어로 표현하는 개성적 능력, 타인과 대화하여 합리적 결론을 도출하고 합의하는 능력, 함께 약속하고 다시 실천하는 의지 등은 사실 오늘날 한계에 봉착한 대의제 민주주의에서 요구되는 시민의 덕에 다름 아니다. 이처럼 인간의 원천적 행위 능력으로서 주어져 있는 자발성, 개성, 다원성을 증진하여 연합(associ-

---

10 같은 책, 253쪽.

ation)하는 과정은 공동체의 삶 속에서 전체주의적 요소를 차단하는 '정치적 자유'의 보루가 된다.

권리를 가질 권리: 인권과 정치적 삶

타인에게 양도할 수 없는 인간의 기본적 권리인 인권(human rights)은 근대 이후 국민국가의 토대가 되는 중요한 정치사상적 개념이 되었다. 18세기 후반의 보편적 인간(Man)에 대한 인권선언은 "신의 명령이나 역사적인 관습이 아니라 인간이 법의 근원이 된다는 것"을 천명했다. 그것은 다른 특권적 권리나 어떤 법에 근거하지 않고 그것들로 무효화할 수 없을 뿐만 아니라, 양도 불가능하며 인종·성별·국적·연령·종교·신념 등에 구애받지 않고 적용되는 것으로 선포되었다. 그래서 모든 법이 기초를 두는 것으로 간주되는 인권의 정당성을 확립하기 위해서는 어떠한 '권위'도 필요하지 않은 것처럼 보였다. 아렌트의 말처럼 "국민이 통치의 문제에서 유일한 주권자로 선포되었듯이 인간은 법의 문제에서 유일한 주권자처럼 보였다."[11] 군주가 아닌 국민의 권리인 주권이 인간의 이름으로 등장했듯이 근대 인권은 그 국가의 주권으로 보증받을 수 있는 것처럼 보였다.

그런데 아렌트 자신이 직접 경험했듯이 국민으로서의 권리 상실은 필연적으로 인권의 상실로 연결될 수밖에 없는 것이었다. '양도할 수 없는' 인권에는 처음부터 역설과 모순이 들어 있었다. 천부적 자연권을 가진 보편적 인간은 반드시 어떤 사회질서 안에서 살아가는 존재가 되거나 국민의 한 사람으로서만 자신의 권리를 행사할 수 있기 때문이다. 자유주의적 인권 개념의 바탕이 되는 독립적으로 존재하는 인간, 즉 "내면에 고유한 존엄성을 지닌 완전히 고립되고 완전히 해방된" 인간은 어디에도 실제로 존재

---

11 한나 아렌트 지음, 이진우·박미애 옮김, 『전체주의의 기원 1』, 한길사, 2006, 524쪽.

하지 않는 추상적 인간일 뿐이다. 아렌트가 무국적자로서 고통을 겪었던 것은 국민국가들의 관계에서 "인권의 문제는 곧 민족해방의 문제와 풀릴 수 없을 정도로 뒤섞"였기 때문이었다. "정부가 없어지고 그래서 최소한의 권리에 의지해야만 하는 바로 그 순간, 그들을 보호해 줄 권위도 없어지고 그들을 기꺼이 보장해 줄 제도도 없어진다."[12] 거기서 인권은 민족의 자결권 쟁취 및 독립의 문제 또는 국민주권의 회복 문제로 환원될 뿐이다. 해방된 자주적 권리를 확보하지 못한 주권은 인권을 보장할 수 없었으며, 주권 권력들의 틈바구니에서 프랑스혁명이 자랑했던 인권은 무기력했다. 오늘날에도 인권과 국민의 권리가 동일시되거나 서로 충돌하는 현상은 '난민 지위 인정'을 둘러싼 논란에서 보듯이 빈번하게 발생한다. 인권에 대한 보호와 권리 행사가 철저히 어떤 정부의 통제 아래 있게 되는 상황에서 '양도할 수 없는 권리'라는 수식어는 실질적인 법적 권한을 가질 수 없기 때문이다. 아렌트는 결국 인류라는 것이 '국가로 구성된 가족의 이미지'를 가진 것이었다면, 애초부터 인간의 이미지는 개인이 아니라 국민으로만 존재할 수 있는 것이었다고 통찰한다.

물론 이러한 시민권과 인권 사이의 괴리는 단지 유럽에서 유대인이 겪은 정치적 수난사나 전쟁 중에 학살이 자행된 강제수용소 및 포로수용소의 역사에만 한정되는 것이 아니었다. 19세기 이후 국가권력의 증대와 자본의 지배에 맞서, 인권은 사회적 약자들이 자신들의 권리 확장을 위해 즐겨 쓴 '표준적인 구호'가 되었다. 그것은 "일종의 추가 법, 의지할 곳 없는 사람들을 위해 반드시 필요한 예외 권리"[13]였다. 보편적 형태의 인간이 가지는 영원한 권리는 시민권(civil rights)을 통해 구체적인 법의 형태로 구현되고 세부적으로 적용될 수 있기 때문이다. 이처럼 『전체주의의 기원』이후 아렌트가 자신의 정치철학을 전개해 나가는 토대로 삼은 것은 근대 정

---

12 같은 책, 525쪽.

13 같은 책, 527쪽.

치에서는 인권이 바로 시민권이라는 점이었다. 더불어 아렌트는 설령 국가 형태에 소속된 상태를 벗어나더라도 인권의 실현은 어떠한 종류의 법적이며 정치적인 공동체의 형식과도 떨어질 수 없다는 점을 강조했다.

아렌트는 이러한 정치적 삶과 인권의 필수적 관계를 '권리를 가질 권리 (the right to have rights)'라는 말로 설명한다. 어떤 인간(man)이 자신의 행위와 의견을 통해 평가받을 수 있는 하나의 사회적 구조 안에 살 수 있는 권리, "조직된 공동체에 속할 수 있는 권리"[14]의 영속적 상실을 통해 우리는 모든 권리의 토대가 되는 정치와 그 정치의 토대가 되는 인간의 조건에 대해 천착하게 된다. 무국적자나 정치적 지위를 상실한 한 인간이 자신의 '벌거벗은 권리'에 대한 자각, 즉 향유할 수 없는 인권을 통해 경험하는 것은 회복할 수 없는 '고향의 상실'이다. 자신만의 독특성을 만들어 낼 수 있는 공동체에 속할 권리와 사회조직 안에서 관계를 맺을 권리를 잃어버리고 지켜야 할 법규도 모두 사라진 상황에서야 우리는 비로소 다시 가질 수 없는 그 권리의 존재와 가치를 깨달을 수 있다. 권리를 가질 수 있는 근본적 권리 규정으로서 인권을 상정하고, 그 인권의 실질적인 발현 및 향유 공간으로서 정치적 공론장과 법적 형식의 공간을 필수적으로 요청하는 것은 아렌트의 사유에서 핵심적인 위치를 차지한다. 이러한 인권 개념에 대한 새로운 접근은 근대적 인권 개념이 갖고 있는 한계와 경직성을 극복할 계기를 제공할 뿐만 아니라, 우리의 정치적 삶을 실질적으로 확장하기 위한 두 가지의 탈근대적 모색을 담고 있다.

먼저 정치 행위의 궁극적 결과로 마련되는 정치적 평등은 한 집단의 구성원으로서 누릴 수 있다는 점이다. 아렌트는 평등에 대해 그것은 그저 주어진 것이 아니며, 우리가 평등하게 태어난 것도 아니라고 말한다. 정의의 원칙을 지향하는 사회라면 평등은 그 결과로 나타나는 것이다. "우리의 정치 생활은 우리가 조직을 통해 평등을 산출할 수 있다는 가정에 근거"하기

---

14 같은 책, 533쪽.

때문이다. 그래서 평등은 정치공동체의 밖에서 인식되거나 누릴 수 없는 것이다. 그것은 우리 스스로 평등한 권리를 행사하려는 의지와 그 의지를 지속적으로 공동의 세계 속에서 관철하려는 정치 행위를 통해서만 확보하고 누릴 수 있다.

이런 점에서 아렌트는 태생적인 불평등을 평등하게 만들거나 사회적으로 성취할 균등성이나 형평성으로서 평등의 가치를 파악하는 입장을 거부한다. 그녀에게 평등은 어디까지나 "동등한 권리를 보장하겠다"[15]는 평등의 법칙에 기반을 두고 있는 정치적 무대에서 실현해야 될 과제였다. 이와 달리 균등화는 아렌트에게 저마다의 질적 차이를 제거하는 전체주의의 산물 혹은 결과였고, 정치적 삶의 권리를 배제당한 세계에서 인간에게 남은 것은 공적 삶이 박탈된 개별 생명의 연장 혹은 삶의 예속화일 뿐이었다. "인권의 상실에 함축된 역설은, 한 사람이 일반적이 되는 순간—직업도 없고 시민권도 없으며, 의견도 없고 그의 정체와 고유한 점을 알려 줄 행위도 없는—그리고 그 자신만의 절대적으로 독특한 개성을 나타내면서 일반적으로 다르게 되는 순간 그런 상실이 일어난다는 것이다."[16] 따라서 아렌트에게 저마다의 개성이란 "이 세상에 단 하나이고 유일무이하며 변할 수 없는 존재"[17]에 대한 무한한 긍정이 아니라, 공통의 권리를 평등하게 공유하고 있는 한에서만 비로소 질적 가치를 지니는 것이었다.

다른 한편 아렌트가 제기하는 근대적 인권 개념 자체에 내재된 난점은 주권의 필연적 한계로 이어지면서, 앞서 언급했듯이 주권 개념 자체에 대한 거부로 나아간다. 아렌트가 보기에 근대의 주권국가 개념과 공화제적 국민국가의 성립과 더불어 확립된 인민(국민)주권 개념의 핵심은 민족의 자결권이나 합법적 권리가 아니라, 주권적 권력의 무제한적이며 배타적인

---

15 같은 책, 540쪽.

16 같은 책, 541쪽.

17 같은 책, 539쪽.

행사였다. 유대인이나 이민족의 시민권을 박탈하고 그것이 곧바로 기본권 및 인권의 말살로 이어질 수 있었던 것도 국가 내에서 군림할 수 있는 특권화된 권력인 주권의 독단적 행사가 있었기 때문이었다. 국가의 성립 단계에서 특권화된 권력의 담지체로서 본래부터 주어져 있는 추상적 주체는 아렌트의 정치사상에서 용인될 수 없는 것이었다.

아렌트의 사유와 함께, 그리고 그것을 너머

아렌트의 저작이 한국 사회에 본격적으로 소개된 것은 1990년대 후반 이후였다. 그동안 아렌트의 사상은 제도적 민주화 이후에 실질적인 민주적 시민사회로 나아가기 위해 겪어야 하는 한국의 정치적 갈등과 문제 해결 방법에 대해 폭넓은 조언을 얻을 수 있다는 기대와 함께 수용되었다. 그녀의 박사학위 논문에서부터 『전체주의의 기원』, 『인간의 조건』, 『예루살렘의 아이히만』, 『혁명론』, 『폭력의 세기』, 『과거와 미래』, 『공화국의 위기』 등 대표작들이 거의 모두 번역되었고, 아렌트에 대한 국내외 연구서도 활발하게 출간되고 있다. 이제 아렌트의 저술은 정치학적 · 철학적 텍스트로 연구되는 것을 넘어 다양한 분야에서 현대사회의 특성에 접목할 수 있는 문화적 텍스트로도 다루어지고 있다. 최근 아렌트의 여러 전기 영화들과 아이히만 재판을 다룬 영화가 제작된 것에서 보듯이 그녀의 삶과 사상이 주는 영감은 탄생 100년이 지난 이후 더욱 커지고 있는 것 같다.

아렌트는 일반적으로 고대 공화주의에 깊이 천착했던 현대적 '공화주의자'이자 넓은 범위에선 '공동체주의'의 정치사상적 자원을 제공하는 학자로 평가받아 왔다. 섬세하면서도 단호한 어투로 전개되는 한나 아렌트의 글을 통해, 오늘날 우리의 정치문화에 대해 냉소하지 않고 끊임없이 다른 가능성을 모색할 수 있다는 희망을 갖게 되는 것은 무엇보다 그녀가 현대인의 정치적 삶의 활성화를 위한 근본적인 조건을 탐색하고, 시민적 주체의 연대 가능성을 사유한 사상가였다는 점에서 기인한다. 아렌트의 정치 사상은 전체주의 연구뿐만 아니라 한국 사회의 정치 구조를 전향적으로 이해하고 민주주의를 쇄신하는 이론적 자원으로 널리 읽히고 있다. 또한 아렌트를 통해 한국의 지식 사회는 분단체제 및 분단국가주의를 통해 뒤틀린 정치 구조에 내재된 문화적 폭력성을 비판적으로 포착할 수 있었고, '정치란 무엇인가'와 '활동적 삶'에 대한 근본적인 사유를 시작할 수 있었다.

근대의 초입에서 독립적인 근대국가와 자생적인 정치 제도를 발전시키지 못한 채 타율적이며 폭력적인 과정을 끊임없이 감수해 온 민주공화국이자 분단국가인 한국의 정치문화에 대해 아렌트는 어떤 물음을 던질 수 있을까? 이젠 시민적 역량의 성숙과 함께 변화하는 시대정신을 통해 아렌트가 들려주는 '답변'이 아니라, 그녀가 멈추었거나 말할 수 없었던 것을 통해 우리 스스로 던질 수 있는 '물음'에 더 주의를 기울이며 읽을 필요가 있다. 예를 들면, 자유주의적 틀에 갇힌 민주주의가 가진 한계를 벗어나기 위해, 신자유주의 이후의 시장만능화와 정치의 역할을 축소시키는 국가의 비대화에 대한 비판적 이해를 위해 아렌트는 어떤 사유의 지렛대로 활용될 수 있는지 물어야 한다. 또한 '자기 지배'로서의 주권을 거부한 아렌트를 경유하여 실질적인 행위 능력을 가질 수 있는 정치권력이 과연 다원성의 보존만으로 생성될 수 있는 것인지, 나아가 전체주의적이지 않은 통일성과 자유주의적이지 않은 개체성의 조화를 통한 자치 역량은 어떻게 발현될 수 있는지를 물어야 한다. 더불어 오늘날의 정치를 각자의 삶을 통제하고 재구성하는 생산의 과정으로서 이해한다면, 아렌트가 강조했던 정치적인 것과 사회적인 것의 구분은 그리 선명할 수 없는 것이 사실이다. 정치적인 것에 귀속된 특성들은 이미 시장화된 국가권력 안에서 경제적 활동과 생산과정에 깊숙이 매개되어 있기 때문이다. 이처럼 아렌트를 비판적으로 읽으며 얻을 수 있는 문제의식은 한국 사회와 한반도의 동시적 변화를 만들어 온 정치 행위 과정의 성취를 확장하고, 그것의 한계를 줄여 나가는 일상의 정치와 문화의 정치를 요구하고 있다.

이런 점에서 2016년 가을에서 2017년 봄에 이르는 '촛불'을 통해 국민의 이름으로 부정의한 대통령을 탄핵하고 새로운 정치권력을 만든 것 자체가 '한국 정치'의 혁신을 가져온 것은 아니었다. 서로의 삶을 연결하는 공동체의 변화는 정치적 의사결정을 구성하는 능동적 활동의 자율적 연합을 통해 수행된다는 것이 아렌트의 생각이라면, 시민 정치의 '종결'은 결코 있을 수 없는 것이다. 좀 더 나은 대표자를 뽑아 그에게 정치를 맡기고 혼란스러운 온갖 갈등들을 봉합하여 그저 우리를 잘 통치해 줄 지배자를 뽑는 것이 민주주의의 핵심적 과제가 아니듯이 말이다. 정치에 대한 아렌트의 사유가 현재성을 갖고 있다면, 이제 아렌트가 남긴 사유의 틀에 한국 사회를 대입해 보는 기계적 적용을 넘어 그것을 보다 적극적으로 변용하고 실천적으로 사유할 수 있기 위한 고민들을 심화시킬 필요가 있다. 2010년대 이후 더욱 극심해진 양극화 현상과 더불어 정치에 대한 냉소, 사회에 만연한 혐오 문화 같은 병리적 현상은 단지 표면적인 차원에서 이루어지는 제도권 정치의 수준으로는 회복되거나 치유될 수 있는 것이 아니기 때문이다. 아렌트를 읽으며 한국 사회를 근본적으로 재사유하고 변혁적으로 실천해 볼 수 있는 사유를 시도하지 못한다면, 우리는 아렌트를 그저 번역하고 소비할 뿐이며, 그것에 대한 독점적 해설 권한을 즐기는 학자들의 이야기에만 만족할 수 있을 뿐이다. 아렌트의 정치사상을 탈근대적으로 상상하며 실천적 정치 행위를 통해 향유할 때 그녀의 글은 살아 있는 것이 되고, 그럴 때 그녀가 품었던 인간의 정치적 자유와 평등의 가치는 우리와 함께 발맞추어 걸어 나갈 수 있을 것이다.

두 번째 흐름

1968 전후의 프랑스 정치철학

1
루이 알튀세르
Louis Pierre Althusser

최원

미국 시카고 로욜라 대학 철학과에서 이데올로기에 대한 프랑스 구조주의 논쟁에 관해 연구하여 박사학위를 받았다. 옮긴 책으로 워런 몬탁의 『알튀세르와 동시대인들』(난장, 근간)과 에티엔 발리바르의 『대중들의 공포』(도서출판 b, 2007)가 있으며, 지은 책으로는 『라캉 또는 알튀세르』(난장, 2016)가 있다. 현재 단국대 철학과에 출강 중이다.

알튀세르의 '최종심급' 개념

처음부터 끝까지 '최종심급'이라는 고독한 시간은 오지 않는다.
—루이 알튀세르[1]

시작하기 전에

　루이 알튀세르는 1918년 프랑스령 알제리에서 태어나 정치철학자로서 줄곧 파리 고등사범학교에서 철학을 연구하고 가르쳤다. 그는 한 사람의 맑스주의 철학자일 뿐 아니라, 실로 맑스주의 내의 모순들을 극단으로 밀어붙여 맑스주의가 스스로를 해체하고 다른 것으로 전환하도록 만들었던, 맑스주의 최후의 발전을 대표하는 이론가이다. 알튀세르 이후에도 맑스주의에 대한 이런저런 준거들은 여전히 행해지고 있지만, 그것의 이론적이자 전체적인 문제 설정은 역사적 유효성을 다했다고 말할 수 있다. 실제로 에티엔 발리바르, 피에르 마슈레, 알랭 바디우, 자크 랑시에르 등 알튀세르의 제자들은 알튀세르를 넘어감으로써 포스트-맑스주의 또는 비-맑스주의로 이행했다. 알튀세르는 잘 알려져 있다시피 1965년에 출판된 두 권의 저서인 『맑스를 위하여』와 『자본을 읽자』로 유명해졌으며, 1969년에 발표한「이데올로기와 이데올로기적 국가장치들」이라는 논문으로 맑스주의의 국가론을 완전히 혁신했다. 그러나 오래된 지병인 조울증으로 인해 1970

1　Louis Althusser, *For Marx*, New York: Verso, 1993, p. 113.

년대에는 점점 이론적 작업을 수행하는 일이 힘겨워졌으며, 실제로 그는 자신의 제자인 마슈레에게 보낸 한 편지에서 자신이 '더 이상 새로운 이론 작업을 시작할 수는 없을 것 같다'고 고백했다. 이런 지병의 악화로 1980년에 그는 비극적으로 자신의 아내인 엘렌을 정식착란 속에서 교살함으로써 모든 사회적 발언권을 박탈당한 채 정신병원에 오랫동안 수감되어 있었고, 병원에서 나온 후에도 작은 아파트에서 고독한 삶을 이어가다 1990년에 생을 마감했다. 이런 스캔들로 인해 알튀세르는 소수의 사람들을 제외하고는 거의 논의하지 않고 금기시하는 철학자로 한동안 취급되어 왔지만, 1990년대부터 시작된 그의 수많은 유고작 출판으로 인해 다시금 주목받기 시작했다(이 유고작 출판은 아직도 지속되고 있다). 여기 내가 제시하는 이 글은 1999년 말에 처음 작성되었지만 실제로 출판되지는 않았던 글이다. 20년의 시간이 흘렀지만, 이 글에서 논의된 내용은 나의 알튀세르 연구의 중요한 한 장(chapter)을 이루며, 독자들은 여전히 이 논문에서 알튀세르의 최종심급이나 과잉결정을 비롯한 다양한 개념들을 이해하는 데에 도움이 될 만한 설명을 찾아낼 수 있을 것이다. 이번 출판을 계기로 중요한 수정들을 가했고, (현시점에서) 불필요한 오해를 불러올 수 있는 구절들을 바꾸거나 삭제했다. 그러면 이제 시작하자.

오해들로부터

"사슬은 그것의 가장 약한 고리만큼만 강하다"라고 알튀세르는 썼다[2]. 그리고 여기, 그가 읽고 경의를 표한 이론가들, 스피노자, 맑스, 프로이트와 또 다른 이론가들로부터 그가 목도한 바로 그 이론적인 침묵 속으로 그를 잡아당기면서 알튀세르 자신을 휘감는 사슬이 있다. 그것은 한쪽 끝이 구

2   같은 책, p. 94.

조주의이고 다른 한쪽 끝이 포스트-구조주의인 철학적 공격의 사슬이다. 그러므로, 사슬을 끊고 그에게 고유한 자신의 장소를 돌려주기 위해서 우리는 그 사슬의 가장 약한 고리, 즉 모든 논쟁의 모순들이 전이되고 축적되는 그 고리를 찾기 위해 노력해야만 한다. 사슬은 두 방향, 알튀세르의 이전과 이후로부터 오기 때문에 사슬의 가장 약한 고리는 그 양자가 서로 마주치는 곳, 그들 각각이 서로에게 자신의 책임을 전가하려고 하는 곳에서 잘 발견될 수 있다. 나는 이 징후적인 고리를 알튀세르의 "최종심급" 개념에서 발견한다. 이 개념은 알튀세르에 대한 구조주의적인 비판과 포스트-구조주의적인 비판이 경악 속에서 서로 마주치는 곳이며 자신의 눈을 감은 채 상상의 적을 향해 총기를 난사하기 시작하는 곳이다. 따라서, 논의 전체를 "하나의 불가능성(impasse)" 속으로 몰아넣고 딜레마에 처하게 만드는 것은 "전쟁에 의해 창출된 객관적인 조건들"이다.

구조주의라는 딜레마의 한쪽으로부터 그 고리를 살펴보도록 하자. 미리암 글룩스만(Miriam Glucksmann)은 다음과 같이 쓴다.

> 알튀세르적인 '지배 내 구조'의 변별적 특징은 최종심급에서의 경제에 의한 결정과 주어진 순간의 지배적인 역할 사이의 구별이다. …… 그러나 경제의 지위가 더욱 명확히 정의되어야만 한다: 지배적 역할이 경제에 의해서 혹은 다른 심급에 의해서 취해질 수 있다고 할 때, 만일 지배적인 역할이 무분별하게 다른 심급들 사이에서 전위될 수 있다면, 거기엔 타협적인 **다원주의**(pluralism)의 위험이 있다.[3]

여기서 내가 강조하는 단어는 '다원주의'이다. 글룩스만은 이 용어에 의해서 알튀세르에겐 경제가 전체적인 사회구성체의 구성 속에서 명확히 고정된 지위를 갖지 않기 때문에 결과적으로 경제는 바로 그 결정의 성격을

---

3 Miriam Glucksman, *Structuralist Analysis in Contemporary Social Thought,* London: Routledge & Kegan Paul, 1974, p. 129(강조는 인용자).

상실한다고 제안하는 것이다. 그리하여, 글룩스만에 따르면 알튀세르의 설명 속엔 다양한 심급들 사이의 관계의 정박점이 존재하지 않는다.

그러나, 우리는 그 딜레마의 다른 한쪽 끝, 즉 포스트-구조주의로부터 글룩스만의 비판의 정확한 반대를 발견한다. 자크 데리다는 마이클 스프링커와 행한 대담에서 다음과 같이 말한다.

> 알튀세르가 과잉결정에 관해 말한 모든 것은 다른 것들보다 저를 더욱 만족시킵니다. 슬프게도, 이는 그것이 거의 다른 모든 것들을 희생하는 대가로, 특히 제가 전체 기획의 형이상학적 정박점이라고 생각하는 **"최종심급에서의"**라는 담론을 희생하는 대가로 저를 만족시킨다는 것을 의미합니다.[4]

알튀세르는 이렇게 동시에 정박점의 결핍과 그것의 과잉에 의해 비판된다. 그는 한쪽으로부터는 형이상학적이 되고 다른 한쪽으로부터는 다원주의자가 된다. 그가 이렇게 완전히 장악된 이데올로기적인 공간에서 "취해진 거리의 공백"을 생산한다는 것이 진정 가능한 일일까? 그가 이 문자 그대로 서로에게 밀착된 양쪽 편으로부터 그리고 그 사이에서 하나의 (철학적) 선을 긋는다는 것이 가능한 일일까?

따라서 누군가 절망적으로 그 골치 아픈 개념을 제거해 버리기에 충분한 증거들을 찾아 헤매면서, 알튀세르가 끝까지 그의 '최종심급' 개념을 보존했는가 하고 묻는다 해도 별로 무리는 아닐 것이다. 데리다 자신이 대담에서 스프링커에게 이 질문을 던진다: "당신은 알튀세르, 발리바르 혹은 다른 이들이 오늘 여전히 "경제에 의한 최종심급에서의 결정"을 말할 것이라

---

4 Michael Sprinker, "Politics and Friendship: An Interview with Jacques Derrida" in *The Althusserian Legacy,* ed. E. Ann Kaplan, and Michael Sprinker, London-New York: Verso, 1993, p. 204(강조는 인용자).

고 생각하십니까?"[5] 더욱이, 질문은 보다 심각해질 수 있다. 즉, 알튀세르가 1965년 토대/상부구조의 "건축물"의 토픽[6](『맑스를 위하여』와 『자본을 읽자』)으로부터 1970년 생산과 재생산의 셰마(schéma)[「이데올로기와 이데올로기적 국가장치들」(이하, 「이데올로기」)]로 결정적으로 움직여 나갔을 때, 그에게 있어 '최종심급' 개념은 차라리 부차적인 지위로 떨어지고 만다고 말하는 것이 맞는 말이 아닐까? 적어도 외관상으로는, 『맑스를 위하여』와 『자본을 읽자』에서의 사회적 관계들의 수직적인 구성에서와는 달리, 「이데올로기」에서는 '최종심급' 개념이 생산과 재생산의 수평적인 구성을 위한 입구로서, 즉 뒤따르는 이론적 설명들 속에서 차라리 제외되고 잊히는 입구로서만 기능하는 것처럼 보인다.[7] 어떻게 재생산의 수평적인 셰마 속에서 '경제에 의한 최종심급에서의 결정'이란 것을 정당화할 수 있겠는가? 그러나, 우리는 1975년 「아미엥에서의 주장」에서 이 개념을 다시 만난다. 여기서는 '최종심급'의 개념이 그 자체로 아주 상세히 논의된다(하나의 절 전체에 아예 "최종심급"이라는 제목이 붙는다). 따라서, '최종심급' 개념의 의미들과 기능들의 전위를 알튀세르의 지적인 여정 속에서 추적하는 것은 더욱 더 필요한 일이 된다.

이 글에서 나는 어떻게 '최종심급' 개념이 한 지점으로부터 다른 지점으로 진화했는가, 그리고 그 모든 변화들에도 불구하고 왜 알튀세르(적어도 비극적 사건이 일어났던 1980년 이전의 알튀세르)가 그 개념을 포기하지 않았을 뿐 아

---

5 같은 책, p. 206.

6 '토픽'의 의미에 관해서는 다음과 같은 알튀세르의 설명을 참조하라. "이러한 (토대/상부구조의) 형상은 어떤 토픽의 형상, 말하자면, 공간 내의 장소들에 주어진 현실성들을 할당하는 공간적인 배열의 형상이다."(Louis Althusser, *Positions*, Paris: Editions sociales, 1976, p. 138.)

7 여기서 수직적인 구성이란 맑스의 "건축물"의 은유에서 상부구조가 토대로서의 하부구조 위에 위치된다는 것을 의미하며 이는 차라리 사회구성체의 '공시적 구조'를 보여 주는 것이다. 반면, 수평적인 구성이란 그것이 시간 선상에서 생산(즉, 생산관계 및 생산력)과 재생산을 연대기적으로 설명한다는 점에서 '통시적'이라 볼 수 있다. 알튀세르는 「이데올로기」의 도입부에서 단 한 번 '최종심급'에서의 결정을 논한다. 비록 그가 그것을 다시 논의하는 추기를 삽입하지만 이는—외관상으로—「이데올로기」의 핵심적인 주장들의 바깥에 있는 것처럼 보인다. 나는 이 논점으로 다시 돌아갈 것이다.

니라 역설적으로 그것을 강화해 나갔다고 주장하는 것이 여전히 가능한가, 또 어떻게 그는 구조주의와 포스트-구조주의 사이에서 바로 이 개념을 사용함으로써 그 자신의 사고를 위한 장소를 생산해 냈는가 하는 점들을 설명하는 데 초점을 맞출 것이다. 그러나 '최종심급'을 논의하기에 앞서 "내재적 인과성(immanent causality)" 개념을 우회함으로써 알튀세르에게 있어 '결정'이라는 것의 성격이 무엇인지를 먼저 설명해 보도록 하자.

내재적 인과성

『자본을 읽자』에서 알튀세르는 맑스의 『자본』의 부제 "정치경제학 비판"을 문자 그대로 취하면서 비판은 부분적인 것일 수 없으며 결과적으로 정치경제학의 대상 그 자체가 비판된다고 주장한다. 부르주아 정치경제학의 대상은 정확히 "욕망의 주체"로서의 "경제적 인간(homo oeconomicus)"이며 경제적 현상들의 동질적인 평면상에서의 그것의 인간학적인 전개이다. 맑스의 『자본』의 대상을 정치경제학의 그것과 구별하기 위해, 알튀세르는 생산양식에 구성적인 요소들(즉, 자본주의적 생산양식에서 노동자, 생산수단, 불변자본, 가변자본, 소비재 생산 부문과 생산재 생산 부문 등으로 나타나는 요소들) 사이의 독특한 "결합(Verbindung)"으로서의 '구조'라는 개념을 가지고 들어온다. 하지만, 이러한 생산양식의 구조는 **즉각적으로** 이중화되는데 그것은 이러한 경제적 구조가 **사회적 관계들**의 전체 구조 내의 국지적인(regional) 구조이기 때문이다. 즉, 하나의 심급으로서의 경제는 시작부터 사회구성체의 다른 다양한 심급들에 의해 과잉결정된다. 이러한 이론적 재구성의 효과는 명백하다. 즉, 그것은 알튀세르로 하여금 단지 생산양식의 요소들 사이의 결합을 경제적 인간이라는 본질적 주체로 환원하는 것을 거부하게 만들 뿐 아니라, **또한** '결합'이라는 것 자체가 하나의 단순한 공통의 "조합"(레비-스트로스)으로서 가시적으로 포착될 수 있다는 관념을 거부하게 만든다. 경제의 구조는 이미 항상 다른 심급들의 "다른 시간들"의 그 속으로의 기입에 의해 탈중심화된다. 따라서 경제의 구조는 연속적이고 동질적인 시간의 선 위에 가해지는 (수직적인) 공시적 단절에 의해 획득될 수 없다. 공시적 단절에 의해 발견될 수 있는 '구조'라는 이데올로기적인 인식과 전체적인 역사적 운동의 중심으로서의 정신(Spirit)으로 복잡한 그 현상들을 끊임없이 환원함으로써만 획득할 수 있는 "본질적 단면(coup d'essence)"이라는 헤겔적인 개념 사이에는 단 몇 발자국의 차이만이 존재할 뿐이다. 더욱이, 경제적 심급의 구조에 기입되는 각각의 심급들의 시간은 그 자체 "미분적(differential)"이다. 전체적인 구조 안에서 본질적 단면을 찾는 것이 불가능하다고 한다면, 그것을 국지적인 구조 안에서 발견하는 것도 똑같이 불가능하다.[8] "비동시성"은 단지 많은 부분들을 가지고 있는 전체에만 관련되는 것이 아니라 그 전체의 부분들 자체를 분할한다. 그리하여, 사회적, 경제적 구조를 하나의 공시적인 단절 **또는** 복수의 공시적인 단절들의 조합을 통해 읽을 수 있는 가능성은 원천적으로 봉쇄된다.[9]

---

8 "만일 우리가 우리의 새로운 인식 안에서 '본질적 단면'을 만들려고 애쓴다면 우리는 그것이 불가능하다는 것을 발견한다. 그러나 이것은 우리가 하나의 불균등한 단면을 상대한다는 것을 의미하진 않는다. 즉, 기차들의 늦거나 빠름이 SNCF의 게시판에 공간적인 앞서 있음이나 뒤져 있음으로 묘사되는 것처럼 시간적인 공간 안에 하나의 시간이 다른 시간에 대해 앞서 있거나 뒤져 있는 것이 그 안에서 묘사되는 층져 있거나 들쭉날쭉한 단면을 상대하고 있다는 것을 의미하진 않는다는 것이다."(Louis Althusser and Etienne Balibar, *Reading Capital*, New York: Verso, 1979, pp. 207-237.) 또한 이 점에 관해 발리바르의 에세이 "From Bachelard to Althusser: The Concept of 'Epistemological Break'", *Economy and Society* 7, 1978, pp. 207-237을 참조하라.

9 글룩스만의 다음과 같은 주장은 단지 알튀세르의 이론에 관한 그의 오해를 폭로할 뿐이다: "이것은 구조주의로부터 그의 맑스주의를 차별 지으려고 시도하는 (알튀세르의) 두 번째 방식으로 우리를 다시 이끌어 간다. 그가 말하는 것이라고는 맑스 안에서 발견되는 '결합'이 (레비-스트로스의) 조합과 아무 관련이 없다는 것이며 그가 사용하는 범주들, 즉 최종심급에서의 결정, 지배, 과잉결정, 그리고 생산과정 등이 '구조주의에 이질적인 것'이라는 것이다. …… 알튀세르가 조합적인 것으로부터 결합을 구별하기 위해 지적하는 유일한 차이는 역사의 질문이고 유물론/관념론의 질문이다. 그는 명백한 방식으로 그렇게 하지 않으며 그가 제

알튀세르의 이러한 독특한 '구조' 개념은 그로 하여금 보다 더 전면적인 철학적 질문을 제기하는 곳으로 인도한다.

어떤 개념에 의해, 주어진 지역의 현상들에 대한 그 지역의 구조에 의한 결정으로서 정의된 새로운 유형의 결정을 사고하는 것이 가능할 것인가? 더 일반적으로, 어떤 개념 혹은 개념들의 집합에 의해, 구조의 효과성에 의한 한 구조의 요소들과 그 요소들 사이의 구조적 관계들, 그리고 그 관계들의 모든 효과들의 결정을 사고하는 것이 가능할 것인가? 그리고, 더욱이, 어떤 개념 혹은 개념들의 집합에 의해, 지배적 구조에 의한 종속적 구조의 결정을 사고하는 것이 가능할 것인가? 다시 말해서, 구조적 인과성의 개념을 정의하는 것이 어떻게 가능할 것인가?

알튀세르는 고전철학에 (선형적) 기계적 인과성과 표현적 인과성이라는 두 가지 종류의 인과성이 있음을 보여 준다. 기원에 있어 데카르트적인 기계적 인과성은 인과성을 "타동적이고 분석적인 효과성(즉, 한 사물의 운동의 결과로서 다른 사물의 운동이 발생한다는 식의 뉴튼적 효과성)"으로 환원한다. 이러한 인과성의 체계는 비록 그것이 사물들 사이의 외부적인 관계들을 설명할 수 있다고 할지라도 전체와 부분들 사이의 관계를 설명할 순 없다는 것이다. 다른 한편, 기원에 있어 라이프니츠적이고 헤겔적인 표현적 인과성은 전체와 부분들 사이의 바로 그 관계를 설명한다. 그러나 그것은 부분들을 '정신적인' 중심으로 환원함에 의해서만 그렇게 할 뿐인데, 왜냐하면 거기서 부분들의 독자성과 복잡성은 정신의 자기운동의 계기들에 불과하기 때문이다. 정신이 그 모든 개별적인 부분 안에서 그 자신을 실현한다는 것은 **구조적으로** 전체의 모든 부분들이 그 '정신적인' 중심으로부터 등거리에 놓인다는 것을 의미한다──동심원의 셰마. 더욱더 참을 수 없는 것은 만일 전

기하는 쟁점들은 별로 내용이 없다."(Glucksmann, *Structuralist Analysis in Contemporary Social Thought*, p. 172.)

체 운동의 중심이 본질적으로 정신적인 것이라면 그것은 그 자체 결코 구조일 수 없다는 사실이다. 그렇게 해서, 그 중심은 구조(들)에 대해 (그것이 아무리 역설적으로 보일지라도) 초월적이며 외재적이다. 혹은 같은 말이지만 그 중심은 모든 현상들의 배후의 본질의 현전이다.[10]

알튀세르는 맑스의 "상연(Darstellung)"[11] 개념을 따라, 또 그것을 분절시키면서, 전체와 부분들의 관계를 전적으로 상이한 방식으로 설명할 수 있는 다른 종류의 인과성을 제시한다.

'상연'은 …… 맑스가 **부재와 현전 양자 모두를 동시에, 즉 자신의 효과 내에서 실존하는 구조**를 지시하길 원했을 때 그가 목표했던 가장 근사치의 개념이다. …… 구조는 경제적 현상들에 다가와서 그것의 측면들, 형식들과 관계들을 변형하는, 그리고 그것들의 바깥에 존재하기 때문에 부재하는 하나의 부재 원인으로서 그 현상들에 효과를 미치는, 경제적 현상들의 바깥에 있는 본질이 **아니다. 구조의 그 효과들에 대한 '환유적 인과성' 안에서 그 원인의 부재는 경제적 현상들에 관련된 구조의 외부성의 잘못이 아니다. 정반대로 그것은 효과들에 대한 구조의, 내부성의 구조로서의, 바로 그 형식이다.** 이는 그러므로 효과들은 구조의 바깥에 있지 않다는 것을 의미하며 그것들이 어떤 미리 존재하는 대상, 즉 그 안에 구조가 도착하여 자신의 자국을 남기는 요소나 공간이 아니라는 것을 의미한다. 정반대로, 그것은 **그 용어의 스피노자주의적인 의미에서 구조가 자신의 효과들에 내재적이라는 것을,** 원인이 자신의 효과들에 내재적이라는 것을 의미하며 구조의 전체 실존은 그것의 독특한

---

10 Althusser/Balibar, *Reading Capital*, 1979, pp. 186-187.

11 Darstellung은 상연이라고 번역될 수 있는데 상연과 재현(Vorstellung) 사이의 차이는 재현이 연극의 원본(작가, 그리고 그의 의도와 관념)을 연극의 바깥에 위치시킴으로써 연극을 하나의 독자적인 현실로 사고하는 것을 불가능하게 하는 반면, 상연은 연극을 하나의 현실로서, 즉 작가 없는 현실로서 사고하도록 해준다는 것이다. 상연은 그렇게 해서 "주체도 목적(들)도 없는 과정"이라는 범주가 표현하는 바로 그것을 표현한다(같은 책, pp. 187-193을 참조).

요소들로 구성될 뿐, 자신의 효과들 바깥에선 아무것도 아니라는 것을 의미한다.[12]

구조적 인과성은 명확히 자신의 효과들 안에서의 원인의 내재성으로 정의된다. 환언하자면, 구조는 그 구조의 요소들 사이의 접합의 독특한 상태이외의 그 어떤 것도 아니다. 이는 그 말의 가장 강한 의미에서 이해되어야만 한다. 이것이 의미하는 바는 정확히 바로 자신의 효과들을 생산하지 않는 원인은 존재하지 않으며, 결과적으로 자신의 효과를 상황에 따라 생산할 수 있거나 생산하지 않을 수 있는 '잠재적 원인'이란 존재하지 않는다는 것이다.[13] 그것은 모든 것에는 이유가 있다(즉, 존재하는 모든 것의 배후에는 하나의 본질적인 이유가 있다)는 것을 의미하는 것이 아니라, 차라리 하나의 원인으로부터 그것의 효과들이 필연적으로 따라 나오며 그 원인이 없이는 그 어떤 효과도 존재할 수 없다는 것을 의미한다. 이렇게 알튀세르에겐 '가능한 것'(라이프니츠)과 같은 것은 존재하지 않는데 이는 우리가 만일 자신의 효과들을 가능하게 생산하거나 생산하지 않는 원인을 가정하면 원인과 효과들 사이의 논리적인 간극을 또한 가정해야만 하고, 이는 궁극적으로 구조적 인과성의 내재적인 성격을 파괴하는 것으로 귀결될 것이기 때문이다. 스피노자가 "하나의 주어진 결정적인 원인으로부터 그 효과가 필연적으로 따라 나오며, 역으로 만일 결정적인 원인이 없다면 하나의 효과가 따라 나오는 것은 불가능하다"[14]라고 말할 때, 그는 정확히 초월적 철학의 전통에 대한 가장 강한 비판인 이 세 번째 종류의 인과성을 표현한 것이다. 하나의

---

12 같은 책, pp. 188-189(강조는 인용자).

13 알튀세르는 1962년에 쓰여진 자신의 에세이 「'피콜로 극장': 베르톨라찌와 브레히트」(Althusser, *For Marx*, pp.129-152)에서 "잠재적 구조"라는 용어를 사용한다. 그러나 워렌 몬탁에 따르면 알튀세르는 피에르 마슈레의 이의를 받아들여 이 개념을 차후에 기각한다. 마슈레의 책에 대한 몬탁의 소개(Pierre Macherey, *In a Materialist Way*, New York: Verso, 1998, pp. 1-14)를 참조하라.

14 Baruch Spinoza, "Ethics" in Curley, Edwin (ed.) *The Collected Works of Spinoza*, Vol. I, Princeton: Princeton University Press, 1988, p. 410.

현전/부재 원인으로서 구조의 실존은 오직 그 요소들의 독특한 접합 속에서만 나타나는 자신의 효과들에 의해 구성될 수 있을 뿐이다.[15]

그러나, 하나의 원인이 그것이 작용하는 요소들 사이의 접합 속에서만 실존할 수 있다는 것은 무엇을 의미하는가? 그것은 직접적으로, 여기서 문제가 되는 결정이 '내용' 결정이 아니라 '형식' 결정이라는 것, 아니 차라리, 그것이 요소들 사이의 형식들에 개입하는 결정이라는 것을 의미한다.[16] 그것은 전체 내의 요소들이 갖는 내용들을 결정하지 않는다(내용들은 항상 이미 주어져 있다—그렇지 않다면 요소들의 종별성과 같은 것은 존재하지 않을 것이다). 그것은 심지어 요소들의 정상적이고 이해 가능하게 보이는 형식들, 즉 우리의 정상적인 일상의 경험적인 언어 속에서 묘사될 수 있는 형식들을 결정하지도 않는다. 그것이 결정하는 것은 요소들을 감싸는 형식들의 특정한 균열들, 즉 어떻게 요소들 사이의 가시적이고 (형식) 논리적인 관계들이 "전위"

---

15 데리다가 스프링커와의 대담(1993)에서 계속 강조하는 알튀세르의 오류 가운데 하나는 그가 하이데거에 의해 영향을 받으면서도(특히 '인간주의'의 문제에 관해서) 하이데거를 철저히 상대하지 않았다는 것이다. 하지만 나의 관점에서는 알튀세르로서는 하이데거적인 담론을 기각하는 수밖에 없었는데, 이는 하이데거의 초월 철학의 입장이 내재성이라는 스피노자주의적인 노선의 정확한 반대였기 때문이다. 아마 '인간주의'(우리는 물론 여기에 "이론적인"이라는 말을 덧붙여야 한다)에 반대하는 방식이 단지 하나만 있는 것은 아닐 것이다.

16 들뢰즈의 다음과 같은 스피노자의 '원인'에 대한 설명을 읽는 것은 도움이 된다: "그럼에도 불구하고 하나의 효율적인 인과성이 있다. 즉, 효과의 본질과 실존이 원인의 본질과 실존으로부터 구별되는 혹은 효과 그 자체가 자신의 본질과는 다른 실존을 가지면서 자신의 실존에 대한 원인을 다른 어떤 것에 참조하게 되는 인과성 말이다. 그리하여 신은 만물의 원인이다. 그리고 모든 실존하는 유한한 사물은 자신을 존재하게 하고 행동하게 하는 원인으로서 또 다른 유한한 사물을 참조한다. 본질과 실존에서 구별되면서, 원인과 효과는 어떤 것도 공통으로 갖지 않는 것으로 나타난다. …… 하지만, 어떤 다른 의미에선, 그들이 공통으로 갖는 것이 있다. **그것은 바로 속성이다.** …… 그러나 원인으로서의 신의 본질을 구성하는 속성은 효과의 본질을 구성하지는 않는다. 그것은 단지 이 본질에 포함되어 있을 뿐이다."[Gilles Deleuze, *Spinoza: Practical Philosophy*, San Francisco: City Lights Books, 1988, p. 53(강조는 인용자).] 요컨대 스피노자에게 신에 의한 사물의 결정은 형식들의 결정이다. "속성"에 대한 설명에서 들뢰즈는 이렇게 쓴다: "실체가 각각의 속성에 질적으로 혹은 형식적으로(수적으로가 아니라) 상응한다고 말해야 한다. 순수하게 질적인 형식적인 다면성은 …… 하나의 실체를 각각의 속성과 동일시하는 것을 가능하게 만든다."[Deleuze, *Spinoza: Practical Philosophy*, p. 52]

와 "응축"에 의해 왜곡되는가를 결정한다(알튀세르는 '패턴', 즉 자신이 특정한 질서를 제공하는 다양한 현상의 배후에서 하나의 "본질적 독해"에 의해 발견될 수 있는 "조합적" 패턴의 이론가는 아니다). 따라서, 원인이 효과들의 표면에만 실존한다고 할지라도 그것이 그 원인을 읽는 것을 결코 쉽게 만드는 것은 아니다. 반대로, 구조와 그것의 효과성을 읽기 위해서 우리는 그것을 반드시 **징후적으로** 읽어야만 한다. 이제 왜 알튀세르가 『자본』 안에서 맑스의 자본주의 사회의 사회적 관계들의 이론적인 구성은 실재적인 것(the real) 안에 있는 대상에 대한 경험적 반성이나 순수한 추상에 의해 주어질 수 없고 오직 정치경제학 그 자체를 해체, 재구성함으로써만 이론의 영역에서 생산될 수 있다고 말하는지가 분명해진다. 그것은 대상의 구조가 항상 동시적으로 현전하면서 부재하기 때문이다.[17]

이렇게 원인의 자신의 효과들에 대한 내재성이 알튀세르의 "결정"의 성격이라면, 이제 우리는 "최종심급에서의" 결정의 성격이 무엇인가를 질문할 수 있다.

최종심급ㅣ—지배 내 구조

처음부터 문제는 "모순들의 복잡성"이다. 모순들의 복잡성을 보여 주기 위해서는 전체 구조 안에 특정한 방식으로 연루된 각각의 모순의 종별적인 실존을 인정할 수밖에 없다. 비록 모순들의 복잡성의 외양(즉, "과잉결정의

---

17 맑스의 정치경제학 비판은 그러므로 정확히 하나의 "인식론적 절단"으로 정의될 수 있는데, 이는 그가 정치경제학을 그것의 바깥으로부터(즉 이데올로기적으로) 비판하지 않았으며 또한 그럴 수도 없었다는 점 때문이다. 그는 오히려 그것을 비판하기 위해 그것의 한가운데로 들어가야만 했으며 독특한 방식으로 그것을 읽음으로써 하나의 분할선을 그어야만 했다. 이로부터 그의 고유한 이론적 대상이 그의 이론적인 지평에 마침내 나타났다고 말할 수 있다.

130

외양")을 생산함에도 불구하고 모순들의 복수성과 복잡성을 하나의 본질적인 모순으로 계속 환원하는 헤겔적인 변증법에 알튀세르가 의존한다는 것은 따라서 생각할 수 없는 일이다. 이로부터 변증법의 대상("헤겔에겐 관념의 세계, 그리고 맑스에겐 실재 세계"[18])에 있어서뿐만 아니라, 변증법 그 자체와 그것의 구조에 있어서 맑스를 헤겔로부터 정교하게 분리할 필요가 생겨난다. 러시아의 정세 속에서 전개된 모순에 대한 레닌의 독특한 사고와 그의 "약한 고리"론을 따라 알튀세르는 정세에 기입된 비-경제적인 '부차적' 모순들의 종별성을 변증법 안에 회복시키고 다양한 모순들의 물질적인 실존을 생산력과 생산관계의 경제적 모순으로 환원할 수 없다는 것을 선언하는 일에 혼신의 힘을 다 기울인다. 그리하여, 모순들의 복잡성의 문제는 다양한 모순들과 그것들의 측면들 사이의 관계를 어떻게 생각할 것인가, 즉 하나 또는 그 이상의 모순들이 어떻게 다른 모순들에 특정하게 관련될 수 있는지, 복수의 모순들이 다른 모순 안에 그 모순의 조건으로서 반영될 수 있는 그 독특한 방식이란 무엇인지를 묻는 것의 문제가 된다. 다시 말해서, 핵심 문제는 "자본-노동 모순이 결코 단순하지 않고 항상 그것이 그 안에서 작동하는 역사적인 구체적 형식들과 환경들에 의해 종별화된다"[19]는 것을 보여 주는 것이다. "과잉결정"은 알튀세르가 이 문제를 풀기 위해 가지고 들어오는 개념이다. 여기서 조심해야 할 필요가 있다. 그의 "과잉결정" 개념은 단지 전체 구조를 구성하는 데 참여하는 심급이 여럿 있다는 것을 의미하는 것이 아니다. 만일 그렇다면 그것은 사회구성체의 경제주의적인 이론화로부터 진정으로 구별될 수 없을 것이다(경제주의자들은 '우리 또한 사회구성체 안에 많은 심급들이 있다는 것을 안다'고 답변할 그 모든 권리를 가지고 있다). 따라서 경제주의적 관념을 비판하기 위해서 그는 "경제에 의한 결정"에 의해 다양한 심급들 사이의 관계를 고정하려는 바로 그 시도 자체를 비판하는 곳까

---

18 Althusser, *For Marx*, pp. 91-93.

19 같은 책, p. 106.

지 나아가야만 한다.

심급들의 위계를 영원히 고정시키는 것, 각각의 심급에 그것의 본질과 역할을 부여하고 그것들의 관계들의 보편적 의미를 정의하는 것은 '경제주의'(기계론)이고 진정한 맑스주의의 전통이 아니다. 과정의 필연성이 '상황에 따른' 배역의 교환에 놓여 있다는 것을 깨닫지 못하고, 배역과 배우를 영원히 일치시키는 것이 경제주의이다.[20]

아무것도 고정되지 않는다. 모든 심급들은 '복잡하게 구조화된 전체'의 독특한 배치로서의 주어진 정세의 종별성 속에서 서로 역할을 바꾼다. 그러나, 그렇다면, 그러한 논리의 명백한 결과는 경제에 의한 결정이 바로 자신의 '결정'이라는 성격을 상실하게 된다는 것이 아닐까? 만일 모든 심급 및 그것의 의미가, 그 자체 정세 이외의 그 무엇도 아닌 다른 모든 심급들(과 심지어 자기 자신)의 독특한 배열에 의해(즉, "상황에 따라") 사실상 결정된다면, 그것은 알튀세르의 이론이 사회구성체의 다원주의적 모델에 의존하고 있다는 것을 의미하는 것이 아닐까? 따라서, 문제는 우리가 생각했던 것보다 훨씬 더 복잡하다. 여기서 알튀세르는 분명 경제주의를 비판하면서 동시에 다원주의를 피해야 한다는 난제와 마주친다.

그러므로 사회구성체를 '과잉결정' 개념만 가지고 사고하는 것은 불가능하다. 거기엔 그 개념 자체에 **내적으로 구성적인** 또 다른 개념, 즉 '과잉결정'으로 하여금 다원주의로 떨어지지 않도록 붙잡아 주는 또 다른 개념이 반드시 있어야만 한다. 바로 이러한 이론적인 필요로부터 '최종심급' 개념 혹은 더 정확히 말해서 '경제에 의한 최종심급에서의 결정'이라는 개념이 따라 나온다. 물론 중요한 것은 어떻게 우리가 '최종심급' 개념을 경제주의의 "억압된 것의 회귀"(프로이트)를 목도하지 않으면서 '과잉결정'의 개념 안

---

20 같은 책, p. 213.

에 기입할 수 있는지를 아는 일이다. 따라서, 최종심급에서의 결정 메커니즘과 '최종심급'의 의미를 보다 명확히 정의하는 것이 알튀세르에게 핵심적인 일이 된다.

모순들의 복잡성이라는 우리가 애초에 제기했던 그 문제로 다시 돌아가 보자. 모순과 그 측면들의 불균등성을 "변증법의 핵심"으로서 "설명하고 발전"시키려는 레닌과 마오의 노력을 따라가면서[21], 알튀세르는 모순들의 주어진 복잡성이 단순한 기원적 모순의 발전의 결과가 아니라는 것을 논증해 보인다. 주요모순과 그것의 주요 측면은 항상 이미 그것의 부차적 측면과 미리 주어진 복잡하게 구조화된 전체 안에서의 부차적 모순들에 의해 과잉결정된다. 알튀세르는 다음과 같이 주장한다. "지식이 아무리 과거로 거슬러 올라가도, 더 이상 어떠한 기원적인 본질도 없고 오직 항상-미리-주어져 있음만이 있을 뿐이다. 더 이상 어떤 기원적인 단순한 통일성도 존재하지 않고 대신 구조화된 복잡한 통일성의 항상-미리-주어져 있음이 있다."[22] 그러나, 모순의 구조의 이러한 도식화는 같은 말에 의해 거기엔 주요모순이 **있다**는 것과 모순의 주요 측면이 **있다**는 것, 즉 구조화된 전체는 하나의 **"지배를 갖는 구조"**라는 것을 즉각적으로 보여 준다. 결국 구조 안에는 그 어떤 지배적인 모순도 없고 그 어떤 지배적인 심급도 없다고 말하자마자, 우리는 모순의 모든 종별성이 전체 원의 중심, 즉 정신의 주변에 등질적으로 배치되는 구조적 동심원이라는 바로 그 헤겔적인 도식으로 돌아갈 수밖에 없다. 따라서 복잡하게 구조화된 전체 안에 '탈-중심화된 복수의 원들'을 갖는다는 것은 직접적으로 다양한 심급들 사이에 위계적인 관계가 있어야만 한다는 것을 함축한다. 그리고 이러한 위계는 오직 최종심급으로서의 경제에 의한 결정을 통해서만 생산될 수 있다. 결과적으로 **알튀세르에게 있어 '최종심급' 없는 '과잉결정'이란 일종의 난센스에 불과하다.**

---

21 같은 책, p. 194.

22 같은 책, pp. 198-199.

그렇다면, 알튀세르는 최종심급에서의 경제에 의한 결정의 메커니즘을 어떻게 설명하는가? 그의 설명은 어떻게 경제주의적인 설명과 구별되는가? 알튀세르는 결정에는 "전위"와 "응축"이라는 두 가지 방식이 있음을 보여 준다.[23] 혹자는 이러한 정신분석학적 용어들이 맑스의 변증법과 무슨 관련이 있는가 하고 물을 수 있을 것이다. 하지만, 이러한 용어들이야말로 진정 "대립물의 동일성"이라는 바로 그 변증법적인 개념을 위한 완벽한 묘사이다. 즉, 이 용어들은 어떻게 한 모순의 두 대립적인 측면이 서로에게 관련될 수 있는지 그리고 어떻게 그것들이 하나의 동일성을 형성하게 되는지를 정확히 보여 준다. 전위는 (프로이트에게 있어서와 같이 리비도적이든 혹은 맑스에게 있어서와 같이 사회적이든 간에, 본질적으로 갈등적인) 에너지가 하나의 모순 혹은 모순의 한 측면으로부터 또 다른 모순 혹은 모순의 또 다른 측면으로 이동되는 형식적인 왜곡의 현상이다. 다시 말해서, 주요모순은 전위에 의해 부차적인 모순과 자신의 역할을 교환하면서 그 자신이 부차적인 모순이 될 수 있고, 이는 그 주요모순에 투여된 에너지가 특정한 국면 하에서는 또 다른 부차적인 모순 쪽으로 전이되기 때문이다. 다른 한편, 응축은 여러 가지 모순들이 하나의 모순으로 융합하도록 만드는 또 다른 종류의 형식적인 왜곡이다. 그것은 각각의 모순이 가진 에너지가 응축에 의해 폭발적이 되는 것을 의미한다. "혁명이 매우 빠르게 성공했다는 것은 단지 극단적으로 독자적인 역사적 상황의 결과로서 **완전히 다른 힘들, 완전히 이질적인 계급 이해들, 완전히 반대되는 정치적이고 사회적인 투쟁들이 융합**했다는 사실에 기인한다"라고 레닌이 말했을 때 그는 바로 '응축'의 이러한 현상에 관해 논하고 있었다.[24] 일반적으로 이러한 두 가지 왜곡에 의해 '최종심급'으로서의 경제는 모순들 사이에 주요한 것과 부차적인 것의 역할을 할당하

---

23 같은 책, pp. 210-211.

24 Vladmir Ilich Lenin, *Collected Works*, Vol. XXIII, Moscow: Progress Publishers, 1964, p. 302.

고, **또한** 다른 국면들 속에서는 그 역할들을 재-할당한다. 따라서, 경제에 의한 최종심급에서의 결정은 항상 다양한 모순들 사이의 위계적 관계들을 형성하고 재형성하는 방식으로 작동한다. 이런 이유로 지배적인 심급(주요 모순)을 '최종심급'("고정된" 기본모순)과 동일시하는 것은 지배적 심급의 고정 및 다양한 심급들 사이의 관계 그 자체의 고정을 의미한다(이러한 고정으로부터 구조주의의 저 "조합"에 이르는 것은 단순한 용어의 교체라는 한 발자국으로 족하다). 알튀세르는 위에 인용된 경제주의 비판을 위한 자신의 진술에 이어 곧바로 다음과 같이 써내려 간다.

> 사전에 영원히 최종심급에서—결정적인—모순과 지배적 모순의 역할을 동일시하는 것, 항상 이러저러한 한 '측면'(생산력, 경제, 실천)을 주요 역할에 동화시키고 또 이러저러한 또 다른 측면(생산관계, 정치, 이데올로기, 이론)을 부차적인 역할에 동화시키는 것이 경제주의다—반면에, **실재의 역사 속에서 최종심급에서의 경제에 의한 결정은 정확히 경제, 정치, 이론들 사이에서의 주요 역할의 치환 속에 행사된다.**[25]

그러나 우리는 여전히 이러한 알튀세르의 설명이 단지 경제주의와 다원주의의 타협에 불과한 것으로 고려될 수 있는가에 관해 질문을 던져야만 한다(여기서 우리는 글룩스만이 사회구성체에 관한 알튀세르의 이론을 가리켜 "타협적" 다원주의라고 말했다는 것을 기억하자). 왜냐하면, 알튀세르는 여기서 적어도 외양상으로는 경제주의를 가지고 다원주의를 공격하고('최종심급' 없는 '과잉결정' 같은 것은 존재하지 않는다), 다원주의를 가지고 경제주의를 논박하는(최종심급의 지배적인 심급에의 고정은 단지 경제주의일 뿐이다) 것처럼 보이기 때문이다. 우리는 이렇게 질문할 수 있다. 그렇다면 문제는 단지 그 양자의 평형점을 찾는 것에 불과한 것인가? 이는 정당한 질문인데, 왜냐하면 우리는 알튀세르 자신이 여기서 그 어떤 공백이나 탈출구가 존재하지 않는 것처럼 보이는 전도된

---

25 Althusser, *For Marx*, p. 213(강조는 인용자).

상들 사이의 거울상이라는 이데올로기적인 장 속에 위치해 있다는 것을 알기 때문이다. 따라서 우리의 질문은 다음과 같다. 즉, 정확히 어디에 알튀세르 자신에 의한 "인식론적 절단"이 놓여 있는가? 도대체 다원주의와 경제주의의 대상과 구별될 수 있는 그의 '최종심급' 개념의 독특한 대상이란 무엇인가?

최종심급 II―탈-다원화(De-Multiplication)

'최종심급' 개념에 있어 알튀세르 자신의 '인식론적 절단'을 찾기 위해서 우리는 그가 "최종심급에서……"라는 엥겔스의 정확히 동일한 표현과 대결하는 곳으로 들어가야만 한다.[26] 여기서 알튀세르의 엥겔스에 대한 비판의 모든 세부 사항들을 논할 수는 없기 때문에 나는 알튀세르가 말하는 바의 요점을 먼저 간단히 정리해 보기로 하겠다. 엥겔스의 '최종심급에서의 결정'에 대한 알튀세르의 비판은 두 가지 수준에서 진행된다. 첫 번째 비판은, 엥겔스가 경제적인 '필연성'과 상부구조적인 '우연들'의 관계에 대해 사고하는 방식에 관련된다. "끝없는 우연들 가운데서 …… 경제적 운동이 마침내 자신을 필연적인 것으로 드러낸다"[27]고 엥겔스는 쓴다. 이러한 엥겔스의 진술은 알튀세르가 보기엔 경제의 필연성을 그 "우연들에 완전히 **외적인 것**"으로서만 고려할 뿐인데, 왜냐하면 엥겔스는 사실상 그 자신이 상부구조만큼이나 많은 우연들로 구성된 경제가 어떻게 무한하게 흩어지는 우연들 가운데서 자신을 드러낼 수 있는지를 결코 설명하지 않기 때문이다.

---

26 여기서 문제가 되는 텍스트는 엥겔스의「블로흐에게 보낸 편지―1890년 9월 21-22일」(Karl Mark and Fredrick Engels, *Selected Works*, Vol. II, Moscow: Foreign Languages Publishing House, 1962, pp. 488-490)이다. 알튀세르는 엥겔스의 '최종심급'을 『맑스를 위하여』의 3장 "모순과 과잉결정"의 "부록"(Althusser, *For Marx*, pp. 117-128)에서 논한다.

27 Marx/Engles, *Seleted Works*, Vol. II, p. 488.

더욱이, 엥겔스는 상부구조적 요소들의 효과들을 단지 우연적인 것으로서 고려하기 때문에 그러한 상부구조적 요소들의 효과성과 종별성을 인식하고 이론화할 수 있는 길을 찾지 못한다고 알튀세르는 주장한다. 두 번째 비판은 다음과 같은 엥겔스의 도식화에 대해 행해지는데, 그것은 역사의 전체 운동의 결과라는 것은, 비록 자신이 어디로 가고 있는지 알지는 못하지만 무의식적으로 (역사의) 최종 결과 자체에 포함되는 개별적인 의지들의 합이라는 도식, 혹은 개별적인 의지들이란 "하나의 (최종적) 결과를 야기하는 힘들의 평행사변형들의 무한한 연쇄"[28] 안에 있는 그 구성적 힘들이라는 도식이다. 알튀세르의 관점에서 봤을 때, 엥겔스는 그와 같은 설명에 의해 구성 부분들에 대한 결과의 **초월성**이라는 테제를 생산할 뿐이다. 그러나, 결과라는 것은 우연들의 "공백들"을 축적함에 의해서 달성될 수 없다. 최초의 평행사변형(혹은 두 번째의, 혹은 세 번째의, 즉, 그 무한한 연쇄 가운데에 있는 것이면 어떤 평행사변형이든)의 끝에 주어진 결과-힘은 그 **무한한** 평행사변형들의 연쇄에 의해 생산되는 실질적인 최종 결과에 대해서 아무것도 말해 주지 않으며, 그리하여 주어진 어떠한 중간적인 결과-힘도 그것이 우연적이라는 점에선 여전히 "절대적인 공백"에 불과하다.[29] 엥겔스의 도식에서라면 우리는 최종심급에서의 결정을 주장하기 위해 심지어 최후에 주어진 결과를 애초에 기대된 결과와 몰래 바꿔치기 해야 할지도 모르는 것이다.

따라서, 알튀세르의 비판의 핵심은 엥겔스가 결코 경제에 의한 최종심급에서의 결정의 **내재적인** 성격을 이해하지 못했다는 것이다. 엥겔스에게 최종심급에서의 결정은 단지 역사적 연쇄의 끝에 심어지는 어떤 것이고 기억의 회고적인 재구성을 통해 과거의 사건들 위에 사후적으로 부과되는 어떤 것일 뿐이다. 따라서, 경제에 의한 상부구조적 요소들의 결정의 이러한 내재성을 설명하는 것이야말로 알튀세르에겐 '최종심급'의 전체 문제

---

28 같은 책, p. 489.

29 Althusser, *For Marx*, p. 123.

를 푸는 열쇠가 되는 것이다. 알튀세르는 필연적인 (**역사적** 사건으로서의) 최종 결과가 우연적인 평행사변형의 무한한 연쇄로부터 연역될 수 없음을 증명한 후에 다음과 같이 쓴다.

> 문제는 역으로, 혹은 차라리 다른 방식으로, (단번에!) 제기되어야 한다. 만일 우리가 역사적 사건을 비-역사적인 사건들의 (불확실한) 가능성으로부터 끌어내길 제안한다면, 역사적 사건을 설명하는 일은—심지어 양질 전화의 법칙을 환기함에 의해서조차— 결코 불가능하다. 이러저러한 하나의 사건을 역사적인 것으로 만드는 것은 그것이 사건이라는 사실이 아니다. 그것은 정확히 **스스로 역사적인 그 형식들 속으로의, 그와 같은 역사적인 것의 형식들[(하부)구조와 상부구조의 형식들] 속으로의 그 사건의 삽입**이다.[30]

알튀세르는 하나의 사건이 역사적이기 위해서는 그 사건이 반드시 이미 역사적인 형식들, 즉 '최종심급'으로서 경제의 필연성 이외의 그 어떤 것도 아닌 형식들 속에 **삽입**되어야만 한다고 말한다. 여기서도 "삽입"이라는 말은 그 용어의 가장 강한 의미에서 해석되어야 한다. 그것은 하나의 사건은 그것이 개인적이거나 집단적인 역사의 주체들에 의해, 혹은 심지어 경제적인 필연성 그 자체에 의해 역사적인 것으로 **간주될** 때 역사적이 될 수 있다는 것을 의미하지 않는다. 이러한 식으로 설명될 때 사건들과 역사적인 필연성은 그것이 내재성의 외양을 취할 때조차 여전히 **외적으로** 관련될 뿐이다. "삽입"이라는 말이 의미하는 것은 사건들은 역사적인 것의 **복수의** 형식들에 동시에 속할 때에만 역사적 사건이 된다는 것, 바꿔 말해서 그것이 복수의 심급들이 서로 마주쳐 하나로 결합되는 특이점이 되는 한에서만 역사적이 된다는 말이다.

다양한 심급들 사이의 이 같은 압축 속에서 우리가 보는 것은 무엇인가?

---

30 같은 책, p. 126(강조는 인용자).

그것은 정확히 철학의 고전적인 문제 중 하나인 '하나와 다수(one and many)'라는 문제다. 우리는 이미 이 철학적 문제를 풀기 위한 적어도 세 가지 주요한 (근대적인) 시도들이 있었음을 알고 있다. 즉, 데카르트와 스피노자, 그리고 라이프니츠의 그것들 말이다. 데카르트는 실재적인 구별이란 본질적으로 양적이라고 주장함으로써 세계 안에 많은 실체들이 있다는 사실과 실체란 스스로를 원인으로 갖는 사물이며 자신의 실존에 관해 자기 자신 이외의 그 어떤 것에도 의존하지 않는다는 정의 사이의 논리적인 모순을 해결할 수 없었다. 복수의 실체들이 존재한다고 그가 말하자마자 그는 그 복수의 실체들 사이의 인과관계를 설명해야만 했고 그것은 궁극적으로 실체의 정의 자체를 훼손시키는 것으로 귀결되었다. 라이프니츠 역시 자연 안에는 무한수의 실체가 존재한다고 주장했지만 그는 적어도 '하나와 다수'의 문제에 관한 해결책을 하나 제시했다. 그의 해결책은 본질적으로 신학적인 것이었다. 곧, 서로 독립적인 모든 단자들(monads)이 궁극적으로 신(神)이라는 단자에게 의존한다고 말함으로써, 그리고 그것을 정당화시킬 수 있는 바로 그 예외적이고 초월적인 지위를 신에게 허락함으로써, 그는 세계의 질서와 그것의 하나임을 설명하려고 했던 것이다.[31] 이 문제를 풀기 위해, 스피노자는 실재적인 구별이란 순수하게 "질적이고 형식적인 구별"이라고 주장한다. 스피노자에게 있어 무한수의 속성들이란 실체가 가진 그만큼의 많은 질들(qualities)이다. 『윤리학』에서 스피노자는 다음과 같이 쓴다: "두 속성들이 실재적으로 구별되는 것으로 인식될 수 있다고 할지라도(즉, 하나가 다른 하나의 도움 없이 인식될 수 있다고 할지라도), 우리는 여전히 그로부터 그들이 두 존재를 혹은 두 다른 실체를 구성한다고 추론할 수 없다는 것이 명백하다. …… 하나[의 속성]는 다른 하나에 의해 생산될 수 없지만 각

---

31 "이제 우리가 말한 것으로부터, 각각의 실체는 신을 제외하고서는 모든 다른 것(단자/실체)들로부터 독립적인, 하나의 동떨어진 세계와 같다는 것이 뒤따른다."(Gottfried Leibniz, "Discourse on Metaphysics" in Cahn, Steven (ed.) Classics of Western Philosophy, 4th ed., Indianapolis: Hackett Publishing Company, 1995, pp. 602-630.)

각은 실체의 현실 혹은 존재를 표현한다."[32] 따라서, 실체는 **존재론적으로는** 하나이지만 동시에 그것은 **형식적으로는** 무한하게 다수이다. 이 사고의 체계를 이름 짓기 위해, 나는 '탈-다원화(de-multiplication)'라는 용어를 사용할 것이다. '탈-다원화'는 '단일화(unification)'가 아닌데 왜냐하면 그것은 존재를 단일화시키는 동시에 그것을 형식적으로는 다면화시키기 때문이다. 형식적인 구별이야말로 실재적인 구별이기 때문에 실체의 형식(속성)들의 다양성은 결코 라이프니츠의 경우에서 그렇듯이 실체에 환원될 수 있는 현상적인 다양성이 아니다. 반대로, 그것은 그 형식들이 실체 그 자체의 "계보"[33]를 내적으로 구성하는 정도까지 실체적인 것이다. 그것들은 존재하는 유일무이한 실체로서의 신의 무한한 **현실들**이고 무한한 **역능들**이다.[34] 바로 이러한 탈-다원화의 체계 안에서 우리는 내재성의 의미를 진정으로 식별할 수 있다. 속성의 현실은 실체 그 자체의 속성과 똑같은 정도로 현실적(실재적)이다. 이제 알튀세르가 '역사적 사건'에 대한 설명에서 다음과 같이 말하는 것이 자연스럽다는 것을 알 수 있다: "역사적 사건을 설명하는 것은 **심지어 양질 전화의 법칙을 환기시킴에 의해서조차** 불가능하다."[35] 즉, 알튀세르에게 역사의 과정은 존재론적으로 하나이지만 그것은 그것의 형식들에 있어 다면적인 것이다. 그러므로 알튀세르에게 있어 경제에 의한 최종심급에서의 결정의 핵심적인 성격은 바로 '탈-다원화'의 바로 그 의미 속에서 찾아져야만 하는 것이다. "이것이 바로 왜 복잡성이 자신의 핵심들 가운데 하나로 지배를 함축하게 되는지의 이유이며 지배는 그 구조 안에 기입되어 있다"고 쓰고 나서 알튀세르는 계속해서 다음과 같이 말한다.

32 Spinoza, *Ethics* in Curley, Edwin (ed.) *The Collected Works of Spinoza*, Vol. I, p. 416.

33 Gilles Deleuze, *Expressionism in Philosophy: Spinoza,* New York: Zone Books, 1992, p. 14.

34 Pierre Macherey, "The Problem of the Attributes in Montag", Warren and Stolze, Ted (eds) *The New Spinoza*, Minnesota: University of Minnesota Press, 1997, pp. 65–96.

35 Althusser, *For Marx*, p. 126(강조는 인용자).

따라서 이러한 단일성(unity)이 단순한 기원적이고 보편적인 본질의 단일성이 아니며 또한 그럴 수 없다는 것을 주장하는 것은 저 맑스주의에 이질적인 이데올로기적인 개념인 '일원론(monism)'에 관해 꿈꾸는 자들이 생각하듯이 '다원주의'의 신전에 단일성을 제물로 바치는 것이 아니다. 그것은 상당히 다른 어떤 것을 주장하는 것이다. 즉, 맑스주의에 의해 논의되는 단일성이란 **복잡성 그 자체의 단일성**이라는 것, 복잡성의 조직화 및 분절의 양식이 정확히 그것의 단일성을 구성하는 것이라는 것 말이다. 그것은 **복잡한 전체가 지배를 갖도록 접합된 구조의 단일성을 갖는다**는 것을 주장하는 것이다. 최종 분석에서 이러한 종별적인 구조가 모순들 사이의 그리고 그들의 측면들 사이의 지배의 관계들을 위한 기초이다.[36]

복잡성 그 자체의 단일성! 이보다 더 탈-다원화의 의미를 분명하게 말할 수 있을까? 그런데 위에서 이미 논의되었듯이 다른 모순들 및 심급들 사이의 위계 관계들의 치환으로서의 바로 그 '지배를 갖는 구조'를 생산하는 것은 '최종심급'으로서의 경제의 기능이다. 알튀세르는 다른 곳에서 다음과 같이 쓴다.

> 나는 한 **정세의 단일성 안에서** 다른 구조들에 대하여 갖는 한 구조의 이러한 '지배'를 인식하기 위해서는 경제적인 구조에 의한 비-경제적인 구조의 '최종심급에서의' 결정이라는 원칙을 참조하는 것이 필요하다는 것을 보여 줬고 이 '**최종심급에서의 결정**'이야말로 효과성의 위계 속에서의 구조들의 전위나 전체의 구조화된 수준들 사이에서의 '**지배'의 전위의 필연성 및 인지 가능성을 위한 절대적인 사전 조건**이라는 것을 보여 줬으며, 오직 이 '**최종심급에서의 결정**'만이 그런 전위들에 하나의 기능이라는 필연성을 부여함으로써 관측 가능한 전위들의 자의적인 상대주의를 피하는 것을 가능하게 만든다는 것을 보여 주었다.[37]

---

36 같은 책, p. 202(강조는 인용자).

37 Althusser/Balibar, *Reading Capital*, p. 99(강조는 인용자).

알튀세르에게 경제에 의한 최종심급에서의 결정은 전체 사회구성체의 탈-다원화의 형식 속에서 작동한다. '탈-다원화'는 각 심급의 물질적 실존을 상실하지 않으면서 그 자체 구조의 심급들의 독자적인 배치에 불과한 정세의 형성을 이론화할 수 있는 유일하게 가능한 길이다. 따라서, 만일 알튀세르가 '최종심급'의 이론적인 개념을 발전시킨다고 한다면 우리는 그가 이 '탈-다원화'의 의미를 최대화하는 방식으로 그렇게 할 것이라고 기대할 수 있다. 뒤이은 절에서 우리는 그가 정확히 어떻게 이 일을 수행했는지, 또 어떻게 그가 이 불가능해 보이는 다원주의와 경제주의로부터의 동시적인 '인식론적 단절'을 '탈-다원화'의 체계 안에서 작동하는 것으로서의 '최종심급'이라는 개념을 사용함으로써 생산할 수 있었는지 보게 될 것이다.

최종심급 III—단락(Short Circuit)

『자본을 읽자』의 '이탈리아판 서문'에서 알튀세르는 "최종심급에서의 결정, 지배, 과잉결정, 생산과정 등"의 "범주들"은 "'구조주의'에 **이질적**"인 것들이라고 쓴다.[38] 따라서 '구조주의'가 여기서 그 범주들을 이해하는 데 많은 도움을 줄 수 없다는 것은 명백하다. 그렇다면 그 범주들은 어디로부터 오는가? 물론 맑스주의로부터 온다는 것은 확실하다. 그러나 우리는 또한 저 범주들이 심오하게 그 본질에 있어 정신분석학적이라는 것을 알고 있다(특히, '과잉결정'이라는 개념이 그렇다. 그러나, 아니 차라리 결과적으로 우리는 '최종심급에서의 결정'이라는 개념도 역시 그 개념이 '과잉결정'이라는 개념에 구성적인 정도까지 깊이 정신분석학적이라고 말해야만 한다). 사실 우리는 알튀세르의 사회구성체에 관한 이론적인 구성과 프로이트의 정신분석 과정에 관한 이론적인 구성 사이의 비상한 유사성을 보고 놀라게 된다.

38 같은 책, p. 7.

여기서 정신분석학상의 잠재적인 꿈-사고, 명백한 꿈-내용 및 (꿈-작업으로서의) 무의식 사이의 관계에 관한 프로이트의 설명을 우회해 보자. 정신분석학의 역설(paradoxes) 가운데 하나는 그것이 마치 꿈속에 등장하는 모든 것은 성(sexuality)에 의해 결정된다고 주장하는 것처럼 보이지만, 프로이트가 분석한 꿈의 사례들을 보면 실제로 그 내용은 성적이지 않은 것들이 수두룩하다는 것이다. 그러나 이런 역설은 특정한 분석에 의해 마침내 발견되는 '잠재적인 꿈-사고'가 꿈에서의 '무의식적 욕망들'이 아니라는 사실에 의해 설명될 수 있다. 사실 프로이트가 줄곧 주장하는 것은 그것의 정확한 반대인데, '잠재적인 꿈-사고'는 전혀 무의식적인 것이 아니기 때문이다. 잠재적인 꿈-사고란 일상 언어 안에서 분절될 수 있는 절대적으로 정상적인(일상적인) 사고다. 그것은 프로이트의 이론적인 토픽 안에서 차라리 의식/전-의식의 심급에 속하는 것이다. 실재로 발생하는 일은 이러한 잠재적인 꿈-사고가 특정한 상황 속에서 (무의식적인) 1차 과정 속으로 끌어당겨지는 것이다.[39] 따라서 잠재적인 꿈-사고와 명백한 꿈-내용 사이의 관계는 무의식과 의식 사이의 관계가 아니라 절대적으로 정상적인(비록 전-의식적이고 파편화된 것이라고 할지라도) 일상적 사고들과 그것들의 꿈-서사(이것이 바로 우리가 꿈으로부터 기억하는 내용이다)로의 생산 사이의 관계이다. '전위'와 '응축'의 수단을 통해 이러한 잠재적인 꿈-사고를 (서사적인) 맹백한 내용들로 생산하는 것 안에 개입해 들어오는 것이 바로 **꿈-작업으로서의 무의식**이다(이것이 바로 왜 프로이트에겐 꿈의 해석이 정상적 꿈 텍스트에 대한 비정상적인 취급법이 되는가의 이유이다). 그렇다면, 무의식은 어떤 메커니즘에 의해서 작동하는가?

무의식은 항상 전-의식적인 잠재적 꿈-사고와의 **단락**(short-circuit)을 통해서만 작동한다. 즉, 아무리 열심히 우리가 하나의 심급으로서의 무의식을 절망적으로 찾아 헤맨다고 할지라도 우리는 결코 단순하게 무의식을

---

39 Sigmund Freud, *The Interpretation of Dreams*, in Brill, A. (ed.) *The Basic Writings of Sigmund Freud*, New York: The Modern Library, 1995, p. 498.

꿈 형성 안에서 다른 (전-의식적/의식적) 심급들로부터 고립시킬 수 없다. 왜 냐하면, 엄격하게 말해서, **무의식은 오직 그것이 다른 심급들의 표면에 균열을 가하는 방식 속에서만 실존하기 때문이다.**[40] 그리고, 만일 프로이트적인 정 신분석학과 알튀세르의 사회구성체에 관한 이론화 사이에서 변증법의 형 상에 관한 유비가 이 지점까지 연장되는 것이 허용된다면, 무의식이 작동 하는 방식으로서의 '단락'이야말로 '최종심급에서 결정적인' 심급이 알튀 세르에게 있어서 움직이는 방식과 조응하는 것이다.

하지만 여기서 멈추지 말고 다음과 같은 질문을 던져 보자. 즉, 맑스주의 안에 도대체 '단락'이라고 불릴 만한 것이 있는가? 만일 있다면 어디에 있 는가? 여기서 나는 알튀세르의 제자이기도 한 에티엔 발리바르에 의해 주 어진 맑스의 "이론적 단락"에 관한 설명을 참조하고자 한다. 발리바르에 따르면, 맑스의 정치경제학 "비판"의 의미는 특정한 사법적 매개들에 의한 정치와 경제의 바로 그 분리(즉, 사적 영역과 공적 영역의 분리 및 시민사회와 국가의 분 리)에 대한 비판이다. 맑스에게 노동관계는 즉각적으로 어떠한 매개도 없 이 경제적이면서 동시에 정치적인데, 이는 임금-노동 관계가 부등가 교환 이라는 (즉, 그것이 착취라는) 사실의 폭로가 그 자체 정치적인 계급 적대를 경 제적 과정의 한가운데에 위치시키는 것이기 때문이다. 반면, 정치경제학은 계급 적대를 경제적 과정의 바깥에 위치시킴으로써 계급투쟁을 자본주의 사회에 종별적으로 필연적인 것이 아닌, 즉 우연적인 부자와 가난한 자 사 이의 자연적 갈등으로 표상한다. 정치경제학은 어떻게 그러한 정치적이면 서 경제적인 계급 갈등들을 경제적 과정으로부터 몰아내는 데 성공하게

---

40 프로이트는 (전)의식과 무의식 사이의 단락을 다음과 같이 묘사한다: "우리에게 통찰력을 제공하는 데 있어 꿈을 비할 나위 없이 가치있는 것으로 만드는 것은 무의식이 자아 속으로 자신의 길을 만들어 나갈 때, 그것이 자신의 작업의 양태들을 자신과 함께 가져오게 되는 상황이다. 이는 무의식적인 질료(material)가 그 안에서 자신의 표현을 찾는 전의식적인 사 고들이 꿈-작업의 과정에서 마치 이드의 무의식적인 부분인 것처럼 처리된다는 것을 의미 한다."[Sigmund Freud, *An Outline of Psycho-Analysis*, New York: W. W. Norton & Company, 1969, pp. 40-41, (강조는 인용자.)]

되는가? 물론, (임금과 교환되는 교환가치로서의) 노동력을 (그것의 사용가치로서의) 노동 그 자체와 혼동함으로써 그렇게 한다. 그러나 이러한 정치경제학의 혼동은 노동자가 자본가만큼이나 교환의 자유로운 주체라는 자본주의적 소유법의 사법적 환상(즉, 임금노동은 그것이 두 자유로운 경제 주체들 사이의 자발적인 교환이기 때문에 어떠한 착취도 포함하지 않는다는 환상)을 통해서만 오직 가능한 것이다. 정치경제학은 그렇게 경제와 정치 사이에 법적 매개를 삽입함에 의해 생산관계를 탈-정치화시킨다. 따라서 정치경제학의 비판은 당연히 바로 그 매개들에 대한 비판이 된다.[41] 맑스는 다음과 같이 쓴다.

> 부불의 잉여노동이 **직접적** 생산자로부터 추출되는 종별적인 경제적 형태가 지배, 종속 관계를 결정한다. 이 지배, 종속 관계는 생산으로부터 **직접적으로** 발생하지만 또한 생산에 결정적 방식으로 반작용한다. 생산관계 자체로부터 발생하는 경제적 공동체의 전 구조와 **동시에** 그것의 종별적인 정치적 형태는 이 종별적인 경제적 형태에 토대를 두고 있다. 우리가 전체 사회구조의, 그리하여 또한 주권, 종속 관계의 정치적 형태, 요컨대 그때그때의 종별적인 국가 형태의 가장 깊은 비밀과 은폐된 토대를 찾아내야 하는 곳은 …… 언제나 직접적 생산자에 대한 생존 조건 소유자의 **직접적** 관계 속에서이다.[42]

발리바르가 여기서 강조하는 단어는 "직접적[unmittelbar/immédiat]"이라

---

41 그리고 자본주의 사회에서의 정치와 경제 사이의 이러한 매개들의 거리, 즉 분리에 의해 프롤레타리아는 자신의 정치의 장소를 발견할 수 없게 되는 역설에 직면하게 되는데, 이는 경제가 자본주의 사회에서는 순수한 교환의 영역으로 나타나는 반면 정치는 그 안에서 부르주아 분파 사이의 갈등을 단순히 조정하는 영역으로 나타나게 되기 때문이다. 시민사회와 국가의 대당은 이러한 '노동의 정치'의 완전한 은폐라는 효과를 생산한다.(Etienne Balibar, "Marx, the Joker in the Pack: or the Included Middle", *Economy and Society* 14, 1985, pp. 1-27 을 참고.)

42 Karl Marx, *Capital*, Vol. III, Harmondsworth, Middlesex, England: Penguin Books, 1991, p. 927(강조는 인용자).

는 단어다. 정치적인 "지배, 종속 관계"가 노동과정으로부터 **직접적으로 매개 없이** 나온다. 맑스는 여기서 명확하게 정치적인 것과 경제적인 것 사이엔 어떤 매개도 없다고 주장한다. 경제적인 공동체와 정치적 형태 양자 모두가 생산의 실재적인 관계로부터 나오고 그것에 의존한다. 발리바르는 만일 매개들이 있다면 그것들은 정치적인 것과 경제적인 것 사이에 오는 것이 아니라, 노동 과정의 한편과 경제적 공동체 및 국가의 다른 한편 사이에 온다고 설명한다. 자본주의 사회의 근원적인 인과성으로서의 노동관계가 각각 정치적 매개들이나 경제적 매개들을 통해서 그 두 영역에서 동시적으로 전개된다. 국가와 경제적 공동체 사이의 상관관계는 그리하여 그 이질적인 두 가지의 평행한 관계에 의해 설명된다. 그러므로, 여기서의 "결정"은 경제에 의한 정치의 결정이 아니다. 만일 "지배, 종속 관계"가 직접적으로 생산관계로부터 매개 없이 나온다면, 즉, 생산관계가 무매개적으로 정치적이라면, 정치적인 형태와 경제적인 공동체 양자 모두를 결정하고 형상화하는 그 토대(base)는 아직 그 용어들의 전형적이고 고전적인 의미에서 '정치적'이거나 '경제적'이라고 불릴 수 없는 관계이다. 그것은 정치와 '정치의 타자'로서의 경제 사이의 "이론적 단락"에 의해서만 발견될 수 있는 독특한 물질성인 것이다(그리고, 이 단락된 관계는 개념들 그 자체를 발견하게 되는 시간적인 순서와는 별 상관없는 이론적이고 개념적인 배치상에 있어 단락되고 있는 그 양자를 선행하는 것이다).

여기서 우리가 대면하는 것은 무엇인가? 그것은 '경제에 의한 최종심급에서의 결정'으로부터 '계급관계에 의한 최종심급에서의 결정' 혹은 차라리 '계급투쟁에 의한 최종심급에서의 결정'이라는 개념으로 교체, 수정해야 할 부인할 수 없는 이론적인 필요인 것이다. 즉 여기서 경제와 '최종심급'의 바로 그 동일화를 의문시해야 할 필요성이 발생한다. 그러나, 또한 그 어떤 망설임도 없이 재빨리 다음과 같이 말하자. 즉, 그 같은 이론적인 필요가 결코 '최종심급에서의 결정'이라는 문제틀 그 자체를 파괴하는 것은 아니다. 더욱이, 정치와 경제의 이론적 단락은 그 양자 사이에 어떠한 구별도 없다는 것을 의미하는 것이 아니다. 역으로 우리가 만일 이 이론적 단락을 최대한 분명히 이해하려고 노력한다면, 우리는 차라리 또 다른 테제로 인도되는 듯 보인다. 즉, 이론적인 단락은 사회구성체의 수직적인 구성을 그 안에서 다양한 심급들을 구별할 필요 없는 그것의 수평적인 구성으로 단순히 대체하는 것을 의미하는 것이 아니다(만일 그렇다면, 그것은 모든 다른 심급들을 한 번에 설명할 수 있는 단일한 담론이 존재한다고 말하는 것과 같은 것이며 이는 단지 '절대 과학'이라는 이론적 허구에 불과한 것이 될 것이다). 그것이 의미하는 것은 차라리 이제 **우리는 사회구성체의 이론을 그것의 수직적인 구성과 그것의 수평적인 구성 사이의 상호적이고 동시적인 전위(transposition)의 가능한 형식 속에서 제시해야만 한다**는 것이다. 다시 말해서, 사회는 정태적인 방식으로 수직적인 것으로만 혹은 수평적인 것으로만 표상될 수 없으며, 오직 그 양자의 역동적이고 항상적인 전위들로서 표상될 수 있을 뿐이다. 그것은 수직적인데 왜냐하면 거기엔 서로에게 환원될 수 없고 서로로부터 연역될 수 없는 복수의 다른 심급들이 존재하기 때문이다. 그러나 그것은 동시에 수평적인데, 왜냐하면 거기서 심급들이란 항상 다른 심급들에 단락됨으로써만 작동하는 것으로 나타나기 때문이다. 아마 그 양자가 교차하는 바로 그 지점이 '정세'라는 것의 가장 엄격한 정의일 것이다. 즉, 각각의 구체적인 정세를 인식하기 위해서 우리는 반드시 다양한 구조적인 심급들이 단락되는 그 종별적인 방식을 찾아내야만 하는 것이다. 정세는 이러한 복수의 심급들의 비틀어지면서 뭉치고 다시 풀어지는 운동들에 의해서만 설명 가능하다. 이러한 식으로 정치와 경제의 이론적 단락은 '탈-다원화'의 의미를 즉각적으로 발본화시킨다.[43]

혹자는 여전히 어떤 실증적인 증거를 요구하면서 이렇게 물을 수 있을

---

43 나는 심지어 우리가 다음과 같이 말하는 데까지도 갈 수 있다고 생각한다. 즉, 이것은 그 자체로 공간의 시간화이면서 동시에 시간의 공간화라고 말이다(이는 별로 놀라울 것이 없는 결론

것이다. 즉, 맑스가 '정치경제학 비판'의 바로 그 의미로서 생산했다고 발리바르가 1983년에 쓴 자신의 텍스트에서 주장한 그 이론적인 단락이 알튀세르와 무슨 관계가 있단 말인가? 하지만 우리는 ISA가 쓰인 것과 정확히 같은 해(1970년 1월)에 쓰인 알튀세르의 「맑시즘과 계급투쟁」이라는 글을 보고 놀라지 않을 수 없다.

계급투쟁은 사회계급들의 실존의 (도출된) 효과가 아니다. 계급투쟁과 계급들의 실존은 하나이며 같은 것이다. 계급투쟁은 『자본』을 이해하기 위한 '결정적인 고리'이다. 맑스가 『자본』에 정치경제학 비판이라는 부제를 주었을 때, 그는 단지 고전적인 경제학자들뿐만 아니라 (부르주아적) 경제주의적 환상을 비판하자고 제안한다고 말하길 원했던 것이다. **그는 생산 및 경제적 교환의 활동을 사회적 계급들, 정치적 투쟁들 등으로부터 조심스럽게 분리하는 부르주아적 환상을 발본적으로 비판하길 원했다.**[44]

알튀세르는 계속해서 이렇게 써내려 간다.

생산력들은 생산관계들, 즉 착취관계들의 지배 하에서 노동과정 내에서 작동하도록 만들어진다. 노동자들이 있다면 그것은 그들이 임금을 지불받는다는 것이고 그러므로 착취된다는 것이다. 자신의 노동력만을 소유하고 있고 그것을 팔도

인데 왜냐하면 최종심급은 구조 내의 일개 심급이면서 동시에 그것의 "지연(遲延)"—'최종심급이라는 고독한 시간은 오지 않는다'라는 알튀세르 자신의 말과 함께 "최종심급(last instance)"이라는 말이 "마지막 순간"이라고 번역될 수 있다는 점을 기억하자—이기 때문이다]. 여기서 나는 확실히 데리다의 '차연(differance)'에 관해 생각하고 있다. 나는 단지 알튀세르의 최종심급의 개념은 그럼에도 불구하고 결코 하나의 '차이'로 혹은 그것의 작동태로 고려될 수 없다는 점(왜냐하면 알튀세르의 그 개념은 여전히 계급관계를 비롯한 사회적 관계 개념을 끌어안기 때문인데 '차이'는 그러한 사회적 관계 개념을 파괴한다), 그러나 동시에 그 양자는 모두 자연과 역사라는 저 오래된 개념적 대당을 "해체"한다는 점을 말하고 싶다.

44 Althusser, *Positions*, p.63 (강조는 인용자).

록 강제당하는(배고픔에 의해—레닌) 임금노동자들이 있다면 그것은 생산수단을 소유하고 있고 착취를 위해, 즉 잉여가치를 뽑아내기 위해, 노동력을 사는 자본가가 있다는 것이다. **적대적인 계급들의 실존은 그러므로 생산 그 자체의 한가운데에, 생산관계들 안에, 각인되어 있다.**[45]

무엇이 이곳에 없는가? 단지 그것은 '단락'이라는 이름뿐이다. 확실히 이름이 없다는 것은 중요하지 않은 일이 아니다. 그러나 알튀세르는 여기서 필요한 모든 것을 가지고 있다. 그러므로, 우리는 그러한 (경제와 정치의) 이론적 '단락'이야말로 알튀세르 그 자신의 핵심적인 문제들이었다고 말할 수 있다. 오로지 그럴 때에만 우리는 왜 알튀세르가 『맑스를 위하여』와 『자본을 읽자』에서 '과잉결정'과 '최종심급에서의 결정'이라는 범주를 제안한 이후 ISA에서의 재생산의 도식을 향해 움직여 갔는지를 이해할 수 있을 뿐만 아니라 또한 그가 **재생산의 도식을 왜 '최종심급에서의 결정'이라는 바로 그 개념의 이론적인 정교화로서 제시했는가**를 이해할 수 있다. 우리가 애초에 생각했던 것과는 달리 '최종심급에서의 결정'은 재생산 도식에 관한 뒤따르는 논의 속에서 잊히는 도입부에 불과한 어떤 것이 아니다. 「이데올로기와 이데올로기적 국가장치들」(이하 「이데올로기」)의 첫머리에서 알튀세르는 다음과 같이 쓴다.

> 건축물의 은유의 대상은 무엇보다도 경제적 토대에 의한 '최종심급에서의 결정'을 표상하기 위한 것이었다. …… 맑스주의적 토픽, 즉 건축물(토대와 상부구조)의 공간적 은유의 커다란 이점은 …… 그것이 결정이라는 질문이 …… 결정적이라는 것을 폭로한다는 것이다. …… 건축물의 공간적 은유에 의한 모든 사회구조의 이러한 표상이 갖는 가장 큰 불리한 점은 명백히 그것이 은유적이라는 사실, 즉

---

45 Althusser, *Positions*, pp. 63-64(강조는 인용자).

그것이 묘사적으로 남는다는 사실이다.[46]

알튀세르에 관하여 적어도 조금이라도 알고 있는 자라면 그는 확실히 알튀세르에게 있어 "묘사적"이라는 용어가 특별히 개념 형성을 위한 생략될 수 없는 필연적 계기를 의미한다는 것을 기억할 것이다(사실, 발리바르는 이를 아예 "묘사적 개념"이라고까지 부른다)[47]. 그렇다면, 무엇이 여기서 필연적인 계기인가? 알튀세르가 여기서 작은따옴표를 가지고 "최종심급에서의 결정"을 "경제적 토대에 의한"이라는 구절로부터 주도면밀하게 분리하고 있다는 사실에 주목하자. 즉, 필연적이고 생략될 수 없는 것은 '최종심급에서의 결정'이다. 의문시되어야만 하는 것은 바로 건축물의 은유이며 '최종심급'의 "경제적 토대"와의 동일화인 것이다. 요컨대, 「이데올로기」 전체가 '최종심급에서의 결정' 개념을 모든 가능한 형태의 경제주의로부터 영원히 분리시키려는 이론적인 시도로서 고려되어야만 한다. 그러므로 이제 「이데올로기」는 **경제와 정치의 이론적 '단락'이라는 문제틀의 최대화로서** 읽힐 수 있다. 즉, 이미 단락된 정치/경제뿐만 아니라, 정치의 또 다른 타자, 즉 '타자의 타자'로서의 이데올로기와의 사이에서 발생하는 **또 다른 이론적인 '단락'**에 의한 '단락'의 문제틀 그 자체의 최대화 말이다. 그리고, 이러한 정치, 경제, 이데올로기 사이의 이중적인 '단락'이야말로 알튀세르가 탈-다원화의 체계를 강화함으로써 '최종심급' 개념 내에서 생산해 낸 인식론적 절단의 바로 그 부인될 수 없는 내용인 것이다.

46 Louis Althusser, *Lenin and Philosophy and Other Essays*, New York: Monthly Review Press, 1972, 136쪽.

47 Etienne Balibar *Ecrits pour Althusser*, Paris: La Découverte, 1991, pp. 59-89을 참조.

최종심급 IV—물질성(들)

그러나 아직 나에겐 하나의 질문이 더 남아 있는 듯하다. 알튀세르의 '최종심급에서의 결정' 개념이 이론적인 '단락'의 문제틀에 기초하고 있다는 것이 사실이라고 할지라도, 혹은 바로 그 이유 때문에, '최종심급' 개념 그 자체는 그것이 인식론적 절단을 생산하자마자, 즉 그것이 자신의 이론적인 목표를 달성하자마자 사라져 버리는 것이라고 말해야 하는 것이 아닐까? 만일 알튀세르가 수행한 저 이론적인 '단락'의 내용이 스스로의 실존 및 효과성을 갖는 복수의 심급들의 '탈-다원화'라는 것을 인정한다면, 우리는 왜 아직 '최종심급에서의 결정'을 필요로 하는가? 「이데올로기」에 있어 '최종심급에서의 결정' 개념의 종별적인 지위와 역할은 무엇인가?

이러한 질문들에 관한 조사를 위해 내가 여기서 가져오고자 하는 것은 「이데올로기」가 **기능주의**라는 알튀세르에 가해졌던 빗발치는 듯한 비판들이다. 왜 「이데올로기」가 기능주의인가? 비판들에 따르면, 그것은 바로 「이데올로기」의 논리가 이러저러한 주체들, 즉 그들의 활동 및 저항의 가능성에 대한 하나의 죽음을 선언하는 것이기 때문이다. 물론 알튀세리앙이라면 그는 알튀세르가 단지 우리에게 주체의 죽음에 관한 이론을 주었을 뿐만 아니라 주체의 구성에 관한 이론을 주었다고 주장함으로써 그 비판을 논박하려고 할 것이다. 하지만 여전히 질문은 남는다. 곧, 그럼에도 불구하고, 그것은 결국 지배와 지배의 보존을 위한 특정한 기능의 담지자들로 주체들을 구성하는 것에 대한 이론이 아니었는가? 단적으로, 어디에 사회적인 변화의 가능성이 있는가? 이로부터 역시, 「이데올로기」는 알튀세르가 가진 이론적 '비판주의'의 표현이라는 주장이 따라 나온다.[48]

나의 관점에서, 이러한 비판에 제대로 답하는 유일하게 가능한 길은 '계

---

48 예를 들어, Gregory Elliott, *Althusser: The Detour of Theory*, New York: Verso, 1987, pp. 177-185.

급투쟁에 의한 최종심급에서의 결정' 개념을 생산/재생산의 수평적인 도식 안에 단단히 (재-)각인하는 것이다. 그리하여, 재생산의 수평적인 구성 전체가 계급투쟁의 조건들 **및** 효과들로서 이해된다. 계급투쟁의 이러한 (재-)각인에 의해, 우리는 이데올로기의 주체들을 지배적 질서의 기능들의 담지자들이 아닌, 이데올로기와 이데올로기적 국가장치들 안에서 전개되는 지배자와 피지배자 사이의 투쟁의 바로 그 당사자들로 만들어야만 한다[그리고 이것이 주체의 철학이라는 오래된 테마('주체의 능동성')로 돌아가지 않고 '저항'에 대해 생각할 수 있는 유일한 길이다]. 지배 이데올로기가 있는 이유는 자본과 노동 사이의 비대칭성과 불균등성 때문이다. '계급투쟁에 의한 최종심급에서의 결정'이 없다면 재생산 이론은 단지 지배, 종속 구조의 영원한 재-생산 이론에 불과하게 될 것이다. 물론 나는 이제껏 「이데올로기」 전체가 '계급투쟁에 의한 최종심급에서의 결정' 개념의 정교화 이외의 그 무엇도 아니라는 것을 고집해 왔고 또한 증명했다. 따라서 「이데올로기」가 기능주의라는 비난은 전혀 근거 없는 것이다. 자신의 미발표 에세이 「이데올로기적 국가장치들에 대한 노트」[49]에서 알튀세르는 이렇게 말한다: **"지배적인 이데올로기의 재생산을 위한 투쟁은 항상적인 미완의 투쟁이며 그것은 언제나 계급투쟁에 종속되면서 항상적으로 재개되어야만 한다."**[50] 그러므로, '최종심급에서의 결정' 개념의 지위와 역할은 **사회구성체의 이론적인 구성 한 가운데에 계급투쟁의 물질성, 즉 계급투쟁의 실증성을 표시하는 그 개념의 이론적인 강제력** 안에서 정확히 발견된다. '최종심급'은 우리가 이론 안에서 사회구성체의 변증법적인 형상화로 하여금 전적으로 유물론에 의존하게

---

49 이 텍스트는 원래 1976년에 씌어졌고 1977년에 "Anmerkung über die ideologischen Staatsapparate(ISA)"라는 제목으로 *Ideologie und ideologische Staatsapparate: Aufsätze zure marxistischen Theorie*(Hamburg/Westberlin: VAS)에 독일어로 번역되었다. 그리고 이 텍스트의 발췌본이 영어로 1983년에 마이크 게인의 에세이 「ISA 에피소드에 관하여」(Mike Gane, "On the ISAs Episode", *Economy and Society* 12: pp. 431-467)의 부록으로 나온 바 있다.

50 Althusser, *For Marx*, pp. 455-456.

끔 강제할 수 있는 유일한 개념이다. 따라서, '최종심급'은 부정적이거나 초월적인 개념이 아니다. 그것은 정반대로 완전히 **긍정적인** 방식으로 정의되는 개념인 것이다.[51] 「아미엥에서의 주장」에서 알튀세르는 이렇게 말한다.

> 우리는 무엇보다도 맑스의 유물론(여기에 변증법의 질문이 의존합니다)이 자신을 어떻게 표현하는지를 고려해야만 합니다. 이를 위해서는, 내가 따라오려고 노력한 상당히 훌륭한 길이 존재합니다. 즉, 최종심급에서의 결정이라는 길 말입니다.[52]

여기서 멈추지 말자. 왜냐하면, 만일 '최종심급'이 경제가 아닌 물질성의 표시(즉, 계급관계의 실제성의 표시)로서 주어진다면, 우리는 여기서 하나의 결정적인 질문을 던짐으로써 가동될 수 있는 전적으로 새로운 이론화의 가능성을 보기 때문이다. 즉, 왜 '계급투쟁'만이 사회의 유일하게 가능한 물질성인가? 이 질문은 완전히 정당한 것인데, 왜냐하면 우리는 이미 이데올로기가 경제 및 정치와 단락된다면 이데올로기의 물질성뿐 아니라 계급관계와는 환원 불가능하게 구별되면서도 계급관계만큼이나 스스로 물질적인 다른 복수의 사회적인 갈등과 차이들(예컨대, 인종적 갈등, 성적 차이, 지적 차이 등)이 동시에 이론 안으로 들어온다는 것을 알기 때문이다. 더욱이 그러한 다른 사회적인 관계들 역시 계급 적대만큼이나 보편적인 것이 사실 아닌가? 각각의 사회적 관계들이 자기 이외의 다른 사회적 모순과 차이들을 통해 작동해야만 하는 것과 마찬가지로 계급투쟁 역시 다른 사회적인 모순과 차이들 속으로 으깨어진 것으로서 등장해야만 한다. 여기서 우리는 **또 다른** 이론적인 교체(혹은 정정)의 필요성을 만나는 것이 아닐까? 즉, '계급투쟁

---

51 따라서 '최종심급'이 알튀세르에게 '형이상학적인 정박점'이라는 데리다의 비판은 그 어떤 타당성도 갖지 않는다. 왜냐하면, 그것은 결코 부정적이거나 초월적인 방식으로 이론화되는 것이 아니기 때문이다.

52 Althusser, *Positions*, p. 151.

에 의한 최종심급에서의 결정'으로부터…… 그러나 이번엔 무엇에 의한 최종심급에서의 결정이란 말인가? 모든 것에 의한?

이것이 바로 알튀세르가 마침내 마주친 아포리아이며, 여기서 그는 '최종심급'의 개념을 하나의 **"한계 개념"**으로서 제안하는 듯하다. 페르난다 나바로와의 인터뷰(1984-1987년)에서 알튀세르는 다음과 같이 말한다.

> 모든 것이 '최종심급에서' 결정적일 수 있습니다. 즉, 모든 것이 지배할 수 있습니다. 맑스는 지배의 전위에 대한 암시적인 이론에서 아테네의 정치와 로마의 종교에 관해서 그렇게 말했습니다(이것이 발리바르와 내가 『자본을 읽자』에서 이론화하려고 시도했던 것입니다). 그러나 상부구조 그 자체에서도 결정적인 것은 역시 그것의 물질성입니다. 이 때문에, 나는 모든 상부구조와 모든 이데올로기의 사실상의 물질성을 강조하는 데 그토록 관심이 있었던 것입니다. …… 내가 이데올로기적 국가장치들(ISA)에 관련하여 그것을 보여 주었듯이 말입니다. 여기서 우리는 **각각의 구체적인 정세 안에서의 최종심급**이라는 개념을 찾아낼 필요가 있습니다. 즉, **최종심급에서 항상 결정적인 물질성의 전위**를 말입니다.[53]

'최종심급' 개념은 '한계 개념'인데, 왜냐하면 각각의 구체적인 정세 안에서 '최종심급'에서의 물질성을 결정하는 것은 더 이상 이론의 대상이 될 수 없기 때문이다. 이 한계 너머에 무엇이 존재하는가? 그것은 정치이고 정치적 실천과 조직들이며 그 조직들의 이데올로기들이다. 그것들은 그 자체로 역사와 미래를 향해 완전히 열려 있다. 한 유물론자가 자신의 전 생애를 바쳐 용감하게 걸어온 이 길, 즉 '최종심급에서의 결정'이라는 이 길의 끝에 남는 것은 무엇인가? 그것은 하나의 긴 미래이다. 알튀세르는 말한다. "미래는 오래 지속된다."[54]

53 Louis Althusser, *Sur la philosophie*, Paris: Gallimard, 1994, p. 44(강조는 인용자).

54 Louis Althusser, *L'avenir dure longtemps suivi de Les faits*, Paris: Editions Stock/IMEC, 1992.

2
미셸 푸코
Michel Foucault

박민미

동국대학교에서 「법·권력 담론 안에서 이성-비이성 공(共)작동 연관에 대한 푸코의 계보학적 고찰: 푸코 권력론에서 '법'의 위상과 역할을 중심으로」라는 논문으로 박사학위를 받았다. 푸코 권력론을 법 현상 분석 및 여성 철학과 접목시키려는 노력을 하고 있다. 동국대학교, 방송통신대학교, 서울시민대학교에 출강하고 있고, 지은 책으로는 『몽테스키외, 무법자가 되다』, 『다시 쓰는 맑스주의 사상사』(공저) 등이 있다.

미셸 푸코: 경계의 정치

역사의 기념비적 날에는 이름이 있다. '삼일절', '광복절', '개천절' 같은 이름. 그리고 이 이름들의 의미를 알기 위해서는 역사적 앎이 필요하다. 서양사, 특히 프랑스 역사를 읽다 보면 '테르미도르 반동', '브뤼메르 18일' 같은 표현이 나온다. 이 이름을 이해하기 위해서는 '프랑스 혁명력(曆)'에 대한 배경 지식이 있어야 한다.

1789년 프랑스대혁명 당시 혁명 세력은 새로운 혁명력을 만든다. 혁명력은 1793년부터 약 12년간 사용했고, 십진법을 사용한 것과 평등의 이념을 반영하여 매달을 똑같이 30일로 한 것이 특징이다. 이 시기에 프랑스는 시간도 하루를 열 시간, 한 시간을 100분, 1분을 100초로 십진법화했다. 달(月)의 이름은 자연으로부터 따와 예쁘게 들린다. 포도달(방데미에르, Vendémiaire), 안개달(브뤼메르, Brumaire), 서리달(프리메르, Frimaire), 눈달(니보즈, Nivôse), 비달(플뤼비오즈, Pluviôse), 바람달(방토즈, Ventôse), 싹달(제르미날, Germinal), 꽃달(플로레알, Floréal), 풀달(프레리알, Prairial), 수확달(메시도르, Messidor), 열(熱)달(테르미도르, Thermidor), 열매달(프뤽티도르, Fructidor)이 그것이다. 그리고 남은 5일은 '상퀼로티드 Sansculottides'라는 이름의 보충일을 두었다. 역사 속 '브뤼메르 18일'은 그레고리력 1799년 11월 9일에 해당한다.

프랑스대혁명을 통해 구체제를 무너뜨리는 것이 '거시권력'의 변동에 해당한다면, 1582년에 제정된 기성의 '그레고리력'을 혁명력으로 대체하는 것이 '미시권력'의 작용에 해당한다. 달력의 교체가 가져오는 '권력 효과'가 있다. '권력 효과'라는 개념 역시 미셸 푸코의 특유한 개념인데 권력은 다른 권력 기제와 같이 작용하면서 단일 권력 기제가 의도하지 않은 다양한 권력 작용을 한다는 의미이다. 혁명력이 가져온 권력 효과는 기독교가 지키는 주일, 즉 7일마다 돌아오는 '교회 가는 날'을 점차 잊게 만드는 것이었다.

미셸 푸코 사상을 구성하는 핵심어는 무엇보다 이처럼 '권력'이다. 푸코는 권력에 대해 사고한 철학자이다. 푸코 또한 권력을 '타자를 그의 의지와 무관하게 복종시키는 힘'이라고 봤지만, 권력은 인격적인 것도 아니고 거시적인 것도 아니며, 억압만 하는 것도 아니라고 보았다. 푸코에 따르면 권력은 인격적인 것이 아니라 기계적인 '장치'이며, 거시적인 것이 아니라 '미시적'이며, 억압하지 않고 '생산'한다. 권력은 모세혈관처럼 보이지 않는 망을 이루며 우리의 주변 도처에 있다. 이것을 보여 주는 방법이 바로 '계보학'이다. 계보학의 방법을 통해 얽혀 있는 이질적인 권력 장치의 실타래를 보여 줄 수 있다. 권력과 계보학은 그의 사고의 소재에 해당하는 개념이다. 그의 사고의 주제는 권력을 계보학적으로 사고함으로써 기성의 규율 권력에 의해 그어진 '경계를 의문시'하는 것이다. 푸코는 가령, 달력을 바라보며 누가, 언제부터, 왜 이런 방식으로 날짜를 구획했는가 하는 질문을 하고, 이러한 구획이 유일하고 절대적인 것이 아니라는 점, 달력의 날짜 구획에도 권력 작용이 있다는 점, 그리고 달력의 양식이 고정불변의 것이 아니라 변경될 수 있다는 점을 사유한 사상가이다.

그의 생애 또한 기성의 사회가 그어 놓은 금기의 선을 넘어서는 과정이었다. 그는 사회의 금기의 선들에 저항했다. 어린 시절은 자신을 없애려는 시도로, 그리고 성인이 되어서는 굳센 펜으로, 그 펜 끝에서 선혈처럼 터져 나온 문제적 저술로. 먼저 그의 생애를 살펴보면서 그의 사상의 동기를 짚어 보려고 한다.

미셸 푸코의 생애(1926-1984)

푸코는 프랑스 푸아티에에서 외과의사 폴 푸코의 아들로 태어난다. 푸코는 파리 고등사범학교(ENS)에 38명의 신입생 중 4등으로 입학했다. 그는 공부벌레였으면서 동시에 ENS 수학 시절, 밤에 몰래 빠져나가 동성애자들의 바에 갔다 오기도 했고, 수차례 자살 기도를 했다. 학부에서는 심리학을 전공했고, 1952년 가을부터 릴 대학에서 심리학 강의를 했다. 그리고 생트-안느 병원에서 심리검사 담당 연수생을 했고, 스웨덴 웁살라 대학과 폴란드 바르샤바 대학에서는 프랑스어 강사로 일했다. 또한 웁살라와 바르샤바의 프랑스 문화원에서 각종 문화 교류와 관련된 기획을 했다.

푸코는 1955년부터 스웨덴 웁살라 프랑스 문화원에서 근무할 때 오전에는 행정 업무를 보았고, 오후에는 웁살라 대학 도서관의 풍부하고 특이한 1차 문헌을 뒤지며 자료를 수집해 박사학위 논문 『광기의 역사』를 집필했다. 『광기의 역사』를 심사받을 당시, 논문에 인용된 방대한 참고문헌들, 철학 쪽에서는 읽지 않는 수백 권의 저술들에 대해 '이 모든 책을 다 직접 읽고 쓴 것인가?' 하는 질문을 받았을 때, 푸코는 '읽었지만 인용하지 않은 더 많은 철학 저술들이 있다'는 말로 응수했다.

1960년, 푸코는 프랑스로 돌아와 클레르몽-페랑 대학 및 뱅센느 대학에 재직한다. 교수로서 푸코는 학생들이 존경해 마지않을 정도의 열강을 한다. 필요할 경우 전략적인 행동가이기도 한 푸코는 자신의 제자이자 애인인 다니엘 드페르를 조교수로 임명하기 위해 학과장의 권력을 적극적으로 활용했다. 다니엘 드페르는 훗날 푸코를 기억하는 저서 『정치적인 삶(Une vie politique)』를 집필한다. 참고로 드페르 이전에 1953년에서 1955년 스웨덴으로 떠나기 전까지 푸코가 교제한 사람은 작곡가 장 바라케이다. 스웨덴에서 푸코는 매일 바라케에게 편지를 썼는데, 현재 바라케 자료 보관소에 있는 푸코의 편지를 사람들은 최고의 연애 문학이라고 극찬한다.

1969년 푸코는 콜레주 드 프랑스에 취임했다. 푸코는 콜레주 드 프랑스 강단에서는 아카데믹한 역할을 충실하게 수행했다. 그러면서 동시에 그는 열렬한 투사이기도 했다. 1970년 9월, 68혁명 때 투옥된 좌파 투사들이 잡범 말고 정치범으로 특별대우를 해달라고 단식투쟁을 벌였다. 그러나 투쟁자들은 좌파 투사들만 특별대우를 요구하는 것은 역설적이라는 사실을 깨닫고 투쟁의 범위를 '모든 수감자'들로 넓혔다. 푸코는 감옥정보그룹(GIP) 운동을 조직하여 그 투쟁에 참여했다. 이때 한 푸코의 연설은 인상적이다. "우리는 같은 체제 안에 있습니다. 당신들이 감옥 속에 갇혀 있다면 우리는 감옥 밖에 갇혀 있습니다. 우리는 감옥 안팎에서 함께 싸워야 할 것입니다. 당신들은 아직 이 세상과 단절되지 않았습니다."

그리고 당시의 투쟁 과정에서 푸코는 자신의 특유한 '구체적 지식인' 개념을 드러낸다. 일반적인 사람들이 "지식인을 달갑지 않게 보는 이유는, 지식인의 역할이 자신들을 교육시키는 것이라고 생각하기 때문이야. 그러나 지식인의 역할은 이들의 경험과 지식을 널리 유포시키는 거야. 난 진심으로 그렇게 생각해." 보편적인 앎을 가진 지식인으로서 다른 사람들을 일방적으로 가르치는 입장이 아니라 특정 분야에 대한 앎을 서로 나눠 가지는 지식인, 즉 구체적 지식인상을 푸코는 주장했다.

이러한 지식인 개념과 긴밀하게 연관된 것이 푸코의 연구 분야이다. 푸코는 콜레주 드 프랑스에서 '사상사' 과목을 맡았다. 푸코는 '역사'와 밀접한 관련을 가지고 있다. 그러나 그의 역사 개념은 '보편사'나 '역사의 법칙' 개념과 거리가 멀다. 푸코의 역사 개념은 '고고학' 및 '계보학'과 연관된다. 고고학과 계보학은 푸코 특유의 연구방법론으로서 중요성을 갖기에 푸코의 사상을 알고자 할 때 가장 먼저 설명할 필요가 있으므로, 이어지는 절에서 상세히 설명할 것이다.

푸코는 국지적인 분야의 역사를 탐구했다. 가령 '광기', '병원', '감옥', '성(sexuality)' 등이 그가 탐구한 분야였다. 푸코의 주저는 『광기의 역사』, 『임상 의학의 탄생』, 『지식의 고고학』, 그리고 『감옥의 역사』, 『성의 역사 1』이다. 푸코는 『성의 역사 1: 앎의 의지』를 1976년에 출간했다. 강연록만 남긴 8년의 휴지기 후 그가 사망하던 해인 1984년에 푸코는 속편 『성의 역사 2: 쾌락의 활용』, 『성의 역사 3: 자기 배려』를 출간했다. 저술의 성격은 애초에 계획했던 근대 권력에 대한 분석이 아니라, 그리스인들이 어떻게 성에 관해 스스로를 주체화했는지로 초점을 옮겼다. 1983년 푸코는 미국으로 초청 강의를 다녀온 후 미국으로 이사할 계획을 세웠다. 그러나 건강이 악화되는 바람에 그 계획은 실현되지 못했다. 1984년 6월 푸코는 집에서 쓰러져서 병원에 입원했다. 병명은 에이즈였고, 보름 후 숨을 거두었다. 『성의 역사 4: 육체의 고백』은 그의 유언에 따라 출판되지 않았다.

푸코의 생애를 요약하자면 '부단한 떠돎'이다. 푸코는 여러 나라를 떠돌았다. 스웨덴, 폴란드, 독일을 넘나들면서 연구를 했고, 브라질, 모로코, 미국 등으로 옮겨 다녔다. 푸코는 여러 직업을 갖기도 했다. 조르주 뒤메질은 수천 명의 푸코가 있다면서 다음과 같이 말했다. "그는 가면을 쓰고 있었으며, 그 가면을 수시로 바꿨다." 푸코 스스로도 자신에 대해 "내가 누구인지를 묻지 말고, 나에게 언제나 똑같은 사람으로 남아 있기를 강요하지 말라"고 말했다. 그는 누군가를 동일화(identify)하는 것에 저항했고, 더 나아가 동일화하기 위한 범주 자체, 범주를 구획하는 경계 설정에 저항했다. 그는 삶을 통해 이성애 중심성에 저항했고, 감옥과 감옥 바깥의 경계를 허물고, 진보의 역사라는 달력을 허물어 고대인에서 진보한 근대인이라는 생각의 허구성을 드러냈다.

경계를 부수고 넘나들고자 한 푸코의 사상을 핵심어와 함께 그의 주요 저작을 살피면서 이해하고자 한다. 방법론에 있어서는 '고고학'과 '계보학'이 푸코의 핵심어이며, 사상의 핵심어는 '권력/지식', '미시권력', '규율권력', '생명권력'이다. 최근 주목받는 그의 핵심어는 '통치성'이다.

미셸 푸코의 사상

1) 고고학과 계보학

푸코는 자신의 지적 여정을 '지식, 권력, 윤리의 축'으로 규정한다. 푸코는 '인간'이라는 주체가 이미 형성되어 있다는 인간중심주의와 거리를 두면서, 주체가 특정한 방식으로 만들어진다고 파악한다. 푸코는 이처럼 주체가 만들어지는 방식, 즉 주체의 형성사를 발굴하고 문제화하여 재구성하는 연구를 '역사적 존재론'이라 불렀다. 그에게 있어서 역사적 존재론은 "개인은 어떻게 앎의 주체가 되는가?"를 다루는 고고학, "개인은 어떻게 권력을 행하기도 하고 그것에 복종하기도 하는 주체인가?"를 보여 주는 계보학, 그리고 "개인은 어떻게 도덕적 주체가 되는가?"를 탐색하는 윤리학으로 이루어진다.

푸코는 철학을 '사고에 의한 사고의 비판 작업'이라고 말한다. 푸코가 후기에 자신의 작업을 뒤돌아보며 쓴 글인 「계몽이란 무엇인가?」에서 비판이란 '아직 규정되지 않은 자유의 영역을 최대한도로 확장시키려는 것'이라고 말하고 '비판은 설계에 있어 계보학적이고 방법에 있어 고고학적'이라고 말한다. 고고학적 비판이란 '지식이나 도덕적 행위의 보편 구조를 밝히는 대신 우리 사유와 언술과 행동을 형성하게 한 담론을 역사적 사건으로 취급하는 태도'이다. 그리고 계보학적 비판이란 '현재에서 알 수 없는 어떤 것을 연역해 내는 것이 아니라 현실을 만든 우연성, 존재와 행위와 사유를 넘어설 수 있는 가능성을 분리해 내는 작업'이다.

고고학 시기의 핵심 개념은 에피스테메(Episteme)이다. 이 시기의 저서인 『병원의 탄생: 의학적 시선의 고고학』(1963), 『말과 사물』(1966), 『지식의 고고학』(1969)에서 푸코는 각 시대의 무의식적인 사유 구조, 즉 에피스테메(Episteme)의 역할에 주목했다. 에피스테메는 일정 시기 동안에 지식 형태와 학문 체계들을 생산하며, 우리의 인식, 실천, 문화를 가능하게 하는 감추어진 질서로서 담론적 실천들을 결합하는 관계들의 총체이다.

일반적으로 에피스테메는 숨겨져 있고 무의식적이며 그 이면에 은폐된 상태로 자리 잡고 있기 때문에 이를 드러내는 데 고고학이 요구된다. 고고학이 강조하는 것은 역사의 불연속과 과학적이고 실증적인 탐구이다. 푸코는 불연속의 역사가이다. 그는 과거를 현재로부터 단절시키고자 하며, 현재와 과거의 관계에서 전통적으로 역사가들이 견지해 왔던 주장들을 해체하고자 한다. 고고학과 관련된 푸코의 역사에 대한 태도를 요약하는 말이 바로 '현재의 역사(l'histoire du présent)'이다. 푸코는 현재의 역사를 서술하기 위해서 과거를 분석할 뿐이라고 말한다. 따라서 푸코는 이것이 곧 '역사-철학적 비판'이라 규정한다. 그리고 이러한 비판의 도구는 형이상학적 사변이 아니라 꼼꼼히 땅을 파서 증거를 찾는 고고학자의 실증적 태도이다. 고고학적 관점은 계보학과 밀접한 관련을 갖는다.

푸코의 계보학 개념은 니체로부터 이어받은 것이다. 니체는 『도덕의 계보』(1887)에서 계보학은 전통적인 역사학의 틀을 거부하는 일종의 반(反)역사로서, 계보학은 가치의 절대적인 성격에 대립하는 태도로 제시된다. 푸코에 따르면 계보학이 활성화시키고자 하는 것은 '종속된 지식'이다. 고고학의 방법을 통해 주도적인 학문이나 도덕이 파묻어 버린 주변적 지식들을 파내어 종속된 지식이 일정한 역할을 할 수 있도록 인도하는 전술이 곧 계보학인 것이다. 푸코는 니체의 계보학 개념을 이어받아 학교, 감옥, 병원, 공장, 결혼과 같은 우리의 현대 관습이나 제도에 대한 계보학을 만들고자 했다. 계보학의 임무는 "견고하고 동질적인 그 어떤 이론의 지평을 제공하는 것"이 아니라 오히려 "과학적 담론에 작동하는 지식과 권력의 효과에 대항하여 소외된 지식을 드러내어 스스로의 목소리를 찾을 수 있도록 만드는 것"이다. 그리고 계보학의 핵심 과제는 순수한 지식이란 없으며, 지식은 늘 권력 작용과 함께 한다는 데 대한 폭로이다. 여기에서 푸코 사상의 핵심 개념인 '권력/지식' 개념이 두드러진다.

2) 권력/지식

푸코의 '권력/지식' 개념이 '지식권력'이나 '지식=권력'으로 오해되지 않아야 한다. 푸코의 '권력/지식'은 '지식은 권력이다'라는 말을 의미하지 않는다. 푸코는 권력 관계로터 차단될 때에만 지식이 있을 수 있다고 생각하는 데에도 반대했고 권력의 요구와 이해관계로부터 벗어나 초연해질 때에만 지식이 발전할 수 있다는 주장에도 반대했다. 오히려 지식은 권력을 떠날 수 없으며 권력은 지식을 생산한다. 지식은 늘 권력 작용을 수반한다는 점에서 정치적이다.

가령 정신의학과 형법의 관계에서, 권력에 의해 산출된 일종의 지식 체계로서의 정신의학은 권력이 범죄자에 대해 가하는 일종의 형벌로서 기능한다. 따라서 정신과 의사는 의학적 역할로 위장한 권력의 기능자이다. 예를 들어 정신분석학자가 어떤 사람이 정신병자라 규정한다면, 법률적 판결은 이것을 법률적으로 그대로 재가할 뿐이다. 그런 점에서 이미 정신분석학자가 재판관에 앞서서 재판한 셈이다. 그러니 이들은 권력의 수단이 아니라, 권력 자체이다. 이처럼 지식과 권력은 밀접한 상관관계 속에서 서로를 요구하고 있다.

다른 한편 푸코에게 있어서 권력이란 우리가 일반적으로 알고 있는 어떤 실체로서의 권력이 아니라 사회조직을 구성하는 관계의 전체이다. 이러한 권력관과 밀접한 관련을 갖는 것이 '관계론적 권력'과 '권력 효과'이다. 푸코에게 권력은 지배집단이 획득하여 소유할 수 있는 어떤 대상적 실체가 아니다. 권력은 지배집단이 의도하는 전략적 입장의 총체적인 효과이다. 푸코의 권력론은 관계론의 특성을 띤다는 점을 늘 염두에 두어야 한다. 다양한 권력장치들은 서로서로 함께 작동하며 권력장을 이룬다. 그리고 권력은 저항을 산출한다.

푸코의 '권력 있는 곳에 저항 있다'라는 말은 권력장 속에서 권력과 저항 또한 관계론적으로 작동한다는 것을 뜻한다. 가령 지배집단은 강제적인 법률 조항으로써 피지배집단을 억압하고 통제하여 권력의 직접적인 효과를 노리는 것이 아니라 그때그때의 전략들을 통해서 드러나는 효과를 노리는 것이다. 우리나라의 낙태죄의 경우, 낙태를 형벌의 대상으로 규정하는 낙태죄 조항은 사실상 식물상태로서 작동하지 않아 왔다. 그러나 작동하지 않는 법률 조항을 유지함으로써 언제든지 여성의 몸을 국가의 법률로 규율할 수 있는 방식으로 통제하는 기제로 작동한다. 이는 낙태죄 여성의 구속 같은 권력의 직접적인 억압보다는 여성 신체의 규율이라는 전략적 효과를 노리는 것의 사례이다. 그리고 이에 대한 검은 시위대의 저항이 권력장 가운데 맞서 있는 것이다.

푸코는 이러한 권력과 지식의 상호 함축적인 관계와 그 위험을 투시하고 투쟁하는 것이 진정한 지식인의 역할이라고 말한다. 즉 지식인이란 과거에는 스스로 진리의 담지자나 보편적 이념의 수호자로 자처하였으나, 이제는 가정, 작업장, 실험실 등 스스로가 처해 있는 구체적인 상황에서 규율적 권력의 침투를 해체하고 상호 함축적인 권력-지식 관계를 투시하는 사람이다. 푸코는 전자를 보편적이고 통시적인 전 인류적 목표를 위해 투쟁하는 '보편적 지식인'이라고 부르고, 후자를 삶의 일상적인 현상에서 구체적인 목표를 위해서 투쟁하는 '구체적 지식인'이라고 부른다. 푸코가 근대적인 인식비판을 통해 나아가고자 했던 궁극적인 지점은 바로 이 구체적인 지식인상에 있다.

3) 규율권력과 생명권력

푸코에게 있어서 현대 권력의 표적은 신체이다. 신체를 표적으로 하는 권력은 두 가지 모습으로 나타난다. 그 하나는 규율권력이며 다른 하나는 생명권력이다. 규율권력은 『감시와 처벌』의 핵심 개념이며, 생명권력은 『성의 역사 1: 앎에의 의지』의 핵심 개념이다. 그리고 이 두 저서 사이에 행해진 콜레주 드 프랑스에서의 강연에서 규율권력이나 생명권력이 단지 경제적 차원이 아니라는 점이 강조되고 있다. 즉 '권력이 주어지거나 교환되거나 재소유되는 것이 아니라 그저 행사된다는 것', 그리고 권력이 '경제적 관계의 유지와 연장이 아니라 힘의 관계'라는 것을 보여 주면서 권력을 정치적인 현상으로 자리매김한다.

푸코의 권력 개념에는 먼저 전통적인 권력 개념이 있다. 푸코는 이를 '법률적 권력 개념'이라고 했는데, 이는 대상 외부에서, 중앙집권화된 방식으로 작동하면서, 금기와 검열의 방식으로 제한을 가하는 권력이다. 반면 미시권력은 중앙집권화된 방식이 아니라 각각의 고유한 출현 영역, 즉 학교, 교회, 공장 등에 내재하는 권력이다. 이들은 서로 대립하기도 하면서 세력 관계를 형성한다. 그리고 이런 미시권력은 생산적이다. 가령 군사적 훈련이나 체육 시간에 권력은 신체의 표면이 아니라, 그 세부적인 수준에까지 미시적으로 도달한다. 그런데 신체에 대한 이러한 규율은 단순히 억압하고 금지하려는 데 목적이 있는 것이 아니다. 오히려 규율을 통해 신체의 효율이 증가하면서 생산성이 높아진다. 그래서 더 많이 생산하는 노동자, 더욱 탁월한 병사, 더 우수한 학생들이 만들어지는 것이다. 그런 점에서 푸코는 규율적 권력을 생산적 권력이라 하였다.

『감시와 처벌』의 결론을 먼저 말하자면 우리는 모두 거대한 감옥 속에 살고 있다는 것이다. 감옥은 규율권력의 대표적 기관이다. 판옵티콘 모델이 제시된 『감시와 처벌』을 읽으며 초기에는 도처에 있는 CCTV는 우리가 거대한 감시장치 속에 살고 있다는 것을 보여 준다고 논하곤 했다. 그러나 『감시와 처벌』의 핵심 결론은 '감옥 장치'와 '행형 장치'의 얽힘이다. 가령 학생들의 결석 현상을 가리키는 영어 단어로 'absentism'이 있다. 그런데 결석과 관련된 또 다른 단어가 있다. 바로 'truancy'라는 단어이다. 이는 '무단결석'을 뜻하며 이는 '비행', 즉 'delinquency'의 대표적인 사례가 된다. 영미권에서 '비행'은 주로 청소년층의 크고 작은 범법 행위를 가리키는 말로서 비행은 곧 '청소년 비행(juvenile delinquency)'을 줄여 부르는 것으로 이해된다.

학교와 같은 교육기관은 끊임없이 '비행'을 감시하며 행형 장치를 작동시킨다. 행형 장치는 범법자가 될 가능성을 가진 무수한 비행자를 생산하는 장치이다. 그리고 비행의 특성이 철저히 질 평가, 양 측정되면서 아무리 하찮은 부정, 탈선, 비정상이라도 비행의 가능성과 연결되도록 하는 행형 장치를 통해 사회를 '감금 연속체'로 만든다. 즉, 감옥과 학교를 규율권력으로써 잇는다. 이것이 곧 푸코가 GIP 운동 시절 '당신들은 감옥에, 우리는 감옥 바깥에 갇혀 있다'고 한 말의 의미이다. 벤담이 상상한 일망 감시체계, 즉 '모든 수감자를 감시할 수 있으면서 감시자는 수감자의 눈에 띄지 않는 감시체계'는 '이상적인 형태로 압축된 권력 메커니즘의 도식'이다. 이것은 '저항이나 충돌 등의 모든 장애를 떠나서 행해지는 기능의 단순화된 건축적이고 시각적인 체계'로서, '모든 특별한 용도로부터 분리시켜 가동할 수 있고, 그렇게 해야 하는 정치 기술의 형태'이다. '일망 감시의 도식은 지워지거나 혹은 그 특징 중 어느 것도 잃지 않은 채, 사회 전체로 확산될 수밖에 없도록 되어 있다. 그것의 임무는 바로 전체화의 기능을 수행하는 일'이다. 이로써 규율권력은 '개별화하는 동시에 전체화'하는 방식으로 작동한다.

푸코에 따르면 규율권력과 함께 근대 권력의 주요 양상은 생명권력이다. 규율권력이 개인의 신체를 표적으로 한다면 생명권력은 종(種)의 일원으로의 인간의 신체를 표적으로 한다. 『성의 역사 1』에서 보여 주는 생명권력은 성 장치를 발명한다. 예를 들어 푸코는 근대에 들어오면서, 새로운 성적 지식의 대상이 산출되었다고 한다. 18-19세기 이전 성적 담론은 주로 이성애에 바탕을 둔 혼인에 관한 것이었다. 이후 이성애에 바탕을 둔 혼인에 대해 더욱 적게 아주 간결하게만 말하고, 그 대신 어린아이의 성, 동성애, 몽정 등에 대해 더 길게 그리고 많이 말하게 되었다. 성에 대해 정상과 비정상을 판별하는 성 장치가 들어서는 것이다. 권력은 모든 어린이를 의혹의 대상으로 삼았다. 권력은 어린이의 성을 수수께끼 같은 비밀로 설정하고, 그 원인과 결과를 포착하도록 선동하였고, 모든 곳에 감시장치를 마련했다. 어린이에 대한 고백이 강요되었으며, 그것을 교정하기 위한 수단이 강구되었다. 부모와 교사들에게 끊임없이 그 위험이 경고되었고, 만일 그들이 어린이를 충분히 감시하지 않는다면, 그들 자신에게 죄를 물었다. 부모나 교사들을 대상으로 하는 교육이 강화되었다. 이러한 모든 권력의 작용이 어린이의 성에 대한 진실 의지를 산출했고 생명권력이 삶에 스며들었다.

생명권력은 생명, 즉 삶을 관리하고 최대로 이용하고 늘리고 통제하고 전체적인 규제를 행사하는 권력이다. 살게 '하든가'(faire vivre) 죽음 속으로 '내쫓는'(rejecter dans la mort) 권력이다. 증식, 출생률과 사망률, 건강의 수준, 수명, 장수, 이들을 변화시킬 수 있는 조건의 문제로서 일련의 개입 및 '규제하는 통제', 곧 '인구를 대상으로 한 생명정치(bio-politique)' 형태로 작동한다. 그리고 권력 있는 곳에 저항이 있을 때, 이러한 생명권력에 대한 저항의 목표는 근본적 욕구, 인간의 구체적 본질, 인간이 지닌 잠재성의 실현, 풍부한 가능성으로 이해된 생명이 된다. 이러한 저항은 이상향, 즉 유토피아를 설정하지 않는다. 삶, 육체, 건강, 행복, 욕구 만족에 대한 권리, 모든 탄압이나 소외를 넘어 인간의 참모습과 모든 가능성을 되찾을 권리를 향한 정치적 반응이 투쟁의 쟁점이 된다.

4) 통치성

생명권력은 인구로서의 인간의 생명과 관련된 권력이다. 그리고 인구와 관련해 푸코가 주목하는 또 다른 권력 기제가 통치성(gouvernmentalité)이다. 통치성은 '인구를 주요 목표로 설정하고, 정치경제학을 주된 지식의 형태로 삼으며, 안전장치를 주된 기술적 도구로 이용하는 지극히 복잡하지만 아주 특수한 형태의 권력을 행사케 해주는 제도, 절차, 분석, 고찰, 계측, 전술의 총체'라고 정의된다. 푸코에 따르면 각종 규율권력, 생명권력의 입체 교차로인 국가는 '통치성'이라는 권력 양상을 작동시키는 유명론적인 전략 집합체로서, 규범성에 대한 재판들의 복합을 형성한다.

푸코를 미시권력의 이론가라고 보아 왔지만, 푸코는 강연록을 통해 국가에 대한 견해를 드러내며 국가의 작동에 대해 이론적 관여를 함으로써 거시권력에도 관심을 기울였다. 푸코는 국가를 하나의 실체로 이해하는 입장을 거부한다는 것, 그리고 국가는 통치라는 일반적인 지평에서 파악되어야 한다고 생각했다. 그의 특이한 국가관은 다음의 인용에서 드러난다.

국가란 혼성적 현실이나 신화화된 추상에 불과한 것으로, 사람들이 믿고 있는 국가의 중요성은 어쩌면 훨씬 더 왜소할지 모릅니다. 어쩌면 말입니다. 우리의 근대에서, 우리의 현재에서 중요한 것은 사회의 국가화가 아니라 국가의 '통치화'라고 부를 만한 것입니다. …… 국가라는 것이 일종의 통치 방식에 지나지 않는다면 어떻게 하시겠습니까? 국가라는 것이 통치성의 유형 중 하나일 뿐이라면 어떻게 하시겠습니까? 다층적이고 다양한 절차에 입각해 차츰차츰 형성되어 가고, 마찬가지로 차츰차츰 응결되어 특정한 효과를 만들어 내는 이 모든 권력관계, 이런 통치의 실천에 입각해 국가가 구축되는 것이라면 어떻게 하시겠습니까? 그렇다면 우리는 국가란 것이 시민사회를 위로부터 위협하는 일종의 생명체처럼 역사 속에서 부단히 계속 자라나고 발전해 온 냉혹한 괴물 같은 것이 아니라고 말해야 할 것입니다. 우리는 시민사회, 혹은 차라리 통치화된 사회일 뿐인 것이 어떻게 16세기부터 이른바 국가라고 불리는 허약한 듯하면서도 집요하기도 한 무엇인가를 구축해 냈는지 보여 줘야만 합니다. 그러나 국가는 통치의 돌발 사건에 불과합니다.

푸코는 주권 이론, 리바이어던 모델의 문제점에 대해 논한다. 주권이 존재하려면 복종시켜야 할 신하, 권력 통합, 그리고 준수해야 할 합법성이 필요하다. 그러나 푸코가 보여 주고 싶은 것은 신하들이 왜, 어떻게, 무슨 법으로 자신의 예속화를 받아들였는지가 아니라, 효과적인 예속관계가 어떻게 신하들을 제조해 냈는지를 보여 주고 싶은 것이다. 그리고 신하들을 제조하는 전략의 총체가 곧 통치성이다. 그리고 국가(state)란 말 그대로 안정적인 어떤 것이 아니라 통치의 돌발사건에 불과하다는 것이 푸코의 국가관이며 통치성 개념의 의미이다.

이후 학계에 미친 영향

푸코의 사상은 당대에도 즉각적이고 심대한 영향력을 발휘했다. 들뢰즈와의 우정과 사상적 연관은 심대하다. 여기서는 지금 살아 있는 두 사상가이면서, 무엇보다 푸코로부터 직접적으로 영향을 받아 자신의 사상의 근본으로 삼은 주디스 버틀러와 안토니오 네그리에 대한 영향을 살펴본다.

먼저 버틀러의 수행성 개념은 푸코의 '구성적 주체' 개념을 이어받는다. 수행성은 '연기하는 것'이다. 젠더는 다양한 행위가 일어나는 작인의 장소나 안정된 정체성으로 구성되는 것이 아니다. 그보다는 양식화된 행위의 반복을 통해서 시간 속에 희미하게 구성되고, 외부공간에 제도화되는 어떤 정체성이다. 푸코가 성 장치에 대해 논의한 것을 이어받아 버틀러는 성의 범주가 자연적인 것이 아니라 규범적이라는 점을 밝힌다. 성은 규범으로 기능할 뿐만 아니라 자신이 지배하는 육체들을 산출하는 규제적 실천의 일부이기도 하다. 성의 규제적 힘은 생산적인 힘의 일종으로서, 자신이 통제하는 육체들을 산출하는 힘이다. 성은 육체의 단순한 사태이거나 정적인 조건이 아니라, 규제적 규범들로 하여금 '성'을 물질화시키고 이런 물질화를 규범들 자체의 강제화된 반복을 통해 성취하게끔 해주는 하나의 과정이다.

그리고 푸코의 주권 개념 비판, 생명권력 및 생명정치 개념, 그리고 푸코의 국가관은 네그리가 이어받는다. 네그리의 생명정치 개념은 우리 학계에서 '삶 정치'로 번역된다. 그리고 네그리는 안정된 국가가 아니라 늘 흔들리는 국가에 대해 논한다. 네그리는 주권의 담지자인 민중 개념, 너무 획일적인 대중 개념, 그리고 다른 열악한 지위의 사람을 배제하는 노동자계급 개념 대신 '다중(多衆, multitude)' 개념을 정립한다. 다중이란 다양한 문화, 인종, 성별, 성적 지향, 세계관 등의 특이한 차이들의 다양체이다. 이러한 다중이 사회를 둘러싼 생명권력에 저항해 '삶 활력'을 발휘해 주체화, 저항, 불복종을 수행하는 역능이 있다는 것이다. 그리고 이러한 '역능(potenza)'은 '능동적이고 생산적인 힘'이며, 반면 '권력(potestas)'은 '소극적이고 억압하는 힘'이다.

네그리는 '제헌권력(pouvoir constituant)'에 대해 말한다. '제헌권력'은 달리 번역하면 '구성권력'이며, '구성하는 역능'이다. 역능이나 권력이나 '힘'으로 번역될 수 있는데, 두 힘은 서로 구분되는 힘이다. 네그리가 '제헌권력'이라는 말을 쓸 때 이 말의 의미는 '능동적이고 생산적인, 새로운 관계를 구성하는 힘'의 의미이다. 사법 이론에서 'constituant'는 '제헌적, 곧 헌법제정적'의 뜻이지만 네그리에게는 더 포괄적인 뜻으로, 사회적 노동의 협력적·소통적 네트워크들이 지닌 창조적 능력을 지칭한다. 더 나아가 존재론적 역능과 활력을 지칭하는 것으로까지 확장된다. 그래서 맥락에 따라 제헌권력은 '구성권력' 혹은 '구성력' 등으로도 번역해야 한다고 생각될 정도로 폭넓은 의미를 갖는다. 네그리는 '제헌권력'이라는 말로써 민주주의는 형해화된 제도가 아니라 끊임없이 새로운 관계를 구성하는 권력이라는 점을 강조하고 있다.

안토니오 네그리는 제헌권력 개념을 통해 새로운 제도를 창안할 수 있는 다중의 역능을 사유한다. 즉, 낡은 질서를 뒤집어엎고 새로운 법적 규약과 새로운 삶의 형식을 부과하는 권력을 사고한다. 일반적 법 이론에서는 제헌권력이 권력의 공백기에 나타나지만, 네그리의 제헌권력은 기존 권력이 온존하고 있을 때에도 작동한다. 네그리는 제헌권력을 '반유토피아'로 재정의하면서 민주주의를 향한 절대적인 힘으로 부각시킨다. 'disutopia'란 '넘쳐흐르는 구성적인 활동'을 뜻한다. 이는 '유토피아처럼 강렬하면서도 환상은 가지지 않은, 정형화된 상태(state)가 아니라, 물질적 힘을 가진 활동'이다.

푸코는 1984년에 삶을 마감했지만 이처럼 그의 개념을 살아 있게 만드는 살아 있는 사상가들을 통해 푸코의 사상은 여전히 자라나고 있는 중이다.

끝으로 푸코 사상의 핵심은 권력 개념이고, 권력에 대한 저항을 사고한 철학자이다. 그리고 그 저항의 목표에는 '자유'가, 그리고 그 목표를 향한 추진력에는 '자유를 향한 열망'이 있다는 점을 강조하면서 글을 마치고자 한다. 푸코의 가장 중요한 개념은 권력이다. 그런데 푸코의 생각 중 어떤 생각을 가장 좋아하는가를 묻는다면, 나는 '존재 미학'이라고 대답하고 싶다. 푸코는 근대인은 '발견하는 자'라면 고대인은 '발명하는 자'라고 말한다. 푸코는 자유는 무엇인가의 억압으로부터의 자유가 아니라 자신의 삶을 부단히 자유롭게 창안하는 자유라고 생각했다. 푸코가 관찰한 근대의 규율권력과 생명권력이 생산력을 가지며 우리의 삶을 예속화할 때, 푸코는 자신의 삶을 발명해 가는 존재 미학을 자신의 삶의 나침반으로 삼았다. 때로 내가 발명한 나의 삶이 사회가 쳐놓은 다양한 금기의 선을 넘어서는 것일 때 '감히 넘어서 보는 것'. '감히 알고자 하라!'라 계몽의 표어였다면, '감히 넘어서고자 하라!'가 푸코가 우리에게 전하는 말이라고 그를 기억하고 싶다.

3
질 들뢰즈
Gilles Deleuze

김범수

숭실대학교 철학과에서 들뢰즈의 존재론으로 박사학위를 받았다. 지금도 영화, 이미지, 대중문화, 존재론을 공부하고 있다. 함께 쓴 책으로『현실을 지배하는 아홉 가지 단어』,『세계를 바꾼 아홉 가지 단어』,『철학자가 사랑한 그림』등이 있다. 현재 상지대학교 교양대학 초빙 교수로 재직 중이다.

질 들뢰즈: 차이의 존재론

들뢰즈의 저술과 삶의 여정

    프랑스 철학자 미셸 푸코는 20세기는 들뢰즈의 세기로 기억될 것이라는 말을 남겼다. 그의 평가가 과도한 칭찬이라 할지라도, 최소한 20세기 후반에 들뢰즈는 철학뿐 아니라 문화예술 방면에까지 많은 영향을 준 것이 사실이다. 한국에서도 1990년대 이른바 포스트모더니즘 열풍이 불었다. 그리고 구조주의와 포스트구조주의에 관한 이야기가 하나의 표본처럼 간주되던 분위기였다. 그때 포스트구조주의의 대표 주자로 질 들뢰즈를 발견할 수 있었다.

    프랑스 철학자 질 들뢰즈는 특별할 것이 없는 삶을 살았다. 거의 모든 삶의 공간은 파리로 한정되기 때문이다. 그는 1925년 1월 25일 파리에서 중산층 부모 밑에서 출생했다. 그리고 1995년 11월 4일, 영화의 한 장면처럼 아파트에서 투신해서 자신의 삶을 마감했다.

    그에게 전환점이 되었던 하나의 사건은 독일이 프랑스를 점령하던 시기에 일어났다. 1940년 그의 형은 레지스탕스 운동을 했고, 포로수용소로 가는 길에 불행하게도 총살당했다. 이 사건은 그의 삶의 여정에서 매우 중요한 사건이었다. 전쟁의 와중에 그는 고등사범학교에 입학하지 못하고 나중에 소르본느 대학에서 철학을 공부했다. 이 역시 매우 특이한 이력이다. 프랑스를 대표하는 철학자 중 거의 유일하게 고등사범학교 출신이 아닌 사람이기 때문이다. 여기서 들뢰즈는 이뽈리트(Jean Hippolyte), 알키에(Ferdinand Alquié), 캉길렘(Georges Canguilheim), 강디약(Maurice de Gandillac) 교수 등에게서 철학을 공부하게 됐으며, 1948년에는 교수자격시험(agrégation)을 통과한다. 그리고 1953년『경험론과 주체성』이라는 흄에 관한 저작을 처음으로 저술한다. 데콩브(Vincent Descombes)는 1930-1960년대 프랑스 철학을 3H 시대로 요약한다. 3H는 헤겔(Hegel), 훗설(Husserl), 하이데거(Heidegger)를 지칭한다. 68년 주변을 수놓은 많은 철학자들은 이 당시 고등사범학교에서 공부하고 있었는데, 들뢰즈가 흄을 연구한 것도 이들과는 다른 특이한 경우이다. 들뢰즈는 자아의 초월성(transcendance) 대신에 흄에게서 주체의 구성을 살펴본 것이다. 말하자면 주체는 이미 주어진 선험적 도식 체계에 편입되어 있는 것이 아니라 그 자체로 변하는 것이다. "주체는 운동에 의해, 그리고 운동으로서 정의된다. 주체는 자신을 펼치는 운동이다. 스스로 펼쳐지는 것이 주체이다."[1]

들뢰즈는 이후 9년 동안 아무런 저작 활동을 하지 않았다. 그러다가 1962년에『니체와 철학』을 발간한다. 들뢰즈 스스로 이 시기를 '인생의 구멍'이라고 표현하기도 했다. 하지만 이 시기는 그의 철학사 연구에서 중요한 의미를 지니게 된다.『니체와 철학』은 학계에서 그의 가치를 알리는 신호탄이 되었다. 그리고 연속해서 1963년에『칸트와 비판철학』을, 1964년에『프루스트와 기호들』, 1966년에『베르그손주의』를 출간하면서 자신의 철학사 연구를 정리하게 된다. 이런 연구 활동을 통해서 들뢰즈는 자신의 존재론을 완성시키는 대작을 국가박사논문으로 제출하게 된다. 그것이 바

---

1   질 들뢰즈,『경험주의와 주체성: 흄에 따른 인간 본성에 관한 시론』, 한정헌·정유경 옮김, 난장, 2012, 167쪽.

로 1968년에 출간된 『차이와 반복』이다. 그리고 이때 부논문으로 『스피노자와 표현의 문제』를 제출, 출간한다. 그런데 이때는 68년 학생혁명이 일어나던 시기였다. 당시 좌파 지식인들 중 일부는 탈권위의 물결 속으로 들어갔지만, 들뢰즈는 혁명의 거리에 있었던 것이 아니라 그 거리 바깥에서 관찰하고 있었다. 물론 들뢰즈는 68년 학생들을 적극 지지하였다. 그렇지만 다음 해 폐절제수술을 해야 할 정도로 건강이 좋지 않았고, 논문 제출 시기와 맞물려 활동적인 모습을 보여 주는 데는 한계가 있었다. 1969년 들뢰즈의 철학 여정에서 변곡점이 되는 펠릭스 가타리(Félix Guattari, 1930-1992)와의 조우가 이루어진다. 또한 이때부터 파리 8대학에서 1987년에 은퇴할 때까지 지속적인 세미나를 개최하게 된다. 이 시기 가타리는 이미 기계적 무의식, 분열적 무의식을 이론적으로 개념화하고 있었다. 이런 가타리에 대해서 들뢰즈는 자신보다 더 발전된 생각을 품고 있었다고 진술하기도 했다.

이 둘은 1972년 『안티 오이디푸스』라는 저작을 내놓았고, 이 저작은 지식사회에 많은 화제가 되었다. 들뢰즈와 가타리는 이 저작을 68년의 산물로 간주한다고 말하기도 했다. 특히 이 저작은 혹독하게도 난해하다. 들뢰즈와 가타리는 이 저작을 통해서 무의식은 단순히 재현되는 것이 아니라 생산하는 것이라는 점을 말하려 했다. 프로이트는 성적 충동으로서의 욕망을 발견하였고, 이것이 무엇인가를 발생시키는 생산하는 욕망이라는 것을 알고 있었다. 그렇지만 이러한 욕망을 가족의 울타리, 즉 오이디푸스의 사슬로 묶어 버린다. 그리고 이 사슬은 하나의 극장이 되어 모든 욕망을 다시 재현하는 방식으로 만들어 버린다. 이에 대해서 들뢰즈와 가타리는 비판을 가한다. 즉 욕망은 생산적인 것이며 그 자체로 혁명적이라는 것이다.

이 저작을 시작으로 들뢰즈와 가타리는 1975년에 『카프카: 소수적인 문학을 위하여』, 그리고 마침내 자본주의와 정신분열증에 대한 위대한 저작으로 간주되는 『천 개의 고원』을 1980년도에 발표한다. 『천 개의 고원』은

『안티 오이디푸스』와 함께 자본주의 분열 분석 2부작으로 간주된다. 들뢰즈는 파르네(Claire Parnet)와의 인터뷰에서 자신을 좌파로 분류하면서도 좌파의 의미를 다시 정의하려고 했다. 그가 말하는 좌파의 의미는 간단하게 '소수자'이다. 흔히 소수자는 다수와 반대되는 개념으로 이해한다. 그리고 다수와 소수를 가르는 기준은 양적인 많고 적음으로 판정을 내린다. 그런데 들뢰즈는 이를 다시 해석하여 다수를 표준으로 간주한다. 흔히 백인, 기독교, 남성은 인간을 정의하는 표준이 된다. 표준, 또는 다수에 소속이 되면 변화에 대한 의지는 줄어든다. 반면 소수자는 생성이나 변화에 능동적인 힘을 발휘한다. 따라서 들뢰즈에게 소수자는 생성의 역량을 품고 있는 존재를 의미한다. 그리고 이를 구체적인 인물로 표현하면 '카프카'가 된다. 카프카는 소수자 문학의 실천자이다. 소수자 문학이란 기존의 언어적 표현을 벗어나서 언술행위의 집단적 배치를 표현하는 사회적이며 정치적 문학이다.

한편 들뢰즈는 『천 개의 고원』을 68년 사태와 관련해서 『안티 오이디푸스』와 비교했다. 1968년 학생혁명 이후 반동이 지배하게 된다. 이를 목격한 들뢰즈는 무의식의 생산이 아니라 가족 울타리에 한정되어 하나의 체계를 이루는 세계를 비판적으로 회고한다. 말하자면 68년 5월은 오이디푸스 콤플렉스라는 유아기의 가족 극장에서 벗어나지 못한 것으로 이해하는 것이다. 이에 들뢰즈는 오이디푸스가 도달할 수 없는 영역을 발견하려고 한다. 그것은 '다양체'라는 개념으로 발전하여 여러 형태로 나타나게 된다. 예를 들어서 '리좀(Rhizome)'을 보자. 리좀은 원래 식물학에서 다루는 용어인데, 땅속에서 수직이 아닌 수평적 방향으로 뻗은 뿌리줄기를 말한다. 예를 들어서 연꽃, 튤립 등의 뿌리줄기(양파를 떠올리면 된다)가 이에 해당할 것이다. 그렇지만 들뢰즈와 가타리가 지시적으로 이 용어를 사용한 것은 아니며, 은유적으로 표현하여 다양체의 형태를 지칭하기 위해서 쓴 용어로 보인다. 이는 구체적으로 수목 체계와 비교해 보면 이해하기 쉽다. 나무는 뿌리, 줄기, 가지, 잎 등 일정한 수직적 구조를 통일된 형태로 이루고 있다. 일종의 위계를 갖추고 있으며 서로 경계를 이루는 위치가 주어져 있다. 그런데 리좀은 줄기이지만 땅속에 있으며, 에너지를 품고 있다. 그리고 이렇게 에너지, 힘, 역량 등을 품고 있으면서 다른 것들과 연결되어 무엇인가를 생산하는 구조를 지니고 있다. 이것은 하나의 다양체이며, 정해진 규칙이나 재현 체계를 거부하고 새로운 곳을 향해 나아가는 생성의 지도를 그리게 된다.

1980년에 이르게 되면, 들뢰즈는 가타리와의 작업을 잠시 중단하고 자신의 초기 존재론에서의 문제의식을 심화, 발전시킨 저작들을 출간하게 된다. 1981년 『감각의 논리』, 1983년에 『시네마 1: 운동-이미지』, 1985년에 『시네마 2: 시간-이미지』를 간행했다. 여기서 언급된 단독 저서들은 그간 저작에서 언급되었던 영화와 회화들을 '이미지'라는 개념으로 묶어 본 것이라고 하겠다. 들뢰즈는 이미지를 통한 사유를 초기부터 전개해 왔다. 아마도 그 영향은 베르그손에게서 온 것으로 보인다. 그렇지만 베르그손의 이미지보다는 진화된 형태로 이미지 개념을 사용하고 있다. 구체적으로 보자면 들뢰즈는 회화, 특히 영화에서 이루어지는 이미지는 그 자체로 개념을 창안하는 것이라고 이해하고 있다. 물론 회화에는 이미지뿐 아니라 색채, 선 등을 창조하는 작업이며, 영화 이미지는 그 자체로 운동이자 시간-이미지를 만드는 것이라고 이해하고 있다.

들뢰즈는 푸코 사후 1986년에 『푸코』를 발간하고. 그리고 1988년에 『주름: 라이프니츠와 바로크』를 출간한다. 이 두 저작은 공통점이 있다. 첫째는 모노그래프라는 점이다. 초기 저작에서 느껴지는 모노그래프가 개념을 형성하는 과정이라고 한다면, 확실히 후기에 만나는 이 두 모노그래프는 자신이 형성해 낸 철학적 개념을 적용하고 있다. 두 번째는 '주름'이다. 두 저작에는 모두 주름이라는 개념이 걸려 있다. 주름(pli)은 안으로 접히기도(im-pli-cation), 바깥으로 펼쳐지기도(ex-pli-cation) 한다. 주름을 접는다는 것은 무엇인가 변화시킬 수 있는 역량을 품는다는 의미이기도 하고, 그 주름을 바깥으로 펼치면 역량이 구체적으로 실현되어 규정될 수 있게 된다. 또한 안과 바깥이 함께 접히기도(com-pli-cation) 한다. 주름은 특이점을 형성하고, 이것은 생성을 위한 역량을 품으면서 무한한 운동을 만들어 간다. 그런데 들뢰즈는 푸코에게서 주체화의 과정에서 주름을 발견하게 된다. 푸코의 경우 '담론'과 '권력'이라는 주제를 연구하다가, 『성의 역사 1』에 이르게 되면 자신의 주제 의식과의 단절을 이루게 된다. 그리고 주체화의 주제로 돌아서게 된다. 들뢰즈는 이때 푸코에게서 주체가 어떻게 만들어지는지를 살펴보려고 한다. 주체화를 인간이 여러 사회적 힘의 관계가 서로 주름을 접으면서 내부성을 만드는 것으로 보는 것이다. 다시 말해서 주름이란 안에 접혀진 바깥이라고 하겠다.

들뢰즈는 1991년 가타리와 마지막 저작에 해당하는 『철학이란 무엇인가?』를 출간한다. 물론 이 저작 이후 몇몇 단편을 모아서 책을 출간했지만, 자신의 철학을 마무리하는 것으로 철학의 종언이 아닌 철학이란 무엇인지 다시 묻게 된다. 가타리의 증언에 따르면, 이 시기에 이미 들뢰즈의 건강이 매우 안 좋았다고 한다. 그래서 그는 들뢰즈가 그해를 넘기지 못할 것 같다고 주변에 알렸다. 하지만 아이러니하게도 비교적 건강했던 가타리는 다음해 갑작스럽게 심장마비로 사망한다. 반면 들뢰즈는 「내재성: 하나의 삶」이라는 글을 발표하며 학자로서의 생명을 이어갔다.

20세기 철학의 위기와 함께 철학의 종언을 구하는 것은 당시의 시대적인 분위기였다. 그리고 '형이상학'에 대한 거부 내지는 비판은 현대 철학자라면 누구나 해야 하는 주제라고도 할 수 있었다. 그렇지만 들뢰즈는 철학의 종언보다는 철학을, 그리고 스스로 자신을 형이상학자라고 지칭하는 입장을 내비쳤다. 그는 자신의 마지막 저작에서 다시 철학의 탄생을 말했다. 더불어 역사적이고 지리적 환경과 분리될 수 없는 조건에 대한 언급을 통해 철학이란 이 조건들로부터 개념을 창조하는 것으로 정의했다.

차이와 반복의 존재론

 들뢰즈의 철학은 전통적인 존재론을 전복해서 생성 존재론으로 나아가는 것이다. 여기서 전통적인 존재론이란 플라톤 이래로 지속되어 왔던 많은 철학자들의 그것을 말하는 것이다. 그런데 한편으로 들뢰즈는 자신의 존재론 연구를 사회적 관계와 무관하게 발전시키고 있는 것일까? 다시 말해 1968년의 신좌파의 움직임과는 무관하게 존재론을 연구했던 철학자로 봐야 할까? 이에 대한 이야기를 하기 위해서 『차이와 반복』의 핵심 내용을 살펴보고, 이에 대한 논의를 심층적으로 풀어가 보자.

 그의 존재론을 이해하기 위해서는 먼저 철학에서 등장하는 존재론의 질서를 간략하게 이해하는 것이 필요하다. 존재론은 존재에 대한 규정에서 출발한다. 존재한다는 것은 무엇인가? 그것이 없는 것이 아니고 있다고 말하기 위해서는 확실한 규정이 필요하다. 이것임과 동시에 저것임이 주장되면 그것이 있다고 말할 수 없다. 그렇기 때문에 존재, 혹은 있음이라고 하면 정지의 상태에 놓여 있어야 한다.

 하지만 세상은 정지 상태에 놓여 있는 것이 아니다. 매일같이 해가 뜨고 지고를 반복하고, 새로운 것이 만들어졌다 사라지는 일이 지속되고 있다. 즉 우리 눈에 보이는 모든 것들은 생성과 변화를 겪고 있다. 그렇다면 생성과 변화를 설명하는 존재론은 없는 것인가?

 플라톤은 생성과 변화가 이루어지는 존재는 완전한 것이 아니라고 봤다. 이것과 저것이 동시에 주장되는 상황이라면, 그것은 확실하게 규정할 수 없는 것이다. 규정할 수 없는데 그것을 확실하게 있다고 말할 수는 없는 노릇이다. 플라톤은 확실성이 배제된 그림자와도 같은 상태를 '시뮬라크르'(simulacre)로 명명하고, 존재에서 배제하려고 했다. 그에게 존재는 동일성으로 가득한 이데아일 뿐이다. 동일성으로 가득하다는 것은 자기 안에 타자의 요소를 배제하는 것이다. 여기서 타자는 '차이'로 명명된다. 즉 플라톤에게서 차이는 제거되어야 하는 것이다. 그래야만 존재로 규정되는 것이다. 이런 구도에서 생성과 변화의 여지는 사라지게 된다. 들뢰즈는 플라톤의 동일성 중심의 존재론에 대한 거부를 극적으로 이루어 낸다. 현대적 사유는 오히려 동일성의 소멸, 동일자의 재현 아래에서 꿈틀거리는 힘들과 함께 나타난다고 본다. 말하자면 현대는 이데아의 세계가 아니라 시뮬라크르의 세계임을 선언한다. 들뢰즈는 이를 플라톤주의의 전복이라 말한다. 즉 플라톤이 말하는 시뮬라크르를 통해서 동일성 중심의 이데아 세계를 전복시키는 것을 말하는 것이다. 이것은 전통적인 존재론에 대한 거부, 재현 중심 철학에 대한 거부로 평가할 수 있다.

그렇다면 시뮬라크르의 세계는 구체적으로 어떤 것인가? 그것은 차이로 만들어지는 세계, 강도의 잠재적 경향성이 구체적인 현실로 구현되는 세계를 말하는 것이다. 시뮬라크르는 어원적으로 그림자에 해당하는 말이지만 확정되지 않은 변화하는 것 자체를 의미하는 것이기도 하다. 들뢰즈에게서 그것은 하나의 세계로 나타나는 것이다. 예를 들어 보자. 바람이 분다. 바람이 부는 이유는 무엇인가? 압력의 차이, 온도의 차이에서 비롯된다. 여기서 주목해야 하는 것이 바로 '차이'이다. 일반적으로 '차이'는 무엇과 무엇이 다르다는 의미로 받아들인다. 물론 이런 의미에서의 차이가 있다. 그렇지만 여기서 말하는 차이는 압력 자체의 차이, 고도 자체의 차이, 온도 자체의 차이를 말하는 것이다. 온도의 '차이'가 없으면, 압력의 '차이'가 없으면 바람은 불지 않는다. 이러한 차이를 들뢰즈는 '강도(intensity)'로 표현한다. 들뢰즈는 동일성에 귀속되지 않는 세계를 시뮬라크르의 세계로 생각했고, 이 세계를 구성하기 위한 원리로 차이, 또는 강도를 제시한 것이다.

여기서 강도란 '차이 자체'와 같은 말로 쓰이는 용어이다. 들뢰즈는 실제로 차이와 강도는 동어반복이라는 말을 했다. 앞서 고도차, 온도차, 압력차와 같이 차이 자체에 해당하는 사례를 보았는데, 이 예들에는 공통점이 있다. 어떤 것이 순환하면 에너지, 역량, 힘 등이 발생한다. 높은 곳에서 낮은 곳으로 물이 떨어지면서 발생하는 차이의 소멸 과정을 우리는 수력 에너지로 활용한다. 이렇게 차이의 소멸 과정은 힘의 발생과 연결되는 것이다. 그리고 그것을 지칭하는 것이 강도에 해당한다. 강도는 변화를 설명하는 동력에 해당하는 셈이다.

그런데 전통적인 생성의 원리는 무엇인가? 아리스토텔레스처럼 '목적'을 제시할 수도 있고, 헤겔처럼 '부정'을 말할 수 있다. 아리스토텔레스의 경우는 모든 물질이 4가지 원소로 이루어졌다고 본다. 그 4가지란 흙, 물, 불, 공기이다. 이 중 흙과 물은 지구 중심으로 떨어지려는 본성을 갖고 있다. 반면 불과 공기는 위로 올라가려는 성질이 있다. 그 본성에 맞춰 움직이려는 목적이 실현되는 과정이 바로 운동의 원인에 해당하는 것이다. 그렇지만 이것은 개념적 운동에 불과할 뿐이다. 실제적인 운동에서는 이렇게 움직이는 것이 아니다.

헤겔은 아리스토텔레스의 논리학을 비판하면서 생성을 담지 못하고 있다고 말한다. 말하자면 참된 생성의 논리가 아니라 동일성에 그친다고 본 것이다. 이에 헤겔은 생성과 변화의 원리로 '부정'이라는 매개 운동을 설명하려고 했다. 자기 안에 자기 아닌 요소, 즉 타자의 요소를 개입시킴으로써 생성이 가능하다고 본 것이 헤겔의 변증법의 출발인 것이다. 들뢰즈가 헤겔을 비판하는 대목이 바로 이 지점이다. 즉 헤겔은 긍정 혹은 차이의 역량을 부정이라는 매개 운동으로 만들었다. 하지만 현실에서 이루어지는 생성과 변화는 개념이라는 매개를 거쳐서 나타나는 것이 아니다. 들뢰즈는 헤겔의 변증법 역시 실제적인 운동이 아니라 개념적 운동에 불과하다고 본 것이다.

들뢰즈는 『차이와 반복』을 '반(反)-헤겔주의'로 시작했다. "모든 신호는 반-헤겔주의로 집약될 수 있다."[2] 이것은 매우 복합적인 함의를 담고 있다.

---

2   질 들뢰즈, 『차이와 반복』, 김상환 옮김, 민음사, 2004, 17쪽. 이하 인용은 본문 안에 쪽수만

데콩브(V. Descombes)에 따르면 1930-1960년대 프랑스 철학은 헤겔, 하이데거, 훗설의 시대로 명명되는데, 그 당시 헤겔은 프랑스 철학계에서 주류를 차지하는 일원이었다. 헤겔이 프랑스 철학에서 주류가 된 이유는 두 가지로 볼 수 있다. 첫 번째는 러시아혁명에 기인한다. 러시아혁명 이후 맑스(Karl Marx)에 대한 관심이 부활하고, 이는 다시 헤겔 연구로 발전하게 되었다는 점이다. 두 번째 이유는 코제브(Alexandre Kojève)가 고등사범학교에서 헤겔에 대한 강의를 수행했다는 점이다. 1933-1939년까지 코제브는 헤겔의 변증법에 대한 강의를 실시했다. 레이몽 아롱(Raymond Aron), 조르주 바타이유(George Bataille), 자크 라캉(Jacque Lacan), 모리스 메를로-퐁티(Maurice Merleau-Ponty) 등 그 당대, 혹은 이후 프랑스 철학을 이끌 저명한 이들이 대거 이 강의에 참여했다. 1930년대 이후 헤겔의 변증법은 하나의 찬양 이상의 의미를 담고 있었다. 특히 메를로-퐁티, 사르트르와 같은 철학자들에게서 헤겔의 변증법은 모든 생성 변화를 설명하는 근간에서 개념의 대상을 넘어서는 위치에 있는 것으로 묘사되기도 했다. 그런데 이런 현상은 대략 1960년대를 기점으로 변화하기 시작한다. 즉 시대 분위기가 전환된 것이다. 이 시대는 헤겔이 중심이 되는 현상학과 실존주의가 아니라 구조주의의 시대, 누보로망 등이 발견되는 시대가 된 것이다. 이로부터 나타나는 모든 현상들은 헤겔에 대한 거부로 나타났다. 이를 들뢰즈는 반-헤겔주의로 명명했으며, 자신도 변증법이 거짓 운동에 불과하다는 주장을 제시한다.

헤겔의 변증법이 왜 논리적 운동, 거짓 운동에 불과한 것일까? 들뢰즈는 변화의 원동력을 앞서 언급한 대로 내적 차이를 의미하는 '강도'로 설명하려고 한다. 차이나 강도는 변화를 설명하는 데 어떤 매개도 거치지 않는다. 즉 차이와 강도는 그 자체로 개념에 귀속되는 것이 아닌, 개념 밖의 사태에 놓여 있는 실제적인 운동 원인을 말하는 것이다. 헤겔의 변증법은 개념이라는 '매개', 추상적인 매개를 통해서 변화를 설정한다. 존재는 그것 아닌

표시함.

것, 즉 '무'와 대결을 통해서 생성한다. 여기서 '부정'은 이미 중재자의 역할을 하면서 극적 화해를 시도한다. 따라서 들뢰즈가 보기에는 헤겔은 참된 운동을 설명하는 것이 아니다.

들뢰즈가 바라보는 참된 운동의 양상은 반복의 형태로 나타난다. 그렇지만 이 반복은 우리가 생각하는 일반화된 반복의 양상과는 다르다. 예를 들어서 우리는 일상적으로 "똑같이 반복한다"나 "비슷한 현상이 반복된다"와 같은 말을 한다. 그렇다면 여기서의 일상적인 반복은 굳이 표현하면 '일반성'과 비교해 볼 수 있다. 일반성은 등가성이나 유사성의 질서로 형성된다. 또한 이를 재현 체계로 설명하기도 한다. 재현은 무엇이 다시 나타난다는 의미로 사용되지만, 다시 나타남은 유사와 등가의 질서에서 벗어날 수 없다. 예를 들어 우리가 대상을 인지할 때를 생각해 보자. 일정한 시간과 공간에서 특정한 책상이라는 대상을 마주했다고 생각하자. 그 대상이 다른 책상과 구별되는 여러 가지 특성이 있을 것이지만, 우리는 그것을 책상이라고 한다. 부차적으로 잡다하게 느껴지는 것은 범주에서 적당히 제거한다. 그리고 동일한 개념인 '책상'을 그것에 부여한다. 그리고 일정한 시간과 공간이 달라졌음에도, 우리는 그 책상을 같은 책상이라고 부르는 것이다. 이것이 재현 체계에 해당한다. 말하자면 일상적인 의미에서 반복은 일반성, 재현과 같은 의미로 사용될 수 있다는 것이다. 하지만 들뢰즈에게 반복이란 일반성이나 재현과는 대립되며 대신 '차이의 반복'을 의미한다.

그렇다면 반복은 어떤 것인가? 들뢰즈가 말하는 개념 없는 차이를 이해하기 위해서는 먼저 반복의 특성을 분류할 필요가 있다. 그래야 차이의 의미도 분명하게 이해할 수 있기 때문이다. 들뢰즈는 반복을 형식적으로 두 가지로 분류하고 있다.

먼저 헐벗은 반복(répétition nue)이 있다. 들뢰즈는 이 개념을 다양하게 명명했다. 즉 헐벗은 반복을 물질적 반복(Répétition matérielle), 형식적 반복, 수평적 반복이고도 한 것이다. 그리고 다른 하나의 반복은 옷 입은 반복 (répétition vetue)이다. 이 개념도 정신적 반복(répétition spirituelle), 수직적 반복 등 다양한 이름으로 불린다. 이 두 반복을 구체적인 사례로 형식과 내용으로 나누어 말할 수 있다. 예를 들어 보자. 매주 화요일에 '현대철학 특강'이라는 제목의 강좌가 열린다고 해보자. 이때 강좌는 매주 '반복'된다. 그렇지만 3월 첫째 주의 강의 내용과 두 번째 주의 강의 내용은 '차이'가 난다. 즉 형식적으로는 반복되지만, 내용적으로 보자면 '차이'를 동반하게 된다. 이렇게 형식에 해당하는 반복을 헐벗은 반복, 내용에 해당하는 것은 옷 입은 반복이라고 정리할 수 있다.

이러한 반복의 분류로부터 반복의 핵심은 '차이의 반복'이라는 점을 이해할 수 있게 된다. 그렇다면 차이의 반복, 즉 생성과 변화의 원동력이 되는 반복의 내용은 무엇인가? 들뢰즈는 반복의 내용을 설명하기 위해서 다시 세 가지 반복을 제시한다. 그리고 이 세 가지 반복은 생성 존재의 핵심을 이루는 것임과 동시에 정치, 역사철학을 설명하기 위한 하나의 단초가 될 수 있다. 앞서 68년 상황을 언급하면서 들뢰즈가 그 당시 분위기와 전적으로 무관하게 존재론을 구축했는지를 물었다. 이에 대한 답을 미리 하자면, 들뢰즈는 차이의 존재론을 통해서 역사, 정치적 주체를 말했다고 할 수 있다. 이로부터 들뢰즈의 존재론은 다른 여러 분야들과 횡단할 수 있는 여건을 만들었다. 특히 반복을 통해서 '역사의 반복' 원리를 찾으려 했는데 들뢰즈의 차이의 존재론은 우리 삶에 대한 이야기를 펼치는 것을 과제로 삼는다. 들뢰즈가 말하는 반복은 엄밀하게 보자면 행동이요, 우리 삶을 개척하는 역사에 관한 이야기이다.

들뢰즈는 행위, 역사적 조건을 언급하기 위해 반복을 세 가지로 제시한다. 첫 번째 반복은 '습관'에 해당한다. 굳이 비교하면 앞서 언급한 헐벗은 반복, 혹은 물질적 반복에 해당하는 것이기도 하다. 흔히 습관을 들이기 위해서 우리는 반복된 행위를 하게 된다. 대표적인 예로 영어 단어를 암기하는 습관을 제시할 수 있다. 어떤 정신적인 반응도 없이 몸에 익어서 영어 단어를 사용할 수 있게 반복해서 암기하는 것은 습관을 들이는 행위이다. 이런 특성 때문에 첫 번째 반복은 앞서 언급한 물질적 반복으로 이해할 수 있다.

두 번째 반복은 '기억'에 해당한다. 이 기억은 베르그손의 지속을 해석하면서 등장하는 것이다. 반복은 현재라는 순간이 아니라 현재와 과거의 공존을 의미한다. 반복의 내용은 과거의 것이 현재화하면서 등장하는 것이기 때문이다. 그렇지만 하나의 과거가 병렬적으로 현재로 도래하는 것이 아니다. 무수한 과거들이 무수한 현재에 의해 뒤덮이는 것이다. 이를 베르그손의 『물질과 기억』에서 등장하는 원뿔 도형으로 이해할 수 있다. 원뿔의 꼭짓점은 거대한 밑면의 뒷받침이 있어야 한다. 이 꼭짓점이란 현재에 해당하는 것이고, 밑면은 현재를 그림자처럼 따라다니는 과거에 해당한다. 이 과거는 의식화된 과거만이 아니라 무의식적으로 주어진 것도 있다. 한편 칸트식으로 말하면 인식 체계에서 범주화되지 않은 잡다한 것들이 포함된다. 과거는 단순히 하나의 사건 내지 대상만을 의미하는 것이 아니라 성운처럼 감싸여진 잠재적인 것 전체를 말한다. 베르그손의 원뿔에서 보자면 밑면 전체를 지칭하는 것이다. 이러한 과거는 그 자체로 반복되려고 한다.

세 번째 반복은 시간의 형식에 해당한다. 굳이 시간적으로 표현하면 미래의 반복이지만, 니체의 용어로 풀이하면 영원회귀의 반복이라는 이름을 붙이기도 한다. 이를 설명하기 위해서 『차이와 반복』은 『햄릿』에 등장하는 문구를 인용한다. "시간의 축은 경첩이 풀려 있다."(208쪽) 흔히 시간을 말하기 위해서 과거-현재-미래라는 순서를 제시한다. 그런데 행위의 원동력, 역사에서 사건의 출발이 시간적 순서로 이루어지는 것일까? 오히려 개인이 행위하고 사건이 발하는 것은 그 순서와 상관없이, 혹은 그 순서를 중지시키면서 발생한다. 이를 극적으로 표현하면 "자신의 경험적 내용을 버리거나 자신의 고유한 근거를 전복하는 시간"(209쪽)이 세 번째 반복인 것이다. 여기서 자신의 경험적 내용을 버린다는 것은 과거의 여러 자아들 중 일부를 죽이고 새로운 나로 거듭나는 순간을 의미한다.

프로이트의 무의식 세계에는 이드(id)들이 있다. 그리고 이 이드를 통합하고 있는 자아가 있다. 그런데 이 통합하고 있는 자아는 이드의 배치에 따라서 전혀 다른 인물이 된다. 예를 들어서 화를 내고 있는 순간을 생각해 보자. 내가 화를 내고 있는 순간은 방금 전의 나와는 전혀 다른 모습(전혀 다른 나, 혹은 전혀 다른 이드에 의해 형성된 나)을 하고 있다. 그리고 화가 풀리면 화를 내고 있던 순간의 나와는 전혀 다른 나로 '변신'한다. 이렇게 국부적으로 존재하고 있는 이드들은 어떤 순간 나를 지배하여 (변신한) 내가 되기도 하고, 때에 따라 나를 파멸에 이르게 한다. 이런 자아들은 순서대로 나타나는 것도 아니다. 현재의 상황에서 어떻게 접속되느냐에 따라서 평온했던 나를 죽이고 화를 내는 나로 전복된다. 이러한 자아는 알 수 없는 일관성을 지니고 있으면서 사건, 행위의 주역으로 등장한다. 그런데 그 자아는 아직 **이름도 없고, 주역으로 등장하지 않았다.** "시간의 순서에 따라 균열된 나와 시간의 계열에 따라 분할된 자아는 …… 공통의 출구에 이른다. 그 출구는 이름도, 가족도, 특질도 자아나 나도 없는 인간, 어떤 비밀을 간직한 '평민'에 있다. 그는 이미 초인(超人), 그 흩어진 사지(四肢)가 숭고한 이미지의 주위를 맴돌고 있는 초인이다."(211쪽)

들뢰즈가 궁극적으로 설명하려는 『차이와 반복』에서의 '반복'은 행위의 조건, 내적 힘으로 형성되는 사건의 도래를 말하는 것이다. 그런데 그것이 구체적인 인간의 행위에서 어떻게 드러나는 것일까? "역사 안의 반복은 역사가의 반성적 유비나 개념이 아니라 무엇보다도 먼저 역사적 행위 자체의 조건이다."(214쪽)

들뢰즈는 세 가지 시간으로 이루어진 반복의 구조를 역사적 과정으로부터 분석하게 된다. "모든 위대한 역사적 사건과 인물들은 두 번 반복된다.

한번은 비극으로, 다음은 희극으로." 맑스는 『루이 보나파르트의 브뤼메르 18일』에서 역사를 이렇게 설명했다. 이 선언을 가지고 들뢰즈는 역사적 반복에 대한 논의를 이끄는데, 이는 마치 앞서 제시한 세 가지 반복의 내용과 같은 맥락으로 이해할 수 있다. 그런데 역사의 반복은 '비극'과 '희극'이라는 두 가지로 만들어지는 것으로 보이지만, 실제로는 이 두 반복을 넘어서는 미래의 반복인 세 번째 반복이 있다. 맑스는 비극 다음에 희극적 반복이 오는 것으로 그리고 있지만, 들뢰즈는 이 또한 순서에 따라 이루어지는 것이 아니라고 본다. 희극적 반복은 결핍에 의해 오는 것이다. 『햄릿』에서 햄릿은 자신의 연인의 아버지인 폴로니우스를 살해한다. 햄릿은 원래 폴로니우스를 죽이려고 했던 것이 아니다. 자신의 아버지의 원수였던 삼촌 클라우디우스를 죽이려고 했던 것이다. 벽걸이 융단 뒤에 느껴졌던 인기척은 클라우디우스가 아니라 폴로니우스였던 것인데, 이것을 잘못 알고(무지, 결핍에 의해) 그를 살해한 것이다. 이를 들뢰즈는 희극으로 이해했다. 그리고 비극은 과잉으로 오는 것이다. 굳이 순서대로 말하면 비극 다음에 희극이 아니라 희극 다음에 비극이 온다. 마지막으로 세 번째 역사적 반복이 드러나는데, 이것은 새로운 행동을 일으키는 경첩이 풀린, 그래서 어떤 제약도 없는 미래의 시간을 만든다.

이 세 가지 반복의 테마는 중세의 조아키노(Joachim of Fiore), 이탈리아의 철학자 비코(Giambattista Vico), 그리고 이 둘을 연구한 프랑스 철학자 발랑슈(Pierre-Simon Ballanche)의 세 가지 시대와 다시 만나게 된다. 비코에 따르면 역사는 신들의 시대, 영웅들의 시대, 인간들의 시대로 나아간다. 신들의 시대는 결핍에 의한 시대이고, 두 번째 시대는 영웅적인 변신을 보여 준다. 앞서 설명했던 두 번째 기억으로서의 반복을 생각해 보자. 전복, 변신을 통해서 새로운 인물이 만들어진다. 영웅의 시대 역시 변신을 통해서 이루어진다.

그런데 중요한 것은 세 번째 인간들의 시대이다. 이 시대는 새로움으로 도래하는 시대이다. 이를 위해서 중단이 이루어지고, 이 시기 동안 새로움이 채워진다. 예를 들어서 햄릿의 경우에는 바다 여행으로 나타나고, 오이디푸스 비극에서는 오이디푸스가 긴 유랑을 펼치는 것, 오뒷세우스는 집에 돌아가지 못하고 오랫동안 방황하고 있는 것으로 나타난다. 오뒷세우스의 경우 10여 년의 방황 끝에 이름 없는 자로 돌아와서 다시 왕의 권좌에 오르게 된다. 이런 세 번째 시기를 블랑슈는 다시 해석하면서 평민의 시대로 규정한다. "율리시즈(오뒷세우스) 혹은 '아무것도 아닌 자', '이름 없는 인간'의 시대이며, '위대한 희생자의 흩어진 사지를 찾는 시역자(弑逆者), 곧 현대적 오이디푸스의 시대이다."(215쪽)

세 번째 반복으로 돌아오는 자는 거창한 영웅이 아니다. 이름 없는 평민이 미래의 도래자가 된다. 개별적으로 보자면 이드(혹은 욕망)가 엮어 내는 사건들이 하나의 드라마를 이루면서 미래를 만들게 되는 것이다. 그리고 이는 하나의 역사를 이루게 된다. 모든 재현이나 일반성 체계를 거부하고 새롭게 행동하는 것이 바로 차이의 반복이 되는 것이다.

들뢰즈의 차이의 철학에서 '차이'란 반복을 일으키는 것이고, 반복은 행위와 사건을 만드는 중심이 된다. 정지의 상태가 아니라 생성과 변화를 위한 존재론은 단지 존재의 문제로 한정되는 것이 아니라 1968년의 상황과 함께 역사적 문제와 연결되는 지점을 발견할 수 있게 된다.

들뢰즈의 존재론과 정치철학 사이에서

들뢰즈가 가타리와 만나기 전까지 그에게 정치철학이라는 명제는 발견하기 힘들었다. 그는 분명 1960년대 철학사에 모노그래프로 새로운 이정표를 그린 철학자이며, 베르그손의 생명철학을 발전시킨 잠재성의 철학자로 보일 뿐이었다. 그렇지만 영미권을 중심으로 그에게서 새로운 정치철학의 가능성을 논의하게 된다. 그 중심에 놓여 있는 것이 바로 '미시정치'에 해당한다. 그리고 이 미시정치를 설명하기 위해서는 소수자, 사건의 총화를 이루게 되는 차이의 반복을 정립할 필요가 있다.

들뢰즈의 차이의 존재론은 단지 생성과 변화의 존재론만을 의미하는 것이 아니라 역사철학, 혹은 정치철학을 논의할 수 있는 토대가 될 수 있다. 그것은 바로 미래의 반복이 기존의 체계를 전복하는 방식으로 이루어진다는 점에서 새로운 역사의 주역을 요구한다는 측면으로 이해 가능하다는 점이다. 그리고 들뢰즈가 가타리와 만나면서 자신의 존재론을 정치 사회적 맥락에서 적극적으로 풀어 가려는 시도를 했다는 부분을 같이 언급해야 한다. 다시 말해 들뢰즈의 존재론은 기존의 분야를 가로지르는 횡단적 사유를 만들어 낸다. 사고는 문학이나 예술 등 한정된 분야에 머무르는 것이 아니다. 오히려 정치와 조우하고, 사회와 조우하고, 과학과도 조우한다. 이를 통해서 문학과 예술은 새롭게 얻어진 정치와 만날 수 있게 된다. 이렇게 분야를 넘나들면서 가로지르는 사유의 형태는 선험적 주체가 아니라 집단적 주체와 만나게 된다.

들뢰즈가 『차이와 반복』에서 언급했던 이름 없는 인간, 혹은 평민은 『천 개의 고원』에서 미시정치와 소수적인 것으로 만나게 된다. 그리고 소수적인 것은 민중(혹은 평민의 새로운 해석)과 만나게 된다.

들뢰즈에 따르면 소수적인 것은 민중은 없다는 조건에서 성립한다. 왜 민중이 없다고 했던 것인가? 민중의 의미는 무엇인가? 들뢰즈는 민중의 의미를 두 가지 층위에서 말한다. 첫 번째는 미국 이주민, 두 번째는 소비에트 프롤레타리아. 그러나 이들은 언제나 있는 것이 아니라 사라진다. 그가 민중은 없다고 하는 것은, 그 안에 담겨야 하는 혁명적인 생성 의식이 사라지는 것을 말한다. 이미 형성된 신들의 시대, 영웅의 시대를 말하는 것이 아니라 새로운 역량으로 형성된 집단이 필요하다. 그런데 민중은 지속될 수 없다. 민중이 하나의 모델이 되는 순간, 그것은 하나의 권력의 중심이 되어 더 이상 변신을 할 수 없게 된다. 처음부터 미국의 민중은 토착 원주민이었다. 그렇지만 그들이 사라지고, 새로운 이주민들이 등장하면서 미국은 새롭게 변화한다. 하지만 그 이주민 역시 주권을 갖추고 하나의 모델로서 자리 잡으면서 더 이상 새로움을 위한 전복이 사라지게 된다. 오히려 이런 민중의 모델은 아직 그 정체성마저도 확인되지 않은 소수자들 앞에서 사라져야 한다.

이 소수자들의 행위는 '미시정치'라는 개념으로 작동하게 된다. 가타리가 68년에 대한 회상으로 소개하기도 했던 『안티 오이디푸스』에서는 정치에 관한 분석이 없다. 그런데 후속작에 해당하는 『천 개의 고원』에서는 '미시정치'라는 개념을 사용한다. 미시라는 말은 흔히 거시와 구별하여 물리학에서는 양자의 세계를 지칭하는 말이다. 한편 경제학에서는 경제 주체들의 상호 영향 등에 의한 재화와 서비스의 가격과 거래량, 각 시장구조의 균형점이 어떻게 결정되는지를 설명하고 연구하는 학문을 지칭한다. 들뢰즈와 가타리가 말하는 미시정치는 두 가지의 의미가 혼합되어 있다. 첫 번째는 욕망을 마치 경제에서 시장의 흐름처럼 설명하는 것이고, 두 번째는 사회적 관계 안에서 욕망의 흐름이 작동되는 힘의 관계를 설명하는 것이다. 이 힘들의 관계를 거대 권력구조로 보는 것이 아니라 가장 원초적인 욕망의 관계로 설명하는 것이 미시정치인 것이다.

그렇다면 미시란 앞서 언급했던 강도들, 차이들의 관계를 욕망이라는 개념 안에 포섭시키고 있는 것은 아닐까? 강도의 미분 세계는 운동학에서 다루는 주요한 물리학적 개념이지만, 동역학적 생성 구조를 존재론적으로 설명하려는 들뢰즈에게는 존재론을 횡단하여 정치학을 설명하는 데 중요한 개념이자 단위가 될 수 있다. 들뢰즈의 초기 존재론의 구상이 정치학에 실현된다면, 그것이 미시정치의 영역으로 나아가야 하는 것은 당연할 수 있다.

4
자크 랑시에르
Jacques Ranciere

조은평

건국대에서 학부와 대학원 박사과정을 졸업하고 현재는 상지대 초빙 교수와 건국대 시간 강사로 재직 중이다. 영화로 철학하기, 비판적 사고와 토론, 정신 건강과 생태주의 행복론, 문화적 인간학 등을 강의하고 있다. 「이데올로기 문제틀에 관한 계보학적 연구」라는 논문으로 박사학위를 받았다.

자크 랑시에르 : '감각적인 것을 분할하는 체제'와 평등의 정치

> '평등'이 없다면 '정치'도 없다.
> 그저 우월한 자가 조화롭게 지배하는 공동체면 충분할 뿐.
> 하지만 이것이야말로 서양 정치철학이 추구해 온 '치안'의 질서일 뿐이다.

지금 이 자리에서 '평등'을 요청하는 철학자

2016년 연말의 촛불시위는 '촛불혁명(?)'이라고 명명될 정도로 한국 사회의 정치 역사 속에서 특별한 기억으로 앞으로도 영원히 남을 것이다. 당시 우리가 외치던 민주주의에 대한 열망은 2017년 박근혜 대통령의 탄핵 판결과 구속을 통해 나름의 성과도 얻었다. 그럼에도 어느새 당시의 열망은 새로운 대통령을 선출하는 정치공학의 과정과 이후 현재의 정치체제의 안정화와 더불어 조금씩 사그라져 버렸다.

민주주의에 대한 열망이 이처럼 민주주의적인 제도(대의제)에 의해 봉합되고 다시 안정화된 체제 유지의 틀 속으로 사라져 버리는 이 우스꽝스런 현실에 대한 근본적인 문제제기가 필요하다. 왜냐하면 철학은 늘 이런 안정화된 체제를 바라는 '정치철학(치안/통치)의 전략'[1]으로 표면화되기도 하지만, 다른 한편으로 늘 새로운 사건의 출현에 주목하여 그 사건을 충실하게 추적하고 사건이 초래한 틈새를 '정치'라는 이름으로 포착하고자 노력

---

1   이런 서양 정치철학의 전략을 랑시에르는 '철학자들의 정치' 기획이라고 규정한다. 자크 랑시에르, 『불화: 정치와 철학』, 진태원 옮김, 길, 2015. 112쪽.

해 왔기 때문이다.

오늘날도 마찬가지다. 모두가 '민주주의'를 꿈꾸지만, 현재의 민주주의에 대한 통념은 그저 대의제 민주주의라는 틀을 벗어나지 못한다. '대의제'라는 간접 민주주의의 한계를 잘 알지만, 그럼에도 현실적으로는 제도적인 대리-대표 체제가 불가피하다. 직접 민주주의가 이상적이지만 수많은 사람들이 함께 이를 실현하는 길은 현실적으로 불가능하다. 그저 최선의 민주주의 체제인 대의제 민주주의를 활용하면서 한계들을 구체적으로 조금씩 수정해 나갈 수밖에 없다.'

하지만 이런 통념에서 민주주의라는 용어는 이미 '정치'를 사고하는 한계 지점이자 그 사고의 가능성을 가로막는 이데올로기적인 용어가 되어버렸다. 그럼 '민주주의'라는 용어와 이념을 포기해야 하는 것일까? 이런 질문에 답하는 현대 정치철학의 경향은 크게 두 가지다. 우선 현재의 민주주의는 더 이상 '인민 스스로의 통치'라는 원래의 의미를 상실했기에 '공산주의(코뮤니즘)' 같은 개념을 끌어와 재의미화해야 한다는 입장(알랭 바디우나 슬라보예 지젝의 경우). 다른 한편으로 여전히 '민주주의'라는 용어를 사용하면서 그 원래의 의미를 쇄신하거나 좀 더 급진화해야 한다는 입장(라클라우나 무페, 그리고 우리 살펴볼 랑시에르의 경우).

특히 랑시에르는 분명 오늘날의 민주주의가 그저 대의제라는 안정화된 정치체제로 변질되었지만 언제나 '인민 스스로의 통치'라는 민주주의의 외침과 열망은 제도와 안정화를 추구하는 '치안'의 차원과는 다른 형태로 마치 사건처럼 계속해서 '정치'를 출현시킨다고 본다.[2] 그래서 그는 지금껏

---

2   랑시에르는 치안과 정치를 구분할 것을 제안한다. 그에 따르면 사회를 구성하려는 두 가지 논리가 존재한다. "한편에는 오직 부분들의 몫만을 셈하는 논리가 존재하는데, 이러한 논리(치안)는 신체들을 그것들의 가시성 내지 비가시성 속에 분배하고, 각각의 부분에 어울리는 존재 양식들과 행위 양식들, 말하기 양식들을 조정한다. (한편) 다른 논리도 존재하는데, 이러한 논리(정치, 또는 평등의 논리)는 어떤 말하는 존재자들 사이의 산술적이지도 기하학적이지도 않은 평등의 우연성을 현재화한다는 단순한 사실을 통해 (치안의) 이러한 조화를 중단시킨다." 자크 랑시에르, 『불화』, 진태원 옮김, 길, 2015, 61쪽.

지연되어 온 '민주주의'의 역설에 주목하면서, 지금 이 자리에서 근본적으로 '평등의 정치'가 실현되어야 한다고 주장한다. 이를 위해 '평등의 정치'를 가로 막는 '치안'(제도적인 현실 정치)과 '감각적인 것을 분할하는 체제'에 근본적인 비판을 제기한다.

이 글에서는 '정치'와 '치안'을 구분하면서 '평등의 정치'를 주장하는 랑시에르의 생애[3]와 입장을 추적해 보고, 아울러 그의 논의를 실마리 삼아 현재의 민주주의가 '인민 스스로의 통치'라는 시초적인 의미의 '정치'로 전화되기 위해 중요한 지점이 무엇인지도 모색해 보려 한다.

철학자 자크 랑시에르는 한국에도 2차례 방문(2008년 세계철학자대회 참여와 강연을 위해, 2014년에는 부산국제영화제 심사위원으로)한 적이 있을 정도로 이제는 그 이름과 사상이 많이 소개되고 잘 알려져 있다. 그는 1940년 프랑스 식민지였던 알제리의 수도 알제(Algiers)에서 태어났고, 파리 8대학에서 1969년-2000년까지 철학교수로, 현재는 이 대학의 명예교수로 재직 중이다.

알제리에서 태어날 무렵 아버지가 죽자 2살 때 어머니와 함께 프랑스 마르세유로 이주하고 1945년 파리에 정착한다. 고등학교에 진학해서는 진보적인 성격을 가진 가톨릭청년회에서 활동하면서 처음 맑스의 사상을 접한다. 1963년에는 소규모 엘리트 지식인 양성 코스라 할 수 있는 고등사범학교(ENS; 에콜노르망슈페리어)에 입학한다. 처음에는 문학을 전공했으나 이후 청년 맑스에게 흥미를 느끼고 그의 비판적 사상을 집중적으로 공부하기 시작했고, 결국 청년 맑스에 대한 연구가 그의 졸업논문이 됐다.

고등사범학교 시기인 1965년에는 맑스의 『자본론』을 철학적으로 재해석하려는 루이 알튀세르의 세미나에 참가하면서 청년 맑스와 노년 맑스 사이의 차이를 밝히는 임무를 맡았다. 당시 이 작업을 위해 처음으로 『자

---

3   생애는 주로 다음 책을 참조했다. 주형일, 『자크 랑시에르와 해방된 주체』(커뮤니케이션북스, 2016). 특히 이 책은 간단하면서도 적은 분량으로 랑시에르 사상의 전반적인 부분을 잘 정리해 놓았다. 랑시에르의 책을 직접 읽기 전이나 혹은 읽은 후에 의미하는 바가 잘 이해되지 않을 때 읽어 본다면 좋을 만한 책이다.

본론』을 읽게 된다. 또한 고등사범학교 시기 '공산주의학생연맹(UEC)'에 가입해서 활동하기도 하고『맑스·레닌주의 연구』라는 잡지를 창간하는 데도 참여한다.

프랑스 68혁명 시기에는 병에 걸려 요양 중이었으나. 이후 1969년부터 1972년 사이에 '프롤레타리아 좌파' 운동에 참여하면서 공장을 방문하고 노동자들에게 팸플릿을 나눠 주고 벽보를 붙이는 활동에도 참여한다. 또한 감옥 수감자들을 위한 활동도 했는데, 그의 아내도 미셸 푸코가 주도한 '감옥정보집단(GIP)'에서 활동했다.

루이 알튀세르의 작업에 참여했던 일을 계기로 조금씩 명성을 얻었으나 1968년 프랑스 68혁명을 기점으로 알튀세르와 결별한다. 이후 1974년『알튀세르의 교훈』을 출간하면서 알튀세르의 사상이 지닌 엘리트주의적인 성격을 격렬히 비판한다. 이 무렵인 1972년부터 랑시에르는 본격적으로 노동자들의 고문서를 연구하는 일에 몰두한다. 특히 1830년-1840년대 노동자들의 고문서를 집중적으로 연구하고 이 작업의 결과물로 1981년 박사학위 논문인『프롤레타리아의 밤』을 출간한다.

이후『무지한 스승』(1987),『정치적인 것의 가장자리에서』(1990),『불화: 정치와 철학』(1995)을 출간하면서 나름의 철학적인 체계를 완성한다. 특히 이 시기에 랑시에르는 19세기 노동자들이 남긴 문서들을 통해 그들의 실제 삶과 사유를 접하면서 전통 맑스주의의 한계를 깨닫게 되고, 이러한 맑스주의의 한계가 서양 정치철학의 출발부터 계속되어 온 '아르케의 논리(불평등의 논리)'에 기반을 두고 있다는 생각에 도달하게 된다.

1990년대 후반부터 랑시에르는 자신이 제안한 '감각적인 것의 나눔(분할)' 개념을 미학의 영역으로 확대해 간다. 문학과 영화, 미술 등에 관한 폭넓은 식견을 바탕으로, 포스트모더니즘 예술론에 맞서 미학의 정치성을 새롭게 부각시키고 있다. 이 시기에 저술된 대표적인 저작이『감성의 분

할: 미학과 정치』(2000), 『해방된 관객』(2008), 『모던타임즈』(2017) 등이다.[4]

　　이런 랑시에르의 이력에서 주목할 만한 지점은 그 역시 오늘날에도 여전히 독특한 엘리트 교육체제를 유지하고 있는 프랑스 고등사범학교 출신임에도 엘리트주의적인 입장에 완전한 거리를 취하고 있다는 점이다. 이런 전환이 이루어진 이유는 크게 두 가지 경험이 작용했을 것이다. 우선 알튀세르의 지식인 우위의 사고에 대한 반발과 이에 대한 비판 과정에서 깨달게 된 철학적인 반성, 그리고 68혁명의 영향을 통해 갖게 된 노동자들의 문서고에 대한 관심과 이로부터 시작되는 해방에 대한 새로운 관점이 중요한 요인이 되었을 것이다.

　　랑시에르 본인도 이런 자신의 사상적 변화 과정을 다음과 같이 회고하고 있는데 여기에서 왜 그가 알튀세르나 전통 맑스주의와 결별하면서 노동자들의 문서고를 탐구하게 되었는지를 간접적으로나마 확인해 볼 수 있다.

　　　나는 대립되는 두 요청 사이에서 망설이던 세대였다. 사회체계에 대한 이해를 소유한 자들은 이 체계 때문에 고통받는 자들이 투쟁에서 무기로 삼을 수 있도록 자신이 이해한 내용을 가르쳐야 한다. 반면에 알고 있다고 가정되는 자들은 사실 착취와 반역이 무슨 뜻인지 전혀 모르는 무지한 자들이므로, 자신들이 무지한 자 취급했던 노동자들 곁에서 지도받아야 한다. 이러한 이중의 요청에 부응하기 위해 나는 먼저 새로운 혁명운동의 무기를 맑스주의에서 찾고자 했다. 그 다음 공장에서 노동하고 투쟁하던 자들에게서 착취와 반역의 의미를 배우고자 했다. …… [하지만] 나나 내 세대에게나 이 두 시도 가운데 어느 것도 완전히 설득력 있지는 않았다. 이런 상황에서 나는 노동운동사에서 노동자와 지식인 사이의 이루어지지 못한 만남의 이유를 찾게 됐다.[5]

4　랑시에르 사상의 구체적인 시기 구분은 『불화』의 번역자 진태원의 후기를 참조할 것.

5　자크 랑시에르, 『해방된 관객』, 양창렬 옮김, 현실문화, 2016. 30쪽.

그럼 그 이유는 무엇이었을까? 간단히 말하면 사실 노동자나 지식인이나 서로 전혀 다른 종류의 사람들이 아니라는 점을 망각했다는 데 있다. 곧 노동자나 지식인이나 모두 평등한 지적인 능력을 갖고 있고 그들 나름의 상황에서 이미 기존의 사회체계가 요구하는 것과는 다른 생각과 평등의 요구를 갖고 있었다는 사실을 망각했기에 늘 이 둘의 만남이 어긋나게 되었다는 것이다. 랑시에르는 이런 사실을 노동자들이 주고받은 한 편지를 통해 비로소 깨닫게 되었다고 회고하고 있다.[6]

앞으로 이 글에서는 이런 사상적 변화 과정을 거친 이후 본격적으로 자신의 철학적 관점을 제시하고 있는 『무지한 스승』과 『불화』를 주로 참조하면서 랑시에르가 어떤 방식으로 자신의 논의를 전개해 나가는지 개략적으로 검토해 볼 것이다.

『무지한 스승』과 지적 능력의 평등[7]

'우리 모두는 평등한가요?'라고 수업 중에 물으면 대부분 '그렇긴 한데, 현실에선 실제로 그렇지 않은 것 같다'라는 대답이 보통이다. 왜? 과거와는 달리 인권선언이 보편화된 시대에서 우리는 누구나 동등하게 인간으로서 존중받고 대접받아야 한다고 배워 왔고 또 그것이 너무나 당연하다는 걸 알지만, 실제로는 돈의 많고 적음이 우리 삶의 모든 부분을 좌우할 정도로 현실에선 불평등이 넘쳐 나고 있다는 감각적인 직감도 갖고 있기 때문

---

6   같은 책, 31-32쪽. 생시몽주의 공동체에 들어가게 된 친구가 보내온 편지에 답하는 어느 노동자의 편지. 이 편지에서 유토피아적인 공동체 모습을 전하던 친구의 편지글에 역으로 이미 그런 일들을 우리 노동자들은 여가활동 속에서 즐기며 실현하고 있던 일이라는 식으로 답하고 있다.

7   아래의 내용은 다음의 책을 참고해서 정리한 것이다. 자크 랑시에르, 『무지한 스승: 지적 해방에 대한 다섯 가지 교훈』, 양창렬 옮김, 궁리, 2008.

이다. 이건 참 슬픈 우리의 자화상이다.

그럼 '수업을 진행하고 있는 교수인 저와 여러분은 지적으로 평등한가요'라고 물어보면 어떤 답변이 돌아올까? 아주 극히 일부만 제외하고, 대부분은 이게 뭔 말인지 의아해 하는 표정을 보인다. 가르치는 자와 배우는 자는 당연히 지적 능력에서 차이가 나기 때문에, 배우려는 자는 가르치는 자가 지닌 지적 능력의 우위를 당연하다고 여긴다. 그런데 정말 그럴까?

랑시에르는 이런 직감적으로 당연히 여겨지는 생각 자체가 해방에 대한 가장 큰 걸림돌이라고 생각한다. 서양철학은 아주 오래 전부터 일반 대중들을 늘 감각이나 정념 등에 사로잡혀 있는 그대로의 사실을 잘 보지 못하고 휩쓸리는 존재로 묘사해 왔다. 플라톤이 『국가』편 7권에서 묘사하고 있는 '동굴'에 대한 비유는 이런 기본적인 관점을 잘 드러내 준다.

동굴 속에서 태어날 때부터 의자에 묶인 채, 동굴 벽면만을 보면서 살아온 사람들. 동굴의 입구 쪽에서는 횃불이 불타고 있고, 횃불과 죄수들 사이에는 낮은 담장이 쳐 있다. 낮은 담장 뒤에서 사람들이 왔다 갔다 하며 말을 하거나, 어떤 물건을 들고 지나다닌다. 횃불의 불빛을 통해 죄수들이 보는 동굴 벽면에 그림자가 비춰지고, 음성도 들려온다. 평생 이렇게 살아온 이들은 동굴 벽면에 비추인 그림자가 현실이고, 그런 삶이 자신의 실제 삶이라고 믿고 산다.

그럼 이들이 동굴 속에서 벗어나려면 어떻게 해야 할까? 플라톤도 물론 우연히 탈출하는 사람들이 생길 수 있다고 말한다. 하지만 쉽지 않다. 우연히 묶인 끈이 풀려 있다는 걸 알고 뒤를 돌아보지만 눈이 부시고 낯설고 무섭다. 아주 일부의 용기 있는 자들만이 제대로 된 현실을 마주하려는 여정을 시작한다. 마침내 동굴 밖으로 나가 눈부신 태양 빛을 마주 대하고 더 큰 충격을 받고, 역시 일부만이 용기 있게 동굴 밖을 탐험한다. 먼저 호수에 비친 태양 빛을 통해 사물의 진리를 간접적으로 파악하고 마침내 태양 빛의 진리를 깨닫게 될 경지에 이를 때까지.

한때 동굴에 함께 있었으나 이제는 선각자가 된 이 용기 있는 사람은 과거의 동료들이 불쌍해 다시 동굴로 들어간다. 그러나 동굴 속 동료들은 선각자의 말을 믿지 않으며, 심지어는 미친놈 취급하다 선각자를 죽음으로 내몰고 만다.

이런 아주 익숙한 이야기가 전하는 내용은 대략 이런 거다. 우리 인간들은 늘 여러 이유 때문에 무언가에 조종당하기 쉽고 이런 상황에서 벗어나려는 노력은 아주 지난하고 용기 있는 과정을 통해서만 성취될 수 있는 일이라는 점. 따라서 인식에서의 해방이든 노예 같은 삶에서의 해방이든, 무지한 동굴 속 수인들 같은 일반 대중들은 혼자서는 해방되기 어렵다는 점.

이런 생각은 서양 철학사 전반을 지배해 온 가장 일반화된 해방에 대한 관점이다. 지혜로운 자가 일반 대중들이 해방될 수 있도록 도와주거나 가르쳐야 한다는 생각 말이다. 일명 계몽과 지도를 통해서만 사람들을 해방하고 사회도 변화시킬 수 있을 것이라는 생각은 계몽주의 시대 이후 더욱 강화되면서 오늘날까지도 일반적인 상식처럼 받아들여진다.

하지만 이런 관점에서 드는 의문점을 지울 수 없다. 과연 동굴 속 수인들은 탈출하기 위해 반드시 소크라테스 같은 선각자(지식인)가 필요한 것일까? 또한 우리 일반 대중들은 정말 무지하기 때문에 동굴 속 수인 같은 삶을 살게 되는 것일까? 오히려 동굴이라는 상황이 존재한다면 지식인이든 일반 대중이든 어쩔 수 없이 속고 살게 되는 것은 아닐까? 더구나 일반 대중인 우리 개인들은 정말 혼자서는 저런 동굴의 상황에서 탈출할 수 없는 것일까?

어쩌면 우리는 이미 역사 속에서 혹은 주변에서 스스로 홀로 그 비슷한 동굴의 상황에서 탈출하는 사람들을 목격하고 있는 것은 아닐까? 예를 들어 우리나라 역사에서는 전태일!, 또 『무지한 스승』 책 속에 등장하는 수많은 무지한 자들, 무지한 어머니들이 길러낸 수많은 영웅들, 천재들, 독학으로 스스로의 길을 가는 사람들. 예를 들어 카뷰 노동자들이나 고니와 같은

독학 노동자들.[8]

물론 랑시에르가 직접 언급한 것은 아니지만 이 비유는 그가 언급했던 지식인과 노동자의 오래된 만남이 왜 그렇게 불가능했는지에 대한 이유를 직감적으로 이해하게 해준다. 일반 대중들, 특히 그저 노동하는 시간으로도 벅차 집에 돌아가 밤이면 다음날의 노동을 위해 쉬기 바쁜 그런 노동자들은 결코 현실의 복잡한 지배체제를 이해할 수 없기에 먼저 이런 지배체제를 이해한 지식인이 노동자들을 계몽시켜야 한다는 생각이 바로 오래된 편견이었던 것이다.

하지만 랑시에르는 1830년-1840년대 프랑스 노동자들의 문서고를 뒤지면서, 실제로 노동자들의 밤이 그처럼 어둡지만은 않았다는 사실을 목격하게 된다. 이미 노동자들은 노동하기 벅찬 낮 시간뿐 아니라 밤의 여가 시간을 활용해 자신들만의 목소리를 표출하고 있었다. 지식인들은 그저 무지한 노동자들이 주어진 현실에만 내몰린 채 현실의 지배체제가 요구하는 것만을 따라갈 수밖에 없다고 착각하지만. 이미 노동자들도 자신들만의 상상과 몸짓을 통해 기존의 체제를 거부하는 목소리를 다양한 형태로 제시하고 있다는 것을 비로소 깨닫게 된 것이다.

랑시에르는『프롤레타리아의 밤』을 저술하는 과정에서 깨우치게 된 이런 생각에 기반해서 본격적으로『무지한 스승』에서 조제프 자코토(1770-1840)라는 실존 인물의 지적 모험을 추적한다. 그리고 자코토의 입을 빌어 자신이 생각하는 해방에 대한 새로운 관점을 제시한다.

---

8   자크 랑시에르, 「이단적 앎과 빈자의 해방」, 배세진 옮김, 인터넷 원고 참조. 아직『프롤레타리아의 밤』이 우리말로 번역되어 있지 않은 상황에서 랑시에르가 당시 어떤 작업을 수행하고 있는지 간접적으로 참조할 수 있는 글. 이 글에서 랑시에르는 1831년 리옹에서 봉기한 카뉘(당시 직조노동자를 지칭하는 이름) 노동자들이 당시에 어떤 식으로 '감각적인 것을 분할하는 체제'를 뒤흔들며 자신들을 지칭하는 이름을 명명하는 투쟁을 전개하는지, 이후에 이런 노력들 속에서 노동자들 스스로의 과학(?)과 의학(요즘 식으로 말하면 대체의학)을 연구하고 형제들을 위한 과학이라는 형태로 발전시켜 나가는지를 추적하며 그 의미를 해석하고 있다.

우연히 네덜란드어를 전혀 모르면서도 네덜란드 학생에게 자신의 모국어인 프랑스어를 가르쳐야 하는 어쩔 수 없는 상황에 처하면서, 자코토는 새로운 지적 모험에 빠져든다. 학생들에게 우연히 네덜란드-프랑스어 대역본으로 된 『텔레마코스의 모험』이라는 소설책을 던져 주고 자신은 몇 가지 질문만 던지며 수업을 진행했을 뿐인데, 학생들이 스스로 프랑스어 문법을 깨우치고 거의 작가 수준으로 프랑스어 작문까지 하게 되는 기적(?)이 일어난다.

하지만 이것은 기적이 아니었다. 자코토는 "한 명의 무지한 자가 할 수 있었다면, 다른 무지한 자들도 언제나 이것을 할 수 있다"[9]는 사실을 깨닫게 된다. 빈자와 무지한 자를 해방하기 위해서는 본인 스스로 해방될 수 있다는 점을 알려 주고 실제로 스스로를 해방하면 된다. 친절하고 쉽게 설명해 주는 스승 없이도, 계몽과 지도의 노력 없이도 인간은 누구나 스스로 해방될 수 있다.

왜냐하면 모든 인간은 평등한 지적 능력을 갖고 있기에, 해방되려는 의지만 있다면 누구나 무지에서 해방될 수 있다. 이것이 자코토가 발견한 '보편적 가르침'이다. 스승이란 그저 학생이 이러한 의지를 발휘하도록 강제할 수 있는 '자의적인 고리' 안에 학생의 지능을 가두어 두는 자이다. 그리고 이 고리 안에서 두 개의 평등한 지능과 두 개의 의지가 만나 '보편적 가르침'의 과정이 실현된다.

실제로 자코토는 당시에 학당을 만들어 '자신이 모르는 그 무엇도 가르칠 수 있다'고 외치며 회화, 음악, 건축, 화학, 무기 제조술 등을 가르친다. 이처럼 자신이 모르는 것도 가르칠 수 있다고 확신하면서 정말 무식하게도 학생들이 자발적인 의지를 발동하도록 계속해서 재촉하는 스승의 모습이 바로 '무지한 스승'이다. 자코토 역시 프랑스어를 가르치는 스승일 수 있었던 것은 단지 학생들의 의지를, 자신이 만들어 놓은 고리 안에 묶어 두

---

9   랑시에르, 『무지한 스승』, 70쪽.

고, 학생들 스스로 그 고리에서 빠져나오도록 명령하고 강제했기 때문이다.

하지만 당시에도 그렇고 지금도 당장 곳곳에서 반대의 목소리가 들끓는다. 인간이 평등을 추구하려는 것은 좋은 일이다. 하지만 원래 각 개인들은 성향과 소질이 모두 다르다. 좀 더 재주가 많은 사람도 있고 좀 뒤쳐지는 사람도 있는 법이다. 인간들은 태어날 때부터 서로 다르고 어느 정도 불평등할 수밖에 없다. 이러한 불평등을 인정한 상태에서, 현실의 불평등을 가능한 한 축소해 나가는 것이 평등을 향한 길이다. 이를 위해 새로운 공교육 체제를 개발하고 교육을 통해 불평등을 축소해 나가야 한다.

오늘날에도 너무나 당연히 여겨지는 이런 생각은 오히려 랑시에르가 보기에 지금도 여전히 암묵적으로 계속되고 있는 해방의 장애물이다. 그는 자코토의 입을 빌어 이러한 입장을 반박한다. 개인의 성향과 소질이 다르다는 것은 개인 간의 차이를 보여 줄 뿐이지 결코 지적 능력이 불평등하다는 사실을 입증하는 것은 아니다. 우리 모두의 지적 능력은 평등하지만, 단지 그 평등한 지적 능력의 발현에 따라 차이가 생길 뿐이다.

더구나 현실적인 불평등에서 출발해 평등이라는 목적을 향해 나아가는 길은 결국 다시 우월한 자와 열등한 자로 세계를 구분하는 것이다. 이러한 길은 지적 능력의 불평등을 무한정 축소할 수는 있으되, 결코 평등에 도달하지는 못할 것이다. 오히려 랑시에르는 평등에서 출발해야 하며 지적 능력의 평등은 자명한 사실이고 그것은 현실에서 끊임없이 입증되어야 한다고 말한다.

특히 해방을 방해하는 여러 장애물 중에서도 '자기 무시의 늪'을 강조한다. "문제는 스스로 지적 능력이 열등하다고 믿는 자들을 일으켜 세우고, 그들을 그들이 빠져 있던 늪에서 빼내는 것이다. 무지의 늪이 아니라, 자기 무시의 늪"[10]에서. 지식인도 무지한 자가 자신의 도움 없이 스스로 해방될 수 있다는 것을 잘 믿지 않듯이, 무지한 자도 역시 혼자 힘으로 익힐 수 있

---

10 같은 책, 194쪽.

다는 것을 잘 믿지 않는다. 암암리에 우리는 유식한 자와 무지한 자로 구분된 세계를 그대로 받아들인다.

우선 무지한 자는 '나는 못하오!'라고 끊임없이 외친다. '나는 목수요, 평생 목수일 외에는 모르고 살았소. 내가 왜 이런 고민을 해야 하오!', '나는 요리사요. 요리사가 무슨 철학책을 본단 말이오!' 이것은 결국 자신이 지닌 평등한 지적 능력을 무시하는 것으로 귀결된다. 사회가 각자에게 부여한 역할에 충실한 것이 전문가의 미덕이라는 오래된 플라톤식의 사회적 명령에 복종하게 되는 셈이다.

또한 '자기 무시의 늪'은 지식인에게도 이중적인 깨우침을 준다. 우선 스스로의 지적 능력을 무시하면서 우월한 지식인 앞에서 스스로를 열등한 지식인으로 구분할 때, 그리고 다른 한편으로는 지식인이라는 오만 속에서 다른 지적 능력들과 자신의 지적 능력을 구분하려 할 때 중요한 깨우침을 준다.

"노동자의 손 그리고 (사회를) 먹여 살리는 인민이 빚어낸 작품을 수사의 구름들과 맞세우는 자는 바보로 남는다. 구름 제조는 더도 말고 덜도 말고 딱 신발과 자물쇠 제조만큼의 일과 지적인 주의를 요구하는 인간 기술의 작품이다."[11] 곧 지식인이 보여 주는 지적 능력도 결국에는 우리 모두가 평등하게 지니고 있는 똑같은 지적 능력의 한 부분이 다른 방식으로 발현된 것에 불과하다는 점을 깨우치게 해준다.

이처럼 랑시에르가 『무지한 스승』에서 말하려는 기본적인 주제는 계몽과 지도가 중요한 것이 아니라 '스스로가 자신의 삶에서 해방되는 것'이 무엇보다 중요한 과제일 수 있다는 점을 납득시키려는 데 있다. 특히 이 과정에서 해방에 대한 새로운 관점이 제기된다. '모든 사람들은 지적으로 평등하며, 스스로 원하는 그 무엇이든 홀로 배울 수 있다. 그리고 이것이 진정한 해방의 의미이다. 오로지 한 인간만이 한 인간을 해방시킬 수 있다. 해

11   같은 책, 79쪽.

방하는 방식은 하나뿐이다.'

또한 불평등과 평등에 대한 새로운 관점도 제시된다. 모든 사람들은 지적으로 평등하다. 더구나 평등을 전제하지 않고서는 그 어떤 사회질서도 불가능하다. 심지어 노예제에서도 노예가 주인의 말과 명령을 이해할 수 있는 지적인 능력의 평등이 전제되지 않는다면 노예제의 질서도 유지될 수 없다. 그렇기에 불평등을 인정하고 이를 무한히 축소하는 방식이 아니라 반대로 평등을 현실에서 끊임없이 입증하고 실현해 나가는 방식이 진정한 평등의 길이자 해방의 길이다.

무엇보다도 이런 관점은 늘 지적인 능력을 우월한 능력과 열등한 능력으로 분할하는 기존의 사회체제에 대한 비판이며, 기존의 모든 교육 논리가 전제하는 근본적인 '불평등의 논리'를 없애지 않고서는 평등한 사회를 향한 모든 기획들이 좌초할 수 있다는 경고이기도 하다. 말하자면 이런 '불평등의 논리'가 진보주의를 자처하는 여러 해방의 기획들뿐 아니라 맑스주의에도 암암리에 스며들 수 있다는 경고인 셈이다. 실제로 계몽주의 이후 대부분의 진보주의 기획은 해방의 원리를 인민에 대한 지도와 계몽으로 번역해 왔다. 하지만 이런 방식은 결국 평등의 원리를 계속해서 지연시키는 방식일 뿐이다.

오히려 랑시에르는 자코토라는 실존 인물이 제창한 '보편적 가르침'의 원칙을 통해 '평등의 원리'가 누구에게나 어느 사회에나 내재되어 있는 사실적인 진실이라는 점을 보여 주려 한다. '사람은 배우고자 할 때 누구나 자기 자신의 욕망이나 상황의 강제 덕분에 설명해 주는 스승 없이도 혼자 배울 수 있다. 무언가를 혼자 힘으로, 설명해 주는 스승 없이 배워보지 못한 사람은 지구상에 한 명도 없다.' 실제로 누구나 모국어를 스스로 배워 알고 있다는 점이 바로 이를 입증한다.

이런 지적 능력의 평등에 대한 입장과 해방에 대한 관점을 통해 랑시에르는 이제 정치를 바라보는 기본적인 전제 하나를 얻게 된다. 지식인과 노동자, 유식한 자와 무지한 자는 서로 구별되고 분할되는 존재가 아니라는 점. 그런 평등의 사실과 원칙을 잊게 되는 순간 우리는 말할 수 있는 권리를 구분하고, 능력이 있는 자와 그렇지 못한 자를 끊임없이 분할하게 하는 기존의 지배체제에 사로잡힐 수밖에 없다는 사실을 말이다. 이런 관점은 '민주주의'를 '평등의 정치'로 해석하고 정립하게 되는『불화』의 기본적인 전제로 이어진다.

평등의 정치와 '감각적인 것을 분할하는 체제'[12]

우리 모두 지적인 능력에 있어서 평등하다면, 왜 인간의 역사에서 늘 우월한 자와 열등한 자가 구분되고 우월한 자가 지배하는 정치공동체가 계속해서 유지되어 온 것일까? 또 오늘날에도 여전히 능력 있는 전문 정치인과 혁신적인 자본가, 여러 분야의 전문가들이 조화롭게 운영하는 방식의 정치공동체가 합의 민주주의라는 이름 아래 유지되고 있는 것일까? 아마 이런 의문에 답하는 책이『불화』라고 말할 수 있을 것이다.

우선 랑시에르는『불화』서문에서 아리스토텔레스의 다음과 같은 언급에서 출발한다. "무엇에 관한 평등이고 불평등인지, 이것이야말로 놓쳐서는 안 되는 것이다. 왜냐하면 이 문제는 아포리아와 정치철학에 관계된 것이기 때문이다."(『정치학』, 1282b 21)

아리스토텔레스의 이 말은 대체 무슨 뜻이고 왜 랑시에르는 이런 물음에서 출발하는 것일까? 아마 정치철학을 논의하기 위해서는 이상스럽게도 평등과 불평등이라는 서로 대립되고 모순되는 문제를 동시에 고려할 수밖에 없다는 말인데, 정말 이상하지 않은가? 평등한 공동체를 추구하면

12　이 부분은 주로 다음 책을 참고해서 재정리한 것이다.『불화』와 앞에 인용한『자크 랑시에르와 해방된 주체』참조.

되지 왜 무엇에 관해서는 불평등할 수밖에 없는 지점이 있다는 것을 고려해야 하는 것일까? 하지만 바로 아리스토텔레스는 이 역설적인 지점을 정확히 지적하고 있다. 다만 랑시에르가 보기에 거울의 형태로! 즉 서양 정치철학이 어떤 식으로 평등이라는 자명한 사실을 봉합하고 있는지를 보여 주고 있다는 점에서.

이처럼 랑시에르는 정치철학이 그 시초부터 이미 평등과 불평등(차이/차별)이 동시에 필요할 수밖에 없다는 아포리아(역설)에 직면하여 이에 대응하는 전략을 구성해 왔다는 점을 보여 주려 한다. 다시 말해 공동체를 고려할 때, 왜 평등과 불평등이라는 역설적이고 모순적인 차원이 동시에 거론되고 논의될 수밖에 없는지, 이에 대해 해명하는 전략을 구성해 왔던 것이 서구의 정치철학이라는 점을 보여 주려는 것이다.

이런 측면에서 랑시에르는 서양 정치철학의 출발은 근본적으로 '불화'의 지점을 봉합하는 나름의 합리적인 '아르케의 논리(치안의 논리)'를 구축하면서 출발했다고 본다. 마치 아테네에서 지속적으로 자연적인 지배를 유지시켜 주던 채무노예제도가 솔론의 개혁을 통해 폐지된 이후에 비로소 도입된 민주주의라는 '평등의 정치'에 맞서 어떻게든 조화로운 공동체를 구성하려는 과정에서 출발한 기획이 플라톤과 아리스토텔레스의 정치철학이었던 것처럼 말이다.

따라서 랑시에르는 이런 '철학자들의 정치'라는 서양 정치철학의 기획과는 달리 '정치'에 대한 철학은 바로 이런 봉합의 지점들을 추적해 가는 작업 속에서만 가능할 수 있다고 본다. 그는 이 책에서 '몫이 없는 자'들이 비로소 자신의 몫을 주장하게 되는 '정치'의 출현에 주목하면서 이런 '불화'를 봉합하려는 정치철학 기획의 세 가지 형상을 추적하며 비판하고 있다. 1) 아르케 정치(플라톤), 2) 유사 정치(아리스토텔레스/계약이론), 3) 메타 정치(맑스주의)

그럼 서양 정치철학이 어떤 방식으로 '평등'과 '불평등'을 조화롭게(?) 결합시키면서 출발하고 있는지 살펴보자. 일단 정치철학의 시초라 할 수 있는 플라톤과 아리스토텔레스는 인간만이 지닌 고유한 특성을 통해 인간의 정치적인 행위를 설명한다. 이들은 모두 인간의 정치적 행위가 말하기(언어)와 관련되어 있다고 보는데, 이때 말이란 동물과 구별되는 인간의 고유한 능력이며 이런 능력을 통해 동물과는 달리 옳은 것과 옳지 않은 것을 표현할 수 있다고 본다. 즉 동물이 그저 쾌와 불쾌의 소리만을 전달한다면, 인간은 말을 통해 선과 악, 정의와 불의를 표현하면서 공동체를 구성하고 그 안에서 정치를 실현한다는 것이다.

다만 문제는 인간이면 누구나 동물과는 달리 말을 할 수 있지만, 중요한 지점은 모두가 말할 수 있는 권리와 능력을 동등하게 갖고 있지는 않다는 사실이다. 정의와 불의, 선과 악에 대해 제대로 말할 수 있는 권리와 능력이 있는 사람이 있는 반면에, 그렇지 못한 사람들도 있다. 결국 누가 말할 수 있는 권리와 능력을 갖고 있는가를 결정하는 것이 정치에서 핵심적인 문제 지점이 된다.

플라톤과 아리스토텔레스는 정당하게 말을 할 수 있는 능력과 권리가 공동체를 구성하는 계급들이 가진 속성에 따라 공평하게 분배돼야 한다고 생각했다. 각 계급은 자신이 공동체에 제공하는 가치에 따라 공동의 재화에 대한 적절한 몫(part)을 가져야 한다는 것이다. 예를 들어 소수의 부자들은 그들이 공동체에 제공하는 부에 맞는 합당한 몫을 받고 뛰어난 혈통과 덕을 통해 공동체에 기여하는 귀족들도 그에 합당한 몫을 갖는다. 또한 아무것도 없지만 그럼에도 자유를 가진 인민(데모스)도 그에 합당한 몫을 갖는다. 랑시에르는 이처럼 각 계급의 몫이 적절하게 배분될 때 공동체의 질서가 유지되고 조화로운 삶이 가능해진다는 생각이 서양 정치철학의 뿌리가 됐다고 생각한다.

결국 서양 정치철학이 시초부터 기획한 공동체는 각 계급이 자신이 기여한 바에 따라 합당한 몫을 갖는 질서 있고 조화로운 지배에 합의(consensus)하는 공동체이며, 따라서 이견과 불화/불일치(dissensus)가 없는 공동체이다. 하지만 문제는 이처럼 계급들에게 합당한 몫의 분배를 계산하는 일이 결코 정확할 수 없다는 지점에서 발생한다. 랑시에르에 따르면, 몫을 분배하는 과정에는 항상 계산 착오가 발생할 수밖에 없는데, 바로 이 계산 착오로부터 불화(mésentente)가 발생한다.

특히 이런 계산 착오는 인민의 몫을 계산하는 과정에서 발생한다. 사실 인민은 아무것도 없이 그저 자유만을 갖고 있을 뿐인데, 문제는 이 자유란 것이 인민만의 것이 아니라 공동체의 모든 사람들이 가진 공동의 것이라는 데 있다. 소수의 부자나 귀족들은 모두 부나 덕성이라는 실제적인 능력을 지니고 있다고 여겨지고 이에 따라 정당한 정치적인 목소리를 낼 몫을 부여받는 데 반해서, 인민은 자신들보다 우월한 속성을 가졌다고 간주된 계급의 사람들과 동일한 자유를 갖고 있기 때문에 그저 모든 사람은 평등하고 우리도 그런 평등한 공동체에 속해 있다고 생각할 뿐이다.

하지만 이런 공동체 속에서 인민들은 사실상 '몫이 없는 자들'이다. 공허한 자유라는 개념만으로 인민들은 자신도 공동체 속에서 평등한 사람들이라고 착각할 뿐 실제로 이들이 공동체의 의사결정에 참여할 권리는 없다. 그런데 이런 몫을 갖지 않은 자들이 비로소 자신의 몫을 요구하면서 계쟁(계급투쟁)이 발생하고 공동체의 질서는 깨진다. 만약 자유만을 지닌 인민들이 자신들도 공동체의 의사결정에 참여할 동등한 권리를 지니고 있다고 주장한다면 순식간에 조화롭던 공동체는 깨진다. 따라서 몫이 없는 자들은 공동체의 잘못(tort)을 밝히는 자들인 동시에, 이런 조화로운 질서를 유지하고 싶어 하는 자들에게는 거꾸로 공동체를 방해(tort)하는 자들로 여겨질 수밖에 없다.

랑시에르가 보기에 사실상 '정치'는 이런 몫 없는 자들이 자신들의 몫을 요구하면서 기존의 공동체 안에서 조화롭게 유지되던 지배의 질서를 거부하면서 '평등의 정치'를 요구할 때 발생한다. 따라서 그는 정치에 대한 일반화된 생각과는 달리 능력과 자격을 갖춘 자만이 몫을 부여받고 그에 따라 말할 수 있는 자격과 권리를 얻게 되는 정치적 제도와 정치적 질서를 '치안(police)'이라 구분해서 생각할 것을 제안한다.

결국 치안은 권력을 조화롭고 차등하게 구체적으로 조직하여 집단들의 동의를 얻고 공동체 구성원들에게 각자에게 어울리는 자리와 역할들을 배분하여 몫의 조화로운 분배를 정당화하는 일련의 과정을 의미한다. 예를 들어 개인이나 집단의 몫을 정해 주는 명시적이거나 암묵적인 여러 법률도 치안의 대표적인 형식이 될 수 있고, 정치에 참여할 수 있는 전문가와 비전문가를 구분하는 현재의 정당정치나 대의제도 대표적인 치안의 질서라고 볼 수 있다.

그런데 이런 치안의 체제는 어떤 활동은 잘 보이게 만들고 다른 것은 잘 보이지 않게 만든다. 또 어떤 말은 진지한 담론으로 만들고 다른 말은 단순한 소음으로 만든다. 결국 치안의 체제는 공동체 구성원의 존재 양식과 행위 양식, 감각 양식 등을 나누고 구분하는 '감각적인 체제'이기도 하다. 곧 치안은 능력을 가진 자에게는 말하고 볼 수 있는 자리를, 능력이 없는 자에게는 말할 수 없고 볼 수 없는 자리를 배정함으로써 완전히 조화롭고 질서 있는 합의의 사회를 만드는 과정인 셈이다.

더구나 공동체 안에서 어떤 자리와 몫을 구분하는 방식은 시간과 공간, 그리고 활동을 분할하는 형태로 나타난다. 어떤 장소에서 어느 정도의 시간을 들여 어떤 일을 하느냐에 따라 공동체 안에서의 능력과 무능력이 결정된다. 모두가 공동의 사회에서 공동의 세상을 경험하며 산다고 생각할지 모르지만, 사실 사회와 세상에 대해 알 수 있고 볼 수 있고 말할 수 있는 능력을 가진 사람과 그럴 수 없는 무능력한 사람으로 늘 구분되고 위계화된 체제가 유지된다.

예를 들어 능력 있는 자의 목소리는 쉽게 공개되지만 무능력한 자의 목소리는 잘 공개되지 않는다. 누군가의 말과 행동은 들리고 보이는 데 다른 누군가의 말과 행동은 들리지도 않고 보이지도 않게 된다. 요즘 방식으로 말하자면 능력 있는 전문가나 정치인의 말은 언론매체를 통해 늘 진지한 담론으로 부각되지만 비정규직 노동자들의 목소리는 잘 드러나지 않고 목숨을 건 고공농성 같은 행동을 통해서나 잠시 언론과 여론의 관심을 얻을 뿐이다. 바로 이런 상황을 가져오는 것이 '감각적인 것을 분할하는 체제'[13]이다.

랑시에르는 이런 '감각적인 것을 분할하는 체제'가 얼마나 강력한지를 보여 주는 하나의 사례로 스키타이 전사들의 노예 반란 이야기를 전해 준다.[14] 스키타이족은 자기 노예들의 두 눈을 멀게 해 길들였다. 하지만 주인인 전사들 대부분이 다른 나라로 원정을 떠난 사이, 노예의 자식들이 하나둘 늘어나 멀쩡한 두 눈을 갖게 된 노예 후손들은 자신들도 전사로서 주인과 맞설 수 있다는 걸 깨닫게 된다. 마침내 주인들이 고향에 돌아왔을 때, 노예들은 성 주변에 해자를 파고 전사로서 주인과 대적했다. 그런데 웬걸 주인인 전사들이 창을 버리고 예전처럼 채찍을 들고 달려들자 모두 식겁해서 도망쳤다고 한다.

이 재미난 이야기는 여전히 시사해 주는 점이 많다. 오늘날에도 우리는 모두 자신의 목소리를 낼 수 있기에 누구나 평등하다고 생각한다. 하지만 사실 정치적인 목소리는 우리의 대표자들인 전문 정치인들을 통해서만 가능하다. 비정규직이 정말 자신이 '몫이 없는 자'라는 걸 깨닫고 홀로 싸우기 시작한다면 어떤 상황으로 내몰리게 되는지 우리는 직감적으로 잘 안다. 그렇기에 다시 합의와 타협으로 이루어지는 현실의 정치적인 제도만이 유일한 해결책이라 여기며 기존의 체제에 동의하게 되기도 한다. 합의와 토론의 민주주의만이 조화로운 해결책이라고 여기면서 말이다.

---

13 보통 이 개념은 '감각적인 것의 나눔의 체제'로 번역한다. 하지만 이해의 편리성을 위해 이 글에서는 우리말로 풀어 '감각적인 것을 분할하는 체제'로 번역해 사용한다.

14 랑시에르, 『불화』, 39-41쪽

그럼에도 랑시에르는 이와 달리 과거부터 오늘날까지 이런 '감각적인 것을 분할하는 체제'를 거부하며 비로소 '정치'의 주체로 등장했던 여러 사례들을 추적해서 보여 준다. 우선 일명 '성산 사건(聖山事件)'이라 불리는 아벤티누스 언덕에 모인 로마 평민들의 반란 이야기. 말할 수 없고, 혈통을 전달할 수 없다고 여겨지던 로마 평민들이 비로소 자신들도 말할 수 있고, 그렇기에 정치에 참여할 수 있다는 것을 입증한 사건.

다음으로는 1832년 혁명가 루이-오귀스트 블랑키에 대한 재판 과정에서 일어난 에피소드. 직업을 말하라는 재판장의 요구에 블랑키는 간단히 답변한다. "프롤레타리아!" 재판장, "그건 직업이 아니잖아?" 이에 대한 블랑키의 응답. "그것은 노동으로 연명하고 정치적 권리를 갖지 못한 3천만 프랑스인들의 직업이오." 그러자 재판장은 서기에게 이 새로운 '직업'을 기록하도록 지시한다.

마지막 최근의 사건으로는 프랑스 68혁명 당시 시위를 주도하던 세력을 모함하기 위해 주동자 중 한 명이 독일인이자 유대인라고 언론에서 보도하자 이에 대해 시위대가 맞서 외치던 구호. "우리 모두가 바로 독일계 유대인이다!"

이러한 사건들 속에서 중요한 지점은 사회가 각자에게 부여한 역할과 정체성에만 매몰되는 것이 아니라 자신들도 모두 동등한 정치적 능력을 지니고 있고 이를 통해 자신들의 목소리를 외치는 정치적 활동을 수행했다는 사실이다. 로마의 평민들은 그 흔한 신체에 대한 비유처럼 머리와 위장이 지시하는 대로 수행하는 팔과 다리의 역할만이 아니라 자신들도 귀족들과 동등한 지적 능력을 갖고 있다는 것을 깨닫고 정치적인 대화를 통해 정치공동체의 의사결정 과정에 참여할 수 있는 길을 열었다. 또 블랑키는 지식인이라는 자신의 정체성을 벗어던지고 근대 자본주의가 태동시킨 '프롤레타리아'라는 '몫이 없는 자'의 목소리를 자신의 새로운 정치적 목소리로 부각시켰다.

또한 68혁명 시기 시위대들은 기성세대들의 기득권과 기존 정치권력에 맞서 자신들의 정치적인 상상력을 외치며 각자의 정체성에 합당한 주장만 해야 한다는 기존 체제의 '감각적인 분할 방식'을 완전히 뒤엎는 행동을 보여 주었다.

오늘날의 '정치'에 대한 시사점

랑시에르는 '몫이 없는 자들'이 자신의 몫을 드러내는 과정을 통해 비로소 드러나는 것이 '정치'이며 이것이 진정한 '민주주의'라고 말하고 있다. 그렇다면 그에게 '민주주의'는 어떤 것일까? 그저 추구해야하는 이념도 아니고 제도도 아니라면 과연 무엇일까? 아마도 계속되는 실천과 주체화 과정으로 민주주의라는 '평등의 정치'를 살려 내고 있다고 말할 수 있을 것이다. 이런 측면에서 랑시에르는 '민주주의'와 '정치'를 동일시하게 해준다. 물론 이때 민주주의는 오늘날의 대의제 민주주의가 아니라 정치철학을 시원적으로 발생시킨 민주주의, 곧 **아무나의 평등**을 늘 이 자리에서 실현하려는 그런 민주주의를 의미할 것이다.

그럼에도 오늘날의 민주주의뿐 아니라 과거부터 민주주의는 기이한 형태로 변질되어 왔다. 모든 나라가 대부분 민주주의라고 자처하지만, 그저 대의제 민주주의, 입헌정치, 정당정치, 자유와 평등을 보장하는 정치체제, 아울러 자유로운 시장을 기반으로 공정한 경쟁을 보장하는 정치체제야말로 민주주의라고 서로 내세울 뿐이다. 하지만 그러한 구체적인 통치 형태가 정말로 '인민의 통치'를 보장해 주는가라고 묻는다면, 대답은 회의적일 수밖에 없다.

과연 우리는 이런 상황을 어떻게 이해해야 할까? 아마도 민주주의라는 이데올로기 동굴 속 현대인을 상상해 볼 수 있지 않을까? 그저 자본주

생산-소비 체계라는 당연하고 어쩔 수 없는 생존의 현실을 그대로 쫓아가야 하기에 전문 정치인에게 의존하게 되는 우리 현대인들을 말이다. 더구나 그 동굴 속에서 언제 어떻게 도태되어 비참한 상황으로 내몰릴지도 모른다는 생존의 불안 속에서 살아가는 우리들은 이 시대의 상징적 체제를 그저 따라가며 살아가도록 강요당한다.

이런 식의 이데올로기는 단지 잘못된 현실 인식과 오해에서 생겨나는 것이 아니다. 오히려 슬라보예 지젝의 말대로 '이데올로기의 수행성'에 주목해야 한다. 믿음은 그냥 생기는 것이 아니다. 티벳 승려들이 기도할 때 기구를 돌리는 것처럼, 또는 교회에서 기도하고 예배하는 의식을 수행하면서 우리가 믿음을 더 확고히 형성하는 것처럼, 자본의 시스템과 위계질서의 시스템 속에서 살아가면서 우리는 현재의 동굴 상황이 어쩔 수 없는 현실이라는 믿음과 확신을 얻는다.

만일 이런 식으로 이데올로기가 구체적인 수행성의 차원에서 실현되면서 그 확고한 위치를 구성한다면, 이제 민주주의라는 '정치'의 출현을 고민하기 위해서는 바로 이 구체적인 삶의 수행성 차원을 다시 한 번 문제 삼아야 할 것이다. 아울러 이런 구체적인 삶의 수행성 차원을 랑시에르가 말한 '감각적인 것을 분할하는 체제'로 해석해 볼 수 있을 것이다.

필자가 보기에 오늘날 우리를 감각적으로 사로잡는 분할 체제에서 가장 핵심적인 부분 중 하나는 '능력주의 지배체제'라고 생각한다. 플라톤이 지혜로운 철학자가 국가를 조화롭게 다스려야 한다고 말했다는 점을 생각해 본다면, 능력 있는 자가 사회에서 중요한 역할을 수행해야 한다는 생각은 아주 오래된 상식이다. 이러한 상식에 더해 자본주의가 능력주의와 결합한 오늘날 '능력주의 지배체제'는 더 강력하게 작동한다.

능력주의 지배체제는 우선 여러 선발 과정을 거쳐 그 능력이 가장 뛰어나다고 인정된 사람들이 정치권력을 갖는 체제이지만 보다 일반적으로 보면 사회 전체에서 능력이 뛰어난 사람들이 그렇지 못한 사람들보다 더 많은 부와 권력과 명예를 가져야 하고 또 그런 방식의 분배가 '정의롭다'고 정당화하는 사회체제라 할 수 있다.

이런 능력주의 지배체제는 분명 근대 자본주의의 발달과 더불어 더 강화된 측면이 있지만, 랑시에르가 『불화』에서 추적하고 있듯이, 이미 서양 정치철학이 끊임없이 잘못된 셈법을 은폐한 채 민주주의라는 '정치'에 대항하면서 구성해 낸 '치안' 체제에서도 계속해서 부활하는 측면이기도 하다.

요즘 특히 투표를 독려하려고 SNS 상에서 자주 거론되는 플라톤의 다음 문구는 바로 이런 능력주의 지배체제가 얼마나 일반적인 통념으로 자리 잡고 있는가를 잘 보여 준다. '정치에 대한 무관심이 가져오는 가장 해로운 결과는 바로 나보다 무능한 자로부터 지배당하게 되는 일이다.' 그런데 대체 어쩌라는 걸까? 각자 입장과 처지는 다르겠지만, 최소한 자신보다 자격 없고 능력 없는 사람이 우리를 지배하는 일을 막기 위해서는 꼭 투표해야 한다는 주장인데.

그럼 아무런 몫도 없이 배제되어 있는 자들은 어떻게 해야 할까? 그저 지배당하면 되는 것일까? 이런 인식 속에서는 늘 우월한 자와 열등한 자, 유식한 자와 무식한 자, 전문가와 비전문가를 나누는 위계적인 구분의 체계가 작동하면서 우월한 자가 열등한 자를 통치하고 지배하는 것이 당연하다는 '민주주의'의 원래 의미와는 완전히 이율배반적인 결과를 초래한다.

이런 면모는 결국 '인민 스스로의 통치'라는 민주주의의 출현과 대결해서 늘 보다 안정적인 사회모델을 추구하려는 차원에서 여전히 '치안'의 정치가 작동하고 있음을 잘 보여 준다. 하지만 랑시에르도 지적했듯이, 아무나의 평등과 그 누구나 지적으로 평등하다는 전제를 파기한다면 그건 이미 민주주의가 아니다. 그저 민주주의라는 이름으로 일부 자격을 지닌 소수의 또는 좀 더 다수의 능력 있는 자들이 지배하는 과두제일 뿐이다.

오히려 민주주의적인 '정치'란 그 누구든 평범한 사람들이라면 모두 공통의 관심사를 실현할 지적인 능력을 지녔다는 점을 입증하고 실천하는 과정 속에서만 출현할 것이다. 말하자면 아무나 그 무엇이든 할 수 있는 능력을 가졌다는 평등의 전제를 놓치지 않는 것! 그렇기에 집단적인 의사결정에 참여할 능력을 지녔다고 규정된 사람들(전문가, 정치인, 혁신적인 자본가)과 그런 능력이 없다고 말해지는 사람들로 끊임없이 분할하려는 오늘날의 삶의 양식을 거부하는 것이야말로 핵심적인 과제가 될 것이다.

랑시에르의 입장에 대한 몇 가지 질문들

1) 과연 우리 모두는 지적으로 평등한가? 랑시에르는 자신이 분석한 일부 노동자들의 문서고만을 바탕으로 지적 능력의 평등이라는 주장을 너무 일반화하고 있는 것은 아닌가?

: 랑시에르 본인도 이런 지적을 잘 알고 있다. 하지만 한 인터뷰에서 그렇더라도 당시 노동자들의 실제적인 면모는 대체 그럼 어떤 의미로 해석되어야 하냐고 반문하고 있다.

사실 지적 능력의 평등은 그저 가설일지도 모른다. 다만 중요한 지점은 '평등'에 대한 요구가 '정치'의 모습으로 출현할 때 그것은 그저 가설이 아니라 늘 사건처럼 사실성의 모습으로 드러난다는 점이다. '평등의 정치'는 이런 모습으로만 출현해 왔다는 것을 보여 주려는 것이 랑시에르의 의도이다.

2) '몫이 없는 자들의 몫'이라는 것을 현대적인 의미에서는 어떻게 해석해야 할까? 자본주의 기득권 계층이 자신의 몫이 사라지는 것을 두려워하며 대응할 때, 또 남성 청년들이 자신들의 몫이 사라진다며 역차별에 분통을 터뜨리고 페미니즘을 비난하며 남성 연대를 구성할 때의 면모도 '정치'의 출현일까?

: 결코 그렇지는 않을 것이다. 우리는 몫이라는 개념을 그저 자본주의적인 이해관계로만 받아들이는 데 익숙하다. 오히려 이때 몫이라는 개념은 공동체 전체와 관련해서 자신이 지니고 있는 정치적인 자격과 지위 등으로 이해해야 할 것이다.

예를 들어 여성들이 가부장적인 공동체의 역사 속에서 사실 자신들이 평등한 인간으로 대우받지 못했다고 들고 일어날 때, 비정상이라는 범주로 묶여 정치적이고 현실적인 삶의 대우를 전혀 받지 못하고 있다고 장애인과 소수자들이 들고 일어날 때. 비로소 이런 상황에서야말로 '몫이 없는 자들의 몫'이 무엇을 의미하는지가 잘 드러날 것이다.

3) '감각적인 것을 분할하는 체제'를 깨기 위해 오늘날 어떤 노력이 필요할까?

: 어쩌면 지식인과 노동자의 경계는 능력주의 지배체제가 더 확고해진 오늘날의 자본주의 사회에서 더욱 더 강고해졌다. 더구나 계몽과 지도라는 부정적인 형태라고 하더라도 사회운동이 어느 정도 유지되던 과거에는 이 둘의 만남이 가능한 공간과 시간들이 존재했다. 그러나 현재는 과연 어떨까? 이 경계를 허물기 위해서는 어떤 노력이 필요할까? 아마 이런 지점은 오늘날에도 여전히 고민해야 하는 중요한 과제일 것이다.

세 번째 흐름

페미니즘과 차이의 정치

1
낸시 프레이저
Nancy Fraser

이현재

여성철학 전공자. 독일 프랑크푸르트 대학에서 인정이론과 페미니즘을 접목시킨 논문으로 박사학위를 받았다. 지은 책으로는 『여성혐오 그 후: 우리가 만난 비체들』(들녘, 2016), 『악셀 호네트』(커뮤니케이션북스, 2019) 등이 있으며, 악셀 호네트의 『인정투쟁』(사월의책, 2011), 낸시 프레이저 등의 『불평등과 모욕을 넘어』(그린비, 2016)를 함께 옮겼다. 현재 서울시립대 도시인문학연구소 교수로 재직 중이다.

낸시 프레이저: 삼차원의 비판적 정의론

생애

낸시 프레이저(Nancy Fraser, 1947-현재)는 볼티모어에서 출생했으며, 1980년에 뉴욕시립대학(CUNY) 철학과에서 철학 박사학위를 받았다. 여성 철학자이자 비판이론가인 프레이저는 현재 뉴욕 뉴스쿨(The New School for Social Research in New York)에서 정치철학을 가르치고 있다.

프레이저의 비판이론은 합리성을 주축으로 하는 위르겐 하버마스의 의사소통 이론과 욕망과 권력 분석을 주축으로 하는 미셸 푸코의 계보학에 토대를 두고 있다. 이러한 영향은『제멋대로의 실천들: 현대 사회이론에서 권력, 담론, 젠더(Unruly practices: power, discourse, and gender in contemporary social theory. Minneapolis: University of Minnesota Press, 1989)』에 잘 나타나 있다. 이후 프레이저는 '포스트-사회주의적' 조건에서의 비판이론을 고민하면서 정의론이 정체성 인정뿐 아니라 분배의 문제까지도 함께 고려해야 한다고 주장한다. 이런 이차원적 정의론은 악셀 호네트와의 논쟁이 담긴『재분배냐 인정이냐?(Redistribution or recognition?: A political-philosophical exchange. London New York: Verso, 2003)』에서 구체화된다. 나아가 프레이저는『지구화 시대의 정의(Scales of Justice: reimagining political space in a globalizing world. New York: Columbia University Press, 2009)』에서 일국의 차원이 아니라 전지구적 차원에서 정의를 숙고할 필요가 있음을 강조하는 가운데 재분배, 인정을 넘어 대표의 차원까지도 고려하는 삼차원적 정의론을 개진한다.

이후 프레이저는 지속적인 비판과 논쟁에 당면한다. 가령 크리스토퍼 F. 주언은 프레이저의 참여 동격이 너무 제도적인 측면에만 초점을 맞추고 있음을 비판했으며, 엘리자베스 앤더스는 적극적 조치에 대한 프레이저의 비판이 타당하지 못하다고 지적했다. 잉그리드 로베인스 역시 분배적 정의론과 인정운동이 서로 충돌할 수 있다고 본 프레이저의 비판이 타당하지 않음을 지적하면서 아마티야 센의 역량 모델(capability model)은 물질적 불평등과 문화적 무시의 문제를 모순 없이 함께 설명할 수 있는 틀이라고 주장했다. 그밖에도 정치적 대표의 문제를 두고 프레이저는 니컬러스 컴프리디스 및 라이너 포르스트와 논쟁했다. 가령 니컬러스 컴프리디스는 제도화된 피해가 아니라 아직 제도화되지 않은 피해, 목소리를 획득하지 못한 주체들의 고통을 표현할 수 있도록 하는 개시적인(disclosive) 모델이 빠져 있다고 비판했으며, 라이너 포르스트는 정의의 기본 원칙이 참여 동등이 아닌 정당화(justification) 권리가 될 필요가 있다고 주장했다. 프레이저는 이런 비판들에 하나하나 답을 해나가는 과정에서 삼차원의 비판적 정의론을 정교화해 나간다.

이러한 사상사적 궤적을 단계별로 보여 주고 이를 둘러싸고 벌어진 논쟁을 주제별로 엮어 출판한 저서가 바로『불평등과 모욕을 넘어: 낸시 프레이저의 비판적 정의론과 논쟁들(Adding insult to injury: Nancy Fraser debates her critics. London New York: Verso, 2008)』이다. 따라서 이 저서를 중심으로 프레이저의 정의론을 살펴보고 이것이 페미니즘적인 시각에서 젠더 정의를 모색할 때 어떤 시사점을 제공하는지를 생각해 보고자 한다.

주요 사상

1) 포스트-사회주의 시대의 비판이론

낸시 프레이저는 1980년대 이후의 시대를 "포스트-사회주의적(post-socialist)"[1] 조건으로 명명한다. 사회주의의 광영과 더불어 분배 정치의 영광이 실추되는 시대, 구소련의 몰락으로 좌파 사상이 함께 몰락하는 시대, 그 틈을 파헤치고 다양한 인정투쟁이 나타나는 시대를 "포스트-사회주의적" 조건으로 파악하고 있는 것이다. 케빈 올슨(Kevin Olson)의 설명에 따르면 이미 1960-1970년대 신좌파 진영은 경제 중심주의를 거부하면서 소비주의나 성적 억압, 자본주의 문화의 중심 요소에 문제를 제기했으며, 그 이후의 신사회운동은 젠더, 섹슈얼리티, 에스니시티 등을 중심으로 벌어지는 갈등을 해결하고자 했다. 이러한 경향은 1980년대에 신자유주의의 강세와 더불어 강화된다. 사회운동은 계급 문제보다 서로를 가로지르는 차이의 축들을 중심으로 다양하게 형성된다는 것이다. 국가 독립, 에스티시티, 인종, 젠더 그리고 섹슈얼리티를 기치로 형성된 집단은 자신의 정체성을 인정할 것을 요구하는 투쟁에 불을 지핀다. 이러한 "포스트-사회주의적" 갈등 속에서 문화적 지배는 착취를 대신하는 근본적인 부정의가 되고 있는 것이다.

낸시 프레이저는 "재분배"를 중심으로 하는 정치가 점차 사라지고, "인정"이 그 자리를 "대체(displacement)"하는 현상을 어떻게 보아야 하는지를 묻는다. 프레이저에게 이 "대체" 현상은 심각한 문제이다. 왜냐하면 우리의 일상에서 물질적 불평등은 아직도 사라지지 않고 있기 때문이다. 미국,

---

1   낸시 프레이저, 「재분배에서 인정으로?―'포스트사회주의' 시대 정의의 딜레마」, 케빈 올슨 엮음, 『불평등과 모욕을 넘어: 낸시 프레이저의 비판적 정의론과 논쟁들』, 그린비, 이현재·문현아·박건 옮김, 2016, 24쪽.

스웨덴, 인도, 러시아, 브라질 할 것 없이 물질적 불평등은 세계 각국에서 나타나며 양극화도 여전히 심하다. 전 지구적 자본주의의 확산과 함께 양극화는 일국뿐 아니라 전 지구적으로 심각하게 나타나고 있다. 바로 이러한 상황에서 재분배와 같은 경제적 투쟁이 사라지고 집단적 정체성의 문화적 인정이 주요한 운동의 과제로 부상한다면 우리는 이를 비판적인 시각에서 보아야 하는 것이 아닌가?

프레이저는 구소련의 붕괴, 신자유주의자들이 평등주의에 가하는 수사적 공격, 실현 가능한 사회주의 모델의 부재, 지구화 등으로 인하여 재분배 운동이 상당히 축소되었음을 인정한다. 그러나 프레이저는 이러한 상황일수록 정체성 정치와 평등의 정치를 함께 이야기하는 비판이론이 필요하다고 주장한다. 즉 사회적 갈등에 이 두 가지의 요소가 함께 연관되어 있음을 인식하는 비판적 인정이론을 발전시켜야 한다는 것이다.

> "우리는 평등의 사회 정치와 정합적으로 조합될 수 있는 버전의 차이의 문화정치를 규정하고 옹호하는 **비판적** 인정이론을 발전시켜야 한다."[2]

2) 이차원적 정의론: 사회경제적 부정의와 문화적 부정의

평등의 정치와 차이의 문화정치를 조합하는 비판적 정의론을 만들기에 앞서 프레이저는 우리가 당면하고 있는 사회적 부정의를 두 가지로 구분한다.

첫 번째는 사회경제적 부정의인데 여기에는 누군가의 노동을 다른 사람이 소유하는 착취, 좋은 조건의 노동에 접근할 수 없는 경제적 주변화, 그리고 생활에 필요한 적절한 물질적 수준을 거부당하는 박탈 등이 속한다. 사회경제적 부정의는 이렇듯 잘못된 분배(maldistribution)와 연관되어 있다. 착취적 관계의 타파를 주장한 칼 맑스(Karl Marx), 기본재의 공정한 분배를

---

2   같은 글, 25쪽.

강조한 존 롤즈(John Rawls), 개인이 동등한 역량을 갖도록 보장해야 한다고 본 아마티아 센(Amartya Sen), 자원의 평등을 주창한 로널드 드워킨(Ronald Dworkin)과 같은 평등주의 이론가들은 바로 이러한 사회경제적 부정의를 개념화하고 이를 시정하기 위한 이론을 전개하였다.

두 번째 부정의는 문화적 혹은 상징적 부정의다. 지배적 타자의 문화에 종속되는 것, 의사소통의 불가능성으로 인해 비가시화되는 것, 일상과 공적 상호작용에서 반복적으로 비난당하거나 경멸당하는 경시(disrespect)가 바로 여기에 속한다. 문화적 부정의는 개인적 혹은 집단적 정체성의 '무시(misrecognition)'와 연관되어 있다. 헤겔의 인정이론을 계승하는 찰스 테일러(Charls Taylor)는 무시가 누군가를 축소된 존재 양식에 가두는 억압이라고 보았고, 인정투쟁을 이론화한 악셀 호네트(Axel Honneth)는 인정의 부정, 즉 무시는 긍정적인 자기 관계에 손상을 준다는 점에서 부정의한 행위 방식이라는 점을 분명히 하였다.

프레이저는 이 두 가지 차원의 부정의를 "분석적"[3]으로 구분하였지만 이 둘을 안티테제로 보거나 환원 가능한 것으로 보는 방식을 모두 거부한다. 왜냐하면 안티테제의 개념틀은 하나를 선택하면 다른 하나를 궁극적으로 배제하게 되기 때문이다. 그녀에 따르면 경제를 정치투쟁의 온전한 대상으로 보고 있는 리차드 로티(Richard Rorty), 브라이언 배리(Brian Barry), 토드 기틀린(Todd Gitlin) 등은 정체성 정치를 배척한다. 반대로 문화적 변형 투쟁을 제안했던 아이리스 매리언 영(Iris Marion Young)은 분배의 정치가 차이에 맹목적이라고 비판한다. 이들은 경제와 문화를 서로 대립되는 것으로만 보기 때문에 정의의 다차원성에 관심을 기울이지 못하게 된다는 것이다.

나아가 프레이저는 환원주의 또한 비판한다. 환원주의란 하나를 해결하면 나머지 하나는 자동적으로 해결될 수 있다고 간주하는 입장을 말한다. 프레이저에 따르면 드워킨, 롤즈 등의 평등주의 이론가들은 잘못된 분배

---

3   같은 글, 31쪽.

가 해결되면 인정의 문제 역시 해결될 것처럼 간주한다. 그들은 정당한 자원과 권리의 분배가 충분히 무시를 막아 줄 것이라고 생각하지만 분배의 문제가 해결된다고 모든 무시의 문제가 풀리는 것은 아니다. 환원주의적 개념틀은 인정이론가들에게서도 나타난다. 가령 악셀 호네트는 모든 경제 부정의가 특정 노동을 다른 것에 비해 특권화하는 문화 질서에 뿌리내리고 있음을 가정하면서 문화 질서를 변화시킴으로써 충분히 잘못된 분배를 막을 수 있다고 믿는다. 그러나 프레이저의 논리에 따르면 한 여성이 정서적으로 그 개별성을 인정받고, 인지적으로 그 동등한 법적 권리를 인정받으며, 공동체의 구성원으로부터 연대를 획득한다고 해서 경제적 빈곤이 해결되는 것은 아니다. 왜냐하면 경제는 인정의 논리가 아니라 이윤 축적의 논리에 따르기 때문이다.

프레이저에게 양자의 구분은 "분석적"이다. 이 말은 "실천에서 이 둘은 서로 얽혀 있다"[4]는 뜻이다. 경제제도에는 의미화와 가치의 규범이 스며들어가 있고, 문화적 의미 체계는 물질적으로 지탱된다. 따라서 프레이저는 비늘처럼 얽혀 있는 이 두 가지 부정의를 함께 볼 필요가 있음을 역설한다.

3) 이기적 집단과 재분배–인정 딜레마

낸시 프레이저가 안티테제와 환원론 모두를 거부할 수밖에 없는 것은 그녀가 특히 젠더를 복합적 부정의와 연관된 집단으로 분석하기 때문이다. 프레이저는 오늘날 순수하게 경제적인 차원에만 혹은 순수하게 문화적인 차원에만 관련된 집단은 거의 없다는 것을 인정한다. 그러나 그럼에도 불구하고 경제와 문화를 양쪽 극단으로 놓는 스펙트럼을 그린다면 여기서 섹슈얼리티 집단은 문화적인 부정의와 연관된 집단으로, 계급은 경제적인 부정의가 근본적인 집단으로 분석될 수 있다. 프롤레타리아의 비

---

4   같은 글, 32쪽.

참함은 대부분 잘못된 분배에서 온 것이며 이것은 문화적 가치의 문제와는 크게 상관이 없는 것으로 볼 수 있다는 것이다. 동성애자들은 계급 전반에 골고루 퍼져 있고, 노동 분업상 구분되는 위치를 점하지도 않으며, 이들을 괴롭히는 것은 대부분 사회문화적 평가 구조이다. 그러나 이들 집단과 달리 '여성'은 "이가적 집단(bivalent collectivities)"이다.

> "개념적 스펙트럼의 중간에 위치하는 집단을 고려하게 되는 경우 우리는 착취된 계급의 특징과 경멸된 섹슈얼리티의 특징이 조합되어 있는 혼종 양식을 마주하게 된다. 이러한 집단이 '이가적'이다. 이 집단이 집단적으로 차별화되는 원인은 사회의 정치-경제 구조**와** 문화 평가적 구조 **양자**와 연관되어 있다(강조는 저자)."[5]

프레이저의 설명에 따르면 여성은 무엇보다도 경제적 부정의에 시달린다. 여성은 사회적 성별 분업을 통해 가사노동과 같은 부불 노동을 하거나 "핑크 노동"과 같은 저임금 노동에 내몰린다. 또한 여성은 문화적으로도 멸시된다. 성적 대상화, 여성 비하 등 여성 집단에 대한 광범위한 평가절하와 비하가 나타난다는 것이다. 여성에게 나타나는 부정의의 양상은 복합적이다. 여성은 특정한 문화적 의미 부여 때문에 경제적으로 빈곤하며, 경제적 빈곤하기 때문에 문화적으로도 평가절하된다. 이런 의미에서 '여성'은 이가적 집단이다. 따라서 여성 집단이 당면하는 어려움은 재분배와 인정의 두 가지 치유책을 함께 필요로 하게 된다.

그런데 여성은 이가적 집단이기에 부정의를 해결하는 과정에서 딜레마에 봉착한다. 잘못된 분배와 무시를 개선하는 방법은 집단적 분화와 관련하여 정반대의 방향을 향해 있기 때문이다. 프레이저에 따르면 재분배는 여성의 계급적 집단 분화를 철폐함으로써 문제를 개선하려는 반면, 정체성 인정을 주장하는 운동은 여성의 문화적 집단 분화를 유지한 채 문제

---

5   같은 글, 41-42쪽.

를 개선하려 한다. "재분배의 논리가 젠더를 폐기시키는 것에 있다면 인정의 논리는 젠더 특수성의 가치를 인정하는 데 있다."[6] 이것이 바로 이가적 집단이 부닥치는 딜레마이다.

4) 변혁적 개선책과 딜레마의 극복

프레이저는 이러한 딜레마를 해소하기 위해 긍정적 개선책과 변혁적 개선책을 구분한다.

"부정의에 대한 긍정적 개선책이라는 말은 사회질서의 불공정한 결과를 창출하는 근저의 틀거리는 손대지 않은 채 그 틀거리가 만들어 내는 결과를 교정하고자 하는 것을 의미한다. 변혁적 치유책이란 이와는 반대로 근저에서 이를 발생시키는 틀거리를 재구조화함으로써 불공정한 결과를 교정하고자 하는 것을 의미한다."[7]

그리고 재분배 및 인정이라는 이차원적 정의와 관련하여 이 두 가지 개선책은 각각 다음과 같은 다른 정치적 입장을 주장하고 있음을 보여 준다.

	긍 정	변 혁
재분배	자유주의적 복지국가: 기존 집단에게 존재하는 재화를 표면적으로 재할당. 집단 분화 유지, 무시 창출 가능성 있음	사회주의: 생산관계의 심층적 재구조화, 집단 분화의 희석화, 몇 가지 무시 형식을 치유하도록 도울 수 있음
인 정	주류 다문화주의: 기존 집단의 기존 정체성에 존중을 표면적으로 재할당. 집단 분화 유지	해체주의: 인정 관계의 심층적 재구조화. 집단 분화의 탈안정화

표 1[8]

---

6   같은 글, 44–45쪽.

7   같은 글, 49쪽.

8   같은 글, 57쪽.

프레이저에 따르면 위 표에서 대각선의 관계에 있는 정책들은 서로 갈등을 일으킨다. 가령 계급 철폐를 주장하는 사회주의와 집단 분화를 유지하려는 주류 다문화주의는 딜레마 관계이다. 심층 경제구조를 그대로 두는 자유주의 복지국가의 경제정책과 집단 분화를 해체하려는 해체주의 역시 딜레마를 불러일으킨다. 그렇다면 딜레마를 불러일으키지 않는 조합은 어떤 것인가? 자유주의 복지국가와 주류 다문화주의라는 긍정적 개선책의 조합 그리고 사회주의와 해체주의라는 변혁적 개선책의 조합이다. 다시 말해서 우리는 긍정적 개선책의 방법을 취하거나 변혁적 개선책의 방법만을 취할 때 딜레마에 빠지지 않을 수 있다.

그런데 프레이저에 따르면 첫 번째 긍정적 조합은 문제가 있다. 앞서 지적했듯이 다문화주의의 긍정적 인정의 전략은 집단의 구분 자체는 그대로 둔 채 진행되기 때문에 기존의 집단 정체성을 강화할 수 있다. 젠더의 경우 젠더 이분법의 강화, 집단의 "물화(reification)"를 결과할 수 있다. 자유주의적 복지국가와 다문화주의는 이분법적 젠더 분할과 그에 따른 경제구조는 그대로 둔 채 표면적 할당에만 신경을 쓴다. 이 방향의 정치는 어떻게 그러한 집단 분화가 일어나는지 나아가 어떻게 집단 분화가 더 이상 차별로 나타나지 않을 수 있는가에 관심을 기울이기보다 어떻게 나타난 분화에 따른 차등을 사후적으로 해결할 수 있는가에 더 많이 몰두한다. 따라서 프레이저는 사회주의와 해체주의로 이루어진 변혁적 조합만이 딜레마 없이 부정의의 두 가지 차원을 동시에 고려하면서도 집단 분화와 물화의 위험을 피할 수 있는 개선책이라고 본다.

5) 정치적 대표와 삼차원적 정의론

나아가 프레이저는 일국에서 전 지구적 차원으로 시점을 확장하는 가운데 경제적 문화적 부정의를 넘어 정치적 차원의 부정의까지도 고려하는 정의론을 구축한다.

물론 프레이저는 처음부터 정치를 또 다른 정의의 차원으로 이해하지는 않았다. 가령 「정체성 정치의 시대의 사회 정의」(2003)에서 프레이저는 문화적 경제적 차원의 정의를 정치적 "참여 동격"을 이루기 위한 조건으로 설명한다. 물질적 자원의 재분배는 참여 동격을 실현하기 위한 "객관적인 조건"이요, 문화적 가치 인정은 "상호주관적인 조건"[9]으로 설정되는 것이다. 여기서 정치적인 것 즉 참여 동격은 이차원적 정의를 매개하는 혹은 포괄하는 차원이다. 그러나 『지구화 시대의 정의(Scales of Justice)』(2009)에서 프레이저는 정치적인 차원을 그 자체의 독자적인 논리를 갖는 "세 번째 차원"[10]으로 명시화한다.

> "정의의 세 번째 차원은 정치적인 것이다. 물론 그것들이 논란의 대상이 되고 권력과 연관되어 있다는 의미에서는 분배와 인정 문제 자체도 정치적이다. …… 그러나 나는 정치적이라는 표현을 좀 더 특수하고 구성적인 의미로 사용하고자 하며, 이는 국가의 사법권의 범위 그리고 국가가 논쟁들을 구조화할 수 있게 해주는 의사결정 규칙들과 관련되어 있다. …… 정치적 차원은 정당한 분배와 상호인정을 받을 자격이 있는 **사람들의 범위** 안에 누가 포함되고 누가 배제되는지를 우리에게 말해 준다. 마찬가지로 정치적 차원은 의사결정 규칙을 확립함으로써 경제적 차원과 문화적 차원 모두에서 문제를 제기하고 그것을 해소하기 위한 **절차**들을 설정한다(강조는 필자)."[11]

여기서 중요한 것은 정치적인 차원이 경제적 문화적 정의를 매개하거나

---

9   Nancy Fraser, "Social Justice in the Age of Identity Politics", in Nancy Fraser and Axel Honneth, *Redistribution or Recognition? a Political-Philosophical Exchange,* London:Verso, 2003, p. 36.

10   낸시 프레이저, 『지구화 시대의 정의』, 김원식 옮김, 그린비, 2010, 38쪽.

11   같은 책, 38-39쪽.

포괄하기도 하지만, 이와 다른 그 자체의 부정의도 갖고 있다는 점이다. 프레이저는 "대표 불능(misrepresentation)"의 문제가 분배와 인정으로 환원될 수 없는 제3의 부정의임을 분명히 한다. 누가 정당한 분배와 문화적 인정을 받을 수 있는가, 어떤 절차를 통해 이 문제를 해결하기 위한 목소리를 낼 수 있는가의 문제는 분배나 인정으로 환원될 수 없는 정치적 차원의 문제라는 것이다. 따라서 정치적 차원을 도입하게 되면, 목소리를 낼 기회가 박탈되었거나, 목소리를 낸다고 해도 그것이 제기되고 판결되는 방식과는 유리되어 있곤 하는 사람들의 정치적 역량이 시야에 들어올 수 있게 된다. 이 경우 프레이저는 명시하지 않았지만 여성은 잘못된 분배, 문화적 무시와 더불어 "대표 불능"에도 취약한 '삼가적(trivalent, 三價的)' 집단으로 이해될 수 있다.

이렇게 되면 우리는 낸시 프레이저의 정의론을 통해 아예 목소리를 대변할 기회가 없는 이주민 여성뿐 아니라 시민권을 가졌으나 목소리를 낼 수 있는 절차로부터 소외된 여성들이 있음에 주목할 수 있다. 실제로 여성들의 정치참여는 전 세계적으로 매우 저조하다. 핀란드 아이슬란드 노르웨이 등 북유럽 국가들의 여성 정치 참여율도 30-40퍼센트 정도이며, 우리나라의 경우 의회 여성 참여 비율은 국회의원 15.7퍼센트, 광역의회 14.8퍼센트, 기초의회 21.7퍼센트에 불과하다.[12] 이러한 정치적 대표 불능의 상태로 인해 여성들은 또한 잘못된 분배와 무시를 시정할 기회도 잃게 된다.

6) 정체성 모델에서 위상 모델로의 전환

마지막으로 프레이저가 시도한 정체성 인정 모델에서 위상 모델로의 전회(轉回)가 무엇인지를 살펴보자. 그녀는 긍정적 개선책이 아니라 변혁적

---

12 http://mbn.mk.co.kr/pages/news/newsView.php?category=mbn00009&news_seq_
no=1692038

개선책을 통해 부정의를 개선하기 위해서는 "정체성 모델(identity model)"이 아니라 "위상 모델(status model)"로 패러다임을 바꾸어야 한다고 주장한다. 프레이저에 따르면 긍정적 개선책은 집단의 구분과 정체성을 고정시키는 "물화(reification, 경화/화석화)"를 가져올 수 있으며 물화를 극복하기 위해서는 위상 모델에 따라 변혁적 개선책을 시도해야 한다.

이러한 주장을 이해하기 위해서는 우선 정체성 모델이 무엇인지부터 파악해야 한다. 프레이저에 따르면 테일러와 호네트에게 "인정받지 못한다는 것—혹은 '무시된다는 것'—은 자기 자신과의 관계가 왜곡되고 자신의 정체성이 손상되는 고통을 겪는다는 것이다."[13] 타자(타 집단)의 정체성을 무시하는 행위는 그(그 집단)의 긍정적 자기이해를 방해하는 것이다. 따라서 무시의 상처는 그(그 집단)의 정체성을 인정할 때 극복될 수 있다고 간주된다. 이것이 바로 우리에게 익숙한 정체성 모델이다.

그러나 프레이저에 따르면 정체성 모델은 "물화"의 위험을 피할 수 없다. "진정한, 자기 긍정적인 그리고 자기 창출적인 집단 정체성을 승화하고 전시할 필요를 강조하는 가운데 정체성 정치 모델은 개별 구성원들이 주어진 집단 문화에 순응해야 한다는 도덕적 압력을 행사한다"[14]는 것이다. 여기서 정체성은 "진정한(authentic)" 것으로 간주되고, 그런 한 구성원들은 집단 정체성에 문제를 제기할 수도, 변화시킬 수도 없다. "즉 정체성 모델은 인간 삶의 복합성, 동일시의 다층성 그리고 인간들의 다양한 제휴에서 발생하는 횡단적 끌림 등을 부정하게 되는 것이다. …… 집단 정체성을 물화함으로써 이 모델은 결국 문화적 동일시의 정치를 뒤흔드는 투쟁, 문화정체성을 대표하는 권위 집단—그리고 권력 집단—**내에서** 발생하는 투쟁

---

13   프레이저, 「인정을 다시 생각하기—문화정치에서의 대체와 물화의 극복을 위하여」, 『불평등과 모욕을 넘어』, 206쪽.

14   같은 글, 209쪽.

을 이해할 수 없게 된다(강조는 저자).”[15] 내부의 차이와 변화를 고려하지 못하는 정체성 모델은 극단적인 경우 분리주의나 고립화를 피할 수 없는 곤궁에 봉착하기도 한다. 가령 여성들이 임신 중단의 권리를 요구하는 과정에서 특정한 여성의 몸과 정체성을 가정하면서 이 정체성이 훼손당했으니 이를 인정할 것을 요구한다면, 이 운동이 진행되는 과정에서 여성들은 여성의 몸에 대한 다양한 이해, 여성의 몸이 어떤 방식으로 변화될 수 있는지에 대한 논의를 더 이상 할 수 없게 된다. 이 특정한 집단 정체성을 “진정한” 것으로 혹은 본질적인 것으로 강화하는 순간 구성원들은 여성을 특정한 정체성에 가두는 폐쇄성을 보일 수도 있다.

따라서 프레이저는 위상 모델로의 전회를 시도한다. 위상 모델에 따르면 무시는 한 집단의 긍정적 자기 관계의 훼손이 아니라 그로 인해 결과하는 개인의 “위상 종속(status subordination)” 때문에 잘못된 것이다. 즉 무시가 문제인 이유는 그로 인해 “집단 구성원 개별의 위상, 즉 사회적 상호작용의 온전한 파트너로서의 위상”[16]을 종속시키기 때문이다. 만약 우리 문화가 여성을 열등한 존재로 가치 평가한다면 그것은 개별 여성을 사회적 상호작용에 참여할 수 없도록 방해하는 위상 종속을 결과하기 때문에 잘못된 것이다. 낙태죄는 특정한 여성의 몸이나 특정한 여성의 정체성을 훼손하기 때문에 문제인 것이 아니라 그 법으로 인해 여성들이 사회적 상호작용의 온전한 파트너로서의 위상을 손상당하기 때문에 문제인 것이다. 가령 낙태죄로 인해 낙태를 한 여성은 자신의 목소리를 당당하게 낼 수 없고, 자신을 고발하겠다는 타인의 위협 앞에 종속적인 위상을 가질 수밖에 없으며, 터무니없이 비싼 임신 중지 비용을 지불할 수밖에 없다.

위상 모델에 따라 변혁적 개선책을 시행하는 것은 개인의 “참여 동등(participation parity)”의 위상을 가능하게 만드는 일과 불가분의 관계에 있다.

---

15 같은 글, 209-210쪽.

16 같은 글, 211쪽.

여기서 인정투쟁은 기존의 정체성을 확인받는 일이 아니라 궁극적으로 개별 여성의 위상을 회복시켜 온전하게 사회적 상호작용에 참여하게 만드는 일이다.

> "다시 한 번 핵심을 말하자면, 위상 모델에서 인정정치는 정체성에 머물지 않고 제도화된 손상을 치유하는 제도적 개선책을 찾고자 한다는 것에 있다. **이러한** 인정정치는 (토대 없이 부유하는 것이 아니라) 사회적으로 토대를 갖는 문화 형식에 초점을 맞추는 가운데 상호작용을 규제하는 가치를 변형시키고, 사회적 삶에서의 참여 동등을 촉진시키는 새로운 가치 패턴을 단단히 자리 잡게 함으로써 위상 종속을 극복하고자 한다 (강조는 저자)."[17]

위상 모델에서는 무시뿐 아니라 잘못된 분배 역시 위상 종속의 문제가 된다. 집단에 대한 제도화된 문화적 경시뿐 아니라 자원의 결핍도 그리고 정치적 대표 불능도 그 집단에 속한 개인의 동등한 상호작용에의 참여를 방해하는 요소로 이해될 수 있다는 것이다. 경제적으로 빈곤한 여성들이 자신의 목소리를 낼 수 없는 경우가 많다는 것은 결국 그것이 개별 여성의 위상 종속을 결과하기 때문이다.

결국 참여 동격을 정당화 방식으로 하는 위상 모델 안에서 문화적 부정의과 경제적 부정의 나아가 정치적 부정의까지도 개념적 모순 없이 함께 고려하는 것이 가능해 진다. 위상 모델 안에서 우리는 특정한 집단 구분과 정체성을 유지할 필요도 없다. 오히려 위상 모델은 그러한 집단적 구분과 특정 정체성을 해체적으로 재구성할 수 있도록 만든다. 이에 따르면 여성의 위상 종속을 가져오는 가부장적 상징질서, 제도화된 가치 패턴은 해체되어야 하며, 여성의 위상 종속을 가져오는 성별 분업의 경제는 재구조화되어야 한다. 그리고 이 과정에서 이분법적 젠더 구분은 해체되어야 한다.

17 같은 글, 215쪽.

이상의 내용을 그림으로 정리하면 다음과 같다.

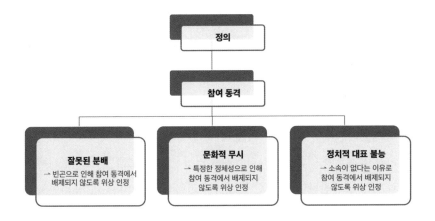

이후 학계에 미친 영향

앞서 살펴보았듯 프레이저는 위상 모델로의 전환을 통해 인정이 분배의 문제를 대체해 버리는 문제, 인정투쟁이 집단 구분을 강화하고 물화시키는 문제 등을 해결해 나갔다. 프레이저는 위상 모델을 통해 경제적 문화적 차원의 부정의를 정치적인 차원에서 매개하여 복합적으로 사고할 수 있는 이론적 사고를 개척했던 것이다. 나아가 위상 모델을 따라 제안하고 있는 변혁적 부정의의 개선책은 심층의 경제구조를 재구조화하고 물화와 강제를 가져오는 가치 패턴을 탈제도화함으로써 집단의 분화를 해체하는 방향으로 나아간다.

이러한 이론적 정교화의 과정에서 프레이저는 학계에 다양한 논쟁을 불러일으켰다. 우선 프레이저는 재분배와 인정을 분석적으로 구분한 바 있는데 이에 대해 주디스 버틀러(Judith Butler)는 이러한 구분을 해체할 필요가 있다고 주장한다. 프레이저가 생각하는 문화적인 것은 단지 문화적인 것이 아니라 자본주의에 본질적인 문화라는 것이다. 가령 버틀러에 따르면 이성애 중심주의는 계급 착취만큼 물질적이다. 아이리스 매리언 영(Iris Marion Young) 역시 재분배와 인정의 구분이 이분법적 사고의 창조물이라고 비판한다. 잉그리드 로베인스 역시 아마티아 센의 역량 모델을 전거로 들면서 분배의 이론으로 무시를 설명하지 못한다는 프레이저의 주장은 근거가 없음을 주장한다.

프레이저의 변혁적 개선책과 관련된 해체주의적 입장에 대해서도 논쟁이 뜨거웠다. 영은 이미 '차이의 정치'를 주창하는 가운데 정체성 친화적인 이론을 펼쳤으며 앤 필립스(Ann Philips) 역시 이에 동조하는 가운데 해체주의적 입장을 비판한다. 비슷한 관점에서 엘리자베스 앤더슨은 프레이저의 전제와 달리 정체성에 대한 긍정적 인정을 지향하는 정체성 정치가 필연적으로 재분배와 긴장관계에 놓이지 않는다고 보았다. 이러한 비판은 매우 치명적일 수 있다. 왜냐하면 적극적 조치와 같은 긍정적 재분배는 많은 사람들이 요청하고 있을 뿐 아니라 가시적인 효과가 매우 크기 때문이다. 반면 프레이저 스스로도 고백하고 있듯이 현실적으로 사람들은 변혁적 치유책을 원하지 않는 경우가 많다. 가령 유색인 인종 집단은 오히려 자신의 정체성을 해체하려 하지 않는다. 정작 여성 집단은 기존의 경제구조와 가치 패턴에 익숙하기 때문에 이로부터 벗어나려 하지 않는다. 그밖에도 사회주의적 치유책은 "너무 해체적이어서" 기존의 경제구조에 익숙해져 있는 사람들에게 영감을 불러일으키지 못한다.

그밖에도 니컬러스 컴프리디스는 공적 영역에서의 참여 동등과 인정이라는 원칙만으로는 "아직 정치적인 목소리를 획득하지 못한 취약한 주체들이 경험한 피해"[18]를 드러내는 데 한계가 있음을 지적한다. 컴프리디스는 참여 동등이라는 형식적이고 제도적인 문제뿐 아니라 아직 표현되지 않은 고통을 정교화할 수 있는 가능성을 포함하는 모델이 필요하다고 보았다. 또한 라이너 포르스트(Reiner Forst)와 케빈 올슨은 정치를 정의의 세 번째 차

---

18 케빈 올슨, 「서문」, 『불평등과 모욕을 넘어』, 2016, 17쪽.

원이 아니라 주요한 차원으로 개념화할 필요가 있다는 입장을 제시한다.

이 모든 논쟁들은 비단 서구의 학계에만 중요한 것이 아니다. 나는 프레이저의 비판적 정의론과 이에 대한 논쟁이 오늘날 우리 사회에서 젠더 정의의 방향을 설정하고 이에 부합하는 운동과 정책의 방향을 결정할 때 매우 중요한 시사점을 제공하리라고 본다.

2
마사 누스바움
Martha Nussbaum

유민석

서울시립대 철학과 박사과정을 수료했다. 윤리학과 정치철학, 페미니즘 철학, 화용론과 메타윤리학에 관심이 많으며, 현재는 혐오 표현과 대항 표현, 표현의 자유라는 주제를 연구 중이다.

마사 누스바움: 철학자 혹은 헤타이라

　누스바움 같은 철학자의 작업을 요약하기란 쉽지 않다. 그녀의 철학적 관심사는 고대 그리스의 고전철학과 비극에서부터 장애인, 동물에 대한 윤리, 생명윤리, 시민교육, 전 지구적인 사회정의, 여성에 대한 성적 대상화와 성 노동, 수치심, 혐오, 분노 같은 정동과 자율성, 법철학, 역량에 이르기까지 정말 이루 말할 수 없을 만큼 엄청나게 다방면에 걸쳐 있기 때문이다. 따라서 이 글에서는 보수적인 철학계에서 여성 철학자로서 살아온 누스바움의 생애를 간략히 소개한 후, 페미니스트로서의 그녀의 철학적 문제의식, 특히 역량(capabilities) 개념을 중심으로 이야기해 볼까 한다.

철학자 혹은 헤타이라

　미국의 여성 철학자로서 마사 누스바움(Martha Nussbaum, 1947-현재)의 공식적인 직함은 현재 시카고 대학의 교수다. 그녀의 관심사는 주로 고대 철학, 정치철학, 페미니즘, 윤리학 등 다방면에 걸친다. 누스바움은 뉴욕에서 태어나 변호사인 아버지와 인테리어 일을 하다가 그만둔 어머니 밑에서 컸는데, 그녀는 버클리 대학 국제학회와 가졌던 한 인터뷰에서 자신의 어머니가 원래 감성이 풍부한 사람이었으나, 결혼 후 경력 단절이 된 이후에는 다소 권태롭고 불행한 삶을 살게 되었다고 말한다. 인간의 감정, 그리고 여성의 권리와 역량에 대한 그녀의 깊은 철학적인 통찰은 아마도 이러한 어머니의 불행한 삶으로부터 영향을 받은 것일지도 모르겠다.

하바드 대학에서 그녀는 문학에서 철학으로 관심사가 옮겨 가게 된다. 그러나 당시 철학과의 분위기는 감정이나 윤리에 관심이 많을 경우, 더군다나 특히 그 사람이 여성일 경우, "당신은 철학에 적합하지 않군요"라는 식의 말을 들어야 했다고 한다. 그러나 누스바움은 당시 하바드 대학으로 부임해 온 도덕철학자 버나드 윌리엄스(Bernard Williams)로부터 많은 격려와 응원을 받으면서 공부할 수 있었다고 한다. 누스바움은 버나드 윌리엄스가 인습이나 권위에 얽매이지 않는 사람이었다고 기억한다.

그러나 1970년대 당시의 남성 중심의 철학과에서 여성이 살아남는 것은 쉽지 않았다. 누스바움은 인터뷰에서 여성으로서 대학에서 여러 차례 경험한 성희롱과, 대학원 과정에서 첫아이를 출산한 이후 탁아소 시간과 맞지 않게 짜인 배려 없는 대학원 커리큘럼으로 인해 많은 차별을 경험했다고 회상한다. 심지어 그녀가 주니어 펠로우십(Junior Fellowship)을 취득한 최초의 여성이 되었을 때, 누스바움은 한 저명한 고전학자로부터 '여성 연구원'(female fellowess)이란 명칭은 어색하기 때문에, 고대 그리스에서 철학 향연에 참석하는 것이 허락되었던 유일한 여성인 창녀 헤타이라(Hetaira)라고 불러야 한다는 모욕적이고 여성혐오적인 노트를 받기도 했다고 한다.

헤타이라는 고대 그리스의 일종의 고급 성 판매 여성이었다. 사창가나 길거리에서 무작위 남성들에게 섹스를 제공했던 포르나이(pornai)와 달리, 헤타이라는 오로지 몇몇의 남성들에게 섹스뿐 아니라 장기적인 관계를 가지고 동료애, 지적인 자극 등을 제공했던, 심지어 철학 향연에도 참석했던 매우 교양 있는 엘리트 여성들이었다. 그녀들은 재치 있고, 세련되었으며, 돈을 많이 벌기도 했고, 담론을 주도하기도 했다고 한다. 이를테면 아스파시아(Aspacia)라는 여성은 페리클레스의 정부이자 스승이었으며 소크라테스와 플라톤, 크세노폰에게도 영향을 준 것으로 알려진 헤타이라였다. 혹자는 플라톤의 대화편 『향연(Symposium)』에서 소크라테스를 논박하며 에로스에 대해 가르침을 전해 주는 여성인 디오티마(Diotima)가 실은 아스파시아를 가리킨다고 보기도 한다. 키케로(Cicero)는 아스타시아를 '여자 소크라테스'라고 불렀지만, 안티스테네스는 그녀를 성적 탐닉의 화신으로 묘사했다. 이렇게 헤타이라는 찬사와 혐오를 동시에 받으면서, 철학자와 창녀의 경계를 넘나들면서, 남성 시민과 여성, 노예, 외국인으로 이루어져 있던 고대 그리스에서 계급과 젠더의 범주들을 전복시켰다.

누스바움은 뛰어난 철학자였지만 남성 철학자들로부터 헤타이라 취급을 받아야 했다. 여성은 뛰어난 철학자임에도 헤타이라 취급을 받아야 하는 것일까? 아니면 여성은 헤타이라가 되지 않고서는 철학을 탐해선 안 되는 것일까? 다행히도 하버드 대학의 철학과에는 버나드 윌리엄즈를 포함하여 그 유명한 존 롤즈(John Bordley Rawls)나 힐러리 퍼트남(Hilary Whitehall Putnam)같이 공정한 자유사상가들이 많았고, 이들은 대학 내에서의 여성들의 반성폭력, 반성차별 투쟁을 지지했다고 한다. 여하간 철학계에서 경험해야 했던 이러한 여러 성차별과 성희롱의 경험들은 그녀의 여성 철학 및 정치철학으로서의 작업들과 무관하지 않은 배경이 되었을 것 같다.

누스바움은 '철학자란 무엇을 하는가?'라는 인터뷰 질문에서, 철학자만이 통합성을 가지고 있기 때문에 무수한 것들을 행할 수 있다고 답한다. 그렇지만 도덕철학과 정치철학에 국한할 경우 철학자들은 도덕적 삶의 기초에 대한 질문들을 던진다고 그녀는 말한다. 이런 도덕적 삶에 대한 질문들은 이성적인 방식으로 우리를 도울 수 있다. 누스바움에 따르면 도덕적 삶에 대한 물음들은 소크라테스로부터 출발한다. 소크라테스는 우리의 윤리적인 믿음들을 검토하지 않으면, 엉망이 되어 모순된 사람이 된 채로 자기 잇속만 차리게 되어 내키는 대로 살면서 그런 삶의 방식을 합리화할 것이라고 생각했다. 반면 우리의 윤리적 믿음들을 검토할 경우, 우리는 그 믿음에 따라 일관된 삶을 살아야 할 구속을 받게 된다. 따라서 누스바움은 철학은 도덕적인 삶에 대한 안내를 제공해 줄 수 있다고 말한다. 물론 철학은 여성운동처럼 근본적인 개혁을 수행할 수는 없지만, "우리는 어디에 있는 걸까? 우리는 어떻게 우리의 신념으로부터 공정하고 포용적이며 최선의 사람이 될 수 있을까?"라는 질문을 던지는 출발점이 되게 해준다. 철학자가 행하는 것은 이런 엄밀하고 정교한 성찰을 통해 삶의 신념들을 검토하고자 하는 것이다.

누스바움의 철학적 작업은 이런 역할들을 수행해 왔다. 고대철학과 그리스 비극에 대한 작업에서부터 세공된 인간의 취약성(vulnerability)에 대한 사유를 담은 저서인 『선량함의 취약함: 그리스 비극과 철학에서의 행운과 윤리(The Fragility of Goodness: Luck and Ethics in Greek Tragedy and Philosophy)』, 그리고 『인간성으로부터 숨기(Hiding from Humanity)』나 『혐오에서 인류애로 (From Disgust to Humanity: Sexual Orientation and Constitutional Law)』 같은 작업들로 대표되는 수치심, 혐오, 분노, 공포 같은 감정과 정동에 대한 연구들, 그리고 성차별이라는 페미니즘의 의제와 정의론이라는 정치철학의 의제를 함께 다룬 저서인 『성과 사회정의(Sex and Social Justice)』, 그리고 『여성과 인간개발: 역량 접근법(Women and Human Development: The Capabilities Approach)』 같은 저서로 집약되는 그녀의 전매특허인 유명한 역량 접근법 같은 사회철학적이고 정치철학적인 주제들은 서로 무관하고 독립적인 듯 보인다. 그러나 누스바움의 저서들을 관통하는 인간의 취약함, 성적 대상화와 혐오, 수치심, 그리고 역량 같은 주제들은, 결국 소크라테스로부터 출발한, 우리는 어디에 있으며 인간다운 삶이란 무엇이고 어떻게 살아야 하는가라는 오래된 철학적 물음을 던지고 있다고 볼 수 있다.

성적 대상화

누스바움은 1995년 논문인 「대상화(objectification)」와 1997년의 저서 『성과 사회정의』, 그리고 2007년의 『성과 윤리학: 섹슈얼리티, 덕, 좋은 삶에 대한 에세이(Sex and Ethics: Essays on Sexuality, Virtue, and the Good Life)』에 수록된 「페미니즘, 덕, 대상화(Feminism, Virtue, and Objectificatio」라는 논문 등을 통해, 원래 캐서린 매키넌(Catharine MacKinnon)과 안드레아 드워킨(Andrea Dworkin) 같은 페미니스트들에 의해 개진되었던 '대상화(objectification)' 개념을 철학적으로 발전시킨다. 대상화(또는 객체화) 개념은 페미니즘 이론의 핵심 개념으로, 이는 "사람, 대개는 여성을 어떤 대상으로 간주 그리고/또는 취급하는 것"으로 거칠게 정의될 수 있다. 누스바움은 어떤 사람을 대상으로 대우하는 이런 대상화를 일곱 개의 성질로 정의한다. 그 목록은 다음과 같다.

1. 도구성: 어떤 사람을 대상화하는 자의 목적을 위한 도구로 취급하는 것.
2. 자율성의 부정: 어떤 사람을 자율성과 자기결정이 없는 것으로 취급하는 것.
3. 무력화: 어떤 사람을 행위 능력, 그리고 어쩌면 활동성이 없는 것으로 취급하는 것.
4. 대체가능성: 어떤 사람을 다른 대상과 교환 가능한 것으로 취급하는 것.
5. 가침성: 어떤 사람을 경계가 온전하지 않는 것으로 취급하는 것.
6. 소유: 어떤 사람을 타인이 소유하는 어떤 것(사거나 팔 수 있는 것)으로 취급하는 것.
7. 주체성의 부정: 어떤 사람을 그의 경험과 감정이 고려될 필요가 없는 어떤 것으로 취급하는 것.

이후 페미니스트 철학자 레이 랭턴(Rae Langton)은 누스바움의 목록에 세

---

1   에반젤리아 리나 파파다키(E. L. Papadaki), 『객체화에 대한 페미니즘의 관점들』, 강은교 외 옮김, 전기가오리, 2015.

가지 특징들을 추가했다[2].

8. 몸으로의 환원: 어떤 사람을 그의 몸이나 몸의 부분과 동일시되는 것으로 취급
   하는 것.

9. 외모로의 환원: 어떤 사람을 주로 그가 어떻게 보이는가 혹은 그가 어떻게 감각
   되는가의 측면으로 취급하는 것.

10. 침묵시키기: 어떤 사람을 만일 그가 침묵할 경우 말할 수 있는 역량이 없는 것
    으로 취급하는 것.

이러한 대상화에 대한 고민은 물론 임마뉴엘 칸트(Immanuel Kant)에게로
까지 거슬러 올라갈 수 있다. 칸트는 일부일처제 결혼 바깥의 맥락에서 행
사되는 섹슈얼리티의 경우 인간에 대한 대상화로 이어지기 때문에 문제라
고 생각했다. 그는 『윤리학 강의(Lectures on Ethics)』에서 "성적인 사랑은 사
랑받는 사람을 욕구의 대상으로 이용한다. 즉 사랑받은 사람은 욕구가 사
그라들자마자 마치 단물이 빠진 레몬을 버리듯이 버려진다. 한 사람이 다
른 사람을 위한 욕구의 대상이 되자마자, 모든 도덕적 관계의 동기는 기능
하기를 중단한다. 사람은 다른 사람을 위한 욕구의 대상으로서의 사물이
되어 모든 이에게 그렇게 취급되고 사용될 수 있기 때문이다"[3]고 주장한다.
즉 칸트에게 있어서 대상화는 인간성을 가지고 있는 사람을 사물이나 대
상의 지위로 격하시키는 것을 의미한다. 인간을 수단이 아닌 목적으로 대
우하라는 그의 유명한 정언명령은 이 같은 대상화에 대한 비판이라고 볼
수 있다.

---

2   Rae Langton, *Sexual solipsism : philosophical essays on pornography and objectification*,
     Oxford University Press, 2009. pp. 228-229.

3   I. Kant, *Lectures on Ethics,* Louis Infield (trans.), New York: Harper and Row, Publishers,
     1963.

대상화에 대한 이러한 칸트의 비판은 현대의 페미니스트들의 여성의 성적 대상화에 대한 반대와 공명한다. 예컨대 캐서린 매키넌이나 안드레아 드워킨 같은 반포르노 페미니스트들은 칸트의 대상화 개념에 영향을 받아 남성들의 포르노 소비로 인해 집단으로서의 여성들이 남성들의 목적을 위해 단지 도구의 지위로 환원된다고 주장했다. 또한 산드라 바트키(Sandra Bartky)나 수잔 보르도(Susan Bordo) 같은 페미니스트들 역시 여성들은 외모를 통해 평가받고 외모에 갇히기 때문에 대상화된다고 주장했다. 외모 지상주의나 포르노그래피에 대한 이러한 페미니스트들의 반대는 모두 대상화를 인간성을 박탈하는 부정적인 것으로 간주하는 칸트의 입장과 닿아 있다.

그러나 누스바움은 한 사람을 대상으로 취급하는 것이 물론 문제적인 경우가 많기는 하지만, 대상화가 반드시 나쁜 것은 아니라고 주장한다. 우리는 매일 같이 누군가를 대상화한다. 결코 대상화를 피할 수는 없는 것이다. 예컨대 아이돌 그룹의 뮤직비디오를 시청하거나 좋아하는 배우의 영화를 본다는 것은 그들을 대상화하는 것일 수 있지만, 그것이 반드시 그들의 자율성과 주체성을 부정하거나 그들을 인간성이 없는 존재로 존중하지 않음을 뜻하는 것은 아니다. 더군다나 상냥하거나 긍정적인 형태의 대상화가 있을 수 있으며, 이런 형태의 대상화는 가치가 있고 심지어 즐거운 삶의 형태일 수도 있다. 누스바움에 따르면 대상화가 인간성에 파괴적인 결과를 가질 필연성은 없다. 또한 대상화가 인간성에 대한 존중과 충돌하는 것도 아니다. 대상으로 취급되고 있는 사람은 사실 사물이 아니라 인간존재로 취급되는 것일 수도 있다는 것이다[4].

따라서 누스바움은 매키넌이나 드워킨처럼 대상화를 반드시 부정적인 현상으로 생각하는 입장들을 비판하면서 "대상화의 일부 특징들은 몇몇

---

4   Martha Nussbaum, "Objectification", *Philosophy and Public Affairs*, 24(4), 1995, pp. 249–291.

상황들 속에서는 심지어 성적인 삶의 놀라운 특징일 수 있다. 대상화라는 용어 또한 보다 긍정적인 정신 속에서 사용될 수도 있다. 이렇게 본다는 것은 (일종의) 대상화와 평등, 존중, 동의 사이의 불가능하다고 여겨지는 조합이 결국 가능할지도 모른다는 것을 인식하는 것이다"[5]고 주장한다. 누스바움에 따르면 "대상화라는 문제에 있어서는 맥락이 모든 것이다. 모두는 아니지만 많은 경우 불쾌한 대상화의 사용과 상냥한 대상화의 사용 간의 차이는 인간관계의 전반적인 맥락에 의해 결정될 것"[6]이다.

그렇다면 결국 "대상화는 전반적인 맥락에 따라 좋거나 나쁠 수 있다는 특징을 갖는 것"[7]이 된다. 예컨대 평등, 존중, 동의가 없는 대상화는 나쁜 대상화가 되겠지만, 평등, 존중, 동의 속에서 발생되는 대상화는 좋은 대상화다. "내가 만일 연인과 침대 위에 누워서 그의 배를 베개로 사용한다면, 내가 그의 동의하에 그렇게 했다는 것을 가정한다면(혹은 만일 그가 신경 쓰지 않을 것이라는 합리적인 믿음을 가지고 있다면, 잠들어 있다면), 그리고 그에게 고통을 가하지 않고서 그가 일반적으로 베개 이상으로 취급되는 관계의 맥락 속에서 그렇게 했다면, 여기에 사악한 것은 전혀 없는 것 같다"[8]. 사랑하는 연인들은 서로를 몸으로 인식하고 환원하기도 한다. 때로는 서로 존중과 합의하에 자율성과 주체성을 부정하기도 한다. 때로 상대방은 단지 성적인 만족을 위한 수단으로 생각된다. 그러나 누스바움에 따르면 이 모든 맥락들은 전반적으로는 연인의 자율성과 주체성을 존중하고 옹호하는 것이 된다. "섹스에서 자율성의 상실이 있는 경우, 그 맥락은 전체적으로는 자율성이 존중되고 증진되는 맥락이다. 또한 성관계의 순간에 주체성의 상실이 있

5   같은 책, p. 251.

6   같은 책, p. 271.

7   같은 책, p. 251.

8   같은 책, p. 265.

는 경우에도, 이는 다른 순간에서는 상대방의 주체성에 대한 강한 관심이
동반될 수 있는 것이며 자주 동반된다"[9].

누스바움은 "자율적인 자기지시의 선택된 단념, 혹은 그녀가 의도한 수
동성은 여성이 자신을 위한 목적으로 취급되는 관계와 양립할 수 있으며,
심지어 소중한 일부분일 수도 있다"[10]고 말한다. 이를테면 영국의 작가 로
렌스의 소설 『채털리 부인의 사랑(Lady Chatterley's Lover)』에 나오는 코니와
멜라의 사랑 장면은, 그러한 긍정적인 대상화의 모습이라고 설명한다. 대
상화가 여성의 역량을 부정하고 저하시킨다면, 물론 그것은 부정적인 대
상화일 것이다. 그러나 대상화가 여성의 섹슈얼리티를 옹호하여 여성의
역량을 존중하고 강화한다면, 반드시 부정적일 필요는 없다. 대상화는 여
성에게 고통과 상처를 안겨주기도 하지만, 때로는 기쁨과 행복을 가져다
주기도 하는 양가적인 것이다.

개발도상국 여성의 현실에 눈을 뜨다

누스바움이 역량(capability)이라는 유명한 정치철학적인 개념을 발전시
키게 된 것은 경제학자이자 철학자 아마티아 센(Amartya Sen)과의 공동 작업
에서 결실을 맺게 된 계기가 크다. 그녀는 센과 공동으로 UN 산하의 개발
경제 연구를 위한 국제기구(World Institute for Development Economics Research)에
서 공동 연구를 하게 된다. 여기에서 그녀는 개발도상국가의 여성의 현실
과 불평등이 심각하다는 것을 알게 된다. 특히 인도의 경험은 그녀로 하여

---

9 같은 책, pp. 274-276.

10 Martha Nussbaum, "Feminism, Virtue, and Objectification", in *Sex and Ethics: Essays on
Sexuality, Virtue, and the Good Life*, R. Halwani (ed.), New York: Palgrave Macmillan,
2007, pp. 49-62.

금 성적 대상화나 포르노 반대, 혐오 표현 반대, 반성폭력 등에 관심을 두는 제1세계 백인 여성들의 현실과 개발도상국 여성들의 현실이 너무나도 다르다는 것을 깨닫게 해주는 계기가 되었다.

개발도상국의 여성들 역시 제1세계 서구 여성들처럼 성희롱, 가정폭력의 고통을 동일하게 겪고 있었고 성폭력 처벌법 등을 위해 투쟁하고 있었지만, 사뭇 차원이 다른 문제들 역시 겪고 있었다. 예컨대 인도의 여성들에게는 학교에 갈 수 있는 권리, 여섯 살에 강제로 조혼하지 않을 수 있는 권리, 고용 기회에 접근할 수 있는 권리, 평등한 재산을 가질 권리 역시 매우 시급한 문제였다. 이러한 문제들은 가정폭력 같은 문제들과 결부되어 있었는데, 예컨대 여성이 직업을 갖게 되고 집 밖으로 나가고 토지를 소유하게 된다면 남편의 가정폭력에 맞서서 자립할 수 있는 역량을 갖추게 되는 것이다. 따라서 전체적인 문제들이 긴밀히 상호관련 되어 있다는 사실을 보지 못한다면 어느 하나의 문제도 해결할 수 없는 것이었다.

이런 개발도상국 여성들의 현실은 그녀로 하여금 아마티아 센과 공동으로 역량 접근법이라는 개념을 탄생시키는 계기가 된다. 역량 접근법은 이미 아마티아 센이 작업하고 있었던 분야였지만, 누스바움은 이것을 보다 정교한 철학적인 방식으로 발전시켰다. 앞에서 말했듯이 누스바움의 핵심 사상인 역량 접근법은 개발도상국 여성들의 현실로부터 도출되었다. 예컨대 국제기구가 한 국가의 부 내지는 선진도를 측정할 때, 그들은 단지 해당 국가의 경제성장률이 어떤지, 국민총생산이나 1인당 국민소득은 어느 정도나 되는지 같은 지표를 통해 가늠하고자 한다. 그러나 국민소득이나 국민총생산이 높다고 해서 실제로 그 국가의 사람들이 어떻게 살고 있으며, 그들의 삶의 질은 어떤지를 알아낼 수 있는 것은 아니다. 높은 국민소득이나 무역흑자나 경제성장률을 보유하고 있는 국가라 해도 불평등한 분배나 교육, 의료, 주거 등 기타 삶의 질 등의 문제로 인해 그 나라의 사회적 약자들의 삶의 질은 얼마든지 거칠고 취약할 수 있는 것이다. 그리 되면 누군가는 빈곤과 가난으로 인해 건강을 보장받지 못한 채 더 취약하고 슬픈 삶을 살 수 밖에 없다. 설령 경제적으로 취약하지 않다 하더라도 사랑과 우정을 맺지 못한 채 타인과 친밀한 관계를 맺지 못하고 폭력에 노출되어 있다면 그 삶은 불행할 수 있다.

또한 건강, 교육, 육체적 온전함 같은 인간 삶의 다양한 측면들을 고려해볼 경우, 이 중 어느 하나의 요소가 잘 충족되는 사회라 해서 다른 인간 삶의 영역이 저하되어 있다면, 그런 사회의 구성원은 결코 행복한 삶을 산다고 볼 수 없다. 예컨대 미국 내에서 여성들은 가정폭력의 위협에 시달리고 있다. 따라서 다양한 인간 삶의 영역의 지표들은 '모두 함께' 고려되어야 한다는 것이다.

역량 접근법

누스바움의 역량 개념은 다음과 같은 질문들을 던진다. "사람들이 실제로 무엇을 할 수 있고 무엇이 될 수 있는가?" 만일 실제로 원하는 것을 행하는 데 제약이 있거나, 원하는 무언가로 존재하는 데 제약이 있다면, 그 사회는 역량을 보장하지 못하는 사회다. 또한 사람들이 실제로 무언가를 할 수 있고 또 원하는 사람이 될 수 있는 사회라면, 그 사회는 역량을 보장해 주는 사회라고 볼 수 있다. 정치체제는 시민들의 삶의 질, 역량을 증진시켜야 할 의무가 있다. 누스바움은 센과 달리 정상적인 사회가 모든 시민들이 적절한 기준점을 넘을 수 있게 보장해 주는 핵심 지표인 핵심 역량의 목록들을 구체적으로 제시한다. 즉 '삶', '건강', '육체적 온전함', '감성의 발전', '상상력', '교육을 통한 사고', '실천이성', '친밀성', '여가와 놀이에 대한 접근권' 등이 그것이다.

예를 들어 가사노동과 맞벌이를 모두 해야 하는 여성들은 여가 시간을 누리지 못한다. 누스바움이 보기에 이러한 여성들은 핵심 역량 중에서 '여가와 놀이에 대한 접근권'을 제공받고 있지 못하다. 친밀성이나 감성을 핵심 역량으로 제시하는 것 역시 그녀의 정동에 대한 깊은 통찰을 보여 준다. 예컨대 충분한 경제력을 갖춘 여성들조차도 성차별과 성폭력으로 인한 두려움과 분노를 경험한다. 이 경우 친밀성과 감성의 발전이라는 핵심 역량을 누리고 있지 못한 것이 된다. 이 모두는 누스바움이 제공하는 역량의 목록들이 인간 삶에서 얼마나 중요한 지표인가를 시사해 준다. 이런 역량 접근법은 누스바움의 대표적 저서인 『여성과 인간개발: 역량 접근법(Women and Human Development: The Capabilities Approach)』(2000)에서 집약적으로 개진된다.

역량 접근법이란 좀 더 구체적으로 무엇을 주장할까? 역량 접근법은 "첫째, 복지(well-being)를 성취할 수 있는 자유가 무엇보다도 도덕적으로 중요하며, 둘째, 복지를 성취할 수 있는 자유는 바로 인간 역량들, 즉 '사람들이 가치를 두는 것을 행할 수 있으며 될 수 있는 실제 기회'의 관점에서 이해되어야 한다는 두 개의 핵심적인 규범적 주장을 포함하는 이론적인 프레임"[11]을 가리킨다. 잉그리드 로베인스에 따르면 이러한 역량 접근법의 몇몇 측면은 칼 맑스, 애덤 스미스, 심지어 아리스토텔레스로까지 거슬러 올라갈 수 있다.

아리스토텔레스에 따르면, 훌륭하게 짜인 정치체는 정치 설계자들이 인간 번영이 가능해지는 조건의 제공을 보장하는 것이다. 누스바움은 아리스토텔레스의 '훌륭한 입법자(excellent lawgiver)'라는 개념을 소생시킨다. 이는 모든 개인들이 인간 번영을 유도하는 활동을 향유할 수 있고 참여할 수 있는 것을 보장하는 것이다. 역량 이론에 따르면, 재화가 사람들의 삶의 질을 개선(improve)하도록 사용되는 것을 보장하는 것이 이런 '훌륭한 입법자'

---

11 Ingrid Robeyns "The Capability Approach", The Stanford Encyclopedia of Philosophy (Winter 2016 Edition), Edward N. Zalta (ed.); https://plato.stanford.edu/archives/win2016/entries/capability-approach/.

의 임무이다. 시민들이 각각의 영역들 내에서 잘 기능하는 것을 선택할 수 있도록 필요한 제도적, 물질적, 교육적 지원을 받는 것을 보장하는 것은 훌륭한 입법자의 책임이다[12]. 역량 접근법은 복지를 성취할 수 있는 자유는 사람들이 원하는 것을 할 수 있고 될 수 있는 것에 대한 문제, 따라서 효과적으로 삶을 이끌 수 있는 문제라는 것을 표명한다. 누스바움은 이렇게 잘 정의된 역량들의 목록이 모든 국가의 헌법에 명시되어야 한다고까지 주장한다[13].

누스바움의 유명한 목록들은 다음의 열 개의 '핵심 인간 역량들(central human capabilities)'이라는 이름하에 함께 범주화된 역량들을 포함한다. 즉 '삶', '육체적 건강', '육체적 통합성', '감성', '상상과 사고', '감정', '실천이성', '친밀성', '다른 종들', '놀이', '환경을 둘러싼 통제' 등이 그것이다[14]. 누스바움은 이들 각각의 역량들은 인간의 삶이 "취약해져서 인간 존엄성이라는 가치가 없게 되지" 않기 위해 필요하다고 주장한다. 이 핵심 역량들 중 어느 하나가 결핍된다면, 인간이 인간답게 살수 없게 된다는 것이다. 누스바움은 그러므로 이 역량들은 거래될 수 없으며 국가는 핵심 역량들의 최소치를 제공해야 할 의무가 있다고 주장한다.

역량 접근법의 여파는 놀라우리만치 컸다. 이를테면 UN 개발계획의 인간개발보고서(The Human Development Reports of the United Nations Development Pro-

---

12 Martha Nussbaum, "Aristotelian Social Democracy". In *Liberalism and the Good*, R. Douglass and G. Mara (eds.). New York: Routledge, 1990.

13 Marth Nussbaum, *Women and Human Development: The Capabilities Approach*, Cambridge: Cambridge University Press, 2000.
Marth Nussbaum, "Capabilities as Fundamental Entitlements: Sen and Social Justice," *Feminist Economics*, 9(2/3), 2003, pp. 33-59.
Marth Nussbaum, *Frontiers of Justice: Disability, Nationality, Species Membership,* Cambridge, MA: Harvard University Press. 2006.

14 Marth Nussbaum, *Frontiers of justice: disability, nationality, species membership*. Cambridge, MA: Harvard University Press, pp. 76-78.

gram)는 1990년 이후 국가의 삶의 질을 측정할 때 이러한 역량들을 검토하고 반영하고 있으며, 정치인들도 역량 접근법을 채택하게 되었다. 예컨대 경제성장과는 별도로 교육이나 의료 복지에 관심을 두게 된 것이다. 경제적 지표가 이런 역량들의 상태를 시사해 주지 않기 때문이었다. 누스바움의 역량 접근법은 이렇듯 상당한 실천적인 영향력을 행사하게 되었으며, 전 세계 40개국에 존재하는 '인간개발 및 역량위원회'라는 국제기구가 설립되기도 하였다. 현재 역량 접근법은 사회정의론이나 윤리학 같은 다양한 보다 구체적인 규범이론들에서 발전해 오고 있으며, 사회과학이나 소위 '인간개발접근'이라는 정책 패러다임에도 영향을 주게 되었다. 도덕철학과 정치철학 내에서는 최근 몇십 년 동안 복지, 발전, 정의에 대한 새로운 이론적 프레임으로 등장하게 되었다(Robeyns 2016).

개발도상국의 궁핍하고 열악한 여성들의 삶의 현실로부터 도출된 역량 접근법은, 여성과 같은 사회적 약자들이 적절한 주거와 건강과 두려움이나 불안함으로부터 자유로운 삶을 통해 원하는 것을 행하고 되고 싶은 것이 될 수 있도록, 인간다운 삶을 살 수 있도록 '훌륭한 입법자'인 국가가 역량의 최소치를 제공해 줘야 한다는 것이 핵심 사상이다. 이는 삶의 질에서부터 자유, 평등, 민주주의, 그리고 사회정의에 대한 질문들을 야기한다.

걸즈 캔 두 애니띵

'Girls Can Do Anything', 'Bad Girl Can Go Everywhere'이라는 표어처럼, 여성은 무엇이든 될 수 있고 할 수 있다. 누스바움의 작업들은, 여성도 어디든 갈 수 있고 무엇이든 할 수 있음을 지지하는 사유들로 채워져 있다고 해도 과언이 아니다. 누스바움의 역량 접근법의 핵심은 "사람들이 실제로 무엇을 할 수 있고 무엇이 될 수 있는가?"라는 질문을 던지면서 '사람들이 가치를 두는 것을 행할 수 있으며 될 수 있는 실제 기회'인 '역량'을 가져야 한다고 주장하기 때문이다.

여성은 누스바움이 제시하는 열 가지 핵심 역량들인 '삶', '육체적 건강', '육체적 통합성', '감성', '상상과 사고', '감정', '실천이성', '친밀성', '다른 종들', '놀이', '환경을 둘러싼 통제'를 모두 향유할 수 없었다. 예컨대 남성의 데이트폭력과 불법 도촬의 공포 속에서 삶을 살아야 할 경우, '감성'과 '친밀성', '육체적 건강'이라는 핵심 역량을 보장받을 수가 없다. 육아와 가사노동을 전담하면서도 제대로 된 휴가나 연휴를 즐길 수 없다면 '놀이' 내지는 여가라는 핵심 역량을 누릴 수 없다.

이 땅의 '82년생 김지영'들은 꿈과 인생과 건강을 포기하고 아이를 키워야 했으며, 외모에 대한 비하와 칭찬을 줄곧 들으면서 살아야 했다. 유리천장과 경력 단절, 임금 격차 등으로 인해 경제적인 불안도 겪어야 했다. 밤거리가 무서워 혼자서 길을 돌아다니려면 큰 용기를 가져야 했고, "여자애가 밤에 어딜 쏘다니냐"는 질책을 들어야 했다. 그러면서도 "맘충", "김치녀" 같은 비하적인 혐오 표현들과 함께 외모에 대한 평가와 폄하 등으로 인해 긍정적인 성적 대상화보다는 주로 부정적인 성적 대상화를 경험해야 했다. 가사노동과 육아로 인해 명절 연휴에 여가는커녕 안전하고 행복한 삶을 누리기조차 힘들었다. 누스바움의 사유에서 이것들 모두는 역량을 제약당한 채 인간다운 최소한의 삶을 누리고 있지 못하는 사회 부정의일 것이다. 누스바움에게 역량이란 무언가를 행하고 어떤 것이 될 수 있는 실제 기회를 뜻한다. 그리고 사회는 역량의 최소치를 제공해 줄 의무가 존재한다. 누스바움은 아마도 모든 '82년생 김지영'들이 무엇이든 할 수 있고 누구든 될 수 있으며 어디에도 갈 수 있는 삶을 응원하지 않을까?

3
아이리스 매리언 영
Iris Marion Young

김은주

이화여자대학교 철학과에서 「여성주의와 긍정의 윤리학(affirmative ethics): 들뢰즈의 행동학(éthologie)을 기반으로」로 박사학위를 받았다. 지은 책으로 여성 철학자의 삶과 사유를 다룬 『생각하는 여자는 괴물과 함께 잠을 잔다』와 『정신현상학; 정신의 발전에 관한 성장 소설』, 『공간에 대한 사회인문학적 이해』(공저)가 있으며, 함께 옮긴 책으로 『트랜스포지션』과 『페미니즘을 퀴어링!』이 있다. 현재 이화여자대학교, 동덕여자대학교에 출강하고 있다.

아이리스 매리언 영: 정의의 정치 그리고 차이의 정치[1]

suum cuique: 각자에게 각자의 몫을 주라

"정의는 각자가 자기의 몫을 갖는 것"[2]이라는 아리스토텔레스의 정의에 대한 철학적 고찰 이후로, 정의는 각자에게 각자의 몫을 주라는 분배의 문제로 이해되어 왔다. 그러나, 각자의 몫이 무엇인가를 둘러싼 다양한 철학적인 논쟁 가운데, 존 롤스는 자유와 평등이라는 근대 개념과 사회계약론을 통해서 정의를 해석한다. 롤스에 따르면, 정의는 공정한 것이다. 공정으로서의 정의(justice as fairness)는 합리적 절차에 따른 공동체의 운영 원칙이 세워질 때, 즉 그에 대한 합의로 이루어진다. 정의는 사회계약이 일어나는 '원초적 입장(original position)'에서 다음의 두 개의 원칙으로 정초된다는 것이다.[3] 제1원칙은 평등한 자유의 원칙으로 모든 사람의 기본적 자유권의

---

1   이 글은 2018년 『시대와 철학』 겨울호(제29권 4호)에 실린 「정의와 차이의 정치: 아이리스 매리언 영의 정의론의 의미에 대하여」를 수정한 것이다.

2   아리스토텔레스, 『수사학/시학』, 천병희 옮김, 숲, 2017, 77쪽.(1366b 9f.)

3   원초적 입장은 '무지의 베일'의 상황과 합리적이지만 상호 무관심한 존재라는 두 가지 조건에 의해 구성된다. 1) 무지의 베일: 합의 당사자는 인간 사회에 관한 일반적 지식은 알 수 있지만, 자신의 특수한 사실, 즉 자연적 재능, 사회적 지위, 인생 계획, 자신의 가치관, 자신이

평등성이다. 제2원칙은 차등의 원칙으로 사회경제적 불평등은 사회의 최소 수혜자에게 최대 이득이 되는 경우에만 허용되고, 모든 사람에게 공정한 기회의 균등을 보장한다. 이러한 존 롤스의 정의는 자유권을 보장하고 분배의 공정성에 목적을 두는 분배의 정의론을 대표한다.

그러나 페미니스트이자 미국의 정치철학자인 아이리스 매리언 영은 롤즈의 정의론의 한계를 논파한다. 세계적 명성을 얻는 1990년 저작 『차이의 정치와 정의(Justice and the Politics of Difference)』[4]에서, 분배 패러다임적 정의에서 벗어나 부정의가 바로 억압과 지배로 인해서 사회집단의 정치적 지위와 관련되어 있다는 점을 밝힌다. 아이리스 영의 정의에 대한 통찰은 '각자에게 제 몫을'이라는 정의 이념이 단순히 누구에게 무엇을 얼마만큼 줄 것인가의 문제가 아니라 부정의를 양산하는 구조의 문제와 관련된다는 점을 제시한 데 있다. 달리 말하면 이는 정의를 사회계약의 원초적 합의 상황으로 이해하는 정체성의 정치에서 벗어나, 차이를 지닌 집단들의 정치적 역량을 강화하는 차이의 정치의 입장에서 주창하는 것이다. 영의 정의론은 차이의 정치를 구조적 부정의에서 벗어나는 방식으로 제시하면서 책임의 문제를 구조적 부정의의 문제에 연루된 사람들의 정치적 '책임'의 문제로 전환한다.

속한 세대 등을 알 수 없다는 것이다. 또한, 2) 사회적 계약을 맺는 합의 당사자는 자신의 이익을 추구하는 합리적 존재이며, 더구나 타인의 이익에는 무관심하여 시기심과 동정심을 갖지 않는 상호 무관심한 존재라는 조건이다. 이에 따라, 정의의 원칙을 합의하는 당사자는 합리적으로 최소 극대화의 원칙에 따라 선택을 진행한다. 이는 당사자들이 선택 가능한 대안들의 결과 중 최악의 것 중에서 최선을 보장하는 선택이다. 존 롤스, 『사회정의론』, 황경식 옮김, 서광사, 2001. 45-46쪽.

4   이 책은 2017년 한국어판 『차이의 정치와 정의』를 포함해 20개국 이상의 언어로 번역되었다. 기존 정의론을 비판적으로 분석하면서 차이의 인정에 기반한 새로운 정의론을 발전시킨 이 책으로, 아이리스 매리언 영은 그해 미국정치학회에서 수여하는 "빅토리아 슈크상"을 수상했으며, 국제적 명성을 얻는다.

분배 패러다임으로서의 정의에 대한 비판

영은 『차이의 정치와 정의』의 첫 장인 「분배 패러다임을 대체하기」에서 기존의 사회정의에 대한 이론들을 분석하고, 대부분의 이론이 물질적 자원과 소득, 보수(報酬) 및 특권적 지위를 분배하는 데에만 초점을 맞추고 있다는 점을 비판한다. 이러한 이론들은 정의를 분배의 관점에서만 이해하고 있으며, 부와 소득의 평등과 불평등의 문제를 사회정의의 주된 문제로 여기고 있다는 것이다. 분배 패러다임은 사회정의의 실현을 공정한 분배로 이해하면서 정의를 정당한 소유에 관한 논쟁 안에서 설명하고, 물질적이거나 비물질적 재화의 공정한 분배로 정의의 영역을 한정한다. 그 결과 사회적 장에 출현하는 사람들과 재화들의 최종 상태가 어떠한가에 따라서 정의를 평가하는 데 그친다.

> 분배 패러다임은 또한 정형 지향적(pattern-oriented)이기도 하다. 분배 패러다임은 사회적 장에 등장하는 개인들 및 재화들의 최종 상태가 어떤 정형이냐에 비추어 평가한다. 사회정의를 평가하는 작업은 선택지로 제공된 여러 정형들을 비교하여 그중 어느 것이 가장 정의로운지를 결정하는 작업이다. 정의를 정형 지향적으로 파악하는 것은 정 태적인 사회관을 암묵적으로 전제하고 있다.[5]

영은 분배 패러다임이 정형 지향적이라 평가한다. 정형 지향적 정의는 사회에서 개인과 재화의 최종 상태가 어떠한 정형인가에만 관심을 두면서 정작 정의를 실행하는 과정에 대한 논의는 생략하고, 재화를 어떻게 평등하게 분배할 것인가라는 목적에만 집중한다.[6] 이렇듯 정의의 모든 문제를

---

5   아이리스 매리언 영, 『차이의 정치와 정의』, 김도균·조국 옮김, 모티브북, 2017, 58쪽

6   정형 지향적 정의는 사회정의의 평가 작업의 선택지가 되는 여러 정형을 비교하여 그중 어느 것이 가장 정의로운지를 결정한다. 정형 지향이라는 표현은 로버트 노직(Robert Nozick)

분배의 최종 결정으로 설명하는 정향 지향적 분배 패러다임은 비역사적이고 정태적인 사회존재론을 전제하고 사회정의를 부와 소득의 분배 문제로만 일축하는 데 반해, 영은 "사회정의의 많은 쟁점들과 관련해서 볼 때 중요한 점은 특정한 순간에서의 특정한 분배의 정형이 아니라, 오랜 시간에 걸쳐 이루어지는 규칙적인 분배 정형의 재생산"[7]이라고 분석한다. 즉, 정의는 구조를 누락한 분배에 관한 것만이 아니라, 분배를 낳는 사회구조와 사회과정에 대한 논의를 필요로 한다. 실상 사회정의를 재화의 분배로 축소할 경우, 재화를 누가 만들었는지, 분배의 틀을 누가 결정하는지의 문제는 사라져 버리기 때문이다.[8]

따라서, 영은 지금 시대에서 부정의의 문제는 부의 재분배만이 아니라, 의사결정 과정, 미디어 영향력, 가치 부여와 같은 제도적 맥락으로 인해 일어나고 있다는 점을 지적한다. 실제로 다양한 제도적 맥락들, 재화 처분과 관련된 행위와 권리를 정해 주는 규칙인 법률은 물질적 재화의 분배에 직접적이고 큰 영향을 미친다. 또한, 문화적 형상에 따른 상징적 의미 역시 사회적 지위와 재화 분배에 직접적 영향을 준다. 성, 인종, 취향 등을 해석하는 지배적 견해는 표준에서 벗어난 사람들을 열등하거나 비정상적인 존재로 규정한다. 이는 사회적 지위에 커다란 영향을 줄 뿐만 아니라, 물질적 재화의 분배에도 직접적인 영향을 미친다.

의 '최종 상태의 정형(end-state pattern)'에서 유래한 것이다. 노직은 특정 기준에 따른 재화 분배와 그에 따른 최종 상태를 정의로운 것으로 평가하는 정의론을 정형 지향적 정의론으로 칭한다. 노직은 정형 지향적 정의론에 대해 1) 특정 분배를 정의롭다고 규정한다는 점에서 정의를 정형화하고, 2) 비역사적이고 재화가 분배되는 역동적 과정을 무시한다는 점에서 비판한다. 로버트 노직, 『아나키에서 유토피아로―자유주의 국가의 철학적 기초』, 남경희 옮김, 문학과 지성사, 2014, 198쪽.

7 아이리스 매리언 영, 『차이의 정치와 정의』, 80쪽.

8 아이리스 매리언 영의 분배에 대한 비판은 맑스주의적인 방식은 아니다. 영은 맑스주의적 관점의 분배에 대해서 역시, 분배를 생산 조건과 결과로 파악한다는 점에서 비판한다. 맑스주의의 입장에서 정의는 단지 상부구조의 문제이며, 정의를 그저 부르주아적 개념으로 여긴다.

특히, 여성 등 특정 집단이 자주 폭력의 대상이 된다는 사실은 개인적인 차원에서가 아니라, 사회적 부정의의 문제와 직접적으로 관련되어 있다는 것을 보여 준다. 게다가 특정 노동에 부여하는 가치 평가나 해석은 노동 개념을 분배만이 아니라 사회적 인정과 관련된 문제임을 이해하게 한다. 예를 들어 가사노동이나 돌봄노동을 여성적인 것으로 해석하고 평가하는 경우가 전형적 사례인데, 가사노동은 사회적 재생산을 위한 필수적 활동이라는 점에서 마땅히 지불되어야 할 노동이다. 그럼에도 흔히 가사노동은 사회적 대가가 지불될 필요가 없는 사적인 활동으로 설명된다. 돌봄노동 역시 이와 마찬가지인데, 특히 젠더 편향적인 평가를 거쳐 그 자체가 여성적인 것으로 해석된다. 이는 돌봄노동과 관련된 직종에 여성을 주로 배치하는 것을 당연시할 뿐 아니라, 이러한 노동에 대한 사회적 평가와 대우를 낮게 매기는 배경이 된다. 이와 같이 특정 노동을 사회적으로 해석하고 평가하는 방식이 불평등 분배에 큰 영향을 주지만, 분배 패러다임은 이를 제대로 포착하지 못한다.

영의 이러한 비판에서 중요한 통찰은 정의를 분배 패러다임에 가두는 논리가 정의의 실현이 권력과 관련한다는 점을 간과하고, 제도적 부정의를 누락한다는 점을 지적한 것이다.[9] 영은 정의의 실현을 권력의 측면에서 설명하지만, 권력을 거래, 교환, 분배될 수 있는 것으로 파악하지 않는다. 영은 푸코의 권력 개념을 받아들이면서, 지배자와 피지배자 모델이 아닌, 여러 행위자와 행위들로 이루어지는 것으로 권력을 설명한다. 권력은 고정된 실체가 아니라 오직 행동과 관련한 관계적인 것이다.[10] 권력은 소수에

---

9 제도적 맥락은 생산양식보다 넓은 의미를 지닌다. 이는 국가, 가족, 시민사회, 직장과 같은 제도들에 존재하는 구조나 행동과, 이와 연관된 규칙 규범, 사회적 상호작용을 매개하는 언어와 상징을 포함한다. 이러한 제도적 맥락은 행동과 결정의 과정에 참여하는 역량 형성의 조건이 되기에 정의와 부정의의 판단에 있어 매우 중요하다. 아이리스 매리언 영, 같은 책, 65쪽.

10 미셸 푸코, 『성의 역사 1』, 이규현 옮김, 나남, 2004. 112-115쪽.

집중되는 것이 아니라, 수많은 사람들을 통해 산출되고 재생산되며 상호 작용이 일어나는 역동적 과정의 함수로 설명될 수 있다. 이러한 생산하는 권력 개념은 특권적 지위에 있지 않는 존재까지도 권력의 주체로 설명하면서 확장된 영역에서 권력의 작동을 파악한다.

영의 분배 정의에 대한 비판은 "분배의 문제가 중요하지 않다고 말하려 하는 것이 아니라", 기본적으로 사람들을 재화의 소유자 및 소비자로 보는 분배 패러다임의 정의 담론을 대체하고, "행동과 행동의 결정을 포함하고, 나아가 역량을 계발하고 행사할 수 있게 하는 수단들의 제공도 포함하는 보다 넓은 맥락"[11]에서 정의를 역량 증진(enabling conception)의 측면에서 설명하려는 것이다. 이러한 역량 증진적 정의는 분배만이 아니라, 개인 역량과 공동의 의사소통과 협력의 발전과 행사에 필요한 제도적 조건들에 관심을 두는데, 이유는 부정의가 억압과 지배를 통한 역량 박탈과 관련될 뿐 아니라, 분배의 논리로 포착하기 어려운 그러한 부정의의 구조가 분명히 존재하기 때문이다.[12]

영의 정의론은 '정의란 무엇이다'라는 규정을 내리기보다는, 지금의 상황에서 발생하는 부정의의 원인을 탐구함으로써 그로부터 벗어나는 것을 목적으로 삼는다. 기존의 정의론은 사회적 맥락에서 벗어난 초월적 관점을 상정하고, 정의에 대한 합의의 구성 후 벌어지는 사태가 정의론의 진리 치나 사회생활과의 관련성에 아무런 영향을 미치지 않을 것이라 전제한다. 영은 이를 비판하면서, 정의 담론에서 구체적 시간성과 사회적 맥락이 결코 지워질 수 없음을 강조한다. 이런 점에서, 영의 정의에 관한 논의는 하나의 이론적 확립을 목표로 하기보다는, 정의를 성찰하는 담론의 장을 마련하는 것에 목적이 있다. 즉, 부정의를 상황과 맥락 속에서 비판하고, 여기에서 이루어지는 규범적 성찰을 목도하면서, 새로운 규범의 가능성을

---

11 아이리스 매리언 영, 같은 책, 53쪽.

12 같은 책, 103쪽.

탐구하고 제시하는 것이다.

정의의 개념과 정치적인 것의 개념은 일치한다

1) 지배와 억압

영의 정의론은 분배의 영역을 넘어, 정의를 보다 넓은 영역으로 확장하여 다룬다. 그러나, 그것은 정의가 '좋은 삶이란 무엇인가'를 다루거나, 인간 본성을 규명하는 모든 도덕적 규범을 포함하는 것은 분명히 아니다. 영은 정의를 도덕의 영역에서 사유하려는 것에 반대하고, 도덕과 정의가 일치할 수 없음을 명시하면서, 제도적 조건들만을 정의의 대상으로 삼는다.

정의를 도덕으로부터 분리하려는 영의 시도는 우선 다음의 이유 때문이다. 도덕적 추론은 "상황에 대해 불편부당하고, 특정한 이해관계를 가지지 않는 비개인적 관점"과 "정의와 권리의 일반 원리에 부합하는 결론"을 추출하여 이를 "개별 사안에 공평무사하게 적용한다는 관점"을 전제한다.[13] 그러나 이러한 도덕의 일반 이론은 한편으론 페미니스트 이론가들에 의해 특수한 도덕적 추론에 불과하다는 비판을 받기도 하는데, 그것이 가족 및 개인의 삶에서 발생하는 문제에 들어맞지 않는다는 딜레마가 있기 때문이다. 사회관계에서 발생하는 문제에 접근하는 도덕적 태도는 보편타당한 원리만이 아니라, 사회적 맥락을 지니는 구체적 관계와 요구들에 대한 이해가 동반되어야 하는 것이다.[14]

---

13 같은 책, 217쪽.

14 캐럴 길리건은 『다른 목소리로』에서, 권리의 도덕과 배려의 도덕을 구분하고, 공평 타당한 도덕론을 주장하는 기존의 논의를 비판적으로 검토하는 한편 도덕의 지평에 새로운 관점을 제기한다(캐럴 길리건, 『다른 목소리로』, 허란주 옮김, 동녘, 1997, 23-24쪽, 참조). 영은 『차이의 정치와 정의』 218쪽에서 이러한 페미니스트의 이론을 통해 도덕 이론에 대해 비평한다.

영은 페미니스트 이론가들의 지적을 수용하면서도, 이 이론이 공/사 구분하는 이분법을 유지시킨다는 점을 지적하고, 실상 이 이분법이 불편부당한 이상이라는 동일성의 논리를 전제한다고 분석한다. 이에 따라 영은 사적 영역으로 설명되는 차이, 몸, 개별 특수성을 가족과 시민사회의 영역에 국한시킬 것이 아니라, 정치의 영역에서 논의되어야 할 것을 주장한다. 그리고 아울러 정치의 영역에서 제시하는 공중(the public)을 이성적 개인들로 구성된 동질적 존재가 아니라 각기 다른 신체를 지닌 이질적인 존재로 제시한다.

공/사 영역 구분에 대한 문제 제기와 이질적 공중의 제시를 통해서 영은 정의의 문제가 정치적인 것의 개념과 일치한다고 주장한다. 영의 말에 따르자면, "정치적인 것이 존재하면 정의의 개념도 동시에 함께 존재하기 마련이다."[15] 영은 정의를 정치의 문제이자 제도적인 대상으로 다루면서, 부정의를 지배(domination)와 억압(oppression)이라는 개념으로 규정한다. 영은 부정의한 상황이 정치적 결정과 정치적 행위자로서의 성장을 방해하는 데에 있다고 분석한다. 즉, 지배는 체계적 조건으로 행위에 대한 자기 결정을 막고, 억압은 체계적인 제도 과정으로 다른 사람들과 소통하며 감정과 관점을 표현하는 자기 발전을 막는다는 것이다.

좀 더 자세히 설명하자면 다음과 같다. 지배는 개인들의 자기 결정을 막는 제도적인 제약이며 의사결정, 어떤 행위 조건들을 결정하는 데 참여하지 못하게 막는 제도적 조건이다. 이는 (다른 사람들이나 집단들이) 내가 행동할 조건을 직접 결정하거나, 혹은 직접적으로는 아니지만 이러한 결정과 관련한 행위가 누적되고 구조화되어, 그 결과로 인해 내가 행동할 조건을 결정할 수 없는 경우를 의미한다. 지배는 "사람들이 어떤 행위를 할지 결정할 때 참여하지 못하게 금제하거나 막는, 또는 행위 조건들을 결정하는 데 참여하지 못하게 금제하거나 막는 제도적 조건들"로 인한 자기-결정(self-de-

---

15 아이리스 매리언 영, 같은 책, 39쪽.

velopment)과 관련한다. 한편으로 억압은 개인들의 자기 발전을 막는 제도적인 제약을 지시하며, 사회적으로 안정된 환경, 타인과 함께 여가를 즐기거나 소통하지 못하게 금제하거나 타인이 경청할 수 있는 상황에서 사회생활에 관한 자신의 체험, 감정, 관점을 표현하는 것을 금지하는 것을 의미한다. 이는 "사회 구성원의 일부가 사회적으로 인정된 환경에서 좋은 기술들을 익히고 사용하는 것을 막는 제도적 과정 체계"로서, 자기-표현(self-expression)과 관계한다.[16]

영은 지배와 억압이 이처럼 자기 결정과 자기표현의 역량을 저해한다는 점에서 사회적인 관행, 문화적인 의미가 공동의 평가와 의사결정 대상이될 수 있기에 정의는 제도와 공적 행위와 관련되며, 이들의 모든 측면을 포함하는 정치적인 것이라고 규정한다. 정치는 정의의 실현을 목표로 하며, 정의의 실현은 사회적 삶의 영역에 존재하는 부정의를 극복하고 모든 사회 구성원들의 자기개발과 자기 지배를 보장하는 것이다. 여기서 영은 특히 억압을 좀 더 복잡한 구조를 갖는 것으로 분석하며, 그것을 새장에 비유한 마릴린 프라이를 인용한다.

우리는 1-2cm 두께의 철사 하나만 봐서는 새의 비행의 금지를 설명할 수 없다. 특정 한 방식으로 배열되고, 새를 에워싸도록 서로 연결되어 서로를 강화시키는 다수의 철사 들만이 왜 새가 자유롭게 날지 못하는지를 설명할 수 있다. 사회적 구조는 이 새장 같 이 작동한다.[17]

기본적인 사회구조는 사람들을 일정한 사회적 지위에 머물게 만들며,

---

16 같은 책, 98-99쪽.

17 Marilyn Frye, "Oppression", in *The Politics of Reality*(Trumansburg, NY: Crossing Press, 1983); Iris Marion Young, Inclusion and Democracy, Oxford University Press, 2000, p 92 에서 재인용.

사람들의 기회 및 삶의 가능성을 조건 지운다. 사회구조는 새장의 철사들처럼 서로를 강화하는 체계적 제한을 창출하는 것이다.[18] 그런 점에서, 구조적인 사회집단은 노동 및 생산의 사회적 조직화, 욕망 및 섹슈얼리티의 조직화, 권위와 종속의 제도화된 규칙, 그리고 명망 등을 통해 구성되는 것으로 이해되어야 한다. 영은 이러한 억압의 작동 방식을 세부적으로 착취, 주변화, 무력화, 문화 제국주의, 폭력이라는 다섯 가지 분류를 통해 구체적으로 드러낸다.

먼저 착취(exploitation)는 "일부 사람들이 다른 사람들의 목적(의도)에 따라서, 그리고 이들의 이익을 위하여 그 통제 하에서 자신들의 능력을 행사"하게 되는 것이며, 이러한 착취를 통해 억압의 다양한 양상이 드러난다. 예를 들어, "한 사회집단의 노동 산물이 타 집단에게 이득이 되도록 이전되는 항상적 과정"은 노동자에 대한 자본가의 착취 문제로만 이해할 것이 아니라, 여성의 에너지가 남성으로 이전되는 '젠더 착취'로 확장될 수도 있다.[19] 이러한 착취는 단순히 노동 산물이나 에너지에 대한 착복만을 의미하지 않고, 착취를 통해서 부나 이윤뿐 아니라 권력의 소유와 연결된다. 주변화(marginalization)는 주로 불안정한 고용과 실업으로 인해 의미 있는 노동과정에 참여하지 못한 채 생존의 위기에 내몰리는 억압을 낳는다. 무력화(powerlessness)는 간접적 수준에서의 권한이나 권력조차도 가지지 못하는 것, 의사결정에 민주적으로 참여할 권력 자체가 박탈당한 상태를 말한다. 문화 제국주의(cultural imperialism)는 지배집단의 경험과 문화를 보편화하고 유일한 규범으로 확립하는 것을 의미한다. 지배집단이 자신들 역시 특수한 집단임에도 불구하고, 자신들의 관점이나 견해가 보편적인 것인 양 강요하는 현상이다. 예를 들면, 백인 이성애자 남성의 편견과 선입견에 따라 흑인

---

18 억압에 대한 분석은 억압당하는 집단들을 관찰하고, 억압이라는 개념이 여러 요소들로 작용하는 복합체라는 점에 주목하는 것이다.

19 아이리스 매리언 영, 같은 책, 128쪽.

이나 여성이 열등하고 동성애자가 문란하다는 식의 차별적인 태도가 보편적 견해로 자리 잡으면서, 억압받는 집단의 관점과 정체성은 배제되고 차별받는다. 폭력(violence)은 단순히 개별 행위자의 행위가 아니라 사회적 맥락과 체계에서 일어난다. "폭력이 개인적으로 저지르는 도덕적 잘못이라는 점을 넘어서서 사회 부정의에 의한 현상이 되는 것은 폭력이 가지는 체계적 속성, 즉 폭력이 사회적 실천으로서 존재"[20]하기 때문이다. 무엇보다도 특정한 제도와 사회적 수행이 특정 집단에 대한 폭력 행위를 용인하고, 그러한 행위에 대해 관용적인 태도를 취하는 사회적 환경과 맥락이 결국 폭력을 재생산하며, 사회적 실천으로서의 체계적 폭력(systematic violence)을 양산한다. 여성을 성폭행하거나 동성애자에게 폭력을 행사하는 행위에는 이를 방조하고 묵인하는 제도적이고 사회적 맥락이 있다.

2) 차이와 정의

영의 정의론에서 억압은 구조적 부정의이다. 억압의 작동 방식에서 알수 있듯, 사회 부정의는 어떤 범주의 사람들을 이동하지 못하게 만드는 폐쇄적 구조를 지속하고, 이로 인해 어떤 집단은 무기력한 상태에 놓이고 무시당한다. 사회 부정의는 사람들의 역량을 구조 안에 가두어 질식시키거나, 이에 알맞게 순응하게 만드는 초월적 동화주의에 기반한다. 즉, 부정의는 이질성과 차이를 무시하고 지배집단 중심의 보편성과 일반성만을 강조하는 동일성의 논리와 연관되어 있는 것이다.

영의 정의론은 억압과 지배라는 부정의의 구조를 드러내는 동시에, 불의가 차이를 사상하고 동일성을 주창하는 논리와 밀접하다는 사실을 강조한다. 차이란 그저 동일성의 부정이나 반대가 아니라, "개별 특수성을 뜻하고, 몸과 정서의 다종다양성을 뜻하며, 분화되기 이전의 단일한 기원을 가

---

20 같은 책, 148쪽.

지지 않는 언어 관계 및 사회관계의 무궁무진한 다양성"을 의미한다.[21] 이러한 차이를 무시하거나 부정하는 방식이 억압적 구조를 창출한다. 그러한 이유로, 부정의에서 벗어나는 정의의 실현은 이질성, 다원성, 차이에 대해 적극적으로 주목하고, 특히 억압당하는 사회적 집단이 지닌 차이를 긍정하는 것이다.

이러한 정의로 향하는 대안은 동일성에 근거한 분배 패러다임의 평등의 이상에 대한 비판에 따른 것이다.[22] 특히 롤스의 분배 중심의 정의론은 개인주의적, 이성 중심적, 무엇보다도 남성 중심적이며, 원자적이고 불편부당한 개인을 전제하거나 동질적인 공중을 가정한다. 동질적 공중은 서로에게 무관심한 각각의 원자적 개인을 전제하는 것이며, 행위의 책임은 각 개인에게 귀속된다.

그렇다면 분배 정의의 제안처럼, 기회 균등과 최소 수혜자의 이익을 보장하는 방식을 실행한다면 평등의 목적이 달성될 수 있는 것일까? 여기서 영은 개인들이 결코 원자적이지 않다는 점을 제시한다. 동질적 공중을 전제하고 공동체의 이상을 실현하려는 분배 정의 논리는 사회적 차이를 부인할 뿐 아니라, 우리 각자가 타인을 이해하고, 타인 스스로가 자신을 이해하는 것과 같은 방식으로 상호 이해하고 인정한다고 가정하지만, 영은 개인의 정체성과 집단의 정체성이 일체화될 수 없다는 점을 분명히 하면서 사회집단과 개인의 관계를 설명한다. 즉, 사회집단은 개인을 위치 지우고, 개인들은 사회적 지위와의 능동적 관계 속에서 형성된다는 것이다. 사회집단을 만드는 사회구조 안에서 각기 다른 위치에 있는 사람들은 구조적 상황에 따라 사회관계를 파악하는 다른 경험 및 다른 인식을 지닌다. 하지

---

21 같은 책, 40쪽.

22 이는 평등에 대한 새로운 이해를 제시하는데, 모든 집단이 제도와 지위에 참여하고 포함된다는 의미로 평등이 이해된다면, 실제적 평등은 어떤 경우에는 서로 다르게 대하는 차등 대우에 의해서 더 잘 이루어진다.

만, 이때 사회구조를 사회적 행위자들과 독립적인 실체로 생각하는 것은 오류이다. 사회구조는 사회적 행위자들과 분리된 독립적 실체가 아니라, 사람들의 행위 및 상호작용에서만 존재하는 것으로, 정태적 상태가 아니라, 과정으로서 존재한다.[23]

이러한 사회구조는 수많은 행위들이 합류하면서 의도되지 않은 결과들을 낳고, 때때로 기회 및 제한을 생산하거나 강화한다. 또한 그러한 결과들은 미래의 행위가 일어나는 물리적 조건과 행위자의 습관 및 기대에 그 특성을 새겨 넣기도 한다. 구조적인 사회집단은 자신들의 기회 및 삶의 전망을 조건 짓는 상호적이고 제도적인 관계에서 유사하게 위치 지어진 사람들의 집합이다. 이에 따르면 개인들은 사회 공간에서 다양한 지위를 차지하고, 그들의 지위는 다른 지위들과의 일정한 관계에 놓이며, 지위들의 속성은 이 관계를 통해 서로 내적으로 구성된다. 즉, 사람들은 그들을 주어진 의미, 예상되는 활동, 제도적 규칙으로 위치시키는 사회적 장 안에서 다른 사람들과 상호작용하는 그런 세계에 내던져진다. 이러한 개인들은 사회구조의 위치 짓기와 관련해 자유롭게 행동하면서 사회관계를 변형시키려는 집단적 행동을 하기도 한다. 그것은 무엇보다도 유사하게 위치 지어진 행위자들이 사회적 관계에서 유사한 강제 및 특정한 친연성(affinity)의 방식을 경험하기 때문이다.[24]

---

23 사회구조 개념은 그 아래에서 행위자들이 행위하는 조건을 포함해야 한다. 그것은 종종 물리적 환경에 새겨진 행위의 집단적 산물이다. 장 폴 사르트르는 사회구조의 이러한 측면을 '실천적 타상태(practico-inert)'로 불렀다. 사람들이 행위하게 되는 조건들의 대부분은 사회-역사적이다. 그 조건들은 이전의 행동들의 산물이며, 대개 이전의 행동들에 대한 조직화되거나 비조직화된, 하지만 상호적으로 영향을 주는 수많은 행동들의 산물이다. 이러한 집단적 행동들은 물리적이고 문화적인 환경에 대해 일정한 효과를 생산했는데, 이 환경은 특정한 방식으로 미래의 행동을 조건 짓는다. 사회구조들은 이렇게 건축물의 실천적 타상태의 물리적 조직화를 포함하지만, 또한 차량, 소통, 나무, 강, 바위 그리고 그것들이 인간 행위와 맺는 관계 등의 양식을 포함한다.

24 이러한 방식이 케이티 킹(Katie King)이 제안한 '친연성(affinity)'이다. 친연성은 동일시에 의존하지 않은 시적/정치적 방법론을 제시한다. Katie King, "The situation of lesbianism as

우리는 계급, 젠더, 인종, 민족, 종교 등과의 관계에서 위치가 정해지는 우리 자신을 발견하는데, 이 관계는 행위의 가능성과 강제의 가능성 모두의 원천이다. 사르트르의 '계열성(seriality)' 개념은 사회적 행위자들의 가능성을 (그들의 정체성/동일성을 구성 하지 않고도) 조건 지우는 구조적 위치 짓기를 이론화하는 데 유용하다.[25]

친연성의 방식으로 엮이는 사회집단은 사르트르의 계열성 개념으로도 설명될 수 있다.[26] 계열성은 현존하는 상황과 물질적 조건에 따라 습관적으로 제약되면서 위치 지어지는 묶임이다. 계열로 묶이는 사람들은 일상적인 관행과 습관, 그리고 행동하면서 지향하는 대상에 따라 수동적으로 묶여진다. 버스를 기다리는 승객, 동일한 주파수를 청취하는 라디오 청취자, 극장에 들어가기 위해 줄을 서 기다리는 관객이 계열적 묶음의 예시이다.

계열에서 개인은 환경에서 비롯한 기존 조건과 구조에 반응하는 것에 따라 동일한 목표를 지향하기도 하는데, 이는 상황에서의 위치 지어진 조건에서 개인이 행동하고 결정하는 집합적 유산이기도 하다. 이에 따르자면, 계열적 여성으로서의 젠더 지위는 그 자체로 사회적 속성이나 정체성을 공유하는 것이 아니다. 영에 따르면 여성은 개인들이 강제된 이성애와 성별 노동 분업의 규범에 의해 위치 지어지는 하나의 계열에 붙여진 이름이다. 즉, 이성애적 상호작용과 습관의 규범 및 기대는, 아이의 돌봄이 정체성을 구성하지 않고도 아이들의 기질과 친연성을 조건 지우듯이, 특정한 사회적 활동성을 발전시킨다.[27]

---

feminism's magical sign: contests for meaning and the U.S. women's movement", *Communication*, 1986; 다나 J. 해러웨이, 『유인원, 사이보그, 그리고 여자』, 민경숙 옮김, 동문선, 2002, 281쪽 참조.

25 Iris Marion Young, *Inclusion and Democracy*, p 100.

26 장 폴 샤르트르, 『변증법 이성비판 I』, 박정자 옮김, 나남출판, 2009, 541쪽.

27 물론 집단 친연성의 특수성을 긍정하려면, 당연히 자기 집단 내부에 존재하는 집단 간 차이와 개인 차이를 인정하고 긍정하는 것이 필수적이어야 한다.

사회구조의 위치에서 개인은 행위하고 살아가면서 친연성으로 맺어진 계열적 사회집단에 속한다는 점에서, 그저 원자적인 존재는 아니다. 그러한 이유로, 지배와 억압의 상태에 있는 사회집단의 역량을 강화하는 편이, 부정의를 없애는 정의의 실현에 더 가깝다. 즉, 정의의 실현에는 억압당하는 사회집단의 차이를 드러내고 그 역량을 강화하는 것이 더 적합하다.

정체성의 정치에서 차이의 정치로

1) 관계 논리로 접근하는 사회집단 개념

앞서 살펴보았듯, 영은 사회적 구조가 사회 집단을 창출한다는 점에 주목한다. 사회집단은 "문화적 형식과 관행, 또는 삶의 방식 때문에 적어도 하나의 타 집단과는 구별되는 사람의 무리이다."[28] 하지만 사회집단은 그렇다고 동질성을 공유한 집단을 의미하지 않는다. 개인들을 공통점으로 묶는 무리(aggregates)나 어떤 목적에 따라 모이는 결사체(associations)와는 다른 것이다. 즉, 사회집단은 그 자체로는 정체성을 갖지 않으며, 개인들은 사회집단 내의 위치에 기초해 그들 자신의 정체성을 구성한다. 사회집단의 차이는 실체적이 아니라 관계적이다. 구조적 사회집단은 하나의 지위가 다른 지위와 동떨어져서 존재하지 않는다는 점에서 관계적이다. 관계 논리로 사회집단이 구성된다는 것은 다음과 같다.

우선 관계적 만남으로부터 사회집단이 생겨난다. 관계적 만남은 유사성과 차이 모두에 대한 지각을 생산한다. 영은 다음과 같은 예시를 든다. 마오리족이라는 분류 개념의 경우, 영국이 뉴질랜드를 정복하기 전에는 존재하지 않았다. 섬사람들은 스스로가 다른 계통을 지닌 수십 수백의 집단

---

28 아이리스 매리언 영, 『차이의 정치와 정의』, 111쪽.

에 속한다고 여겼다. 그러나 영국인들과의 만남은 마오리족의 차이에 대한 지각을 변화시켰고, 영국인들 역시 그러하다. 이러한 관계적 개념화에서 보면 한 집단을 집단으로 만드는 것은 공유하는 속성이 아니라, 서로 맺는 관계에 있는 것이다.

나아가 관계적 접근법은 한 집단의 구성원을 다른 집단의 구성원과 구별 짓는 분명한 경계선을 제시하지 않는다. 차이 나는 집단들은 그 구성원들이 중첩되고 상호작용하면서 상호 개입과 독립을 허용한다. 즉, 모든 사회집단은 내부에 그것을 가로지르는 다른 사회집단을 가진다. 개인의 정체성은 젠더, 인종, 계급 정체성의 단순한 합일 수 없다. 이러한 사회집단은 분명하게 구성되지 않으며, 결사체와 달리 그 내부에 일정한 역할을 분담하지도 않는다.

이로부터 영이 주목하는 바는, 인종, 계급, 섹슈얼리티, 능력으로 이루어진 사회집단이 문화적 차이에 기초하고 또 그 차이들로 교차되기도 하지만, 집단의 차별의 경험에 의한 사회운동이 그렇듯, 구조적 불평등에 저항하는 과정에서 구성된다는 점이다. 이를 관계 논리로 보자면, 사회집단의 차이의 강조가 정의를 증진시킬 더 높은 가능성이 있다는 것을 의미한다.

따라서 영은 부정의에 저항하는 정치를 다양한 사회 집단이 경험하는 억압을 인정하고 '이질적 공중'을 내세우는 '차이의 정치'로 제시한다. 차이의 정치는 부정의를 공정성에 위배되는 차별로만 이해하지 않는다. 흔히 차별과 공정성의 문제는 동일 권리를 상정하고, 불평등의 배제와 평등한 대우를 목적으로 삼는 데 그치는 데 반해, 영은 단지 평등권의 실현만이 아니라 각기 다른 차이를 인정하는 데로 나아가야 한다고 주장한다.

2) 차이의 정치

그렇다면, 영은 왜 차이의 정치를 강조하는가? 가장 큰 이유로는 정체성의 정치가 지닌 문제점 때문이다. 1) 정체성의 정치는 필수적 속성을 공유하진 않지만 그 집단과 자신을 동일시하는 사람들이 항상 있다고 가정한다. 이는 집단을 내부와 외부로 구별하여 사회관계의 유동성을 고정할 뿐아니라, 집단 내 갈등과 파벌주의로 분리되면서, 정체성 규범을 강화한다. 2) 정체성의 정치는 집단 구성원들의 경험을 규범화하면서, 자기와 다른 타자들과 심지어 자기 안에 존재하는 다양한 타자성의 경험을 주변화하거나 침묵하게 만든다. 3) 무엇보다도 정체성의 정치는 구성원 모두가 동일한 이해관계를 갖는다고 가정한다.[29]

영은 이러한 공동체의 이상이 다양한 차이의 경험들을 하나의 단일한 관점에서 파악될 수 있는 전체성으로 용해하면서, 주체 내부의 존재론적 차이, 주체들 사이의 존재론적 차이를 부인한다는 점을 비판한다.[30] 실상 사회집단 내의 사람들은 정치적 이데올로기와 그와 관련한 이해관계에 따른 가치, 전략, 정책에 동의하지 않는다. 공통의 관심사라는 것은 실은 너무나 추상적이어서 동일한 전략적 목표를 구성하기 힘들며, 심지어 사회집단의 구성원들은 서로 모순적인 이해관계를 표현하기도 한다.

차이의 정치는 모든 참여자가 공통의 가치를 공유하는 통일체를 상정하지 않는다. 정치는 자기 주관적이지만 서로서로를 이해하지 않는 낯선 이들 간에서 일어나며, 또한 시간과 공간상 거리를 가로질러 관계 맺는 낯선 이들 간의 관계에서 파악되어야만 한다. 영은 사회집단의 공개적 표현을 집단의 정체성과 같다고 가정하는 오류를 지적하면서, 사회집단의 인정

---

29 같은 책, 477-498쪽.

30 아이리스 영의 주체관은 다음과 같다. 주체는 통일체 아니며, 주체가 자기 자신 앞에 등장해서 존재할 수 있는 것도 아니므로 자기 자신을 알 수 없다. 영에 따르면, 나는 내가 의미하고

요구를 억압에 따른 차별, 불평등한 기회, 정치적 주변화에 대한 반대이자, 집단의 역량을 강화하려는 시도로 제시한다.

심의 민주주의를 주창하다: 민주주의 확대와 심화

1) 민주주의의 자원으로서 차이

정체성의 정치에 대한 비판만큼이나 차이의 정치에 대한 비판 역시 존재한다. 다름 아닌 공공선을 파괴한다는 것이 비판의 주요 요지이다. 민주주의에 불협화음을 일으키며 심지어 다른 이들과의 소통 및 협력의 의지조차 없다는 것이다. 소수성과 타자성이 공적인 인정을 받아야 하고, 대의의 필요성 역시 동의하지만, 차이의 정치는 도가 지나치며, 정치적 논쟁의 주된 초점이어야 하는 국가 정체성을 위태롭게 만든다고 주장하기도 한다. 진보 정치에서는 계급 연대를 파괴한다는 점에서 비판한다. 차이의 정치가 진보 정치를 분리주의와 고립주의로 쪼개 놓는다는 것이다. 해방의 정치는 차이의 요구들을 한쪽으로 치워 두고 만인의 기본적 필요를 충족하는 사회로 향하는 공통의 목적으로 단결할 필요가 있다는 것이다.[31]

이러한 비판은 정의 지향의 정치가 사회적 차이를 초월해 공공선을 향해야 한다고 보는 입장에 근거한다. 이에 따라 차이의 정치가 민주주의를

필요로 하고 원하고 욕망하는 것을 항상 아는 것은 아니다. 왜냐하면 의미와 필요와 욕망은 모종의 투명한 자아 속에 있는 원천에서 생겨나는 것이 아니다. 주체는 필연적으로 자기 스스로를 도저히 파악할 수 없다. 모든 주체는 다중적 욕망을 가지는데, 이 다중적 욕망은 한 주체 내부에서도 충돌한다. 주체는 이질적 과정으로 스스로에게 완전히 현전하는 경우가 절대 불가능하다. 따라서 주체들은 스스로 투명하게 할 수 없고 주체들 서로에 대해서도 완전히 현전할 수 없다. 같은 책, 489쪽.

31 토드 기틀린(Todd Gitlin)과 데이비드 하비(David Harvey)가 진보적 관점에서 차이의 정치에 비판적 입장을 취한다.

위태롭게 하고, 의미 있는 소통을 말다툼으로 바꾸고, 변화를 위한 숙의나 협력을 지향하지 않는다고 단정한다. 그러나 사회집단의 특수성으로부터 나오는 정치적 요구들은 민주적 소통의 장애물이 아니라 오히려 민주적 소통의 자원(resource)을 제공할 수 있다.

> 나의 주장은, 사회집단의 위치의 특수성으로부터 나오는 정치적 요구들과, '정치집단 (polity)은 이러한 사회적 차이들을 주의해야 한다'는 주장이 정의를 지향하는 민주적 소통의 장애물이기보다는 오히려 민주적 소통의 소재/자원을 제공한다는 것이다.[32]

현대 민주주의 정치에서 사회집단의 운동과 주장에 따른 공론의 장은 관계적 구성에 있는 구조적 차이 지님에서 비롯된 것이다. 즉, 차이를 없애지 않고, 오히려 차이가 조건 지운 경험을 서로 소통함으로써 보다 객관적인 정치적인 판단에 도달할 수 있고, 이러한 소통을 통해 공중은 집단적으로 구성될 수 있다. 따라서 다양한 관심, 제안, 주장, 경험들의 표현이 민주적 토론과 의사결정을 위한 중요한 자원이 되고, 그에 따른 지식이 헤게모니적 담론을 복수화하고 상대화할 수 있으며 현명한 결정에 기여할 수 있는 무언의 지식을 제공한다.

이러한 영의 생각은 공중, 공공성, 공적인 것을 통일성이 아니라 복수성의 관점으로 이해하는 한나 아렌트로부터 영향을 받았다. 아렌트에 따르면 공론장은 언어, 관점, 인식을 공유하는 편안한 대화 장소가 아니라, 다양한 복수적 관점들이 서로 환원이 불가능한 차이에 기반해 자기주장을 하면서 경합하는 장이다. 복수적 관점이 많으면 많을수록 서로 간의 다양한 경험 안에서 비판, 반성, 설득 등의 상호작용이 일어나 스스로를 구성하는 판단을 해 나가는 상황적 지식(situated knowledge)을 증진시킨다. 이러한

---

32 Iris Marion Young, *Inclusion and Democracy*, pp. 86-87.

상황적 지식은 그들이 함께 거주하는 세계의 실재성과 객관성을 드러냄으로써, 세계에 대한 이해를 확대시키기에 더 용이하다.[33]

> 서로를 조건 지운 경험 및 관점과 소통함으로써. 다른 사회적 지위들로부터 유래된 경험 및 지식의 소통은 문제들에 대한 규정이나 그것들의 가능한 해결책을 편파적으로 보는 관점의 지배로부터 유래한 선입견을 교정하도록 도와준다.[34]

또한, 공론장에서는 자기 요구와 대립하는 주장과 만났을 때 비판과 함께 설명할 책임 역시 생겨난다. 차이가 제기하는 다양한 문제 제기들은 집단의 문제를 실제로 해결하는 민주적 공공성과 정치적 책임의 가능성을 만든다. 그러한 이유로, 민주적 공론장은 모든 사회집단을 포용할 수 있어야 하며, 타자들에게 개방적임을 인정함으로써 민주적 공공성을 창조할 수 있다.

2) 심의 민주주의와 포괄[35]

영은 차이의 정치를 민주주의의 개념에 착목하여 보다 발전시킨다. 영에게 있어서 정의는 정치와 제도의 영역과 일치하기에, 민주주의는 부정의의 타파와 정의의 실현에 필수적이다. 영은 민주적 실천이 정의를 촉진하는 수단이라는 신념을 지지한다. 즉, 사회집단의 차이를 강조하고 그 역

---

33 다나 해러웨이의 '상황적 지식'은 객관성(objectivity) 개념에 대한 비판 속에서 등장했다. 해러웨이는 세계 내 자신의 위치의 우발성(contingency)과 지식에 대한 주장의 경합적(contestable)인 특성을 이해함으로써, 중립적인 관찰자라고 가정하는 것보다 보다 더 큰 객관성을 지닌 지식을 생산할 수 있다고 설명한다. 영은 해러웨이의 상황적 지식을 직접적으로 언급한다. Iris Marion Young, *Inclusion and Democracy*, pp. 86-87.

34 Iris Marion Young, 같은 책, p. 87.

35 이 글에서는 inclusion을 포괄이라고 번역했다. 포용은 지배적 위치의 시혜적인 태도를 함축한다고 판단했기 때문이다.

량을 강화하면서, 다양한 사회집단들이 의사소통에 참여하고 표현하는 것은 민주주의의 증진과 불가분의 관계를 맺는다. 이를 위해서 영은 민주주의의 개념을 확장하고 심화할 것을 제안한다. 민주주의 심화는 가장 소극적이며 상대적으로 소외된 사회집단이나 불이익을 당한 사회집단의 특정 관점이 특정 표현을 얻도록 장려하는 것이다. 또한, 이들의 의견이 의사결정에 실재적으로 영향을 미쳐야 한다.

여기서 영은 민주주의를 심의 민주주의(deliberative democracy)로 확장할 것을 제안한다. 민주주의 정치는 법치주의에 근거해 시민의 정치적 자유를 촉진하고 자유롭고 공정한 선거를 수반한다. 그러나 대의제 민주주의에서는 시민들의 지지를 확인하는 선거를 치른 이후, 그 다음 선거를 통해 선택이 다시 이루어지기 전까지 정책 과정에 시민들은 의사결정에 참여하지 못한다. 특히, 불의에 저항하는 사회 집단들의 요구가 실제로 법 이슈에 대한 참여로까지 가는 경우는 드물다. 그것은 실상 자신들을 대의할 대표자를 선택한 이후에는 대표자의 행위에 개입하고 정치적 과정에 참여할 방식이 존재하지 않기 때문이기도 하다. 민주주의의 정신과 실천은 많은 자발적 단체를 고무시키고 그들이 참여하는 운동은 때로는 정부의 행동과 다른 기관의 활동에 강력한 영향을 미친다. 그러나 정부의 결정은 민주주의적 과정으로 진행되지 못할 때가 많고, 특히 새로운 법을 입법하거나, 사법적 판결 등에 있어서 민주주의가 실현되는 과정에는 어려움이 있다. 참여를 강조하는 민주주의의 이러한 난점으로 인해 어려움에 처하는 사람들은 억압과 지배에 의해 고통받는 사회집단들이다. 따라서 영은 선거에 참여하여 대의제를 실현하는 데에서 더 나아가 민주주의를 심의 민주주의로 심화 확장해야 한다고 주장하는 것이다.

이러한 심의 민주주의로의 확장과 실천은 바로 포괄(inclusion)이라는 개념으로 설명할 수 있다. 포괄은 의사결정 과정에 포함되고, 그 결정에 영향을 미칠 수 있는 정도와 관련한다. 즉, 민주적 포괄은 정치의 모든 구성원들이 정치적 과정으로서의 토론과 의사결정에 대해 실질적으로 동등한 영향력을 가져야 한다는 것을 의미한다. 이러한 포괄에 대한 요구는 기본적인 정치적 권리, 참여 기회, 토론의 헤게모니적 조건에서 배제되는 경험에서 생겨난다. 노동자 계급 그리고 여성들의 투표권에 대한 요구 역시 의사결정 과정에 포괄될 것을 요구해 온 과정에 근거한다. 포괄은 이렇듯 소외되고 주변화된 사람들이 정치에서 시민으로 포함되기 위한 요구와 맞닿아 있는 것이다.

오늘날 성인이 명목 투표권을 행사하는 대의제 민주주의에서의 투표권 평등은 단지 정치적 평등의 최소 조건에 불과하다. 실제로 한 사회 내의 민주적 관행에 대한 헌신의 범위와 강도는 다를 수 있고, 명목상 민주적인 기관들 사이에는 민주적 관행의 정도가 차이가 있다. 이에 대해 포괄 개념은 정치적 영역에서 이루어지는 의사결정 과정의 공정성과 정치적 참정권의 동등성에 대해 의문을 던지며, 정책을 논의하고 결정하는 과정에 배제가 존재한다는 사실을 드러낸다.

이러한 참여 민주주의의 현실적 상황이 배제를 발생시킨다. 이로 인해 배제에 의한 주변화를 드러내는 동시에 목소리를 낼 수 없는 사회집단의 목소리를 가시화할 정치적 필요성이 요구되는 것이다. 포괄의 요구는 주변화된 이들을 소통의 과정으로 이끌고 의사결정 과정에 영향력을 행사하도록 하는 것이다. 주변화와 배제에서 벗어나 차이 나는 집단의 역량 증진을 위해서는, 포괄의 요구를 실현하는 강력한 의사소통적 심의 민주주의가 더더욱 요구되는 것이다.

강력한 의사소통적 민주주의는 하나의 소재로서 사회적 차별 집단, 특히 구조적 차별에 서 유래된 경험에 의존할 필요가 있다는 점이다. 민주적 과정은 같은 방식으로 개인들 에게 잠재적으로 영향을 미치는 모든 것을 형식적으로 포함하는 것뿐만이 아니라, 사람 들을 다르게 위치 지우고, 그들의 경험, 기회, 사람에 대한 지

식 등을 조건 지우는 사회적 관계들에 주의를 기울인다는 점에서 포괄적이다.[36]

포괄 개념을 제시하면서, 영은 민주주의적 소통의 주된 목표를 단일한 결론으로 이끌어 내는 문제 해결이 아니라 소통 과정 그 자체에서 정의를 증진시키는 것으로 설명한다. 이것은 포괄을 통한 소통이 정의와 분리 불가능함을 의미한다. 우선 포괄하는 소통은 민주적 공중으로 하여금 공정하고 현명한 결정을 내릴 때 이용할 수 있는 사회적 지식을 극대화한다. 포괄은 민주주의적 소통 증진의 측면에서도 있으나, 무엇보다도 선택에 이르는 소통 과정을 통해 토론 참여자들에게 자신의 요구를 이기적인 이해관계의 표현에서 정의에의 호소로 전환하는 동기를 부여한다.

소통과 토론이 문제 해결로 곧장 나아가는 것이 아닌 것은 분명하다. 하지만, 민주주의는 이것이냐 저것이냐로 다루어질 것이 아니라 정도의 문제와 관련한다는 점에서, 영은 '정치의 범위를 어떻게 설정해야 하는가?'라고 묻는다. 대부분의 민주주의 이론은 정치를 주어진 것으로 가정하나, 영은 정치의 범위가 정의의 의무가 확대되는 범위와 일치해야 한다고 주장한다. 정치의 영역이 그저 대의하는 수준을 넘어서 포괄의 차원에서 차이를 지닌 집단들이 의견을 제시하고 표현할 수 있으려면 정의를 의무로 하는 영역과 정치의 범위가 일치해야 한다. 예를 들면, 인구 밀도가 높은 대도시 지역의 많은 지역에서 이 원칙은 정치의 범위가 지역적이어야 함을 의미한다.[37]

이러한 포괄의 개념과 심의 민주주의는 정의의 영역과 일치시키면서,

---

36 Iris Marion Young, 같은 책, p 53.

37 영에 따르면, 지역 통치는 근본적으로 차이를 지닌 연대(differentiated solidarity)에 집단적 친화력을 갖고, 이웃 및 지역사회 기반의 참여 기관과 결합될 경우에 더욱 민주적이 될 수 있다. 또한, 영은 민주적인 정치 제도의 범위가 정의 의무의 범위와 일치해야 한다면, 전 세계 사람들 간의 관계와 상호작용을 지배하는 세계적인 제도적 역량이 있어야 한다고 주장하며 정치의 범위를 세계적 수준으로 확대한다.

시민들이 공유된 문제들을 해결하려는 노력이다. 포괄적 소통과 심의 민주주의는 정치적 배제와 주변화를 극복하고 정치적 포용의 원칙과 이상을 이론화하려는 민주 정치의 이상을 가장 잘 표현한다.

나오며: 정의를 위한 정치적 책임

영의 정의론은 동일성의 논리에 대한 포스트모더니즘의 비판을 통과해 구조의 부정의를 설명하고, 차이를 낳으면서 분화하는 사회관계와 정의의 실현에 맞추어져 있다. 이러한 영의 이론은 언제나 구체적인 운동의 상황에서 출발한다.『차이의 정치와 정의』는 1960년대와 1970년대 신좌파 운동에서 탄생한 여러 관념과 경험에 대한 성찰에서 비롯되며,『Inclusion and Democracy(포괄과 민주주의)』는 서문에서 밝혔듯, 경찰에 시민검토 위원회(Civilian Review Board)를 창설을 위해서 피츠버그 국민투표를 청원하는 서명을 받기 위해 고군분투한 영 자신의 경험과 고민에서 비롯된 것이다.

영은 추상적이고 정교한 철학적 논의를 현실의 정치적 쟁점과 결합하는 데에 탁월한 능력을 발휘했을 뿐 아니라, 정의와 책임의 담론에 있어서 현대 정치철학의 지평을 넓히는 데에 그 누구보다 공헌했다. 무엇보다 영은 페미니즘의 입장을 견지해 오면서 근대 정치 이론의 핵심 원리인 합리적 이성에 따른 시민과 평등의 이상에 암묵적으로 담긴 보편적 인간이 실은 근대 남성이라는 사실을 드러내고, 편향된 시각을 교정하고 비판하는 것을 통해 페미니즘의 성과를 정치 철학의 영역으로 확장했다.

더불어 영의 중요한 성과 중 하나는 한나 아렌트의 예루살렘 아이히만을 독해하고, 죄와 책임을 구분한 아렌트의 논의를 따라, 민주적 공공성의 측면에서 정치적 책임의 의미를 정교화한 데에 있다.[38] 아렌트에게 정치적

---

38 아렌트에 따르면, 책임은 죄와는 다르다. 집단적 책임은 법적인 용어가 아니라 정치적인 용

책임은 내가 행하지 않을지라도, 어떤 의지적 행위로도 해소할 수 없는 그 집단의 일원이라는 사실, 국가 공동체에 소속되었다는 사실에 있다. 정치적 책임은 한 국가 안의 공통 성원성과 국가의 이름으로 행해진 잘못에 대한 책임 수용에서 나온다는 것이다. 아이리스 영은 정치적 책임 개념을 역사적 연속체 속에 태어났기 때문만이 아니라, 공공성의 증대의 차원에서 제시한다. 즉, 정치적 책임은 지금의 구조에서 살아가는 개인이 광범위한 국민 대중에게 영향을 끼치는 조치나 사건에 관해 공적인 책임을 지는 자세를 취하고 거대한 해악이 발생하는 것을 막기 위해 집단행동을 조직하고 노력해야 할 의무이다. 이는 죄를 짓지 않아도 범죄를 가능하게 한 사회 체계 안에 살면서 적어도 그 체계의 작동을 수동적으로 지원하여 정치적 진공 상태, 즉 공적 공간의 소멸을 초래할 수 있기 때문이다. 정치적 책임은 이러한 제도들을 지켜보며 제도의 효과를 감시 감독할 필요를 제기한다.

따라서 영에게 있어서 정치적 책임은 언제나 현재진행 중인 동시에, 미래로 향한다. 미래 지향적 정치적 책임은 사건이 미래에 미칠 파장과 관련한다는 점을 뜻하는 동시에, 정치적 책임이 늘 바로 지금 우리에게 있다는 것을 의미한다. 영은 동시대를 살아가는 우리가 그런 정치적 책임을 갖는 조건 속에 산다는 사실을 강조하며, 그로부터 정치적 책임을 다해야 한다는 명령을 도출한다. 이러한 정치적 책임 개념은 부정의와 관련하여, '책임에 관한 사회적 연결 모델'을 제안하며, 자신의 행위를 통해 불공평한 구조적 과정에 영향을 미친 모든 사람들이 그 부정의에 책임이 있음을 강조한다.

이러한 영의 정치적 책임은 특히 경제적 불평등과 관련하여, 자유주의적 개인에 근거한 책임 담론을 비판한다. 다른 사람들과 무관하고, 각자의 행위에 대한 비용은 자기 혼자 감당해야 한다는 논리에서 벗어나, 개인이

어이다. 죄와 책임은 구분의 정도의 문제가 아니라 종류의 문제이다. 죄란 범죄자의 주관적 상태가 아니라, 범죄자가 행한 것의 객관적 결과물이다. 죄를 물을 때, 악의는 중요하지 않다. 아이리스 마리온 영, 『정치적 책임에 관하여』, 허라금·김양희·천수정 옮김, 이후, 2013.

자기 삶뿐만 아니라 독립적인 관계에 있는 타인의 삶의 조건에 대해 개인적으로 어떤 책임을 가져야 하는지 되묻는 것이다. 분명한 것은 책임은 죄나 잘못을 추리고 그저 과거를 회고하는 것에 그치는 것이 아니라는 점이다. 정치적 책임은 이를 공유하는 다른 사람들과 함께 행위의 결과를 보다 정의롭게 만드는 방향으로 구조를 변형시킬 의무를 갖는 것이다. 이러한 영의 정치적 책임은 구조화된 제도적 관계 때문에 형성된 다른 이들의 삶의 배경과 조건에도 책임을 질 것에 대한 요청일 뿐만 아니라, 민주적 공공성을 실현하면서 구조적 부정의에 저항하고 차이의 역량을 강화하는 차이의 정치학의 구체적 방식이기도 하다.

『차이의 정치와 정의』,『Inclusion and Democracy』,『정치적 책임에 관하여』, 이 세 저작을 관통하는 영의 정의론은 차이의 정치로의 이행을 촉구하고, 정의를 정치적 책임의 문제로 제기한다는 점에서 의미를 지닌다. 아이리스 매리언 영은 시카고 대학 정치학과 교수로 재직하며, 평생을 정의 담론과 민주주의 이론 그리고 페미니즘 이론 연구에 헌신해 왔다. 그러나 불행히도 2006년 8월, 1년 6개월간의 암 투병 끝에 연구자로서는 비교적 이른 나이인 57세에 사망한다. 피츠버그 대학의 여성학 연구소와 공공정책과 국제 문제 대학원은 아이리스 매리언 영의 업적을 기리며, 2008년부터 "아이리스 M. 영 상"을 제정해 해마다 공동체 발전에 기여한 학자들에게 상을 수여하고 있다.

4
주디스 버틀러
Judith Butler

조주영

서울시립대학교에서 철학을 전공하였으며, 2018년 논문 「인정의 정치-윤리학: 호네트와 버틀러의 인정이론을 중심으로」로 박사학위를 받았다. 현재 서울시립대학교 시간강사로 재직 중이다.

주디스 버틀러: 젠더퀴어의 정치학

가능성을 질문하는 철학자

젠더의 여왕, 퀴어 이론의 창시자, 페미니즘에 트러블을 일으키는 페미니스트, 난해한 문체로 골머리를 앓게 하는 최악의 저자……. 주디스 버틀러에게 따라다니는 수식어들이다. 1956년 미국 오하이오 클리브랜드에서 태어난 버틀러는 헝가리와 러시아계 유대인 이민자 후손으로, 유대식 교육의 맥락에서 철학 공부를 시작했다고 한다. 1984년에 헤겔의『정신현상학』에서의 욕망과 인정의 문제에 관한 논문으로 예일 대학교 철학과에서 박사학위를 받았다. 1987년에 출간된 버틀러의 첫 번째 저서인『욕망의 주체들(Subjects of Desire: Hegelian Reflection in Twentieth-Century France)』은 박사논문의 주제를 확장시킨 것으로, 헤겔 철학에서 욕망과 인정의 문제는 이후 버틀러의 작업을 관통하는 문제의식의 뿌리가 된다.

1990년에 출간된 두 번째 저서인『젠더 트러블(Gender Trouble: Feminism and the Subversion of Identity)』로 버틀러는 일약 학계의 스타로 떠오르게 된다. 버틀러는 이 책에서 젠더 정체성에 대한 도발적인 주장을 전개하는데, 그 핵심 내용을 간략히 정리해 보면 다음과 같을 것이다. 1) 담론에 앞서는, 담론과 무관한 '날것'으로서의 몸, '날것'으로서의 섹스는 존재하지 않으며 섹스도 젠더와 마찬가지로 문화적인 구성물에 지나지 않는다. 2) 젠더는 동사적인 것으로서 법이나 규범, 담론을 통해 의례화된 실천, 행위의 반복적 수행 속에서 의미화된다. 3) 젠더 정체성의 수행을 설명하기 위해 '주체'로서의 행위자를 미리 가정할 필요는 없다. '주체'는 권력이 생산하는 구성물이다. 젠더와 마찬가지로 주체 역시 법이나 규범, 담론의 반복적인 실천을 통해 형성된다.

버틀러가 『젠더 트러블』의 1999년 개정판 서문에서 "지난 10년간 이 책에 대한 다른 문제들이 생겨났고, 나는 여러 책의 출간을 통해 그 대답을 구해 왔다"[1]고 언급했을 만큼, 『젠더 트러블』에서의 주장은 많은 논쟁과 질문을 야기했다. 섹스도 젠더만큼 구성적인 것이라고 한다면, 몸의 물질성에 대해서는 어떻게 설명할 것인가? 모든 것이 담론이라면, 몸은? 몸은 무엇인가? '주체'로서의 행위자를 가정할 필요가 없다는 주장은 '나'의 존재를 부인하는 것 아닌가? 행위자를 가정하지 않고 정체성의 수행을 설명할 수 있는가? 권력이 주체를 구성하는 것이라면, 권력에 의해 구성된 주체가 어떻게 권력에 저항할 수 있겠는가? 페미니스트 정치학을 위해서는 권력에 저항하는 '주체'를 이야기할 필요가 있지 않은가?

『젠더 트러블』에 이어서 1993년에 출간된 『의미를 체현하는 육체(Bodies That Matter: On the Discursive Limits of "Sex")』에서 버틀러는 먼저 몸의 물질성에 대해 논의한다. 페미니즘에서 제기되는 문제의 상당수가 여성의 몸을 둘러싼 것인 만큼, 몸은 중요하다. 이처럼 중요한 몸이 물질이라는 것 또한 부인할 수 없는 사실이다. 그러나 버틀러가 보기에, 몸이 물질이라는 그 사실이 몸이 담론과 무관하게 존재할 수 있음을 의미하는 것은 아니다. '물질'이라는 것 역시 담론을 통한 의미화의 영역 안에서만 인식하고 이해할 수 있기 때문이다. 이러한 점에서 몸은 언제나 이미 '물질화된' 것이라는

---

1 주디스 버틀러, 『젠더 트러블』, 조현준 옮김, 문학동네, 2008, 68쪽.

것이 버틀러의 생각이다.

 1997년에 출간된 『혐오발언(Excitable Speech: A Politics of the Performative)』과 『권력의 심적 삶(The Psychic Life of Power: Theories in Subjection)』에서는 수행성 과 주체화의 문제에 천착한다. 버틀러는 수행성을 이해하는 하나의 방식 으로 발화 행위를 분석하고 이를 통해 담론과 몸이 얼마나 복잡하게 얽혀 있는지를 보여 주고자 한다. 동시에 발화 수행의 효과로서 주체가 어떻게 생산되는지를 보여 주면서 우리의 몸에 권력이 어떻게 작동하는지, 몸의 수행과 언어적 실천이 권력에 저항하는 역설적인 효과를 어떻게 가져올 수 있는지를 보여 준다(『혐오발언』). 버틀러에 따르면 개인은 권력에 복종함 으로써만 주체가 된다. 담론, 규범 등을 반복적으로 수행함으로써 주체가 되는 것이다. 그러나 반복적 수행은 항상 동일한 결과를 낳도록 기계적으 로 이루어질 수 있는 것이 아니다. 시간 속에서 이루어지는 반복은 항상 다 른 맥락에 놓일 가능성, 앞서 일어난 것과 다른 결과를 야기할 가능성을 갖 는다. 이러한 점에서 버틀러는 권력 안에 의도치 않게 담론이나 규범을 넘 어서는 주체를 형성할 가능성이 내재한다고 본다(『권력의 심적 삶』).

 1990년대에 출간된 저작들이 『젠더 트러블』로 촉발된 문제에 답하기 위 한 것이었다면, 2000년대 이후 출간된 저작들에서는 삶을 가능하거나 불 가능하게 만드는 조건들에 관한 윤리적 문제에 천착한다. 9·11에 대한 반 응이자 제1세계에 속한 지식인으로서의 반성을 담은 『위태로운 삶: 애도 의 힘과 폭력(Precarious Life: The Powers of Mourning and Violence)』(2004), 어떻게 해서 규범이 삶을 가능하게 하는 한편 삶을 훼손하기도 하는지를 보여 주 는 논문들을 엮어 낸 『젠더 허물기(Undoing Gender)』(2004), 『위태로운 삶』에 서 다루었던 문제들을 선취하면서, 삶을 가능하게 하기 위해 우리는 어떤 책임을 가정해야 하는가의 문제를 고민한 『윤리적 폭력 비판(Giving an Ac- count of Oneself)』(2005), 가야트리 스피박(Gayatri Spivak)과의 대담집으로 국경 이 허물어지고 있는 시대에 '민족'이나 '국가'의 의미를 전 지구적 맥락에서 어떻게 다루어야 하는지를 논의한 『누가 민족국가를 노래하는가(Who Sings the Nation-State?: Language, Politics, Belonging)』(2007), 유대인성과 시온주의의 문제를 통해 공동체의 의미와 조건을 고민하는 『주디스 버틀러, 지상에서 함께 산다는 것(Parting Ways: Jewishness and the Critique of Zionism)』(2012), 아테나 아타나시오우(Athena Athanasiou)와의 대담집으로 수행성과 인정을 둘러싼 윤리적·정치적 문제를 다룬 『박탈: 정치적인 것에 있어서의 수행성에 관한 대화(Dispossession: The Performative in the Political)』(2013), 등 국내에 번역되어 소개된 책 외에도 『전쟁의 틀(Frames of War: When is Life Grievable?)』(2009), 『주체의 의미들(Senses of the Subject』(2015), 『집회의 수행적 이론을 위한 노트(Notes Toward a Performative Theory of Assembly)』(2015) 등의 저작에서 삶의 가능성과 '인간'이라는 틀을 규제하는 규범에 대한 논의들을 전개하고 있다.

이처럼 버틀러가 천착하는 문제는 2000년대를 기점으로 젠더 정체성과 주체화의 문제에서 삶을 가능하게 하는 윤리적·정치적 조건으로서 인정과 관련된 논의들로 옮겨 가는 것처럼 보인다. 그러나 젠더 정체성과 주체화의 문제도 삶을 가능하거나 불가능하게 만드는 조건에 대한 질문으로부터 나온 문제라고 본다면, 버틀러의 저작을 관통하는 질문은 결국 삶의 가능성을 둘러싼 윤리적·정치적 문제로 수렴된다. 실제로 『젠더 트러블』의 개정판 서문에서 버틀러는 자신의 작업을 관통하는 질문이 다음과 같은 것이었다고 밝히고 있다.

여전히 가장 우려스러운 것은 이런 질문들이다. 인식 가능한 삶을 구성하는 것은 무엇이며, 구성하지 못하는 것은 무엇인가? 그리고 규범적 젠더와 섹슈얼리티에 대한 가정은 어떻게 '인간'의 자격, '살 만한' 것의 자격을 미리 결정하는가? 다시 말해 규범적 젠더의 가정이 어떻게 인간에 대한 우리의 기술 영역의 경계를 정하는가? 우리가 이런 경계 정하기의 힘을 보게 되는 수단은 무엇이고, 우리가 그것을 변화시키게 만드는 수단은 무엇인가?[2]

    이 질문은 『위태로운 삶』에서의 논의를 관통하는 문제의식이자[3], 『윤리적 폭력 비판』에서 제기하는 문제이기도 하다.[4] '삶의 가능성'이라는 측면에서 보면, 버틀러가 천착해 왔던 문제는 일관적이다. 그리고 이러한 문제의식을 풀어 나가는 이론적 바탕에는 헤겔 철학에서의 욕망과 인정의 문제가 깔려 있다.

    이처럼 큰 틀에서 보면 버틀러의 문제의식은 일관적이지만, 『젠더 트러블』에서는 헤겔의 흔적을 거의 찾을 수 없고, 개정판 서문을 제외하면 삶의 가능성과 인정의 문제가 부각되지도 않는다. 『젠더 트러블』에서 버틀러가 특히 관심을 기울이는 문제는 권력관계 안에서 삶이 어떤 방식으로 배치되는지, 권력관계 속에서 '나'는 무엇이 될 수 있을지에 관한 것으로, 이러한 질문을 풀어 나가는 데 있어 가장 큰 이론적 빚은 푸코에게 진다. 버틀러가 헤겔을 잠시 접어 두고 젠더 규범과 정체성의 문제에 일차적인 관심을 두고 푸코의 이론을 살피는 까닭은 이후에 출간된 『젠더 허물기』에서 설명된다. 푸코는 자신이 "진실을 둘러싼 정치"[5]라고 부른 것 안에서 주체가 무엇이 될 수 있는가를 탐구했는데, 버틀러가 푸코에서 주목하는 부분

---

2   버틀러, 『젠더 트러블』, 65-66쪽.

3   "어떤 생명은 애도 가능하고 또 어떤 생명은 그렇지 않다. 어떤 주체는 애도의 대상이 되어야 하고 다른 주체들은 애도의 대상이 될 수 없다고 결정하는 애도 가능성의 차등적 배분은, 누가 규범에 맞는 인간인가에 대해 특정한 배타적 관념을 생산하고 유지하는 작용을 한다. 살아갈 수 있는 삶, 애도할 수 있는 죽음으로 여겨질 수 있는 것은 무엇인가?" 주디스 버틀러, 『위태로운 삶』, 윤조원 옮김, 필로소픽, 2018, 12-13쪽.

4   "우리는 살아 있는 방식으로 도덕적 규범을 전유해야 하는 '나' 자체를 규범들, 즉 주체의 생존 가능성(viability)을 확립하는 규범들이 조건 짓는 것은 아닌지 물어 봐야 한다." 주디스 버틀러, 『윤리적 폭력 비판』, 양효실 옮김, 인간사랑, 2013, 21쪽.

5   미셸 푸코, 『비판이란 무엇인가?/자기수양』, 심세광 외 옮김, 동녘, 2016, 47쪽. '진리를 둘러싼 정치'라는 표현에 대한 푸코의 활용에 대해서는 이 책 48쪽의 각주 9번 참고.

이 바로 여기이다. 버틀러는 푸코가 '진실을 둘러싼 정치'라는 말로 드러내고자 한 것이 바로 "진리로 여겨질 것과 그렇지 않은 것을 사전에 제한하고, 특정한 규제 방식으로 그리고 규제 가능한 방식으로 세계를 질서 지으며, 우리에게 지식의 장을 주어진 것으로 받아들이게 하는 권력관계에 관한 것"[6]이라고 이해한다. 푸코의 문제의식을 받아들이면서, 버틀러는 다음과 같이 묻는다.

무엇이 인간으로 간주되는가? 무엇이 일관된 젠더로 간주되는가? 무엇이 시민의 자격을 주는가? 누구의 세계가 현실로 정당화되는가? 개인적으로는 이렇게 묻는다. 주체의 의미와 경계가 이미 정해진 이런 세계에서 나는 무엇이 될 수 있을까? 내가 무엇이 될 수 있을지를 질문하기 시작할 때 나는 어떤 규범의 제한을 받을까? 그리고 내가 만일 주어진 진리 체계 안에 있을 여지가 없게 된다면 무슨 일이 벌어질까?[7]

삶을 가능하거나 불가능하게 만드는 조건으로 권력관계와 젠더 규범의 문제에 우선적으로 집중했던 배경에는 아마도 버틀러 자신의 자전적인 이유가 클 것이다. "낮에는 헤겔을 읽고 밤에는 게이 바에서, 종종 드랙 바가 되기도 하는 곳에서 시간을 보내는 바 다이크(bar dyke)."[8] 버틀러가 한마디로 묘사한 자신의 어린 시절은 이런 모습이다. 사회가 요구하는 여성성에 순응하고 그것을 스스로 구현하기보다, 자신보다 더 여성성을 잘 구현해내는 남자들을 보면서 즐거움을 느끼던 아이. 또 버틀러에게는 그들이 가진 성향 때문에 강제로 집을 떠날 수밖에 없었던 게이 사촌들, 해부학적으

---

6 주디스 버틀러, 『젠더 허물기』, 조현준 옮김, 문학과 지성사, 2015, 97쪽.

7 같은 책, 97쪽.

8 같은 책, 336쪽. 바 다이크(bar dyke)는 남자 같은 모습으로 술집에서 주로 시간을 보내는 레즈비언을 가리키는 말이다(같은 쪽의 옮긴이 주 참고).

로 '정상적이지 않은' 몸을 갖고 있다는 이유로 가족과 친지들에게 버림받고 기관에서 여생을 보낸 아저씨 등 사회의 젠더 규범에 편안하게 순응할 수 없었던 친척들이 있었다. 버틀러의 입장에서 삶의 가능성과 관련해서 젠더 규범의 문제는 꼭 풀어야 할 숙제였을 것이다.

『젠더 트러블』과 삶의 가능성

한 소년이 있었다. 나이는 18세 정도? 걸음걸이가 매우 독특한 소년이었다. 엉덩이를 흔들며, 아주 여성적으로, 아니, 지나치게 여성적으로 걸었다. 그런 걸음걸이 때문에 소년은 학교 가는 길에 같은 반 아이들에게 놀림을 받곤 했다. 놀림 받는 일에 익숙했던 소년은 그냥 걸었다. 어쩌면 놀림을 받을수록 더 별나게 걸었을지도 모른다. 욕설도 들었을 것이다. 그러던 어느 날 소년은 학교 가던 길에 같은 반 친구 세 명에게 공격을 당했다. 그들은 소년을 다리 너머로 집어 던졌고, 소년은 죽었다.[9]

사람들에게 젠더 폭력을 설명할 때, 버틀러는 이 소년의 이야기를 예로 든다고 한다. 소년의 이야기를 들려주고, 이와 같은 사건에서 우리가 다루어야 할 문제들이 무엇이어야 할지를 생각해 보자는 것이다. 그 사람의 걸음걸이, 그 사람의 걷는 스타일이 그 사람이 죽임을 당해야만 하는 이유가 될 수 있을까? 어떤 사람이 누군가를 단지 그 사람이 걷는 방식 때문에 죽이고 싶다고 생각한다면, 그렇게 생각하도록 만드는 것은 무엇일까? 그 사람을 죽여야 할 만큼 위협적인 어떤 것이 있는 것일까? 버틀러는 소년의 이야기를 다음과 같이 끝맺는다.

만약 그 소년이 젠더가 그처럼 변할 수 있다는 점을 보여 주었다면, 또는 매우 쉽

---

9   애스트라 테일러 엮음, 『불온한 산책자』, 한상석 옮김, 이후, 2012, 342-343쪽 참고.

게 다른 젠더로 바뀔 수 있다는 점을 보여 준 것이라면, 사람들은, 특히 소년을 공격한 아이들은, 자신의 젠더도 생각처럼 안정되거나 확실한 것이 아닐지도 모른다는 생각을 하게 됐을 겁니다. 만약 그랬다면 성적 공황 상태를 유발했겠죠. 만약 소녀라면, 그 거리에서 그 소년이 소녀였다면, 그를 만난 소년들은 이성애적 접촉을 하고 있는 셈이라고 말할 수 있을까요? 그들은 소녀와 만난 건가요? 그런 만남이 그들을 동성애자로 만들까요? 아니면 그들은 이성애자인가요? 이 모든 사안을 둘러싼 혼란이 소년을 이 땅에서 사라지게 만들었습니다. 사람들이 그 도전을 다룰 수 없었기 때문이죠.[10]

버틀러는 사람들이 얼마나 확고하게 특정한 몸의 양식에 맞게 고정된 젠더가 있어야 한다고 생각하는지, 그리고 고정된 젠더라는 관념을 고수하기 위해 규범이라는 이름으로 어떤 폭력을 저지르는지를 보여 주는 또 다른 사례를 제시한다. 『젠더 허물기』의 3장 「누군가를 공정하게 평가한다는 것: 성전환과 트랜스섹슈얼의 알레고리」에서 버틀러는 '조앤/존의 사례'라고 알려진 이야기를 들려준다. 그것은 데이비드 또는 브렌다라고 불렸던 사람의 이야기로, 그는 XY 염색체를 가지고 태어났지만 생후 몇 개월이 지나지 않았을 때 포경수술을 받다가 성기의 대부분이 절단당하는 의료사고를 당한 뒤에 부모의 결정에 따라 남아 있는 성기를 제거한 후 브렌다라는 이름의 여자아이로 자라게 된다. 그러나 브렌다는 자라면서 점점 여성이라는 젠더에 적응하는 데 실패하는 것처럼 보였고, 14세부터는 데이비드라는 이름의 남성으로 살기 시작한다. 데이비드/브렌다의 사례는 성 정체성이 본질적인 것인지 구성되는 것인지에 대한 논쟁에서 중요하게 다루어졌는데, 브렌다로 불리던 시기는 젠더 정체성이 구성되는 것이라는 주장에 힘을 실어 주는 사례로, 데이비드라고 불리게 된 이후부터는 반대로 호르몬이 젠더 정체성을 결정한다는 주장을 뒷받침하는 사례로 다루어

10 같은 책, 343쪽.

졌다.

하지만 버틀러가 데이비드/브렌다의 사례에 관심을 기울이는 것은 사회 구성론과 젠더 본질주의 사이에서 어느 한쪽을 지지하기 위해서가 아니다. 이 사례에서 버틀러가 주의 깊게 살피고자 하는 것은 브렌다/데이비드가 자기평가와 자기 이해의 담론을 전개할 때 기대고 있는 규제적 틀이 무엇인가 하는 점이다. 버틀러가 발견한 것은 '인간임'을 의심하게 하거나 확신하게 하는 규제적 틀에 따라 한 사회에서 인간으로 인식될 수 있는 신체에 대한 규범이 작동한다는 사실이다. 인간으로 인식 가능한 신체가 되어야 하기에 데이비드/브렌다는 몸의 형태에 걸맞은 행동 양식을 강요받기도 했고, 나중에는 자신의 욕구와 일치한다고 여겨지는 성기를 원해야 하는 상황에 놓이기도 했다.

데이비드/브렌다의 경우와 맥락이 약간 다르기는 하지만, 처음부터 성기의 형태가 불분명한 간성(intersex)으로 태어나는 사람들도 있는데, 그럴 경우, 대부분 성별을 식별할 수 있도록 하는 외과적 수술을 받는다고 한다. 아이가 '정상으로 보이도록', 그리고 안정된 사회적 정체성을 확립하도록 성을 배치받아야 한다는 것이다. 그런데 특정 젠더의 사회적 이미지에 맞게 몸을 교정해야만 아이가 안정된 사회적 정체성을 확립할 수 있는 것인가?

규범은 한편으로는 우리를 인도하는 목적과 열망을, 우리가 서로에게 행하거나 말하게 되어 있는 수칙을, 또 우리가 지향하게 되어 있고 우리 행동에 방향성을 주는 일상적 전제를 지칭한다. 다른 한편 규범성은 규범화 과정을, 특정한 규범과 사상과 이상이 체현된 삶에 영향력을 행사하고, 정상적 '남자'와 '여자'라는 강제적 기준을 제공하는 방식을 지칭하기도 한다. 그리고 이런 두 번째 의미에서의 규범이 '인식 가능한 삶', '진짜' 남자와 '진짜' 여자를 지배하는 것임을 우리는 알게 된다. 우리가 이런 규범에 저항한다면 우리가 아직 살아 있는지, 살아 있어야 하는지, 우리 삶이 가치 있는지, 아니면 가치 있게 만들어질 수 있는지, 우리의 젠더가 진짜인지, 그렇게 간주될 수는 있는지가 온통 다 불확실해진다.[11]

『젠더 트러블』을 쓸 당시 버틀러가 목표했던 것은 다음의 두 가지였다고 한다. 첫 번째는 "페미니즘 이론 안에 만연한 이성애주의라고 생각되는 것을 폭로하는 것"[12]이었고, 두 번째는 "젠더 규범과 어느 정도 거리를 두고 사는 사람들, 즉 젠더 규범의 혼란 속에서 사는 사람들이 스스로 살만한 삶을 살고 있을 뿐만 아니라 특정한 종류의 인정을 받을 자격도 있다고 스스로 생각할 만한 어떤 세계에 대해 상상해 보는 것"[13]이었다고 한다.

첫 번째 목표와 관련해서, 버틀러가 페미니즘 이론 안에서 이성애주의를 폭로하고자 한 이유를 생각해 볼 필요가 있다. 페미니즘이 이성애주의를 당연한 전제로 삼는 것은 문제인가? 만일 그렇다면 그것은 어떠한 점에서 문제가 되는가? 이 문제를 생각해 보기 위해서는 먼저 『젠더 트러블』이 출간되기까지 미국을 휩쓸었던 페미니즘의 흐름을 살펴볼 필요가 있다. 당시 미국은 1960년대 후반에 시작된 '제2물결 페미니즘'[14]이 지배적이었다. 제2물결의 물꼬를 튼 페미니스트들은 대부분이 신좌파 출신으로 맑스주의자로 분류될 수 있는 사람들이었다. 실제로 페미니즘 안에는 거대한 맑스주의의 유산이 있고, 페미니즘 사유는 맑스주의에 많이 빚지고 있다. 맑스주의가 여성 억압의 문제에 접근하는 유용한 패러다임을 제공해 준 것이다. 그러나 맑스주의적 작업은 계급, 노동, 생산관계와 같은 이슈들에

---

11   버틀러, 『젠더 허물기』, 325쪽.

12   같은 책, 327쪽.

13   같은 책, 327쪽.

14   1960년대 이후 미국에서 일어난 페미니스트 운동의 흐름을 가리킨다. 여성의 참정권이 보장된 이후 잠시 주춤했던 페미니즘 운동은 1960년대 후반에 사회 각 영역에서의 여성 참여를 요구하는 광범위한 움직임으로 부활했고, 정치 영역을 넘어 사회, 문화, 여성의 몸, 직장, 육아, 성 등에 걸친 내용을 화두로 끌어냈다.

초점을 맞추는 경향이 있었기 때문에 페미니스트들이 관심을 갖는 성적 차이(sexual difference), 젠더 억압, 섹슈얼리티와 같은 핵심 이슈들을 다룰 수는 없었다. 맑스주의는 근본적으로 젠더와 섹슈얼리티 문제에 취약했고, 이러한 점에서 페미니즘을 위한 이론적 체제로서 한계를 지닐 수밖에 없었다.

다른 한편 『젠더 트러블』이 출간되기 직전인 1980년대는 여성 주체성 및 '여성적인 것'에 대한 논의가 본격화된 시기이기도 하다. 근대적 주체성에 대한 구조주의적 비판에 힘입어, 페미니스트들은 주체성 자체가 남성 중심적인 개념이었음을 폭로하면서 대안적인 여성 주체성을 모색하고자 했다.[15] 이런 상황에서 성적 차이와 섹슈얼리티 문제를 다루는 프랑스 페미니즘과 정신분석학, 그리고 푸코의 이론이 급부상한 것은 자연스러운 흐름이었을 것이다. 버틀러 또한 이 이론들에 상당한 영향을 받았고, 『젠더 트러블』의 곳곳에서 그 영향을 읽어 낼 수 있다.

하지만 버틀러는 이 이론들에 안주할 수 없었던 것 같다. 성적 차이에 집중하는 페미니스트들은 대부분 남성적인 것과 여성적인 것이라는 일종의 상징적 지위를 가정하거나, '남성적인', '여성적인'이라는 말에 따라 이해되는 성적 차이에는 변하지 않는 어떤 것이 있다고 가정하는데, 버틀러는 바로 이 점이 문제라고 본다. 개인의 정체성에는 인종, 민족, 종교, 계급, 문화, 역사, 연령, 섹슈얼리티 등 다양한 요소들이 얽혀 있고, 이것들이 개인들마다의 차이를 만들어 낸다. 그렇다면 이런 다양한 요소들 가운데 남성과 여성의 성적 차이를 근본적인 차이로 가정할 이유가 있는가? 엘리자베스 그로츠에 따르면 "여성들이나 여성성을 정의하거나 지시하려는 어떤 시도든

---

15 주체 개념의 남성 중심성을 비판하는 페미니스트들은 여성과 남성의 차이에 관심을 기울이고 여성적인 것을 토대로 하는 새로운 규범적 정체성을 정립하고자 했다. 여성주의적 주체 개념을 마련하기 위해 이들은 그동안 평가절하되어 왔던 여성적인 것을 재평가하고 긍정적 가치를 부여하고자 노력했다. 아이리스 영은 페미니즘의 이러한 흐름을 "여성 중심적(gynocentric) 페미니즘"으로 분류한다.

특수한 것을 기초로 하여 일반화하고, 사회적 구성을 생물학적 수행으로 환원하는 데 가담하는 것에 의존할 위험이 있다."[16] 버틀러가 우려하는 것도 바로 이 지점이다. 버틀러는 "여성이라는 범주에 어떤 보편적인 또는 구체적인 내용을 담으려는 모든 노력은, 그리고 그렇게 하는 것이 연대를 보증하기 위해 요구된다고 **사전**에 가정하는 것은, 필연적으로 파벌화를 가져오게(강조는 저자)"[17] 되는 것은 아닌지 염려한다.

이러한 위험이 있음에도 많은 페미니스트들이 성적 차이를 근본적인 것으로 간주하면서 '여성적인 것'을 토대로 여성 주체성을 확립하고자 노력하는 이유는 무엇일까? 버틀러는 그 이유를 우리 사회에 지배적인 이성애적 질서에서 찾는다. 『젠더 트러블』에서 버틀러는 프로이트와 라캉을 필두로 하는 정신분석학, 그리고 이들의 영향을 받은 프랑스 페미니즘을 분석하면서, 이 이론들이 이성애적 전제를 암암리에 가정하면서 그것을 강화하는 데 일조하고 있음을 폭로한다. 이성애적 질서는 정말로 자연스러운 것인가? 이성애적 질서가 정말로 자연스러운 것이라면 동성애를 억압해야 할 이유가 있을까? 동성애를 억압함으로써만 이성애는 자신을 자연스러운 규범으로 내세울 수 있었던 것은 아닐까? 이러한 문제의식 하에 버틀러는 이들 이론이 가정하는 "이성애적 모태(heterosexual matrix)"[18]를 폭로하는 데 주력하며, 푸코의 계보학적 관점에 기대어 이성애적 질서가 어떻게 본질적인 '자연'처럼 보이도록 구성되어 왔는지를 파헤친다.

---

16 Elizabeth Grosz, "Sexual Difference and the Problem of Essentialism", *The Essential Difference,* edited by Naomi Schor, Elizabeth Weed, Indiana University Press, 1994, p. 93.

17 Judith Butler, "Contingent Foundations: Feminism and the Question of "Postmodernism"", reprinted in *Feminist Theorize the Political,* ed. Judith Butler, New York and London: Routledge, 1992, p. 15.

18 원래 남자는 여자를, 여자는 남자를 필요로 하고 원하고 사랑한다고 이성애를 규범화하는 경향이, 마치 보편적인 토대처럼 사회 저변에 전제되어 있는 상태나 그렇다고 보는 가정적 기반을 의미한다. 『젠더 트러블』, 「버틀러의 주요 개념들」 참고.

성의 범주와 당연시된 이성애 제도야말로 **구성물**이며, 사회적으로 제도화되고 규정된 환영물이거나 '페티시'이다. 이들은 **자연스러운** 범주가 아니라 **정치적인** 범주이고, 이런 맥락에서 볼 때 '자연스러운' 것에 의지하는 것은 언제나 정치적이라고 입증된 범주이다(강조는 저자).[19]

이러한 작업은 자연스럽게 두 번째 목표인 젠더 규범의 혼란 속에 사는 사람들도 살만한 삶을 살고 인정받을 수 있는 세계를 상상하는 것과 연관된다. 한 인터뷰에서 버틀러는 자신이 젠더 문제에 관심을 기울이는 이유를 다음과 같이 밝혔다.

내가 젠더를 연구하면서, 또는 성 소수자와 젠더 소수자(남성다움과 여성다움이라는 규범적 이상에 걸맞지 않는 방식으로 젠더를 표현하는 사람들)를 연구하면서 발견한 것 가운데 하나는 이 문제가 대체로 다음과 같은 질문들로 귀결된다는 것이었습니다. 사람들이 어떻게 걷는가? 그들이 엉덩이를 어떻게 사용하는가? 몸의 각 부분들로 무엇을 하는가? 입을 어떤 용도로 사용하는가? 항문을 어떤 용도로 사용하거나 어떤 용도로 사용되도록 허락하는가? 다른 사람들의 구멍을 어떻게 다루는가? 당신이 들어갈 수 있는 구멍은 어떤 것이고 그럴 수 없는 구멍은 어떤 것인가? 특정한 행동에 사용할 수 있는 구멍은 어떤 것인가? 그렇게 사용할 수 없는 구멍은 무엇인가? 이 모든 문제는 고도로 규제되고 있습니다. 퀴어 운동의 초창기에는 "저 사람들은 항문 성교를 즐겨, 그러니 저 사람들과 항문 성교하는 사람의 젠더가 무엇이든, 그들은 그 행위로 게이가 되는 것이지"라고 생각하는 이성애자들이 있었습니다. 왜 항문 성교 때문에 "게이가 되는" 겁니까? 그런 행동을 했다고 해서 왜 게이로 인식되어야 하는 겁니까? 사람들은 행위와 구멍, 그리고 신체의 표피를 앞에 두고 혼란에 빠집니다. "그것들을 어떻게 사용할 것인가?" 그것들을 특별하게 사용한다면 정체성을 의심받을 수도 있다는 혼란에 빠지는 것

---

19 버틀러, 『젠더 트러블』, 323쪽.

이죠. 그러니 사람들은 몸의 각 부분을 특정한 목적을 위해서만 사용할 수 있다는 낙인에 맞서 싸워야 했습니다. 그것이 바로 젠더가 구성되는 방식이었죠. 내가 이 문제에 관심을 갖는 이유가 여기 있습니다.[20]

버틀러에 따르면 젠더 정체성이란 규범들을 반복적으로 실천한 효과로 형성된 것이다. 그런데 버틀러는 반복적 실천이 이미 정해진 규범들을 따르는 것이라고 보지 않는다. 오히려 어떤 행위를 반복적으로 실천할 때 그것은 규범이 된다. 반복되는 행위 속에서 규범이 형성되고 그렇게 형성된 규범이 다시 정체성을 규정하는 것이다. 버틀러가 '원본이 없는 패러디'라는 말로 젠더 정체성의 수행을 표현할 때 의미하는 바가 바로 이것이다. "젠더의 표현물 뒤에는 어떠한 젠더 정체성도 없다. 정체성은 결과라고 알려진 바로 그 '표현물' 때문에 수행적으로 구성된다."[21] 버틀러가 『젠더 트러블』과 그 후속 작업인 『의미를 체현하는 육체』에서 소개하는 드랙 수행은 젠더 규범에 원본이 없음을 보여 주는 하나의 사례로, 이들은 사람들이 안정된 것이라고 쉽게 생각하는 젠더 규범이 사실은 불안정하며 언제든지 다른 실천과 의미화의 가능성에 열려 있음을 보여 준다.

> 젠더의 속성과 행위들, 몸이 자신의 문화적 의미를 보여 주고 생산하는 다양한 방식들이 수행적인 것이라면, 어떤 행위나 속성이 재단될 수 있는 선험적 정체성이란 없다. 그리고 진정하거나 거짓된 젠더 행위, 사실적이거나 왜곡된 젠더 행위 또한 없다. 결국 진정한 젠더 정체성이라는 가정은 규제가 만든 허구임이 드러날 것이다. 그런 젠더의 실체가 지속된 사회적 수행들을 통해 창조되었다는 말이 의미하는 것은 다음과 같다. 즉 본질적 섹스와 진정하거나 고정된 남성성 혹은 여성성의 개념 자체도 젠더의 수행적 성격을 감추는 전략의 일부로서 구성된 것이며,

---

20 테일러, 『불온한 산책자』, 340-341쪽.

21 버틀러, 『젠더트러블』, 131쪽.

남성의 지배와 강제적 이성애라는 규제적 틀 바깥에 있는 젠더 배치를 증식시킬 수행적 가능성을 감추려는 전략의 일부로 구성된 것이라는 말이다.[22]

젠더 규범과 젠더 정체성이 모두 행위의 반복적 실천을 통해 수행적으로 구성된다는 버틀러의 주장은 이후 퀴어 이론에 많은 영향을 미쳤다. '퀴어(queer)'라는 말은 처음에는 부정적인 뉘앙스를 담아 동성애를 비하하는 의미로 사용되던 단어였다. 그러나 동성애 이론가들이 이성애 중심주의에 대한 반발로, 즉 "이성애적 규범이 성 정체성과 성적 실천의 관계를 지나치게 단순화하여 고착시켰던 데 대한 반발"[23]을 표현하기 위해 '퀴어'를 적극 사용함에 따라, 그 의미가 바뀌었다. 윤조원에 따르면 최근의 퀴어 이론(queer theory)은 "과거에 레즈비언/게이 연구로 분절되던 동성애론을 제도권 문화와 관습적 사고에 대한 급진적 비판의 기치 하에 통합하면서, 동성애론 자체를 동성애적 주체의 정체성이라는 경험적 기반의 경계 너머로 확장시키는 담론이자 정치적 실천"[24]으로 나아가고 있다. 퀴어 이론에서 특히 두드러지는 흐름은 "성 차이로서의 젠더 개념, 나아가 젠더화된 주체의 개념 자체를 해체하고자 하는 움직임"[25]인데, 바로 이 지점에서 젠더 수행성에 대한 버틀러의 주장과 퀴어 이론이 만난다. 젠더 정체성이라는 것은 담론이 기대하는 정체성을 반복적으로 수행함으로써, 즉 행위의 반복적 수행을 통해 형성된 몸의 스타일에 불과하다는 버틀러의 주장은 남성성과 여성성, 그리고 이성애만을 정상적인 것으로 간주하는 이분법적인 젠더 규범과 이성애 중심주의를 넘어서고자 하는 퀴어 이론에 힘을 실어 준다.

---

22 같은 책, 350쪽.

23 윤조원, 「페미니즘과 퀴어 이론, 차이와 공존: 테레사 드 로레티스, 이브 세지윅, 주디스 버틀러를 중심으로」, 『영미문학 페미니즘』 제17권 1호, 2009, 133쪽.

24 같은 글, 133쪽.

25 같은 글, 134쪽.

젠더는 수행적인 것이다. 젠더의 내적 본질 같은 것은 없다.

『젠더 트러블』 이후

앞서 버틀러의 첫 번째 저작부터 최근의 저작까지 살피면서 버틀러의 논의의 흐름을 간략하게나마 짚어 보았다. 젠더 규범으로 인해 고통받는 사람들의 삶의 가능성을 열기 위한 버틀러의 작업이 점차 '인간임'을 규제하는 진리 체제와의 관계에서 고통받는 사람들의 삶의 가능성을 열고자 하는 작업으로 확장되었음을 보았다. 이러한 논의의 흐름을 한눈에 볼 수 있는 버틀러의 저작을 꼽아 보자면, 1999년에서 2004년 사이에 발표했던 논문들을 엮은 『젠더 허물기』를 들 것이다. 이 책에서 버틀러는 『젠더 트러블』에서 제기되었던 질문에 대해 다시 한 번 대답하면서, 『젠더 트러블』을 쓸 때 가지고 있었던 문제의식이 어떤 것이었는지를 보다 구체적으로 설명해 준다. 또 실제 있었던 사례를 통해 제도나 규범이 어떻게 개인의 삶을 규제하는지를 생생하게 보여 준다. 몸의 형태에 대한 규범, 그 규범을 바탕으로 한 의학적 진단과 의료보험 제도, 진단을 둘러싼 다른 해석들. 이것들은 몸의 물질성과 관련하여 『의미를 체현하는 육체』에서 했던 주장, 즉 몸은 언제나 물질이지만, '물질'이라는 것 역시 의미화의 영역 안에서만 나타난다는 점에서 몸은 '물질화된' 것이라는 주장을 뒷받침한다.

몸의 특질이 성을 '나타낸다'고 해도 성이 자신을 나타내는 수단과 꼭 같지는 않다. 성은 그것이 어떻게 읽히고 이해되어야 하는지를 가리키는 기호(signs)를 통해 이해가 가능해진다. 이런 몸의 지표가 성별화된 몸이 읽히는 문화적 수단이다. 이 지표는 그 자체가 몸에 관한 것이고 기호로서 작동하므로 성별화된 몸에서 '물질적으로' 진정한 것 과 '문화적으로' 진정한 것을 쉽게 구분할 방법은 없다. 나는 순수하게 문화적인 기호가 물질적인 몸을 생산한다고 주장하려는 게 아니다. 이런 기호가 없다면 몸이 성적으로 읽힐 수 없다는 것, 그리고 이런 기호가 최소한 문화적인 동시에 물질적인 것이라고 주장하려는 것뿐이다.[26]

『위태로운 삶』이나 『윤리적 폭력 비판』에서 보였던 문제의식을 선취하는 논의가 담긴 곳도 있다. 6장 「인정을 향한 갈망」에서는 제시카 벤저민(Jessica Benjamin)의 인정 개념에 대한 논평을 하면서, 헤겔의 『정신현상학』에서 나타나는 인정운동에 대한 새로운 해석을 보여 준다. 헤겔에게서 인정은 분열되었던 의식이 다시 통일을 이루어 나가는 운동으로 그려진다. 의식은 타자 안에서 자기 자신을 보고 나와 타자가 다르지 않음을 확인한다. 그러나 버틀러가 보기에, 의식이 타자에게서 자기 자신을 본다는 사실에서 우리가 확인하게 되는 것은 '나'라는 것은 항상 나의 밖에서 발견되고, 그런 '나'는 언제나 이전의 나와는 다른 무언가일 수밖에 없다는 것이다. 따라서 인정운동은 헤겔이 말한 것처럼 분열된 의식이 통일을 이루어 나가는 운동으로 그려질 수 없다. 오히려 인정운동은 변화에 내맡겨지는 운동, 나와 타자의 다름을 확인하는 운동이다. 『위태로운 삶』과 『윤리적 폭력 비판』에서 버틀러가 전개하는 헤겔에 대한 논의는 이런 맥락에서 이해할 수 있을 것이고, 이것은 좀 더 거슬러 올라가 보면 버틀러의 첫 번째 저작인 『욕망의 주체들』에서 다루었던 문제이기도 하다. 『젠더 트러블』 출간 이후 헤겔보다는 푸코나 정신분석학에 더 관심을 기울인 것처럼 보이기도 하지만, 「인정을 향한 갈망」을 보면 헤겔리안으로서 버틀러의 문제의식이 지속적이었다는 것을 알 수 있다.

이처럼 『젠더 허물기』에 실린 글들은 이전의 저작들에서 미처 대답하지 못했던 것들에 답하기도 하고, 이후의 저작들에서 구체화되는 아이디어들을 선취하기도 한다. 그리고 버틀러의 사유를 관통하는 문제가 바로 한편

---

26 버틀러, 『젠더 허물기』, 144쪽.

으로는 삶을 가능하게 하면서 다른 한편으로는 삶을 불가능하게 만드는 규범과 관련된 것임을 보여 준다. 그런데 바로 이러한 점 때문에 최근의 작업으로 갈수록 버틀러는 페미니즘의 문제보다는 철학적 문제에 집중하는 것처럼 보인다는 '비판'을 받기도 한다. 버틀러는 이러한 비판에 대해 다음과 같이 반박한다.

> 나는 삶에 관한 질문이 어떤 면에서는 많은 페미니즘 이론의 중심에 있다고 말하고자 하며 특히나 페미니즘 철학의 중심에 있다고 주장하고자 한다. 삶에 관해서는 다음과 같은 여러 가지 질문이 제기될 수 있다. 무엇이 좋은 삶인가? 어떻게 해서 좋은 삶은 여성의 삶이 포함되지 않는 것으로 개념화되었는가? 여성에게 좋은 삶은 무엇일까? 그러나 이런 질문 모두가 중요한 질문이기는 해도 여기에는 아마 이런 질문들에 앞서는 다른 질문이 있을 것이다. 그것은 생존 자체에 관한 질문이다. 어떤 페미니즘적 사유가 생존과 관련될 만한가를 생각해 보면 일련의 다른 문제들도 제기된다. 누구의 삶이 삶으로 간주되는가? 누구의 특권이 살기 위한 것인가? 우리는 삶이 언제 시작되고 언제 끝나는지를 어떻게 결정하며, 삶에 대항하는 삶에 대해서 어떻게 생각하는가? 어떤 조건에서, 또 어떤 수단을 통해서 삶이 존재화되어야 하는가? …… 페미니즘이 언제나 삶과 죽음의 문제를 생각해 왔다는 말은 어느 정도는 또 어떤 면에서는 페미니즘이 항상 철학적이었다는 뜻이다. 우리가 어떻게 삶을 조직하는지, 어떻게 삶에 가치를 부여하는지, 어떻게 폭력에 맞서 삶을 지키는지, 어떻게 이 세상과 그 제도가 새로운 가치 안에 깃들게 만들 것인지를 페미니즘이 묻는다는 말은 페미니즘의 철학적 추구가 어떤 의미에서는 사회 변화의 목적과 일치한다는 뜻이다.[27]

최근의 버틀러의 관심은 누구나 살만한 삶을 살 수 있도록 하기 위한 사회적 조건과 공동체의 의미를 밝히는 데 있는 것 같다. 공동체란 무엇이며,

---

27 같은 책, 323-324쪽.

그 안에서 우리는 누구일 수 있을까? 우리는 공동체성을 어떻게 사유해야 할 것인가? 인간 공통의 조건으로서 관계성을 바라볼 때, 공동체에 대한 우리의 이해는 어떻게 달라지는가? 이러한 질문이 버틀러의 머릿속에 있는 것 같다. 이러한 질문은 얼핏 『젠더 트러블』에서 가졌던 문제의식에서 멀어진 것처럼 보이지만, 꼭 그렇지는 않다. 젠더 수행성에 관한 버틀러의 작업이 제기하는 '권력과의 관계 속에서 우리는 누구일 수 있을까?'라는 푸코적인 질문은 헤겔적인 의미에서 인정과 욕망에 대한 논의로 연결되면서 결국 공동체란 무엇인가라는 질문으로 귀결되기 때문이다. 『주디스 버틀러, 지상에서 함께 산다는 것』에서 버틀러는 한나 아렌트, 레비나스 등의 철학자들에게서 이러한 질문에 대답할 수 있는 실마리를 찾고자 한다. 버틀러는 특히 아렌트의 동거(cohabitation) 개념에 주목한다.

> 우리는 누구와 함께 살지를 선택할 수 없으며, 또한 우리는 무선택적 특성을 띤 포괄적인 복수의 동거를 적극적으로 보존해야만 한다. 우리는 우리가 결코 선택하지 않았던 이들, 우리가 어떤 사회적인 소속감도 느낄 수 없는 이들과 함께 살아야 할 뿐 아니라 그들의 삶과 복수성—그들이 일부를 형성하는—을 보존할 의무를 짊어지고 있기도 하다.[28]

사회적 갈등이 한 번이라도 나타나지 않았던 시기는 아마 없겠지만, 최근 우리 사회 곳곳에서 다양하게 표출되는 사회적 갈등은 그 양상과 심각성이 이전과는 사뭇 다른 것 같다. 공동체의 의미가 퇴색된 지금이야말로 사회적 연대의 방식과 공동체의 의미를 다시 새길 필요가 있다. 삶의 가능성에 천착하는 버틀러의 사유는 우리에게 시사해 주는 바가 클 것이다.

---

28 주디스 버틀러, 『주디스 버틀러, 지상에서 함께 산다는 것: 이스라엘 팔레스타인 분쟁, 유대성과 시온주의 비판』, 양효실 옮김, 시대의창, 2016, 284쪽.

네 번째 흐름

민주주의와 세속화된 근대

1
위르겐 하버마스
jürgen habermas

한길석

한양대학교에서 하버마스의 공영역론을 다원 사회적 현실과 연관하여 탐구한 논문으로 박사학위를 받았다. 현재 가톨릭대학교 학부대학에서 비정년 교육중점 조교수로 재직하면서 인간학 등을 가르치고 있다. 함께 쓴 책으로『아주 오래된 질문들』,『다시 쓰는 서양 근대철학사』,『B급 철학』,『법질서와 안전사회』등이 있으며, 옮긴 책으로『친애하는 빅브라더』등이 있다.

세 개의 하버마스: 공영역, 의사소통 합리성 그리고 토의 민주주의

한 지인에게 하버마스에 대한 글을 쓰려니 부담된다고 하니까 "하버마스가 아직 살아있어요?"라고 놀라며 되묻는다. 나 같은 연구자들의 게으름 탓일까? 어느덧 하버마스는 많은 한국 사람들에게 '고인' 취급을 받을 정도가 되었다. 한국에서 하버마스가 일찍감치 작고하게 된 건 그의 탓이라기보다는 하버마스의 사상이 현대 한국인들과 부담없이 대면하도록 자리를 주선하지 못한 연구자들의 탓이 일단 크다.

그러므로 이 글의 가장 중요한 몰표는 하버마스의 주요 이론을 알기 쉽게 전달하는 것이리라. 하지만 일세를 풍미한 한 사상가의 평생에 걸친 이론의 궤적을 원고지 100매 내외의 분량으로 압축하기란 불가능하다. 그래서 나는 하버마스의 사회이론, 그중에서도 정치이론을 중심으로 글을 구성하였다. 그러다 보니 인식론, 형이상학 비판, 포스트모더니즘 논쟁, 도덕 이론 등에서 이룩한 성취에 대해서는 기술하지 못하였다. 이런 과도한 가위질에 대해서는 너른 양해를 부탁한다. 어쩌면 한국에서는 철학자 하버마스보다 비판적 사회이론가로서의 하버마스가 더 필요할지도 모르겠다.

하버마스는 전후 국가적 성공의 이면에 도사린 위기의 징후에 주목하면서 비판적 사회이론을 전개했다. 그의 이론은 방대하고 복잡하기로 악명

이 높다. 그러다 보니 이해하기가 쉽지 않다. 나는 독자들이 그의 이론을 그리 잘 이해하지 못해도 상관없다고 생각한다. 어쩌면 우리가 이 사상가에게 배울 것은 이론이 아니라 자기 시대의 위기와 진지하게 대결했고 여전히 격투하고 있는 한 인간의 마음일지도 모르기 때문이다. 이 글을 통해 독자들이 그러한 마음과 삶의 태도에 다가가 볼 수 있었으면 한다. 그렇게만 된다면 '하버마스의 급사'가 서운하진 않을 듯.

생애

하버마스는 현존하는 가장 중요한 독일 철학자이자 사회이론가다. 일반적으로 그는 의사소통 합리성 이론으로 비판이론 1세대를 발전적으로 극복한 거대 이론가로 알려져 있지만 독일에서는 사회적 발언에 적극적으로 나서는 가장 영향력 있는 공적 지식인으로도 유명하다.

하버마스는 1929년 6월 18일 뒤셀도르프에서 2남 1녀 중 둘째로 태어나 인근 소도시인 굼머스바흐에서 성장기를 보냈다. 그는 굼머스바흐 산업상무국 책임자를 아버지로 둔 덕에 전쟁기를 빼고는 대체로 넉넉한 형편에서 자랄 수 있었다.

하버마스가 태어난 해는 토마스 만이 노벨문학상을 받고 에리히 레마르크가 『서부전선 이상 없다』로 베스트셀러 작가가 되었던, 독일 문화계에 있어서는 무척이나 영예로운 해였다. 하지만 문화계를 제외한 독일은 영예로운 나날을 보내고 있지 못했다. 세계 대공황의 경제위기와 좌우익의 격돌로 인해 독일 입헌 민주공화정의 종말이 목전에 이르고 있었기 때문이다. 군주정 지지자들은 공화주의자들과 싸우고, 보수주의자들은 자유주의자들 및 사회민주주의자들과 대립했으며, 게르만 민족만의 국가를 지지하던 나치주의자들은 시민사회적 권리(시민권)에 기초한 입헌공화국 지지

자들과 격돌하였다. 근본주의적 대립이 격심해질수록 정치이론가들의 목소리는 커져 갔지만 그럴수록 정치 혐오증은 널리 확산되었다.

1932년 7월 31일 선거에서 나치는 1,380만 표를 얻어 제1당이 되었다. 같은 해 10월 히틀러는 굼머스바흐를 방문하였고, 굼머스바흐 유권자의 절반이 나치당을 지지하였다. 게슈타포의 전초기지가 세워질 정도로 나치 세력이 강했던 이 도시에서 자란 하버마스가 소년 시절에 나치 조직의 일원이 된 것은 자연스러운 일이었다. 물론 이것은 그의 자의에 의한 것이 아니었다. 보수적 경제 행정 전문가이자 나치 당원이었던 하버마스의 아버지—전후 '단순 가담자'로 분류되었다—가 물정 모르는 아들을 청소년 나치 조직에 가입시켰기 때문이다.

훗날 보수주의 역사학자 에른스트 놀테는 1989년 이태리 신문 『파노라마(Panorama)』에서 하버마스가 히틀러 청소년단의 열정적 리더였다고 주장함으로써 비판적 지식인으로서의 명성에 치명상을 입히고자 했다. 하지만 나치 체제에서 10-18세 사이의 모든 청소년들은 독일소년단(Deutsches Jungvolk)이나 히틀러 청소년단(Hitlerjugend)에 의무적으로 가입해야 했다. 더구나 입술갈라짐병을 갖고 태어나 '언청이'라고 놀림당하던 하버마스가 히틀러 청소년단의 리더가 되기는 거의 불가능한 노릇이었다. 나치의 생물학적 이념에 따르면 하버마스와 같은 아이들은 결함을 지닌 독일인이었다. 장애를 갖고 있던 하버마스가 히틀러 청소년단에서 차별 없이 생활하는 것조차 쉬운 일은 아니었을 것이다.[1] 하버마스는 입술갈라짐병을 갖고 태어난 경험이 훗날 사회적 상호작용과 의사소통행위이론의 발전에 중요한 계기로 작용하였다고 말했다.[2] 초등학교 시절 당했을 괴롭힘과 따돌림의 경험, 그리고 입술갈라짐병을 퇴화의 징표로 여기고 근절의 대상으로

---

1   Stefan Müller-Doohm, *Habermas: A Biography*, Part 1, Ch.1, n26., Polity, 2016.

2   J. Habermas, "Öffentlicher Raum und politische Öffentlichkeit" in: *Zwischen Naturalismus und Religion*, Frankfurt am Main: Suhrkamp, 2015.

간주하던 나치 시대 의료인들의 인종주의적 태도는 배제와 차별에 대한 비판적 감수성이 민감하게 표현된 그의 정치사상에 큰 영향을 끼친 것으로 보인다.

전쟁이 끝난 후 하버마스는 나치 독일 체제의 만행이 어떠한 것이었는지 알게 되었다. 나치 체제에 대한 비판적 인식은 민주적 질서의 회복과 유지에 대한 강한 지향을 품도록 하였다. 그는 틈만 나면 정치 잡지를 뒤적거렸으며 정치 집회에도 기웃거렸다. 하지만 아데나워 시대의 보수정당들은 청년 하버마스의 진보적 열망을 만족시키지 못했다. 당시 정치세력들은 좌우를 막론하고 민주주의 대신에 민족주의를 내세우면서 독일공화국의 재건을 도모했기 때문이다.[3]

1949년 여름 하버마스는 괴팅겐 대학에 입학하였다. 이곳에는 당대의 유명 철학자 니콜라이 하르트만이 있었지만 하버마스는 철학에 전념하기보다는 문학과 연극을 더 가까이 했다. 1950년 여름 학기 동안 취리히 대학에서 잠시 유학 생활을 하던 하버마스는 본 대학으로 학교를 옮겨 철학 공부에 전념하기 시작하였다. 본 대학은 정치 개혁과는 거리가 먼 전통적 독일 대학이었다. 강의 과목은 소크라테스 이전의 고대 철학, 딜타이, 훔볼트, 후설, 하이데거, 신칸트주의 등과 같은 전통적 커리큘럼에 국한되었다. 급진적 문제 제기나 답변을 제시하는 능력은 권장되지 않았다.[4]

본 대학에서 강한 영향을 준 사람은 7년 선배 칼 오토 아펠이었다. 그는 박사학위를 마치고 조교로 활동하면서 후배들의 철학적 멘토 역할을 하고 있었다. 아펠은 하버마스에게 프래그머티즘, 훔볼트의 언어철학, 해석학,

---

3　1945년 창당한 기독민주연합(CDU)에서 나치당에 관여했던 인물들을 발견하는 것은 드문 일이 아니었다. 쿠르트 슈마허의 사회민주당(SPD)조차 민족주의적 정책을 노골적으로 지지할 정도였다. 하버마스는 사회민주당의 민족주의 정책이 탐탁찮았지만 아데나워 정부의 견제를 위해 1953년 선거에서 이를 악물고 사회민주당에 표를 던졌다고 한다. J. Habermas, *The Past as Future*, Nebraska: University of Nebraska Press, 1994, p. 48.

4　J. Habermas, *The Liberating Power of Symbols*, Polity, 2001, p. 69.

영미 언어철학 등을 소개하면서 협소한 독일 강단 철학에서 벗어나도록 자극하였다. 이러한 지적 자극은 훗날 하버마스 이론 발전에 있어서 중요한 자양분이 되었다.

하버마스는 1954년 2월『절대와 역사: 셸링 사상에 내재한 양의성에 관하여』라는 논문으로 본 대학에서 박사학위를 받았다. 본 대학을 졸업한 하버마스는 철학자보다는 언론인이 되고 싶어 했다. 그는 유력 언론사에 정기적으로 기고하면서 자유 기고가의 길을 걸어갔다. 지금도 그렇지만 당시 하버마스는 공적 사안에 대한 지식인의 비판적 개입이 필요하다고 생각했으며 언론은 그러한 생각을 실현하는 데에 좋은 무대였다.

비판적 지식인으로서의 면모는 1953년 하이데거를 준엄하게 비판하는 기사에서 이미 시작되고 있었다. 어느 날 아펠은 하버마스에게 하이데거의『형이상학 입문』을 건네준다. 그는 이 책에서 "이 운동의 내적 진리와 위대성"이라는 표현을 발견하고 커다란 분노와 실망감을 느껴『프랑크푸르트 알게마이네 자이퉁(Frankfurter Allgemeine Zeitung, FAZ)』지에 비판적인 글을 기고한다. 이 글에서 하버마스는 나치에 적극적으로 협조했던 경력에 대한 반성적 언급과 수정도 없이 나치 시대에 행했던 강의 내용을 그대로 출간한 하이데거를 비판하는 동시에 그러한 행태를 묵과했던 독일 사회의 태도를 문제 삼았다.

이후로도 하버마스는 여러 매체에 글을 기고하면서 비판적 활동을 계속하였다. 그러나 언론인으로서의 삶은 오래 지속되지 않았다. 1956년 하버마스는 아도르노의 조교가 되면서 프랑크푸르트 사회연구소의 사회학 연구 프로젝트에 참여하게 된다. 이곳에서 하버마스는 자신의 실천적 지향을 이론적 관점에서 전개할 수 있는 기회를 비로소 얻게 되었다. 하지만 연구소장이었던 호르크하이머와 갈등하면서 교수자격논문을 위한 연구를 지속할 수 없었다. 결국 하버마스는 마부르크 대학으로 옮겨 정치학자 아벤트로트 밑에서 교수자격논문을 완성하였다. 1961년 완성된 이 논문이 바로『공론장의 구조변동』이었다.

　이후 하버마스는 가다머의 추천으로 하이델베르크 대학 철학 교수로 3년간 일하다가 1964년 호르크하이머의 뒤를 이어 프랑크푸르트 대학 교수로 부임한다. 이전과 달리 호르크하이머는 하버마스를 환영하면서 자신의 후계자로 인정하였다. 둘 사이의 관계는 점점 돈독해졌다. 새로 부임한 하버마스는 실증주의 논쟁에서 중요한 이론적 성과를 올리는 동시에 좌파 지향적 연구를 시도하여 독일 정신의 민주화에 기여하려고 하였다. 그러나 좌파 학생운동이 과격해지고 비합리적으로 변질되자 학생운동권을 비판하면서 슈타른베르크의 막스 플랑크연구소로 떠난다.

　그는 1971년에서 1981년까지 연구소장으로 일하면서 그의 가장 중요한 저작인『의사소통행위이론』을 내놓았다. 그리고 1983년 프랑크푸르트 대학 교수로 돌아와 활동하다가 1992년 두 번째 대표작인『사실성과 타당성』을 출간하였다. 이 책에서 하버마스는 법과 민주주의의 사실성을 담론 이론에 기초해 규범적으로 정당화하는 작업을 전개하였다. 1994년 이후 하버마스는 명예교수 등으로 물러났지만 강연과 저술 활동을 멈추지 않고 있다. 그는 오래전부터 시작해 왔던 정치평론을 계속하는 동시에 잠시 접어 두었던 인식론 및 존재론적 문제에 대한 철학적 탐구[『진리와 정당화』(1999)]도 깊이 있게 전개하였다. 또한 탈국민국가 시대의 민주주의 정치[『탈국민국가적 질서』(1998)], 다원주의적 사회 현실에서 발생하는 문화 및 종교적 문제[『자연주의와 종교 사이에서』(2005)]를 다루기도 하고 복제인간 기술이 함축하고 있는 자유주의적 우생학에 대한 비판[『인간이라는 자연의 미래』(2001)]등에 나서기도 하였다. 이처럼 하버마스는 아직까지도 다양한 분야에 걸친 논의에 적극적으로 참여하면서 비판이론가로서의 임무를 활발하게 수행하고 있다.

주요 저작으로 본 이론

1) 『공론장의 구조변동』(1962)

하버마스의 이론적 작업은 그가 살아온 시대와 연관해 보지 않고서는 제대로 설명할 수 없다. 그의 이론은 나치즘의 극복과 독일 정신의 민주화라는 전후 독일의 가장 중요한 사회적 지향과 맥을 같이 하기 때문이다. 『공론장의 구조변동』은 이러한 지향점의 첫 번째 이론적 결과물이었다. 1961년에 교수자격논문으로 제출되어 이듬해에 출판된『공론장의 구조변동』은 30여 개 언어로 번역되면서 아직까지도 다양한 학문 분야(역사학, 법학, 정치학, 사회학, 문학, 철학, 젠더 연구, 매체 연구 등)에 이론적 근거와 영감을 제공하고 있다.

이 책의 중심 개념인 '공영역(Öffentlichkeit)'[5]은 사적 개인들이 공동의 관심사에 대해 토론하면서 형성된 담론 행위의 무대라고 할 수 있다. 규범적 관점에서 보자면, 근대 공영역은 국가나 시장의 지배력으로부터 자립적이며, 자유롭고 무제한적이면서 합리적인 의사소통 행위에 의해 운영되는 영역

---

5   한국에서는 하버마스의 'Öffentlichkeit' 개념을 '공론장'으로 번역하는 것이 일반적이다. 그러나 나는 '공영역'이라는 번역어가 조금 더 적절하다고 생각한다. 하버마스적 의미의 'Öffentlichkeit'는 주로 사적으로 사고되던 다양한 문제들을 공적 의사소통 영역에서 공개적이고도 비판적으로 논의함으로써 발생하는 사회적 상호작용의 원칙 혹은 그러한 규범적 상호작용의 제도적 영역 및 의사소통 네트워크를 의미한다. 따라서 공영역은 정치 이슈를 공적 관점에서 논의함으로써 공론을 형성하는 장소로서만 아니라 문예, 과학, 종교 등의 비정치적 이슈를 논의함으로써 의견의 합리성을 공개적 비판의 방식으로 획득하게 하는 의사소통 네트워크라는 의미도 담고 있다. '(공익적 의견으로서의) 공론이 형성되는 장소'라는 뜻을 함축하는 '공론장'이라는 용어는 공론의 형성과 결집을 지향하지는 않는 후자의 비공익적, 비정치적 차원의 논의의 성격을 간과하게 하는 단점을 노출한다. 그렇기 때문에 '공영역'이라는 번역어가 조금 더 적절하다고 생각된다. 하버마스도 'Öffentlichkeit'에 상응하는 영어 번역어를 'place of public opinion'이 아니라 'public sphere'로 사용하고 있다. 그럼에도 불구하고 우리말 번역본의 제목이『공론장의 구조변동』이므로 책을 가리킬 때는 이 용어를 그대로 사용한다.

이었다. 모든 사안은 공개성의 원칙을 준수하는 이성적 대화 속에서 비판적으로 검토되었으며, 이러한 테스트를 통과한 견해만이 바람직한 것으로 승인되었다. 물론 현실 속에서 이와 같은 이상적 공영역은 거의 발견할 수 없다. 그렇지만 그것이 왜곡된 공영역을 비판하고 무엇이 공적 의견으로 승인될 수 있는지 판별하는 가늠자를 제공한다는 점에서 공영역에 대한 규범적 접근은 큰 의미를 지닌다고 할 수 있다.

이 책에는 두 가지의 관점, 즉 사회문화사적 궤적을 추적하는 경험주의적 관점과 역사적 경험 속에 내재된 규범성을 비판적으로 추출하는 규범적 관점이 교차하고 있다. 우선 하버마스는 근대 공영역의 발생에 대해 역사적으로 접근한다. 그에 따르면 근대적 공영역은 중세의 '과시적 공영역'과 질적으로 다른 모습으로 18-19세기 유럽과 미국에서 발생한다. 근대인들은 커피하우스, 살롱 등에 모여 공동의 관심사에 대해 토론하면서 근대적 공영역을 만들었다. 중세의 공영역이 왕과 귀족 관료와 같은 '공인들'이 자신의 신분과 권력을 과시하기 위해 궁정에 모여 의례를 벌이던 공간이었다면, 근대의 공영역은 공적 지위에 오르지 못한 '사인들'이 모여 생활 속에서 경험한 공동의 문제(시장 가격, 문학작품, 과학적 발견, 정치적 사건 등)에 관해 정보와 지식을 교환하고 의견을 형성하던 공간이었다. 정보와 지식의 교환은 당시 새롭게 등장한 정기간행물(신문, 잡지 등)에 힘입어 폭넓게 이루어졌다.

앞서 말한 바와 같이 근대 공영역은 '공개성의 원칙'을 준수하는 것을 중시하였다. 공영역에 참여하는 이들은 모든 것이 숨김없이 공개적으로 알려져야 비판적 검토와 이성적 대화를 거친 공정한 의견 형성이 가능하다는 생각을 지니고 있었기 때문이다. 공영역이 부여하는 이러한 책임 원칙은 국가에도 요구되었고 그것의 제도적 관철을 위해 표현, 언론, 집회, 결사의 자유 보장과 의회의 설립을 이루어 냈다. 공영역의 규범은 '사적 이해관계'를 중시하는 부르주아적 기질로부터 벗어나 인류의 관점에서 이성적으로 사고할 것을 규범적으로 요구함으로써 보편적 공정성을 추구하게 하는 윤리의식의 발전을 촉진했다. 하지만 부르주아 공영역의 규범은 이성적 대화를 통해 사적 이해관계를 배제하고 보편적 공정성을 확보하는 것에 지나치게 우선성을 부여한 나머지 노동자들이 계급적 이익을 관철함으로써 사회적 평등을 이룩하려는 노력들—거리 시위, 막후 협상 등—에 대해 제한을 가하는 정치적 행동에 정당성을 부여하기도 하였다.

18-19세기 초기 부르주아 공영역은 국가권력 외부의 사회단체 구성원들이 자발적으로 발전시킨 합리적 행위 규범을 입헌 민주주의 국가의 조직 원리로 확장시키는 데에 이바지하였다. 그러나 19세기에 들어오면서 사회조직의 구조적 변화로 인해 국가와 사회가 중첩되는 현상('국가의 사회화', '사회의 국가화')이 확산되면서 공영역의 성격은 변질된다. 이런 움직임은 부르주아 공영역의 자율성을 점차 무너뜨림으로써 입헌 민주주의의 규범적 토대를 약화시켰다. 18세기 정치적 공영역의 중심 기관 중 하나였던 언론은 20세기 복지국가형 대중 민주주의 시대에 이르러서는 거대 기업으로 구조 전환하면서 뉴스 정보 소비자의 말초적 욕구를 충족시킬 수 있는 정보 상품을 판매하는 기관으로 변질되었다. 공개성은 단순히 홍보(public relations)로 바뀌었고, 비판적 토론은 매스미디어를 활용한 상징자본의 과시 활동으로 탈바꿈하였다. 공영역의 현실적 기관인 사회단체들도 집단적 이해관계의 관철과 세력 확장을 위해 공영역을 도구적으로 활용함으로써 이성의 공적 사용이라는 18세기 부르주아 공영역의 가치 지향을 망각하는 일이 잦았다. 결국 하버마스는 근대적 공영역이 공적 의견의 합리적 형성보다는 여론 조작의 창구로 활용됨으로써 '재봉건화'에 이르게 되었다는 비판적 결론을 내린다. 이것은 서구 근대 문명에 대한 회의적 전망을 제시한 비판이론 1세대들의 시대적 전망과 궤를 같이하는 것이기도 하다. 그렇지만 하버마스는 선배들과 달리 비판으로 일관하지는 않는다. 이 책의 말미에서 그는 사회조직과 단체들 내부에 비판적 공개성 이념을 철저히 관

철시킴으로써 조직 내부의 민주화를 통해 조작적 공영역의 현실을 극복해 볼 수 있을 것이라는 기대를 숨기지 않기 때문이다.

『공론장의 구조변동』은 비부르주아 공영역이 부르주아 공영역을 범형으로 삼은 변형태라고 간주함으로써 부르주아 계급의 주도로 근대 민주주의의 공개성 원칙을 마련할 수 있었다는 부르주아 계급 친화적 역사 해석을 가능하게 한다. 이에 대해 넥트와 클루게는『공영역과 경험(1972)』이라는 책에서 프롤레타리아도 부르주아 못지않게 집단적 생산과정 속에서 고유한 계급 조직과 경험 유형을 만들어 내 '프롤레타리아 공개성'이라 할 만한 역사를 이룩했다고 주장하였다. 이 관점에 따르면, 근대 공영역은 부르주아 공영역의 논의 합리성과 프롤레타리아 공영역의 사회적 경험 양식이 상호 경쟁하면서 변증법적으로 전개된 것이라 해석될 수 있다. 이들의 입장은 합리적 논의의 관점에서 공영역의 규범성을 도출하려는 하버마스적 논의 중심주의에 대한 비판을 선취한 것으로 평가된다.

넥트와 클루게의 비판은 20년 후 영미권 학자들에 의해 발전된 형태로 계승된다. 그들은 여성 및 노동자들의 공영역이 부르주아 공영역의 단순한 변형태들이 아니라 근대적 공영역의 본질을 구성하게 하는 역사적 실천이었음을 주장하면서 부르주아 중심적 공영역 이론에 대한 비판을 가하였다. 또한 하버마스의 공/사 영역 구분이 내용적 입장에서 이루어지고 있으므로 양자의 구분을 논의 절차적 관점에서 수행할 것을 주문하기도 했으며(S. Benhabib), 시민사회적 공영역과 의회적 공영역에서 발견되는 힘의 불균형을 고려해 공영역 이론의 수정이 필요하다는 비판도 제기되었다(N. Fraser). 하버마스는 1992년『사실성과 타당성』에서 이러한 비판을 수용하면서 공영역 이론을 수정하였다.

『의사소통행위이론』(1981)

　『공론장의 구조변동』 이후 하버마스가 몰두한 작업은 비판적 사회이론의 규범적 토대를 마련하는 것이었다. 하버마스는 의사소통 합리성 이론을 통해 프랑크푸르트학파 1세대의 '자기 파괴적' 합리성 이론을 구제하고자 하였다. 호르크하이머와 아도르노는 『계몽의 변증법』에서 합리적 문명화 과정이 인간해방으로 직결되지 않음을 지적하고, 서구 합리성 내부에 계몽보다는 야만의 역사로 접어들게 하는 필연적 계기가 존재한다는 급진적 비판을 내놓는다. 그들은 이성에 기초한 인간의 모든 인식과 실천이 해방보다는 지배로 귀결되는 이유를 이성의 도구적 성격에서 찾았다. 그들에게 이성적 인식과 실천은 타자에 대한 주체의 지배 욕구를 충족시키기 위한 도구로 여겨졌기 때문이다. 서구 합리성을 도구적 합리성으로 해석하는 이러한 급진적 비판은 인간 해방에 대한 신념 속에서 제기되었지만, 그들의 의도와는 달리 인간의 해방적 실천의 토대를 붕괴시키고 그에 대한 근본적 회의를 야기하게 되었다.

　하버마스가 보기에 1세대의 사회비판은 '수행적 모순'을 범하고 있다. 이성을 도구적 이성으로 단순화함으로써 사회비판 및 이성 자체에 대한 비판을 할 수 있게 하는 이성의 흔적마저도 지워 버렸기 때문이다. 하버마스에 따르면, 이성이 도구적 이성으로 단순하게 간주된 이유는 1세대 이론가들이 주체-객체의 이분법적 모델을 바탕으로 한 의식철학의 패러다임 속에서 사유하고 있기 때문이다. 근대 의식철학은 세계를 주체와 객체의 관계라는 차원에서 해명하면서 주체가 객체를 인식과 실천의 대상으로 삼게 하였다. 의식철학의 전통에서는 타인, 세계, 심지어 자아까지도 의식적 주체의 능동적 활동에 의해 지배되는 대상으로 규정된다. 그래서 하버마스는 주체가 이성을 도구로 삼아 타자 지배의 목적을 달성한다는 의식철학적 합리화 모델을 극복하기 위해 의사소통 패러다임을 통한 이성의 구제를 시도하였다. 그것은 '언어적 전회'를 통해 이루어졌다.

하버마스는 합리적 인간 행위를 비사회적 행위와 사회적 행위로 나누면서 전자에는 도구적 행위가, 후자에는 성공을 지향하는 전략적 행위와 상호 이해를 지향하는 의사소통 행위가 포함된다고 하였다. 의사소통 행위는 합의를 목적으로 행위하는 이들이 상호 이해를 지향하면서 서로의 행위 계획을 조정하는 가운데 이루어진다. 의사소통 행위는 각자가 설정한 목적을 성공적으로 달성하기 위해 시도되는 것이 아니라 상대방과 나 사이의 상이한 입장을 이해하고 그것을 바탕으로 서로의 행위 계획을 조정하는 과정을 거쳐 결국에는 공동의 행위 계획을 합의하는 데에 이르기 위해 시도된다.

하버마스는 언어 행위를 매개로 한 일상생활의 상호 관계적 실천, 즉 의사소통 행위에 내재한 구조에 주목함으로써 지배의 도구로 환원되지 않는 이성의 자취를 발견하고자 하였다. 의사소통 행위를 통해 이루어지는 언어적 상호 작용 속에서 우리 인간은 나와 다른 상대방과 대면하게 된다. 그는 한편으로는 나의 발화 행위를 듣는 청취자로 대상화될 수 있지만, 동시에 나는 그가 단순히 내 말을 듣기만 하는 대상으로 머무르기를 바라지는 않는다. 나의 발화에 대해 상대방이 응답해 줄 것을 기대하고 있기 때문이다. 상대방은 '예'라고 응답함으로써 동의하는 주체로서 머무르거나, '아니오'로 응답함으로써 새로운 논의를 개시하고 자신 의견을 표현하는 주체성을 명시적으로 드러낼 수 있다. 상대방이 '아니오'로 응수할 때 화자는 발화 주체로서의 자기 위치를 반성적으로 가늠하는 동시에 자신의 주장을 비판적으로 재검토하게 된다. 이제 화자는 '아니오'라고 대답한 상대방의 입장과 관련된 근거 발언을 듣는 청자의 역할을 맡는다. 이것은 상대방이 내게 기대하는 '합리적 청자'로서의 역할에 호응하려는 수행적 태도를 취함으로써 이루어지는 행위이다. 일상적 언어 행위에서 발견되는 이러한 상호 관계 형식은 인간이 맺는 관계가 지배 관계로 환원되지도 않으며, 이성 또한 지배의 도구로 단순화되지 않음을 깨닫게 한다.

상호 이해 지향적인 사회적 행위로서의 의사소통 행위에 내재된 합리성에 대한 해명은 화용론적 언어 분석을 통해 이루어진다. 하버마스는 오스틴과 설의 언어철학적 작업을 활용하여 의사소통 행위에 대한 해명의 작업, 즉 '형식 화용론(formale Pragmatik)'을 전개하였다. 형식 화용론은 의사소통 행위를 가능하게 하는 보편적 조건을 재구성하는 작업이다. 이것은 일상생활에서 성공적으로 이루어지고 있는 의사소통 행위의 경험을 원재료로 삼아 그것을 가능하게 하는 보편적 조건을 성찰적으로 재구성해 냄을 의미한다.

하버마스에 따르면 일상적 의사소통 행위에 참여하는 이들은 타당성 주장들을 상호 교환한다. 화자가 제시하는 타당성 주장들은 세 가지 차원(진리성, 진실성, 정당성)에서 분석될 수 있다. 예를 들어 어떤 의사가 간호사에게 "커피 한 잔 타 와요"라고 말했다고 해보자. 만일 간호사가 "예"라고 말했다면 그는 의사의 발화 내용에 동의한 것이다. 그러나 간호사가 "아니오"라고 말하면서 이의 발언에 대한 타당성을 주장할 경우 그것은 다음의 세 차원에서 제기될 수 있다. 1) "커피가 떨어졌어요", 2) "에이, 농담하지 마세요", 3) "나는 간호사로 일하기 위해 이 병원에 있는 겁니다" 1)에서는 의사의 발언이 객관적 진리성의 차원에서 문제가 있음(지금 커피가 없다는 객관적 사실로 인해 의사의 발언이 진리성의 요구를 충족시키지 못하고 있음)을 지적하고 이에 대한 이의를 제기하는 것이다. 2)에서는 주관적 진실성의 차원에서 이의를 제기하고 있다(의사가 진심으로 커피 대접을 원한 게 아니라 농담을 하기 위해 발언한 것이므로 진실성 요구를 충족시키지 못한다고 지적). 3)에서는 규범적 정당성의 차원에서 이의를 제기하고 있다(의사는 간호사에게 사적인 심부름을 요구할 수 없고 동등한 동료로 대우해야 한다는 정당성의 요구). 의사의 말에 "예"라고 동의할 경우 간호사는 의사의 발언에 대한 타당성 요구를 명시적으로 제시하지 않으면서 의사소통 행위를 수행하는 것에 머무른다. 그러나 "아니오"라고 답할 경우 타당성 요구는 명확히 제시되면서 둘 사이의 의사소통은 주장의 타당성을 검증하는 담론(논의) 상황으로 변화한다.

서로의 발언이 타당성을 지닐 수 있는지 비판적으로 검토—명시적으로 든 암묵적으로든—함으로써 의사소통적으로 합리적인 행위를 하는 이들은 상대방을 객체가 아닌 주체로 대우한다. 그러한 상호 주관적 주체들은 의사소통 행위에 참여하고 있는 상대방에게 드러난 세계 이해(객관적 세계의 진리성, 주관적 세계의 진실성, 사회적 세계의 정당성에 대한 이해)를 타당성 요구의 상호 교환을 통해 공유하게 됨으로써 고립된 주체의 인식과 실천이라는 의식철학적 한계를 극복하게 된다.

이처럼 하버마스는 '언어적 전회'를 통해 서구 이성을 의사소통적 이성으로 구제해 냈다. 그렇지만 세상은 의사소통 합리성이 견인하는 쪽으로 작동하지 않는 것처럼 보인다. 하버마스는 근대 세계의 이러한 병리 현상에 대해 '생활세계의 식민화(Kolonialisierung der Lebenswelt)'라는 개념을 통해 해명하고 있다.

하버마스의 사회이론은 생활세계(Lebenswelt)와 체계(System)라는 두 차원에 대한 해명을 통해 전개된다. 원래 현상학적 전통에서 논의되던 생활세계라는 개념은 하버마스에 의해 사회이론적으로 새롭게 전용되는데, 그것은 문화적 전통, 사회적 규범, 인격으로서의 특성 등의 상징적 차원의 재생산을 가능케 한다. 반면에 체계는 경제와 국가 행정 등의 기능 영역으로 대표되면서 물질적 생산과 통치 질서의 유지를 담당한다.

하버마스는 사회의 통합(gesellschaftliche Integration)이 생활세계와 체계 양자의 측면에서 이루어진다고 보고 있다. 즉 사회의 통합에 대한 해명은 체계에서 이루어지는 통합(체계 통합)과 생활세계에서 이루어지는 통합(사회통합)의 양 측면에서 접근될 때 적절하게 이루어질 수 있다는 것이다. 생활세계는 특정하게 공유된 문화적 해석과 전통을 전승하면서 동시에 그것을 재생산함으로써 문화적 정체성을 유지한다. 또한 인륜과 도덕에 기초한 규범적 질서를 지속적으로 창출하고 공유한다. 이와 같은 상징적 가치와 규범의 요소들을 생활세계의 구성원 각자가 인격의 한 부분으로서 내면화시킬 수 있을 때 사회통합(Sozialintegration)이 이루어진다. 체계는 상품의 원활한 유통과 지배 질서의 확립이라는 기능적 요구를 충족시킴으로써 사회의 통합에 기여한다. 즉, 생산된 재화의 교환과 관련된 경제체계(시장)와 구성원들의 불균형한 힘의 관계에서 비롯된 갈등과 충돌을 압도적 지배 권력에 의해 조정하는 행정체계(정부)의 수립을 통해 체계 통합이 이루어지면서 사회의 통합에 이바지하는 것이다.

사회진화의 초기 단계에서는 체계는 생활세계에서 분화되지 않은 채 생활세계와 뒤엉켜 있다. 그러나 사회가 기능적으로 복잡해지면서 체계는 생활세계로부터 분화되어 자립적 영역으로 기능하게 된다. 자립한 체계는 자신의 기능에 부합하는 조정 매체를 활용하는데 그것이 바로 화폐(경제체계)와 권력(행정체계)이다. 행정부는 법적으로 마련된 위계적 권력을 매개로 하여 구성원들의 갈등과 충돌을 통제한다. 시장은 화폐를 매개로 하여 교환 당사자들의 이해관계 갈등을 조정한다. 체계는 언어를 매개로 이루어지는 생활세계의 도덕, 인륜성, 가치, 문화적 전통 등을 경유하지 않더라도 기능 조정과 사회적 상호 작용을 성공적으로 달성해 낸다.

그런데 하버마스가 보기에 생활세계와 체계의 분화를 통한 사회적 합리화는 순조롭게 진행되고 있지 않다. 체계의 규범이 생활세계에 침범하여 그것의 자립성을 훼손하는 형태로 사회적 합리화가 진행되고 있기 때문이다. 가족, 학교, 마을 모임, 기타 사회적 모임 및 문화적 기관 등은 생활세계 영역에 속하면서 의사소통적 합리성에 기초하여 운영되던 곳이다. 그런데 생활세계가 합리적으로 분화되자 "새로운 유형의 조직들이 등장한다. 이것들은 행위를 상호이해의 과정에서 분리시켜서 화폐 및 권력 같은 …… [조절 매체로 갈등을 조정한다.] 조절 매체들은 행위 조정 메커니즘으로서의 언어를 대체한다. 그것들은 사회적 행위를 가치에 대한 합의를 통해 진행되는 사회통합으로부터 분리하여, [화폐 및 권력] 매체에 의해 조절되는 목적 합리성으로 전환시킨다."[6] 이로 인해 생활세계에서의 의사소통 합리성의 역할은 축소되고 체계의 목적 합리성에 의해 생활세계가 식민화되는 현상이 가속화된다. 그리하여 생활세계와 의사소통 합리성은 **"체계들에 의해 유발되는 물화와 문화적 빈곤화**의 추세에 의해 위협에 처한다."[7] 생활세계 구성원들의 사회화와 문화적 전승 그리고 인격을 형성시키는 학교 교육이 경제 체계의 이윤추구 논리에 의해 운영되어 시장에서 유용한 노동력을 재생산한다고 해보자. 이 경우 학교에서 이루어지는 학생과 학생, 학생과 교사 간의 사회적 관계는 순전히 도구적 관계로 변모되고 의사소통적으로 산출된 상호주관성의 윤리는 체계에 의해 설정된 목적의 성공적 달성에 있어서 무용한 것으로 간주된다.[8]

유의할 것은 하버마스가 근대사회적 병리 현상의 원인으로 체계 혹은 목적 합리성 자체를 지목하고 있는 것은 아니라는 점이다. 그가 비판하는 것은 체계 및 목적 합리성이 자기 영역을 넘어 생활세계와 의사소통 합리성을 파괴하는 것에 한정된다. 그렇다면 체계의 합리성을 유지하면서 생활세계의 질서와 의사소통 합리성을 보존하기 위해서는 어떻게 해야 할까? 하버마스는 여성, 환경, 반핵운동 등의 신사회운동에 주목하면서 생활세계가 보유한 상징적 재생산이 시민사회의 다양한 조직들에 의해 새롭게 제시되면서 체계에 의한 식민화가 저지되고 있음에 주목하였다. 시민사회 조직의 참여자들은 생활세계의 식민화라는 병리 현상에서 경험한 삶의 위기들에 관해 비판적으로 논의하면서 복지국가와 자본주의 시장경제 체계가 제공하는 삶의 형식이 아닌 새로운 '생활형식들의 문법'을 구성하고자 하였다. 하버마스에게 신사회운동의 이와 같은 성과는 생활세계가 보유한

---

6 J. Habermas, 『의사소통행위이론 1』, 장춘익 옮김, 나남출판, 498쪽.

7 J. Habermas, 『의사소통행위이론 2』, 장춘익 옮김, 나남출판, 506쪽.

8 J. Habermas, 『의사소통행위이론 1』, 520쪽.

의사소통 합리성의 실천적 잠재력을 실증해 준 실례였다. 이후 그는 이러한 경험적 사례를 통해 생활세계의 식민화를 극복할 수 있는 민주적 실천의 이론적 체계화를 시도한다.

『사실성과 타당성』(1992)

시민사회 조직들의 활동은 체계의 독주를 방지하는 동시에 의사소통적으로 합의된 의견을 체계의 영역에 반영하도록 영향력을 행사함으로써 대안적 삶의 형식의 일부를 제도화하는 데에 일정한 성과를 올렸다. 이것은 생활세계의 의사소통 합리성에 기초한 시민들의 민주적 요구를 통해 체계의 간섭과 침투를 제어할 수 있음을 입증하는 동시에 의사소통 합리성의 영향력이 생활세계에만 머무르지 않고 체계와 기능적으로 소통 가능하다는 점을 보여 준다. 하버마스에 의하면 생활세계와 체계의 비판적 연관을 통해 현대사회의 병리 현상을 치유 가능하도록 만드는 매체는 민주적 논의 과정을 통해 입법화된 법이다. 따라서 하버마스에게 민주적으로 제정된 법과 그러한 법을 탄생시키는 실천 활동으로서의 민주적 정치 과정은 중요하게 부각될 수밖에 없다. 법과 민주주의에 대한 담론 이론적 해명을 주제로 하는『사실성과 타당성』(1992)은 바로 이런 동기에 의해서 저술된다.

하버마스는『사실성과 타당성』에서 법과 민주적 정치 과정의 연관을 담론 이론적으로 해명하면서 체계적 질서의 안정적 유지와 체계에 대한 생활세계적 규범성의 비판적 개입을 논한다. 하버마스에게 법은 이러한 요구에 있어서 핵심적 매체로 부각된다. 법은 생활세계의 규범적 요구를 체계가 이해할 수 있도록 번역된 코드이자 체계의 기능적 요구를 생활세계에 전달하는 언어이기도 하다. 따라서 법을 매개 코드로 삼아 체계를 제어하는 동시에 체계의 요구를 생활세계에 반영시켜 그것의 효율적 작동을 촉진할 수 있는 것이다. 이러한 법은 민주적으로 제도화된 논의 절차를 거치면서 제정되어야 하고, 그것의 집행도 민주적 토의 속에서 통제되어야 한다. 그렇지 않을 경우 법의 기능적 효율성은 정당성을 상실하면서 퇴색되고 만다. 이런 기본 입장 속에서 하버마스는 근대법의 성격을 재규정하고 법과 민주주의의 내적 관계를 밝혀낸다.

하버마스에 의하면 근대법은 강제적이고 실정적이며 자유를 보장하는 세 가지 형식적 속성을 지닌 규범이다.[9] 법 규범은 제재의 위협을 통해 지배 질서를 유지하고 규범을 강제적으로 관철한다. 이러한 법은 자연적 원리에 의해 도출된 것이 아니라 입법자들의 변경 가능한 결정에 의해 제정된다는 실정성을 갖고 있다. 또한 법은 법 공동체 구성원 모두의 자율성을 평등하게 보장할 수 있도록 정당하게 제정되어야 한다는 자유 보장적 규범성을 만족시켜야 한다. 이 세 가지 성격이 밀접하게 연관되어 있는 까닭에 근대법은 사실성과 규범적 타당성의 계기를 동시에 지닌다. 즉 실정법의 두 특성(강제성과 변경 가능성)이 지시하는 근대법의 사실적 계기는 구성원들의 자유를 동등하게 보장하도록 민주적으로 제정되어야 정당한 실정법으로 승인될 수 있다는 규범적 타당성의 계기와 내적으로 연관되어 있다.

하버마스에 의하면 입법의 규범적 타당성은 입법 과정이 민주적 절차에 의해 진행되었는가에 의해 결정된다. 즉 모든 법 공동체 당사자들이 공동의 삶을 규제하기 위한 합리적 논의에 참여할 때, 그들의 동의를 얻어 제정되는 법만이 타당한 규범으로 인정될 수 있는 것이다. 이 과정에서 법에 관련된 모든 논의와 결정에 참여할 수 있는 동등한 권리가 보장되어야 한다. 논의 절차에서 참여자의 발언과 타당성 주장에 대한 모든 기회가 보장되어야 하며, 당사자의 이해관계와 공동체의 가치 지향 등이 표현될 수 있도록 의사소통적 자유가 약속되어야 한다.

하지만 정당한 법의 문제가 민주적 입법 절차만으로 해소되는 것은 아

---

9   J. Habermas, 『이질성의 포용』, 황태연 옮김, 나남출판, 296쪽.

니다. 정당하게 제정된 법이 왜곡되게 집행될 가능성은 언제든 열려 있기 때문이다. 입법 과정에서의 논의적 개입 못지않게 집행 과정에서의 논의적 개입이 보장되지 않는다면 시민의 자유를 보장한다는 근대법의 규범성은 확보될 수 없다. 하버마스는 "강제 없는 의사소통 속에서 형성된 공동의 지"[10]로서의 의사소통적 권력이 입법 과정에 영향을 줄 수 있어야 하듯이 법의 집행 과정에도 힘을 발휘할 수 있어야 한다고 보았다. 하버마스적 토의 민주주의 이론은 바로 이런 입장에서 제기된다.

현대 대의 민주주의는 자유주의적 계기와 공화주의적 계기가 혼용되어 발전해 왔다. 자유주의 전통에서는 개인의 자유와 인권을 중시하는 반면에, 공화주의 전통은 인민 주권의 실현을 강조한다. 따라서 자유주의적 관점에서 민주주의 정치란 개인 인권의 보호를 위한 사적 자율성의 계기를 확장하는 것에 국한되며, 공화주의가 바라보는 민주주의 정치란 인민의 자기 지배력을 구현하는 공적 자율성의 계기를 확장하는 데에 치우친다.

하버마스는 토의 민주주의 이론을 통해 개인의 인권을 보호하는 동시에 정치적 토론에 참여하는 시민들의 정치적 영향력을 강화시킴으로써 현대 민주주의의 편향을 교정하고자 하였다. 토의 민주주의의 기획은 다원주의적 시민사회의 공영역에서 전개되는 다양한 공적 논의들이 입법부의 심의 및 의결과 행정부의 집행에 영향력을 행사할 수 있는 실천적 과정 속에서 구현된다. 이 기획은 신사회운동의 경험적 역사에서 추동된 것이다.

1968년 이후 지속적으로 전개되었던 신사회운동들은 목적 합리성에 거리를 두는 규범적 시민사회의 잠재력을 현실 속에서 보여 주고 있다. 신사회운동을 통해 등장한 시민사회는 사적 이익의 집단적 관철이라는 목표를 위해 정치적 영향력을 행사하지 않았다. 오히려 그것은 환경, 비무장, 여성, 젠더 등의 문제를 공적 이익의 관점에서 제기함으로써 정치체계에 해결의 압력을 행사하였다. 이러한 운동의 흐름 덕에 하버마스는 시민사회가 사

---

10 J. Habermas, 『사실성과 타당성』, 한상진·박영도 옮김, 나남, 2002, 191쪽.

적 이익의 보존을 위한 경제 사회로서 규정하는 것에 불과하다는 헤겔 이후 전통적 시각에서 벗어나 해방적 실천의 새로운 잠재력을 지닌 것으로 인식할 수 있게 되었다. 이제 시민사회는 부르주아적 시민사회가 아니라 공적 규범에 대한 자기 이해를 지속적으로 전개하는 성찰적 시민사회로 이해된다. 하버마스에 의하면 이러한 시민사회는 생활세계에 잠재한 의사소통적 합리성이 사회적으로 외화하면서 발생한 것이다. 하버마스가 이 사실에 주목하자 그동안 변질된 것으로 보였던 공영역은 나름의 비판적 규제력을 보유하면서 사회에 규범적 영향력을 행사하고 있는 것으로 새롭게 조명된다. 그는 현대 민주주의를 토의 민주주의적으로 해명하면서 근대 공영역이 구조 변동 과정에서 왜곡을 피하지 못했다는 1962년의 비판적 진단을 수정하고 공영역의 비판적 기능을 되살렸다.

현대 입헌 민주주의 사회에서 일반적으로 정치는 정치체계(입법부, 행정부 등) 안에서 이루어지는 것으로 간주된다. 하지만 하버마스는 정치 체계 밖에서 전개되는 민주적 토의 과정도 체계 내 정치 못지않게 중시한다. 여기서 의사소통적으로 합리화된 시민사회의 공적 의사소통 네트워크로서의 공영역의 역할이 부각된다. 공영역은 체계 외부에 있으면서 다원화된 시민사회의 요구 및 관점을 공개적 논의의 대상으로 만든다.

하버마스의 공영역을 세분한다면 생활세계의 문제를 공적 논의 과정으로 길어오는 부분 공영역, 그것을 선택하여 더 넓은 공적 논의의 차원으로 순환시키는 매체 공영역, 그리고 매체 공영역과 부분 공영역의 견해들을 공론으로 합의하여 정치체계와의 소통을 통해 법적 제도로 안정화시키는 정치적 공영역으로 나눌 수 있다.

생활세계의 다양한 고통에 대한 경험과 의견들은 처음에는 친밀성의 차원에서 소박하게 유통된다. 그러다가 이것은 합리화된 시민사회의 다양한 결사적 활동, 즉 시민사회 운동 등으로 구현된 부분 공영역에서의 공개적 논의 과정을 거쳐 여론화 된다. 매체 공영역은 부분 공영역에서 유통되던 의견들을 소개하면서 그것이 좀 더 높은 공개성의 수준에서 검토 및 논의될 수 있도록 기회와 공간을 제공한다. 매체 공영역의 역할 덕에 시민들은 부분 공영역들로부터 제안된 문제를 사회적 의제로 인식하고 그것을 정치적 제도화 및 합의의 대상으로 여기게 된다. 이때 공영역은 의사소통적 권력을 행사하여 정치체계 내에서의 제도적 합의를 압박하는 정치적 공영역으로 변화한다. 정치적 공영역은 다른 공영역과 달리 공적 논의에서의 타당성 요구 수준을 높여 단순한 집단적 의견을 정치적 제도화를 요구하는 공론으로 합의하게끔 하는 기능을 지니고 있다. 정치적 공영역은 합리적으로 일반화된 공론을 정치체계에 투입한다. 그리고 체계가 시민사회의 요구를 제도적으로 응답하도록 압박한다. 정치체계가 정치적 공영역에서 모아진 공론에 맞춰 법 제도 및 행정 조치 등을 산출할 때, 체계가 낳은 법 제도 및 정책은 민주적 정당성을 인정받게 된다. 이렇듯 체계와 생활세계 내 시민사회 간의 민주적 순환은 정치적 공영역이라는 수문을 통해 이루어진다.

체계는 정치적 공영역이 투입하는 공론의 압력에 대해 제도적 조치를 취함으로써 인민 의지에 응답한다고 할 수 있다. 우리는 이것을 국민의 일반의지에 따라 국가가 조종된다는 공화주의적 인민 주권의 실현 과정으로 해석해 볼 수도 있을 것이다. 하지만 생활세계와 체계를 매개하고 조정하는 정치적 수문으로서의 정치적 공영역은 체계에 대한 영향력만 행사할 수 있을 뿐, 전체 체계를 조망하면서 규제하는 지도적 개입을 할 수 없다. 이 점에서 하버마스적 토의 민주주의는 인민 주권의 절차주의적 자기 제한을 가한다고 할 수 있다. 하버마스의 토의 민주주의론에서 인민의 민주적 자기 결정권은 오직 절차주의적으로 이해된 의사소통 권력의 행사 과정으로 파악된다. 정치적 공영역은 입법이나 법 집행 과정에 직접 개입하지 못한다. 그것은 단지 의회 및 행정 권력의 민주적 입법 혹은 집행을 비

판적 규제를 통해 유도하는 역할을 담당하는 데에 그칠 뿐이다.[11]

하버마스적 토의 민주주의는 생활세계의 의견이 시민사회의 공론으로 결집되게끔 하여 그것을 정치체계에 전달함으로써 체계와 생활세계의 합리적 상호 조정 및 매개를 이룩하는 민주적 정치 과정이라고 할 수 있다. 이를 위해서는 민주 정치의 과정이 단순히 대표자를 선출하는 활동으로 단순화되지 않도록 일정한 조건을 형성해야 한다. 그것은 시민들의 요구를 정치화하는 자발적 행위들이 그 사회의 일반적 관습이자 문화로 정착되어야 함을 뜻하며, 그러한 문화가 지속적 생명력을 얻을 수 있도록 제도화가 이루어져야 함을 의미한다. 그래야만 체계의 기능적 독주를 견제하고 생활세계의 식민화를 방지할 수 있다.

다원주의 사회와 하버마스

현대는 다양한 세계관과 문화 형식이 한 사회 속에 병존하는 다원주의 사회다. 지구화는 생활세계의 가치 지평을 엄청나게 확장시킴으로써 다양한 문화적 전통과 사회적 연대성이 병립하는 다원주의적 생활세계의 등장을 가속화시키고 있다. 다원주의 사회의 현실에서는 새로운 형태의 공적 관심사 및 정의의 문제가 등장한다. 이 문제는 초국적(transnational) 관점에서 추출되는 생활세계 및 헌정 체계를 필요로 한다.

다원주의 사회에서는 다양하게 포진한 부분 공영역의 가치가 상호 중첩

---

11 "[집행 과정에서] '행위'할 수 있는 것은 오직 정치체계뿐이다. 이것은 집단적 구속력을 갖는 결정을 내리도록 전문화된 하위체계다. 이에 반해 공영역이 보유한 의사소통 구조들은 널리 팽팽하게 펼쳐진 센서들의 그물망을 이루고 있다. 이 그물망은 사회 전체적 문제의 압력에 감응하면서 영향력 있는 의견들이 형성되도록 자극한다. 공적 의견은 민주적 [제도] 절차를 거쳐 의사소통 권력으로 가공된다. 공적 의견이 가공된 의사소통 권력 자체만으로는 '지배'할 수 없다. 그것은 다만 행정 권력의 사용을 특정한 수로로 유도할 수 있을 뿐이다." J. Habermas, 『이질성의 포용』, 291쪽(번역은 다소 수정).

하고 갈등하면서 공적 문제로 부상한다. 하버마스는 이 문제를 논의 절차적 방식으로 해결하자고 제안한다. 세계관과 문화 형식의 다양성에 의해 제기되는 차별과 갈등을 공적 논의 절차 속에서 접근하게 되면 자기 문화에 대한 비판적 거리두기가 가능해지고 그럼으로써 지구적 생활세계에 대한 합리적 인식이 가능해질 것이다.

그러나 다원주의적 갈등을 합리적 논의 절차로 환원하여 해결하고자 하는 접근법에는 아무런 문제가 없을까? 하버마스는 특정 생활세계의 구성원들이 제기하는 인륜적 요구를 문화적 기본권의 문제로 접근함으로써 그러한 요구가 토의 민주주의적 정치체계와 생활세계의 역동적 상호 순환 속에서 해결되어야 한다고 보고 있다. 그는 인륜적 요구를 문화적 기본권의 보장 문제로 번역함으로써 해당 생활세계에 고유한 질적 경험을 걸러 낸 채 법의 형식성 속에서 다룰 것을 주문하고 있다. 이것은 특정 인륜 공동체의 구성원으로서의 정체성보다는 민주적 헌정 체제의 안정적 통합을 위해 합의의 노력을 아끼지 않는 시민으로서의 정체성을 우선하도록 강요할 수 있다. 인정 요구의 절차주의적 합의 모델은 의도하지 않게 배제의 논리를 함축할 수 있다는 것이다.

하버마스가 주장하는 다원주의적 사회 현실에서 제기되는 사회적 통합의 문제에 대해서는 좀 더 세심한 자세로 접근할 필요가 있다. 무엇보다 논의 참여자의 조건을 새로운 관점에서 확장해야 하는 과제가 있다. 프레이저가 잘 지적했듯이 하버마스는 논의 참여자의 범위를 해당 조치에 의해 영향 받을 수 있는 모든 이로 제한하였다. '영향 받는 모든 당사자 원칙'은 공적 논의의 참여자가 자기가 받을 수 있는 영향에 대한 인과적 해명의 요구에 논의 합리적으로 응해야 하는 부담을 갖게 만든다. 이것은 결국 논의 참여자들이 인과적 해명의 능력을 갖춘 지식인들의 선택에 의존하게 만들어서 민주적 자율성을 훼손할 수 있다.

이러한 문제를 극복하기 위해 프레이저는 '고통받는 모든 사람들의 원칙(all-subjected principle)'을 대안으로 제시하였다. 이 원칙은 지배의 고통을 당하고 있다는 경험 자체에 주목하게 만든다. 이 원칙은 특정 생활세계의 구성원으로서 획득하게 된 독특한 경험의 청취를 중요한 과정으로 만듦으로써 논의 이외의 언어 형식을 포함하게끔 한다. 공적 논의 절차에 지나치게 의존하게 되면 생활세계의 폭넓은 스펙트럼 속에서 각각 고유한 특질을 보유한 경험들에 대한 형식적 일반화의 함정에 빠질 수 있다.

만일 하버마스의 사회이론이 다원주의적 현실에 직면하여 정체성과 가치 형성이라는 문화적 경험을 적극적으로 고려하고자 한다면, 비논의적 의사소통 모델도 고려하는 확장성을 보여야 할 것이다. 이것은 언어를 합의를 위한 도구로서만이 아니라 존재 경험의 표현으로도 사유하는 모델이다. 이러한 언어 세계에서는 타자를 합의 지향적 대상으로서가 아니라 존재 경험의 이해 대상으로 보게끔 할 것이다. 그것은 타자로 존재하려 함으로써 자신의 정체성을 이해받으려는 타자의 노력을 긍정하는 개방적이고도 관용적인 행위자를 산출하게 함으로써 생활세계의 합리화를 더욱 촉진하게 할 것이다.

지금까지 우리는 하버마스의 사상을 사회이론과 정치이론을 중심으로 살펴보았다. 사회 및 정치이론의 견지에서 볼 때 그의 사상은 지배로부터 해방된 인간적 삶에 대한 관심에서 전개된 것이라고 하겠다. 의사소통 합리성을 통한 계몽적 이성의 구제는 해방적 삶에 대한 관심의 추구 과정 속에서 이루어진 것이다. 비록 그의 이론이 의사소통적 이성과 논의 절차의 실천 역량을 지나치게 낙관하고 있기는 하지만 하버마스가 신뢰하는 저 두 가지 없이는 사회의 합리적 통합은 쉽지 않을 것임은 분명한 사실이다. 그럼에도 불구하고 우리가 하버마스의 사상만 가지고 오늘의 현실을 바라볼 필요는 없다. 그의 이론이 현대 사회의 문제를 적절히 진단하고 그에 대한 대안을 잘 제시하고 있기는 하지만 해방적 삶에 대한 그림은 하버마스적으로만 그려지는 것은 아니기 때문이다.

2
찰스 테일러
Charles Taylor

유현상

숭실대학교에서 찰스 테일러 연구로 박사학위를 받았으며, 사회철학, 정치철학 분야에서 강의와 연구를 수행하고 있다. 함께 쓴 책으로 『세상을 지배하는 아홉 가지 단어』, 『세상의 붕괴에 대처하는 우리들의 자세』, 『처음 읽는 한국 현대철학』, 『철학의 이해』, 『B급 철학』, 『길 위의 우리 철학』 등이 있으며, 옮긴 책으로 『50인의 철학자』(공역)이 있다. 숭실대, 상지대, 방송대에서 강의하고 있다.

찰스 테일러의 근대 비판과 인정의 정치

찰스 테일러는 누구인가?

캐나다의 철학자 찰스 테일러(Charles Margrave Taylor, 1931-현재)는 북미권의 대표적인 헤겔 철학 연구자이자 현대의 가장 영향력 있는 정치철학자들 가운데 한 사람이다. 마이클 샌델, 알래스데어 맥킨타이어, 마이클 왈쩌 등과 더불어 공동체주의 진영에 속한 대표적인 정치철학자로 꼽힌다. 또한 테일러는 현대의 위기를 도덕적 지평의 실종이라고 하는 원인을 통해 규명하고자 한다는 점에서 도덕철학의 영역에서도 중요한 시사점을 주고 있다.

찰스 테일러는 1931년 캐나다의 몬트리올에서 태어났는데, 잘 알려져 있다시피 캐나다는 영어와 프랑스어를 공용어로 사용하고 있으며, 몬트리올이 속한 퀘백 주는 프랑스어 사용권이다. 영어권과 프랑스어권 지역의 구분은 캐나다의 주요한 국내 갈등 요인이 되고 있다. 이러한 국내적 갈등 요인은 향후 테일러의 학문적 활동과 실천적 지식인으로서의 행보에 중요한 영향을 끼치게 된다. 맥길 대학에서 역사학을 공부한 테일러는 이후 옥스퍼드 대학교에서 철학을 공부하게 된다. 1961년 박사학위를 받을 때까지 그는 당시 옥스퍼드의 주요 연구 경향이었던 일상언어 분석 연구를 접하게 된다. 하지만 그는 단지 영미 철학의 전통적인 언어 분석에만 몰두하지 않고 현상학적 언어 이해에 관심을 가지게 된다. 이는 테일러가 언어에 대한 형식적인 의미 분석을 넘어서서 언어에 담긴 존재론적이고 역사적인 의미 맥락을 더욱 중시하고 있었다는 점을 보여 준다. 옥스퍼드 시절 테일러의 활동 중 두드러진 점 중 하나는 유명한 좌파 성향의 잡지인『뉴 레프트 리뷰(New Left Review)』창간을 주도하고 신좌파 활동에도 적극적으로 참여했다는 점이다.

신좌파 운동은 프랑크푸르트학파 철학자인 마르쿠제의 영향을 받아 주로 1960년대에 유행하던 좌파적 사회개혁의 한 흐름을 말한다. 스탈린식 전체주의적 사회주의를 거부하면서도 자본주의 사회가 안고 있는 소수자 문제 등의 해결에 집중한다. 넓은 의미에서 현대사회의 자본주의적 억압의 모든 형태에서 해방적인 사회로의 이행을 추구하는 변혁운동이라고 할 수 있다. 프랑스에서 일어난 1968년 혁명이나 일본에서의 신좌파 운동, 미국에서 일어난 1960년대의 급진적 사회운동 등이 모두 신좌파 운동의 흐름에 속한다. 영국에서의 신좌파 활동의 경향은 주로 1956년에 있었던 소련의 헝가리 침공이나 영국의 핵 개발을 비판하는 등의 이슈를 다루는 것이었다.

캐나다로 돌아온 후 테일러는 맥길 대학 등에서 철학 강의를 하면서도 현실 정치에도 깊이 관여한다. 의원 선거에도 출마하여 당선되지는 못했으나 자신이 속한 정당의 정책 수립에 적극적으로 참여하면서 실천적 행보를 이어간다. 그가 주로 관심을 가지고 제안한 정책들은 주로 분권화와 연관된 것들이었다. 1970년대 들어서서는 본격적으로 헤겔 연구에 착수하여 헤겔 철학을 바탕으로 서구 자유주의에 대한 비판적 작업을 수행하면서 당시 영미권에 만연한 헤겔주의에 대한 왜곡에 맞서게 된다. 헤겔 철학에 대해 당시 영미권의 주된 해석은 특히 헤겔의 정치철학이 일종의 국가주의의 기초가 된다고 하는 것이었다. 그러나 테일러는 헤겔 철학에서 서구의 자유주의적 전통이 야기한 공동체의 균열을 극복할 수 있는 관점이 있다고 보았다.

헤겔은 『법철학』[1]에서 인륜성의 최고 단계인 국가에서 현실에서의 최고의 자유가 실현된다고 보았다. 이러한 관점은 보기에 따라서 현실에 존재하는 국가와 국가권력에 대한 절대적 옹호로 보일 수 있다. 히틀러의 국가사회주의와 맞선 경험이 있는 자유주의 진영에서 헤겔 철학의 이러한 관점은 지극히 위험하게 보일 수 있다. 하지만 테일러는 헤겔 철학에서 자유주의적 전통을 지닌 서구의 근대가 놓치고 있는 공동체적 가치의 옹호를 발견하게 된다.

이후 테일러는 1973년 맥길 대학의 교수로 부임하였고 1975년에는 헤겔 철학에 대한 그의 해석을 담은 주저 『헤겔』을 출간하였다. 1976년부터 5년간 옥스퍼드에서 강의를 한 후 다시 맥길 대학으로 돌아온 테일러는 당시 캐나다에서 발생한 퀘백 주 분리 운동에 참여하게 된다. 원래 현실 정치에 관심이 많았으며, 더구나 프랑스어권 사용 지역인 퀘백의 몬트리올 출신인 테일러에게 이는 민감한 사안이었을 것이다. 옥스퍼드에서 수학했던 젊은 시절부터 소수자 문제에 관심을 보이고 신좌파 운동에 우호적이었던 테일러가 퀘백 주 분리 운동에 참여하는 것은 어쩌면 당연한 귀결이었다고 보아야 한다.

근대에 대한 비판; 세속화된 근대

오늘날 인류 문명의 형성에 가장 직접적인 영향을 끼친 흐름은 서구적인 근대화 과정이라고 할 수 있다. 17세기 이후 본격화된 서구적 근대화는

---

1   게오르크 빌헬름 프리드리히 헤겔, 『법철학』, 임석진 옮김, 한길사, 2008.

현대에 이르기까지 모든 국가와 문화권이 따르는 일종의 범형으로 자리 잡았다고 해도 과언이 아니다. 이러한 서구적 근대화 과정에서 가장 저변에 흐르는 경향은 자유주의적 가치의 확산이다. 달리 말하면 근대 이후의 인류의 역사적 과정은 자유주의의 전개 과정의 역사라고 할 수 있다. 이는 역사는 절대정신의 자기 전개 과정이며, 절대정신의 자기 전개 과정은 자유 의식의 진보 과정이라고 보는 헤겔의 역사관과는 구별해야 한다. 자유 의식의 전개 과정은 절대정신 자신이 세계사 속에서 자유라고 하는 가치가 확산 발전하는 과정인 반면, 자유주의의 확산은 자유주의라고 하는 이데올로기의 확산 과정이라고 할 수 있다.

근대에 대한 테일러의 관점은 바로 이러한 근대의 전개 과정에 대한 하나의 비판적 분석이라고 보아야 한다. 테일러는 『불안한 현대사회』[2]에서 근대적 자유는 구시대의 낡은 규범들을 극복하는 데 기여하였지만, 그의 표현에 따르면 그것은 구시대의 도덕적 지평들로부터의 단절을 통해서 성취된 것이라고 진단하고 있다. 합리적 이성을 지닌 개인들은 그 어떤 도덕적 권위나 명령, 지침에 따르지 않고도 이성적이고 분별 있는 행동을 스스로 할 수 있는 도덕적 주체로 간주되면서 기존 질서의 틀로부터 벗어나게 되었다. 특히 종교적인 도덕적 지평의 상실은 이른바 세속화의 과정이라 할 수 있다. 종교개혁은 이른바 세속 종교의 출현을 본격화하면서 종교로 하여금 정치권력보다는 경제권력에 다가서게 하는 계기를 제공하는 하나의 역사적 계기가 된다. 이러한 점은 막스 베버가 『프로테스탄티즘 윤리와 자본주의 정신』[3]에서 개신교 지역에서 자본주의 발달이 잘 이루어진 원인을 분석한 데에서도 알 수 있는 현상이다. 물론 자본주의 발전 과정에서 경제권력은 다시금 정치권력을 배후에서 지배하는 과정을 포함한다. 그런 점에서 종교개혁 이후의 종교는 공동체에 도덕적 지평을 제공하는 기능을

---

2   찰스 테일러, 『불안한 현대사회』, 송영배 옮김, 이학사, 2001.

3   막스 베버, 『프로테스탄티즘의 윤리와 자본주의 정신』, 김덕영 옮김, 길, 2010.

수행하기보다는 근대적 욕망을 정당화하는 기능에 충실하다고 할 수 있다.

근대의 세속화 과정에서의 이러한 경향을 테일러는 '탈주술화(disenchant-ment)'라고 표현한다. 테일러는 탈주술화의 경향은 삶을 의미 없는 것으로 만들어 버린다고 한다. 왜냐하면 도덕적 지평의 실종은 공적인 차원에서 개인들을 분리시키기 때문이다. 개인들의 삶의 의미는 전적으로 독자적으로 형성되는 것이 아니라 그가 속한 공동체와 그 공동체가 형성하는 문화와 연관하여 기술되고 표현될 수 있다. 이것은 개인의 정체성이 관계와 무관하게 표현될 수 없는 것과 마찬가지이다. 그런데 주술은 비합리적 신념들을 초래하는 역할을 한다는 의미에서 합리성을 중핵으로 하는 근대적 사유들과는 병립하기 어렵다고 할 수 있다. 하지만 주술은 공동체 구성원들에게 신성의 영역에 대한 신념과 도덕의 형이상학적 근거를 제공하는 역할을 수행한다. '탈주술화' 혹은 '세속화'는 그러한 도덕적 지평의 상실 과정을 표현하는 개념이라고 할 수 있다.

테일러는 근대로의 이행 과정을 세속화라고 표현하는 만큼, 근대 세계의 시간적 특성을 지칭하는 의미로 '세속적 시간'이라는 표현을 사용한다. 2002년 한국을 방문하여 발표한 「근대화와 세속적 시간」이라는 논문에서 테일러는 '세속적 시간'은 시간에 대한 경험을 단선적인 것으로 받아들이는 개념을 의미한다고 말한다. '세속적 시간'은 일상적인 시간이며, 그것은 단지 시간 혹은 기간을 의미하는 것이며, 이러한 시간 의식 속에서 하나의 사건은 다른 사건 뒤에 일어난다. 그래서 세속적인 시간은 물리적인 시간의 흐름에 불과하며 의미 상실의 과정이 되는 시간이라고 할 수 있다. '세속적 시간' 속에서 일어나는 각각의 사건들은 단지 시간 위에 나열로만 존재할 뿐 어떤 질서나 관계적인 의미를 가지지 않는다. 그런 의미에서 근대적 시간 의식은 단선적이라는 것이다. 단선적인 시간은 시간 경험의 복합적인 요소들을 담아내지 못하는 시간이다. 이에 비해 사람의 의미를 구성하는 복합적인 요소들은 공동체 속에서의 삶이 경험하는 문화, 언어, 관계,

도덕적 지평 등을 통해서 형성된다.

'세속적 시간'에 대비되는 개념으로 테일러가 제시하는 시간 개념은 '보다 높은 시간'이다. 테일러는 '보다 높은 시간'은 '세속적 시간'에 질서를 부여한다고 보았다. '보다 높은 시간' 개념은 도덕적 지평들(moral horizons)을 상실하기 이전의 시간 개념이라고 할 수 있을 것이다. 근대 이전의 이러한 시간 의식은 영원성에 대한 의식, 분리되지 않는 과거-현재-미래에 대한 의식, 사물의 질서가 세워진 시간이라는 의미를 가진다. 반면에 '세속적 시간'은 낭비하지 말아야 할 소중한 시간이기는 하지만 등질적이고 공허한 시간이다. 테일러는 『근대의 사회적 상상』[4]에서 세속성과 탈주술화가 영령과 힘의 세계를 마침내 쫓아내고 텅 비워 버리는 동일한 요소들—일상생활을 경건하게 살아가기, 기계론적 과학, 사회생활의 규율 잡힌 재구축—또한 우리를 점점 더 세속적 시간에 가두는 것들이라고 보았다.

'세속적 시간'과 '보다 높은 시간'에 대한 테일러의 구분은 근대적 개인들의 고립적 상황을 이해하는 중요한 단서가 된다. '세속적 시간'을 사는 근대의 개인들은 자신의 삶의 경험들에서 어떠한 관계적 배경을 생각하거나 질서를 의식하지 않게 되고 오직 자신의 사적인 사건들로만 여기게 된다. 또한 세속화는 정치가 종교로부터 자유로워지는 과정을 포함한다. 『근대의 사회적 상상』에서 테일러는 사람들이 공적 공간의 세속성이라고 부를 때의 의미는 종교에 대한 존재론적 종속으로부터 자유로워진 정치를 의미한다고 한다. 그러나 그것이 신의 부재를 의미하는 것은 아니다. 선 또는 행복이라고 하는 개념을 이익과 결부시키는 공리주의적 도덕관은 그러한 세속화의 산물이라고 할 수 있다. 따라서 세속화의 과정은 한편으로 종교로부터 정치가 분리되고, 개인은 도덕적 지평의 의미를 상실한 채 단순한 상호 이익 추구적 활동의 주체로 자리매김하게 되는 과정을 함축한다.

『근대의 사회적 상상』을 시작하면서 테일러는 이러한 생각의 연원을 자

---

4 찰스 테일러, 『근대의 사회적 상상』, 이상길 옮김, 이음, 2010.

연법 사상이 출현한 17세기로 거슬러 올라간다. 그에 따르면 자연법 사상의 출현 이후 인간은 합리적이고 사교적인 행위자로서 자신들의 상호 이익을 위해 평화적으로 협력할 수 있는 존재로 여겨졌다는 것이다. 그러나 현대의 인간의 합리성은 도구적 합리성에 불과하다는 것이 테일러의 진단이다. 도구적 합리성은 지금까지 다루었던 도덕적 지평의 상실과 더불어 현대사회의 불안 요소가 된다. 이러한 관점은 현대사회의 위기의 원인을 분석하고 그 대안을 모색한 『불안한 현대사회』에서도 드러난다.

현대사회의 불안

『불안한 현대사회』에서 테일러는 현대의 세 가지 불안 요인을 지적하고 있다. 첫째는 '개인주의'로 인한 불안이다. 과거에는 인간도 다른 모든 존재하는 것들과 더불어 우주를 이루는 구성 요인으로 인식했다. 그렇기에 인간들만의 공동체를 이루어 살면서도 개인의 취향이나 인권의 문제가 보편적인 관심사가 될 수 없었다. 하지만 근대 이후 종교개혁, 시민혁명, 산업혁명 등은 개인주의의 출현을 가능하게 했다. 그 결과 사람들은 자신을 제외한 것들에 대한 관심을 줄여 나가게 되었다. 그리고 기존에 폭넓게 사회적, 우주적 의미를 부여하던 행위를 상실하게 되면서 보다 높은 삶에 대한 '목적의식'을 잃게 됐다. 찰스 테일러는 이러한 목적 설정 상실로 인해 자기 삶에만 초점을 맞추게 되고 마음의 시야가 좁아지는 현상을 초래했다고 보았다. 즉, 우리의 삶은 갈수록 의미를 상실하게 되고 타인에 대해 무관심해지는 자기도취가 만연하는 사회로 변모한 것이다.

현대사회가 불안하게 느껴지는 둘째 요인은 '도구적 이성의 지배' 때문이다. 도구적 이성이란, 주어진 목적을 위해 가장 경제적으로 수단을 응용하는 합리성을 뜻한다. 이러한 도구적 이성의 작동은 과학기술의 발전과 더불어 심화되었다. 전통적인 규제의 틀이 사라지면서 도구적 이성의 범위는 방대해졌다. 그리고 오로지 비용과 소득을 최대한 줄이는 효용성에만 주목하는 현상을 낳았다. 이처럼 도구적 이성의 지배가 팽창해 갈수록 사회는, 그리고 각자의 개인들은 위험에 빠지게 됐다. 따라서 이 문제를 해결할 방안을 찾는 것이 시급하다. 찰스 테일러는 먼저 도구적 이성을 지향하려 하는 사회생활의 강력한 장치들의 폭력성을 인식해야 한다고 말한다. 그리고 궁극적인 목표 설정을 다시 함으로써 제도적인 변화가 이뤄져야 한다고 주장한다.

현대사회의 마지막 불안 요인은 개인주의와 도구적 이성으로 인해 영향을 받는 '정치 영역' 때문이다. 자기 마음속에만 갇혀 있는 개인들은 도구적 이성이 만연하고 있는 사회 속에 처하게 됨으로써 새로운 '현대판 독재'를 맞이하게 될 위험성이 있다. 그리고 이런 독재 정부는 온화하고 가족주의적인 권위를 가지며 심지어 민주주의적인 형식을 띄고 있을 것이다. 오로지 자기 자신에게만 집중하고 있는 개인들은 다른 사람들에 대해 무관심해지고 나아가 국가의 정치에 대한 무기력함을 느낌으로써 시민으로서의 권리를 모두 정부에게 맡겨 버리게 된다. 즉, 자신의 자유를 주장하다가 오히려 정치적 자유를 잃게 되는 아이러니한 상황에 봉착하게 되는 것이다. 찰스 테일러는 이로 인해 개인의 자유와 자기 결정권이 상실하게 될 것이라는 우려의 목소리를 낸다.

테일러는 도구적 이성을 중심으로 구성된 사회는 개인들이나 집단들 모두에게 자유의 큰 손실을 가중시킨다고 본다. 결국 테일러의 진단은 자유주의가 확장한 자유의 개념은 현대의 위기를 부른 근본 원인이라고 보고 있다는 점에서 자유주의적 자유 개념에 대한 근본적인 재검토가 필요하다고 할 수 있겠다.

자유에 대한 테일러의 입장

1) 칸트와 헤겔의 자유

테일러는 『헤겔 철학과 현대의 위기』[5]에서 도덕적으로 자유로운 주체는 그의 다양한 욕망에 의해 자기 자신을 상실해서도 안 되고, 자신을 욕망으로부터 떼어 내어 결정을 내릴 수 있지 않으면 안 된다고 하는 칸트의 자유 개념에 대해 탁월하다고 평가한다. 하지만 칸트의 정언명법은 개인의 행동과 실천에 대한 일종의 선험적 실천 법칙으로서의 역할을 하지만 구체성과 현실성의 측면에서 보면 공허한 규칙이다. 하버마스 같은 경우는 칸트의 정언명법이 실현가능한 행위의 측면을 반영하기보다는 일종의 규제적 이념으로서의 역할을 하는 것이라고 설명하기도 한다. 즉 개개의 인간이 정언명법에 정확히 부합하는 행위자로 실천할 수 있다는 의미이기보다는, 정언명법이라고 하는 행위의 도덕적 이상을 제시함으로써 그에 준하는 실천을 이끄는 역할이라는 것이다.

칸트에 대한 하버마스의 옹호는 분명 개인 윤리의 차원에서 설득력을 가진다는 점을 부정할 수는 없다. 이런 점에 대해서는 테일러 역시 칸트의 자유 개념이 자기 규정적 자유에 관한 가장 순수하고 비타협적인 최고의 견해라고 평가한다. 하지만 테일러는 칸트에 대한 헤겔의 지적에 더 주목한다. 헤겔은 『법철학』에서 칸트의 자유 개념이 자아의 자체 내적 반성에 따르는 자의에 불과한 자유 개념이라고 비판한다. 헤겔은 자유가 이러한 자의를 의미하며, 그래서 그러한 자유가 그 무엇이든 원하는 것이면 마음대로 할 수 있는 것이라는 의미라면 그러한 생각에는 즉자-대자적으로 자유로운 의지, 법, 인륜 등이 어떤 것인가에 대한 느낌조차 가질 수 없는 것이라고 비판한다. 헤겔은 이러한 자의로서의 자유 개념을 형식적 자기 활

---

5   찰스 테일러, 『헤겔 철학과 현대의 위기』, 박찬국 옮김, 서광사, 1988.

동성이라고 규정한다. 헤겔이 법이나 인륜 등의 문제와 자유를 결부시켜 생각한 것은 자유의 문제가 개인의 행동이라는 차원의 문제를 넘어서는 공적인 영역의 문제와 더 강한 연관성을 가지고 있다고 보기 때문이다. 헤겔의 지적은 칸트의 자유 개념이 구체성과 현실성을 결여한 자유 개념이라고 보는 것에 다름 아니다. 칸트의 자유는 그런 의미에서 도덕적 자유의 성격을 가지지만 주관적이고 사적이다. 그렇기 때문에 헤겔은 도덕적 차원에서만 자유를 다루는 칸트의 자유 개념을 비판하고 인륜의 차원에서 자유가 다루어져야 한다고 보았던 것이다.『법철학』에서 헤겔은 자유의 문제를 단순히 도덕적 차원의 문제로 보지 않고 법적인 의미와 연결시켰다. 그는 법은 자유가 현실화된 것이라고 보고 있다. 그렇다면 헤겔에게 자유는 도덕철학적 문제를 다루기 위한 개념이 아니라 국가 혹은 정치철학적인 문제를 다루는 개념이라고 보아야 할 것이다.

가족, 시민사회, 국가로 구성되는 인륜성의 단계는 구체적인 활동의 영역이며, 이른바 공동체의 성격을 가진다. 잘 알려져 있다시피 헤겔은 인륜성의 최고 단계인 국가의 차원에 이르러서야 참다운 자유가 실현된다고 보았다. 그런데 그러한 인륜성의 단계에서 인간이 이성적인 삶을 살고 자유를 획득하는 것은 인간이 본래 그렇게 태어났기 때문이 아니라 지난한 우여곡절을 겪은 결과라는 것이 헤겔의 관점이다. 이는 칸트가 선험적으로 인간을 도덕적인 행위 주체로 전제한 것과는 분명한 차이를 보이는 것이다. 테일러는 헤겔의 이러한 생각이 인간은 역사를 갖는다는 것을 보여준다고 설명한다. 살아 있는 인간으로서 사유한다는 것은 추상화된 도덕 주체가 아니라 구체적인 주체로 존재한다는 것이고, 구체적인 주체는 이제 현실 속에서 그 자신의 자유를 실현해 나간다.

테일러는 헤겔의 자유 개념이 전면적 자기 창조로서의 자유 관념을 발전시키는 데 기여했다고 평가한다. 그러면서 헤겔이 자기 의존적 자유 개념에 대한 가장 심원한 비판자들 중 한 명이라고 평가한다. 여기서의 자기

의존적 자유 개념은 물론 칸트의 것이다. 칸트의 자기 의존적 혹은 자의적 자유는 근대 자유주의의 한 뿌리가 되었지만 그것이 갖는 무역사성은 현실의 자유가 야기하는 문제를 충분히 설명하지 못하고 있다. 뿐만 아니라 로크 이래의 자유 개념 역시 현실의 복잡하고 불평등한 인간관계를 도외시한 자연상태론과 천부인권사상에 기반함으로써 개인주의의 이기적 경향을 정당화하는 문제를 안고 있다.

이에 비해서 테일러가 수용하는 헤겔의 자유 개념은 자유가 처음부터 주어진 것은 아니고 도야의 과정에서 획득하는 것이라는 점에서 천부인권 사상에 기반을 둔 로크식의 자유 개념이나 선험적으로 상정된 칸트의 자유 개념과 본질적인 차이를 보이는 것이다. 그런 점에서 헤겔식의 자유 개념을 수용하고 있는 테일러를 '자유주의적 공동체주의자'로 분류하는 것은 바람직하지 않다. 그렇다고 해서 테일러가 공동체주의자가 아니라는 것은 아니다. 다원주의에 대한 인정을 개인의 차원이 아니라 개인들이 속한 공동체의 문화를 단위로 삼는다는 점에서 다문화주의를 바탕으로 하는 테일러의 정치철학적 입지점은 공동체주의라고 할 수 있다. 공동체를 배경으로 하는 개인의 정체성을 강조하는 테일러는 이성적 존재로서의 보편적 인간관에 기초한 자유주의와는 분명히 구분해야 하는 것이다. 그런 점에서 테일러에게 자유주의적이라고 하는 수식어를 붙이는 것은 오해의 소지를 남길 수밖에 없는 것이다.

2) 자유주의적 자유와 자기 결정의 자유

테일러는 자유주의가 강조하는 자유의 가치에 대해서 전적으로 부정하지는 않는다. 그는 자유주의가 개인에게 다양한 삶을 선택할 수 있는 가능성을 발전시켜 왔음을 부정하지 않는다. 그가 진정성[혹은 자기 진실성(Authenticity)]의 기원을 로크에게서부터 추적하는 것도 바로 이 때문으로 보인다. 즉 자율성을 보장받지 못하는 개인은 공동체로부터 기인하는 도덕적 지평들을 다른 사람과 공유할지라도 스스로 자기 결정의 가능성을 확보할 수는 없다는 것이다.

자유주의 혹은 자유방임주의가 말하는 자유는 소극적 자유에 속한다고 하는 점에서 테일러가 전적으로 동의할 수 있는 바의 것은 아니다. 소극적 자유와 적극적 자유는 선택적인 사항은 아니고, 소극적 자유는 적극적 자유의 전제라는 점에서 자유의 필요조건이라고 할 수 있다. 하지만 충분조건은 아니다. 테일러가 헤겔의 자유 개념에 주목하는 것은 영국 경험론의 연장으로서의 공리주의나 칸트의 자유 개념과 달리 개체와 공동체의 분열을 일으키지도 않고, 인간이라는 주체의 감성과 이성을 분리시키지도 않는다고 보았기 때문이다.

테일러는 도덕의 문제를 삶의 욕구 혹은 욕망을 다스리는 문제의 차원으로 보지 않고 있다. 왜냐하면 욕구는 인간의 삶에서 불가피한 것이며 감성 역시 이성 못지않게 불가피한 것이기 때문이다. 도덕에 대한 테일러의 입장은 다문화주의자로서 너무나도 당연한 태도이다. 개인의 정체성 형성은 독자적이고 고립적으로 이루어지는 것이 아니라 공동체의 다양한 문화적 배경과 이성과 감성이 모두 작용하는 구체적인 삶 속에서 형성되는 것이기 때문이다. 그런데 경험론적 전통과 흐름을 같이 하는 자유주의는 개인의 욕구와 이기심을 긍정하면서도 개인과 공동체의 분열과 개인과 개인의 관계적 삶을 단절시킬 요소를 안고 있다. 이를테면 칸트는 욕구를 실현할 수 있는 상황에서도 하지 않을 수 있는 것을 자유의 의미로 보고 있다는 점에서 욕구와 감성을 자유로운 삶에서 무의미한 것처럼 간주하게 한다.

자연법 사상에 기초한 자유의 이념은 모든 개인을 동질화시키고 개인들의 자아 형성의 과정 역시 무의미한 것으로 만드는 문제를 안고 있다.『헤겔 철학과 현대의 위기』에서 테일러는 근대가 안고 있는 딜레마를 언급하면서, 근대사회가 보다 큰 동질성과 상호 의존으로 향해 왔으며 부분적 공동체들은 그것의 자율성과 일체성(정체성)을 상실해 가고 있다고 진단했다. 이러한 경향은 구체적으로 농촌지역 사람들은 자신들을 낙후된 존재로 인식하게 만들고 가난한 사람들은 스스로를 주변인으로 인식하게 되는 현상들을 야기한다. 자유주의 사회에서는 이에 대해 빈곤을 제거하고, 인디언을 동화시키고, 쇠퇴해 가는 농촌으로부터 주민들을 이주시키거나 농촌지역을 도시화는 등의 방식으로 대처하고자 한다고 테일러는 지적한다. 이러한 대처는 결국 문화의 다양성을 말살하게 된다.

테일러는 근대 이후 지나치게 자신의 삶에만 관심을 두고 공동체적인 가치를 실천하거나 도덕적 지평을 공유하는 데 관심을 두지 않게 되면서 결국 위기가 닥치게 되었다고 본다. 테일러의 정치철학을 함축하는 개념이라 할 수 있는 '인정의 정치'는 바로 이러한 근(현)대에 대한 진단을 바탕으로 하고 있다. 그런데 테일러가 주장하는 인정의 정치 혹은 정치학은 전문적인 정치 혹은 공동체적인 통치의 개념은 아니다. 그것은 공동체를 구성하는 삶의 원리로서 제시된 것에 가깝다고 할 수 있을 것이다. 왜냐하면 테일러가 지향하는 궁극적 자유 개념이라 할 수 있는 '자기 결정의 자유'는 정치권력으로부터 나오는 것이 아니라 공동체 구성원들의 상호 인정하는 작용으로부터 확보될 수 있기 때문이다. 소극적 자유와 달리 자기 결정의 자유는 공동체의 역사, 전통, 문화, 언어, 공동체 구성원으로서의 의무 등을 공유하면서도 경제적인 조건만이 아니라—시장에서 등질화된 개인이 아니라—자신의 고유한 정체성을 보존하면서 자기 삶의 방식을 스스로 규정하고 조건화할 수 있는 자유를 의미한다. 이러한 삶의 양식을 추구하는 것이 바로 '인정의 정치'(Politics of Recognition)의 지향이라고 할 수 있을 것이다.

진정성의 윤리와 인정의 정치

1) 진정성의 윤리

찰스 테일러는 진정성을 현대의 도덕적 이상이라고 표현한다. 그런데 그 출발은 로크와 같은 개인주의 사상가들에 의해 이루어졌으며, 진정성과 연계된 자아실현의 과제는 개인적인 차원의 문제로 인식되어 왔다고 진단한다. 『불안한 현대사회』(미국에서 출간되었을 때 이 책의 제목은 『진정성의 윤리(The Ethics of Authenticity)』였다)에서 테일러는 진정성이란 '외재적인' 도덕의 강조를 마음속의 생각 쪽으로 이동시키는 것에서 비롯된 것이라고 본다.

테일러는 타인들과의 연대적인 삶을 외면하고, 인간의 욕망을 넘어서는 원대한 이상이 요구하는 것들을 외면한 채 자기실현만을 도모하는 자기중심적인 현대의 자기도취적 생활 양태들과의 비교 속에서 진정성의 요구가 무엇인지를 밝히고 있다. 말할 것도 없이 테일러가 비판하는 자기중심적인 삶의 원천에는 서구적인 개인주의 혹은 원자화된 개인주의가 자리하고 있다. 이에 비해서 진정성은 자신의 마음과 관계된 솔직성이다. 즉 자기기만이 없는 자신의 자아에 대한 솔직한 태도가 진정성이라고 할 수 있다. 하지만 진정성을 이루는 내용은 임의적인 것이 아니라 도덕적 요구와 연관된 것이며, 도덕적 요구는 타자와의 관계에서 형성된다. 타자와의 관계는 포괄적이다. 그는 진정성은 자신을 넘어서는 영역으로부터 오는 요구들의 적(enemy)이 아니며, 그것은 오히려 그러한 요구들을 전제하고 있다고 말한다. 그래서 테일러는 진정성은 근본적으로 대화적인 것이라고 말한다.

테일러는 진정성의 성격을 관계적인 자아와 연결시키고 있다. 이는 18세기 이후의 개인주의적인 경향의 정체성 개념과 대비되는 내용이라고 할 수 있을 것이다. 개인주의에서 비롯된 자기도취적인 삶, 원자화된 삶은 타인의 요구에 응하기보다는 배타적이다. 배타적인 태도는 타자의 정체성에 대해 인정(Recognition)을 부여할 수 없다. 만약 정체성에 대한 합당한 인정이 진정성에 부합하는 것이라면, 그리고 그 진정성이 개인주의적인 것이 아니라면 정체성에 대한 개인주의적인 인정은 참다운 인정이 아니라 부당한 것이 된다. 혹은 피상적이고 형식적인 인정에 불과하게 된다.

테일러는 진정성이 도덕적 이상으로 받아들여져야만 한다고 생각하면서도 현대의 불안을 도덕성의 회복으로 극복할 수 있다는 진부한 도덕 만능주의로 경도되지도 않는다. 따라서 경제 논리의 가치 독점적 전횡과 시장의 신화에 대항하기 위해서는 다른 차원의 접근이 필요하다. 이에 가장 적절한 대안으로 정치의 복원 혹은 복귀를 생각해 볼 수 있다. 왜냐하면 정치는 다양한 가치를 다룰 수 있는 영역이며, 다양한 사회 구성원들의 욕망과 요구를 삶에 반영해야 하는 과제를 안고 있기 때문이다. 테일러의 정치 철학을 함축하는 개념이라 할 수 있는 '인정의 정치'는 바로 이러한 근(현)대에 대한 진단을 바탕으로 하고 있다.

2) 인정의 정치

'인정의 정치'는 가치의 다원성이나 소수자 집단에 중점을 둔 다원주의에 기초한 것이 아니라 개인의 정체성의 배경이 되는 공동체를 단위로 하는 문화 다원주의적 관점에 기초한 개념이라는 점에서 포괄적인 성격을 가진다. 테일러는 1994년의 저서(*Multiculturalism: Examining The Politics of Recognition*, Princeton University Press)에서 인정의 대상이 되는 정체성이란 자신이 누구인가에 대한, 그리고 인간이라고 할 수 있는 근본적인 특징들에 대한 개인의 이해와 같은 어떤 것을 가리킨다고 기술하고 있다. 우리의 정체성은 부분적으로 인정 또는 그것의 부재(때로는 타자에 의한 오인)에 의해 형성될 수 있고 그래서 개인 또는 집단은 자신을 둘러싼 사람들 또는 사회가 자신들의 제한되고 비하되고 경멸된 자화상을 반영한다면 실질적인 손해나 왜곡을 통해 고통 받게 된다. 테일러는 그래서 누군가에 대해 '인정하지 않거나 부당하게 인정하는 것은 그 누군가에게 해를 끼치거나 억압하고, 그를 그릇되고 왜곡되고 위축된 존재 양식으로 제한하는 형태가 될 수 있다고 주장한다.

그러므로 정체성이나 인정은 정치적 사회적 억압과 관련되어 있다고 할 수 있다. 어느 누군가가 자신이 속한 사회에서든 여타의 다른 사회 속에서든 조금이라도 불편한 대우를 부당하게 받는다면 그의 정체성이 부당하게 규정되었다는 의미이다. 테일러에 따르면 잘못된 인정은 단지 마땅한 존경의 결여만을 의미하는 것은 아니라 무력한 자기혐오를 희생자에게 부과하면서 회복하기 어려운 상처를 조장한다. 마땅한 인정은 단지 우리가 사람들에 대해 존경의 마음을 갖는 것을 말하는 것은 아니다. 그것은 인간이 살아가기 위해 없어서는 안 되는 필수적인 것이다. 구체적인 정치적 행위를 통해서 삶의 조건들을 개선해 나간다는 의미는 그러므로 마땅한 인정을 획득하는 과정인 것이다.

인정의 정치는 개개인의 인격에 대한 평등한 처우만을 의미하는 차원이 아니라 개인의 정체성 형성의 배경이 되는 문화에 대한 인정을 포괄하는 것이다. 북미에서 원주민에 대한 인정은 원주민 개인에게 시민으로서의 동등한 정치적 권리만을 보장하는 것이 아니라 그들의 고유한 문화 정체성을 유지할 권리를 인정하는 것을 의미한다. 사람이 느끼는 모욕감은 개인에 대한 비난에 대한 것만이 아니라 그가 애착을 갖고 있는 삶의 배경에 대한 것까지 포함되게 마련이다. 민족주의적인 감정이나 역사의식도 마찬가지이다. 헐리우드 영화가 한국인을 혐오스럽게 표현할 때 느끼게 되는 한국인들의 분노, 넓게는 아시아인들을 비하할 때 느끼는 불쾌감 등을 생각해 보면 인정에의 요구는 개인적 차원의 문제를 넘어서는 것이라는 점을 이해할 수 있다.

다문화 사회에서 인정의 정치가 요구되는 이유는 바로 그것이 인간과 인간의 삶이 지니는 존엄을 유지할 수 있는 포괄적인 바탕이 되기 때문이다. 자연법 사상에 기초한 평등은 모든 삶을 획일화하는 기획으로 이어질 수 있는 반면에 다양성에 대한 존중은 삶의 모든 가치들을 포괄하면서도 상대주의가 빠질 수 있는 무관심을 극복할 수 있는 가능성을 열어 준다. 개인을 단위로 하는 상대주의는 도덕적 회의주의를 조장할 수 있는 위험이 있는 반면, 인정의 정치는 문화적 정체성의 차원에 대한 인정을 통해 파편화된 삶을 허용하지 않는 긴장을 요구한다. 개인의 문화적 배경은 그에게 도덕적 지평을 제공함으로써 자유의 자의적 사용을 견제한다. 다문화주의는 단지 지역적인 단위에서 그치는 것이 아니라 언어, 종교, 역사, 인종, 민족, 계층, 교육 등의 모든 문화적 공동체에 대한 개방적인 인정을 요구한다. 따라서 테일러의 문제의식은 기본적으로 두 언어 사용권의 갈등이나 북미 국가의 역사적 특수성을 배경으로 출발했지만 다문화주의에 기초한 인정의 정치는 근대로부터 비롯된 위기를 겪고 있는 모든 사회에 마찬가지로 적용할 수 있는 관점이라고 볼 수 있다.

정치의 복원

시장에서의 삶은 인간의 정치적 삶을 무가치한 것으로 만들어 버린다. 그것은 각자 자신을 위한 최선의 삶을 선택하도록 기회를 주는 듯하지만 시장 안에는 다양한 가치가 존재하지 않는다. 그런 점에서 자유주의적 시장주의에서의 다원주의는 허구다. 시장 안에서는 모든 가치가 가격으로 환산된다는 점에서 다원화된 기준들이 가격 결정에 영향을 미친다는 의미에서만 다원주의일 수 있다.

이에 비해 정치는 경제적 효율성을 높이는 정책을 고려하면서도 다양한 삶의 가치를 고양해야만 하는 역할을 수행해야 한다. 종교적 다양성을 보호하고, 학문의 다양성과 사상의 자유를 보장하고, 사회적 약자들의 참정권을 실질적으로 보장하는 일을 게을리 해서는 안 된다. 그렇지만 이런 역할들은 정부 주도의 계몽이나 정책 결정을 따르도록 하는 홍보 등을 통해서 달성하려고 해서는 안 되며 사회 구성원들이 자신들의 삶을 실질적으로 조직하고 결정할 수 있는 방법을 지닐 수 있도록 해야 한다. 즉 사회적 약자들이 자신의 자유와 권리를 보장받을 수 있는 좀 더 구체적이고 분명한 기준을 마련할 필요가 있다는 것이다. 그러기 위해서는 자기 결정의 자유를 보장하는 정치적 해법을 모색할 필요가 있다. 그런데 이러한 목표는 분명 개인들의 자유를 증진시키는 것에만 초점을 두는 것이 아니라 공동선의 실현 속에서 당당한 생존권의 향유에 궁극적 관심을 두는 것이어야 한다. 그리고 그러한 목표는 결과로서의 목표일 뿐만 아니라 목표를 성취하기 위한 실천 그 자체일 수밖에 없다. 자기 결정의 자유를 실천함으로서만 자기결정의 자유를 누릴 수 있다. 그래서 소유할 권리를 가지지 못하거나 아주 적게 밖에는 가지지 못한 사람들도 자신들의 삶과 연관된 결정에 참여할 수 있어야 하는 것이다.

이는 자유민주주의가 일반적으로 보장하는 정치적 참여의 수준을 넘어서는 것이다. 물론 한국 사회는 저소득층이나 사회적 약자의 투표권조차도 실질적으로는 보호하지 못하고 있다. 일용직 노동자들이 하루 일당을 포기하고 투표를 하기란 쉽지 않은 결정이기 때문이다. 국민의 참정권 확대를 위한 투표 시간 연장 문제도 정치권의 셈법에 의해 뒤로 밀려나는 형국이다. 설령 이 문제가 해결된다고 해도 몇 년에 한 번 주어지는 투표권의 행사는 유효한 대안이 될 수는 없다. 삶의 문제가 정치적 일정에 조응하는 것은 아니기 때문이다. 현대 자유민주주의 하에서 선거와 선거 기간 사이는 대중들에게 근본적으로 정치적 실천의 휴지기에 불과하다. 정치가 정치 엘리트들의 직업적인 행위를 일컫는 것이라면 이러한 사태는 별 문제가 아니다. 하지만 정치가 구성원 모두의 삶을 결정하고 조직화하는 과정이라면 정치적 실천이나 정치적 행위는 항상 보장되어야 한다. 따라서 대의제 정치의 한계는 테일러가 주장하는 자기 결정의 자유를 바탕으로 하는 정치로 극복되어야 한다. 자기 결정의 자유는 인정의 정치를 실현할 수 있게 하며, 인정의 정치는 자기 결정의 자유를 확장할 수 있는 조건이 된다. 자기 결정의 자유에 기초한 인정의 정치가 자리 잡도록 하기 위해서는 모든 차원에서의 사회적 연대가 보장을 받아야 한다. 정당 간의 정치 공방이 아닌 엘리트 정치에 대한 사회 구성원들의 정치적 공세가 자유롭게 이루어지도록 보장되어야 한다. '정치적 공세'는 비난이나 비판의 대상이 아닌 권리로서 인정을 받아야 한다는 것이다. 이런 점에서 정치적 실천으로서의 연대는 기득권에 대항해서 정치적 공세를 유지할 수 있는 사회적 약자들의 유일한 힘이자 수단이다.

한국 사회는 전통적으로 공동체적 정서가 강한 사회에 속한다. 단일한 언어 공동체를 유지하면서 오랫동안 단일민족이라고 하는 정체성을 내면에 각인시켜 온 영향을 무시할 수 없는 것이다. 하지만 한국 사회는 더 이상 단일민족의 정체성을 고수할 수도 없고 고집해서도 안 되는 상황에 놓여 있다. 국가 혹은 민족이라고 하는 거대한 공동체 차원의 도덕적 지평은 유의미한 효력을 발휘할 수도 없다. 내적으로는 더 작은 규모의 공동체 단위를 배경으로 다양한 문화적 맥락이 경쟁하고 공존하는 가운데 다양한 사회적 갈등이 상존하고 있는 사회이다. 젠더 이슈나 소득에 따른 계층 갈등, 급속한 고령화로 인한 세대 갈등, 장차 예상할 수 있는 통일 이후에 발생할 수 있는 갈등 등등은 다른 공동체에 대한 배타적 태도와 연관되어 있다. 정치권이 조장하는 지역 갈등의 문제 역시 좀처럼 해소되지 않고 있다. 인정의 정치는 다른 문화에 대한 이해의 지평을 바탕으로 이러한 갈등들을 극복할 수 있는 하나의 가능성을 제시해 준다.

3
조르조 아감벤
Giorgio Agamben

이순웅

숭실대 초빙 교수. 백석대, 경희대에서도 강의하고 있다. 그람시, 아감벤, 리 영희, 박치우에 관한 논문을 썼고, 다른 연구자들과 함께 『청춘의 고전』, 『열 여덟을 위한 철학캠프』, 『열여덟을 위한 신화캠프』, 『다시 쓰는 맑스주의 사 상사』, 『철학, 문화를 읽다』, 『철학, 삶을 묻다』, 『통일담론의 지성사』 등을 썼 으며, 호르헤 라라인의 『이데올로기와 문화정체성』을 옮겼다.

아감벤: 호모 사케르와 민주주의 문제

생애

조르조 아감벤(Giorgio Agamben, 1942-현재)은 이탈리아 로마에서 태어났으며 로마 대학에서 법학을 전공했다. 졸업 후에는 프랑스 철학자 시몬 베유(Simone Weil)의 정치사상을 주제로 박사논문을 썼다. 학창 시절에는 이탈리아 문학계의 지식인 그룹과 교류하였다. 1970년대 후반에서 1980년대 초반에 나온 그의 저작은 주로 독일의 유태계 미술사가이자 문화사가인 아비 바르부르크(Aby warburg)와 역시 독일의 유대계 언어철학자이자 번역가이며 좌파 비평가인 발터 벤야민에게 영향을 받은 결과물들이다. 그는 이탈리아어 벤야민 전집의 편집자이기도 하다. 아감벤은 1960년대에 하이데거 세미나에 참여한 적이 있다. 그의 저서 곳곳에서 하이데거의 영향을 발견할 수 있지만 하이데거를 넘어서려는 노력도 보인다.

아감벤은 이탈리아에만 머물지 않았다. 1970년대 초반 파리에서 언어학과 중세 철학을 더 깊이 공부한 후, 런던의 바르부르크 연구소에서 2년 동안 연구원으로 지낸 적이 있다. 그리고 하이데거를 비롯한 독일 철학을 연구하기 위해 독일에 머물다가 벤야민 전집 책임을 맡은 1978년에는 귀국

하여 마체라타 대학, 베로나 대학에서 미학과 교수가 되어 철학 및 미학을 강의하였다. 이후 미국의 여러 대학에서 초빙 교수를 지내기도 하고 1986년-1993년에는 파리의 국제철학학교 강의 프로그램 기획 책임자를 지냈다.

구조조의와 언어학, 푸코와 라캉 등의 영향을 받기도 한 아감벤은 파리 국제철학학교 시절에 데리다, 들뢰즈, 낭시, 바디우, 네그리 등과 본격적으로 교류하기도 했다. 2001년 '9·11 테러'가 발생하고 부시 정부가 외국인 지문 날인 조치를 취하자 이에 대한 항의로 2003년 뉴욕 대학 특훈 교수 초빙에 응하지 않은 것은 철학자가 가질 수 있는 실천적 삶의 면모를 일부 보여 준 것이기도 하다. 2005년부터 아감벤은 베네치아 건축대학 미학 교수로 있으면서 미학과 철학을 강의하고 미국을 제외한 유럽 등의 세계무대에서 강의와 강연을 하고 있다.

그가 활동했던 나라들로 보나, 정치사상·문학·언어학·미학·철학 등에 이르는 연구 분야로 보나 그의 사상적 깊이와 넓이는 가늠하기 어렵다. 다양한 분야에 걸쳐서 의미 있는 저작을 보여 주고 있지만 '아감벤'이라는 이름을 세계적으로 널리 알린 개념은 '호모 사케르(Homo Sacer)'라고 할 수 있다. 이 개념과 더불어 근대적 주권 문제와 민주주의 문제를 재검토하는 일은 출구 없는 암울한 이 시대에 근본적인 발상의 전환을 어떻게 이루어야 하는지, 그리고 더 좋은 세상을 만드는 데 앞장 설 수 있는 주체는 누구인지를 고민하는 이들에게 일종의 사상적 영감을 제공해 줄 것이다.

호모 사케르—죽여도 되지만 희생양이 될 수 없는 벌거벗은 생명

1) 일반적 의미의 희생양

일반적으로 보면 죽임을 당하는 자는 희생양이 되는 자이다. 예를 들면 기독교에서는 예수를 희생양으로 본다. 그의 죽음은 인간의 모든 죄를 대신 뒤집어쓰고 희생된 것이다. 그가 죽음으로써 인간은 죄에서 벗어날 수 있었고, 예수가 그런 존재임을 믿는다면 천국에 갈 수 있다고 가르친다. 예수는 죽임을 당한 희생양이라는 것이다.

한때 큰 사회 문제로 거론되었고 지금도 종종 문제가 되고 있는 '왕따'도 일종의 희생양이다. '왕따 만들기'는 왕따를 만든 아이들에게 마음의 평화를 주는 효과가 있다. 왕따를 시킨 아이들의 삶도 녹록하지 않다. 늘 경쟁해야 하고, 노력한다고 해서 눈에 띄는 성과가 보이는 것도 아니다. 자신에게 향해 있는 기대에 찬 시선들은 스트레스를 배가시킨다. 적당한 스트레스는 자기를 실현하는 데 일정한 자극제가 되지만 해소되지 않고 쌓이기만 하면 병이 된다. 그럴 때 자신들과 특별히 다르게 생겼거나, 자신들과 차이가 있는 습성을 가진 아이가 눈에 띄면 스트레스 해소용으로 그를 공격한다. 더욱이 그가 어떤 잘못된 행동을 하고 있다고 생각되면 '금상첨화'다. 스트레스를 풀 수 있는 기회가 될 뿐만 아니라 일종의 벌을 주는 것이 되기 때문에 자기들 나름대로는 정의도 실현하는 셈이다. 이때는 죄의식을 가질 필요조차도 없다. 상대를 나쁜 사람으로 만들면 만들수록 나는 선한 사람이 되므로 자존감도 높아진다.

죄를 없애고 천국에 이르고자 하는 욕망이 예수를 발견했다면 자신들에게 닥친 시련에서 일시적으로나마 벗어나고자 하는 욕망이 왕따를 만든다. 자신들이 겪는 고통과 어려움의 원인을 자신들에게서 왕따에게로 돌리는 것이다. 그러나 기독교도라면 예수를 믿음으로써 죄 사함을 얻고 천국에 갈 수 있다고 믿기 때문에 완전한 마음의 평화를 얻을 수 있지만, 왕따를 공격해서 얻는 마음의 평화는 오래가지 않고 불안정하다. 실제로는 정의롭지 않은 공격이라는 것을 본인들이 알기 때문이고 왕따가 언제 자신들에게 보복 공격을 할지 알지 못하기 때문이다. 물론 '왕따 문화'가 아이들의 세계에만 있는 것은 아니다. 어른들의 왕따 문화는 훨씬 더 세련돼 있고 정교하다. 생존의 문제가 걸려 있다면 비교할 수 없을 만큼 잔인하기까지 하다. 그렇지만 아이들의 왕따 문화와 성질이 다른 것은 아니다.

희생양을 만들어서 죄의식을 덜거나 스스로가 희생양이 되어 사회 불만이나 갈등을 잠재우는 일은 인간사에서 종종 있었다. 르네 지라르(Rene Girard)는 문화의 기원을 속죄양(scapegoat)으로 보았는데, 예를 들면 고대 유대인들에게는 속죄의 날(Yom Kippur, Day of Atonement)에 염소에게 죄를 뒤집어씌운 다음 광야에 내쫓는 풍습이 있었다. 기독교의 구약성서 「레위기」에는 이 염소가 광야에서 어떤 동물에게 잡아먹히는 것으로 묘사된다. 두 마리의 염소가 선택되는데, 제비뽑기를 해서 한 마리는 살아 있는 제물로 신에게 바치고 한 마리는 그 종족의 죄를 짊어지고 광야로 가게 하는 것이다. 예수를 통해 죄 사함을 얻는다고 하는 기독교의 대속(代贖) 개념도 유대인들의 풍습에 그 기원이 있다고 할 수 있다.

이렇게 제의(祭儀)적인 형태로 희생양을 만드는 것은 죄의식을 덜고자 하는 바람일 뿐만 아니라 그 사회의 안녕과 번영을 비는 의식(儀式)이기도 하다. 그리고 염소의 희생은 성스러운 것이 되고 이러한 성스러운 희생은 인간의 생리학적인 폭력을 집단적으로 재현하는 문화다. 이때 지라르가 경계하는 것은 폭력이 모방된다는 것이다. 인간에게 내재하는 폭력 욕망은 한 사회와 문화에 깃든 성스러움이라는 모델에 의해 끊임없이 재현된다. 그런데 폭력이 보복 폭력을 부르고 이에 대한 또 다른 폭력이 계속 이어진다면 이는 희생 제의가 아니라 '희생 위기'가 된다. 제의는 원래 연쇄적인 폭력을 제어하고 재발을 막는 데 그 의의가 있다. 예를 들면 법정에서 시행하는 재판은 합리적으로 순화된 폭력을 주관하는 제의이며 희생 위기를 치유하거나 예방하는 방책이 될 수 있다. 말하자면 '좋은 폭력'으로 '나쁜 폭력'을 제어해서 집단적 공포를 덜고 사회의 질서와 평화를 유지하도록 하는 것이다.

고대 중국에서는 종묘에 제사를 지낼 때 제물로 바치던 소를 희생(犧牲)이라 불렀다. 글자를 풀이하면 살아 있는(生) 소(牛)를 바쳐서 신이 소(牛)의 숨·기운(羲)을 누리도록 한다는 뜻이다. 그리고 은나라 탕왕의 일화는 오늘날 일상적으로 사용하는 희생의 의미가 무엇인지 잘 보여 준다. 5년 동안 가뭄이 들자 탕왕은 스스로 머리를 깎고 사지를 묶은 뒤 제단에 올랐다. 희생물이 되어 기우제를 지냈는데, 탕왕의 정성에 감동한 천신이 비를 내려 주었다고 한다. 인류학자나 민속학자에 따르면 원시시대에는 자연재해가 있을 때 부족의 구성원들이 자신들의 대표자를 살해하기도 했다고 한다. 자신들에게 닥친 불행의 원인이 그 대표자에게 있다고 간주하고 그를 희생시킴으로써 초자연적인 존재에게 자신들의 바람을 전하는 일종의 제의 의식 같은 것이다. 인류는 아주 오래 전부터 희생 제의를 치렀다고 할 수 있다.

탕왕은 자신의 사지를 묶고 신체를 고통스럽게 했다. 이때 그가 당하는 고통은 혹시 왕에게 문제가 있기 때문에 비가 안 오는 것이 아닌가 하는 의구심이나 불만을 해소하는 효과가 있다. 더 나아가서는 가뭄 때문에 생길 수 있는 사회 갈등을 잠재우는 효과도 있다고 할 수 있다. 고대 유대인처럼 염소를 광야에 내쫓든 탕왕처럼 스스로가 산 제물이 되든 이러한 희생양들은 사회를 안정적으로 유지하는 데 중요한 역할을 하는 순기능을 담당한다고 할 수 있다. 물론 '왕따'는 개별적인 심리 차원에서는 잠시나마 순기능을 한다 하더라도 사회적 차원에서는 부작용을 낳을 뿐이다.

죽임을 당했거나 죽게 내버려 둔 상태에 있었다면 적어도 희생양으로서의 의미는 지니거나 지녀야 한다는 것이 일반적인 상식이다. 기독교도들에게 예수의 희생은 역설적으로 그가 신(神)임을 보여주는 과정이기도 하므로 매우 중요한 사건이다. '왕따 만들기'는 나쁜 것이고 있어서는 안 되는 행위지만 '반면교사' 역할을 할 수도 있다. 왕따를 만드는 이유를 설명하다 보면 우리 사회의 병폐가 드러나 개선의 목소리를 높일 수 있기 때문이다. 탕왕의 일화는 불만 해소나 사회 갈등 해소라는 긍정적 효과를 얻기도 한다. 그런데 아감벤은 이러한 일반적인 의미의 희생양이 아니라 희생양조차도 되지 못하는 사람들에게도 주목함으로써 희생양 개념을 확장시킨다.

2) 희생양이 될 수 없는 호모 사케르

아감벤이 말하는 호모 사케르는 전통적이고도 일반적인 의미로는 담아낼 수 없다. '죽여도 되지만 희생양으로는 삼을 수 없는 생명'이기 때문이다. 호모 사케르는 '예수, 왕따, 탕왕'과 달리 '죽임을 당하지만 희생양이 될 수 없는' 면모를 가지고 있다. 아감벤은 '유대인 학살사건'처럼 '죽여도 된다'고 간주되어 수많은 사람들이 죽임을 당했다는 것을 부정하지 않는다. 또 그들이 일반적인 의미에서의 희생양이었다는 것도 부정하는 것이 아니다. 유대인은 그리스·로마 문화와 기독교 문화를 두 축으로 갖고 있는 서구인들에게 오랫동안 '왕따'였다. 근대(modern)사회로 접어들면서 인권운동과 인권 의식이 확산됨에 따라 성공하는 유대인이 증가하자 서구인들에게 유대인은 부러우면서도 두려운 존재가 되었다. 유대인 학살의 주범이 나치라면 종범은 나머지 서구인들이다. 그들은 침묵과 외면으로 나치를 도왔다.

아감벤은 호모 사케르를 '벌거벗은 생명'으로 표기하기도 한다. 근대적 국민국가가 탄생할 때 벌거벗은 생명도 함께 탄생했는데, 예를 들면 유대인들은 국민적인 정치체제로의 통합을 거부한 사람들이며, 거부하지 않고 동화했더라도 시늉에 불과한 것으로 취급받았다. 그래서 이들은 더 이상 어떤 방식으로도 용납하기 힘든 존재가 되어 버린 벌거벗은 생명의 전형인 동시에 살아 있는 상징이 되었다는 것이다. 이때 주의할 것은 '전형'이자 '상징'이라는 말이다. 다시 말하면 유대인은 벌거벗은 생명을 보여 주는 하나의 대표적인 전형이라고 할 수 있지만 벌거벗은 생명 전체가 곧 유대인만을 의미한다는 것은 아니다.

벌거벗은 생명은 근대적 국민국가의 탄생과 더불어 탄생했다. 이때 벌거벗은 생명(호모 사케르)은 주권자(또는 법)가 가진 생살여탈권에 복속되는 한에서만 보존되고 보호될 수 있는 존재이며 그 사회에서 배제되어 있으면서 포함되어 있는 존재이다. 일반적으로는 생살여탈권에 복속되어 있다면 보존·보호되는 게 아니고, 배제되어 있으면 포함되어 있는 게 아니라고 생각하기 쉽다. 그러나 아감벤에 따르면 근대 주권권력은 바로 호모 사케르와 같은 존재를 존립시킴으로써만, 다시 말하면 그들을 배제함으로써만 성립하기 때문에 그들은 포함되어 있는 것이기도 하다. 주권자는 예외상태를 결정하는 자인데, 예외상태에 있는 벌거벗은 생명은 이러한 정치권력의 궁극적인 토대로서 이미 소환되어 있는 것이다. 이 말을 이해하려면 이제까지 교과서적으로 배워왔던 인민주권이니 국민주권이니 하는 개념을 폐기해야 한다. 인민이라 부르든 국민이라 부르든 애초부터 그들에게는 주권이 없었다. '국민주권'이 가진 허구성을 볼 때 근대가 제대로 보이고 근대를 넘어서는 사유도 할 수 있다는 게 아감벤의 생각이다.

호모 사케르가 희생양이 될 수 없는 이유는 "그를 살해한 자에 대한 사면과 그를 희생물로 바치는 것의 금지"라는 말에서 단서를 찾을 수 있다. 그를 살해한 자가 사면을 받는 이유는 그를 죽여도 되기 때문이고 그를 희생물로 바치는 것이 금지된 이유는 그가 저주받은 존재이기 때문이다. 아감벤은 "희생물로 바칠 수는 없지만 죽여도 되는 생명이 바로 신성한 생명"이라는 말을 하는데, 이때는 신성하다는 것이 저주받았다는 뜻이기도 하다는 것을 이해하는 것이 중요하다. 사케르는 '신성하고 저주받은(heilig und verflucht)'이라는 대립적 의미를 동시에 지니고 있다. 성스럽다는 말은 실제로는 저주이며 그러한 저주를 받은 호모 사케르는 쫓겨난, 추방령을 받은, 터부시되는, 위험스러운 자이다.

아감벤이 호모 사케르라는 개념을 사용하는 이유는 역시 이 개념이 '근대'를 해명하는 중요한 열쇠가 되기 때문이기도 하다. 근대 이전의 권력이 '사람을 죽였다'면 근대 권력은 '사람을 죽게 내버려 둔다.' 말하자면, '죽일 수 있지만 살게 놔두는 권력'에서 '살릴 수 있지만 죽게 놔두는 권력'으로 바뀐 것이다. 예를 들어 '세월호 탑승객'은 죽임을 당한 것이 아니라 죽게 내버려 둔 채로 있었던 것이다. 장기간 고공농성을 하는 노동자 역시 마찬가지다. 권력은 그들을 죽이지 않았고 죽이지 않는다. 다만 죽게 내버려 두었고 죽게 내버려 둘 뿐이다. 죽일 수 있지만 안 죽이기도 했던 권력에서, 살릴 수 있지만 안 살리기도 하는 권력으로 바뀌었을 때 드러나는 호모 사케르가 세월호 탑승객이고 고공농성 노동자다.

왜 살리지 않고 죽게 내버려 두는가? 죽여도 되기 때문이다. 왜 죽여도 되는가? 권력자가 보기에 그들은 저주받은, 위험한 존재들이고 사회의 번영과 안정을 위한 희생물이 될 자격조차도 갖추지 못한 자들이다. 이렇게 본다면 예를 들어 세월호 침몰을 두고 '신이 우리 민족에게 기회를 주기 위해 그들을 희생시킨 것'이라고 한 망언은 그 죽음을 '희생양'으로 평가한 것으로도 볼 수 있다. 박근혜 정권의 종교적 수족은 그런 말이라도 해서 이 정권을 지키려 했다. 물론 이는 궤변에 지나지 않는다. '그렇다면 왜 하필 내 가족이 희생되어야 하는가?'라는 질문에는 대답하기 곤란하기 때문이다. 어쨌든 '죽여도 되지만 희생양으로 삼을 수 없는 생명'이라는 호모 사케르 개념에서 '죽여도 된다'는 것은 실제로 죽인다는 뜻뿐만 아니라 죽게 내버려 둔다는 뜻까지 담고 있는 말이다.

아감벤은 아우슈비츠 수용소에 관해 언급할 때, '시체를 생산'하는 현상뿐만 아니라 죽게 내버려 둔 상태에 처한 수용자들도 주목한다. 나치는 '학살'을 했지만 죽게 내버려 두기도 했다. 열악한 환경에 있던 그들 중 상당수는 삶에의 의지를 잃고 죽음을 의식하지도 않는, 그래서 삶과 죽음의 경계가 불분명한 상태로 변해 간다. 살아 있어도 죽은 것과 마찬가지인 삶을 이어가는 이들에게는 '죽음을 의식할 때 진정한 본래적 삶을 회복할 수 있다'고 하는 하이데거식의 깨우침이 쓸모없는 것이 되어 버린다.

주권에서 통치로, 주권권력에서 생명권력으로

아감벤에 따르면 근대는 사회계약론자들이 말하는 주권(sovereignty)이 아니라 푸코가 말하는 통치(government)를 통해서 보아야 제대로 보인다. 그리고 푸코는 주권권력(sovereign power)이 생명권력(biopower)으로 바뀐 것에 주목했는데, 아감벤도 이러한 문제의식을 받아들이고 있으며 호모 사케르 개념 역시 통치, 생명권력, 그리고 생명권력이 펼치는 생명정치라는 관점에서 볼 때 그 의미가 풍부하게 드러난다. 아감벤은 '주권자(sovereign)'라는 표현도 자주 하는데, 주권권력과 구별하지 않아도 되는 말이다.

1) 일반적 의미의 근대적 주권·주권권력 개념

일반적 의미에서 보면 근대적 주권 개념은 누구나 생존의 권리를 가지고 있다는 점에서 출발했다. 그래서 자신의 생명을 위협하는 상황이 발생하면 생명을 위협하는 자를 죽여도 된다. 예를 들어 로크에 따르면 전제적인 권력은 원하면 언제든지 다른 사람의 생명을 박탈할 수 있는 권력인데, 이러한 권력은 자연이 인간에게 부여한 권력이 아니며 이러한 권력을 가진 자는 나머지 인류가 죽여도 무방한 야수나 해로운 짐승과 같은 존재이다. 여기서 전제적인 권력이란 합법적인 권력이 아니며 합법적인 권력이란 자연법에 근거한 권력이다.

근대 자연법은 권력이 초월적인 존재자에게서 오는 것이 아님을 밝힘으로써 근대적 주권 개념을 확립하는 데 결정적 영향을 미쳤다. 그리고 근대의 자연법은 모든 인간이 생명권과 인권을 평등하게 가지고 있다고 선언하였다. 사회계약론자들이 말하는 '사회계약'이라는 것도 계약 당사자가 서로를 동등한 주체로 인정할 때 성립하는 것이다. 그들은 '주권재민'이라는 구호를 내세움으로써 전제적인 절대왕권을 무너뜨리고 근대사회를 여는 데 기여하였다.

그러나 아감벤의 정치철학을 이해하려면 이러한 근대적 주권 개념을 넘어서야 한다. 아감벤이 그나마 어느 정도 긍정적으로 평가하는 사람은 홉스다. 아감벤에 따르면 자연상태에 관한 홉스의 이해는 근대적 주권권력이 폭력적일 수밖에 없음을 잘 보여 준다. 소피스트들이 노모스(nomos, 인위적 규범)보다 피시스(physis, 자연)를 우선시함으로써 강자의 폭력을 정당화했다면, 홉스는 '인간은 인간에게 늑대'라고 함으로써 자연상태와 폭력의 동일성을 보여 주었고 이 동일성이 주권자의 절대 권력을 정당화시켜 주었기 때문이다. 다시 말하면 홉스는 자연과 문화, 폭력과 법이 서로 식별 · 구별되지 않는 비(非)식별 상태를 보여 주는데, 바로 이 비식별 상태에 주권권력의 폭력이 자리 잡고 있다는 것을 알고 있었기 때문이다. 홉스에게 자연상태는 노모스의 외부에 있는 것이 아니며, '만인에 반하는(contra) 법'을 유지시킬 수 있는 주권자의 인격 속에서 살아남는다. 예를 들면 트라시마코스가 말한 '정의는 강자의 이익'에서 드러나는 것처럼, 소피스트가 자연상태를 노모스보다 우선시함으로써 노모스로는 어찌할 수 없는 강자의 폭력에 관해 말했다면, 홉스는 자연상태와 노모스 간에 서로 구별되지 않는 영역을 봄으로써 주권자의 인격 속에서 '만인에 반하는 법'이 살아 있음을, 다시 말하면 근대적 주권자는 본래부터 폭력적이라는 점을 잘 보여 주었다는 것이다.

2) 근대적 주권·주권권력 개념 비판

아감벤에 따르면 홉스가 말하는 주권자가 처벌권을 가지는 이유는 신민들이 그 권리를 주권자에게 부여했기 때문이 아니라 신민들이 자신들의 권리를 포기하고 넘겨주었고, 양도했기 때문이다. 따라서 신민들은 폭력에 저항할 수는 있지만 주권자의 권력에 불복종할 수는 없다. 처벌권에 대응하는 것은 신민들의 불복종 권한이 아니라 자신들의 신상에 가해지는 폭력에 대한 저항권이다. 홉스의 정치학에 대한 이러한 분석은 인민과 주권자 간의 관계가 계약으로 이루어져 있긴 하지만 본래부터 불평등하다는 것을 보여 주기 위한 것이라 할 수 있다. 아감벤은 '만인에 대한 만인의 평등' 같은 것을 상정하지 않으며 그러한 평등을 지향하지도 않는다. 아감벤이 보기에 근대주의자들이 내세웠던 일반의지, 사회계약, 보편적 인권 등의 용어는 근대를 해명하는 키워드가 아니다.

아감벤에 따르면 홉스의 주권론은 계약론이 아니라 추방론으로 이해해야 한다. 추방령은 근대적 주권권력의 고유한 구조이다. "생명이 점점 더 분명하게 (푸코의 용어로는 생명정치화한) 국가 정치의 중심부에 놓인다면, 또 만약 우리 시대에 모든 시민들이 (대단히 특수하지만 현실적인 의미에서) 잠재적으로는 호모 사케르들이 되어 버렸다면, 이는 오로지 추방령의 관계가 애초부터 주권권력 고유의 구조를 이루고 있었기 때문에 가능"했던 일이다.

홉스는 근대적 주권권력이 폭력적일 수밖에 없음을 잘 보여 주었지만 근대적 주권권력의 폭력성을 온전하게 보지는 못했다는 것이 아감벤의 생각이다. 왜냐하면 홉스가 정립한 주권은 자연상태에서의 삶이 무조건적으로 죽음의 위협에 노출되어 있다는 사실(만인에 대한 만인의 무제한적인 권리)에 의해서만 정의되는데, 그렇다면 자연상태에서의 삶이나 리바이어던의 보호 아래 사는 삶(주권자와 계약 상태에 있는 삶)이나 차이가 없기 때문이다. 어느 경우든지 죽음의 위협에 노출되어 있다는 사실은 변하지 않는다. 신민이 주권자와 계약할 때 신민 모두의 생명이 보존될 것이라고 생각하고 계약한다는 사실에 주목하는 것이 홉스에 대한 일반적인 이해다. 그러나 아감벤은 죽음의 위협에 노출되어 있는 한, 자연상태에서의 삶이나 리바이어던의 보호 아래 있는 삶이나 생명이 보존된다는 보장은 없다는 사실에 주목한다.

아감벤이 보기에 홉스는 근대적 주권권력의 원초적 중핵을 구성하는 것이 생살여탈권이라는 것을 알지 못했다. 홉스는 아버지가 제 자식을 살리고 죽일 수 있는 권력을 가졌다는 것, 그리고 생명이란 죽음, 즉 죽일 수 있는 권력의 필연적 귀결(파생 명제)이라는 것을 모르고 있다. 말하자면 홉스는 신민이 죽음의 위협에 노출되어 있는 것만 보았기 때문에 신민과 주권자(리바이어던) 간의 계약 관계를 자식을 살리는 아버지와 죽음의 위협에 처한 자식 간에 맺어지는 계약 관계로 보았을 뿐이다. 홉스는 자식을 죽일 수도 있는 아버지의 권력은 간과했고, 주권자가 신민을 살릴 수도 있고 죽게 내버려 둘 수도 있다는 사실까지는 보지 못한 셈이다. 홉스의 한계는 아버지로부터 혹은 주권자로부터 추방되면서 포획되어 있는 이중적 관계를 보지 못한 것이다. 아감벤에 따르면 공동체적 삶 전체는 공동체에서 배제된 것에 근거해서 성립하는 것이다.

아감벤에 따르면 근대를 이루는 중요한 개념들인 주권, 법/권리, 국민/민족, 인민, 민주주의, 일반의지 등의 용어는 그 개념이 지시하던 것과 이제는 더 이상 아무런 관계가 없다. 인민주권은 허구에 지나지 않는다. 주권은 인민에게 있지 않다. 아감벤에 따르면 "프랑스혁명과 더불어 인민이 주권의 유일한 수탁자가 됐을 때 인민은 처치 곤란한 존재가 됐으며, 빈곤과 배제는 처음으로 모든 면에서 참을 수 없는 추문으로 나타났다." 인민은 처음부터 주권의 실질적인 수탁자가 아니었다는 뜻이다.

고전적 사회계약론자들은 근대적 주권 개념이 형성될 때 나타난 폭력성을 제대로 보지 못했다. 근대 사회에서의 인간은 동등한 주체가 아니었으며 그렇기 때문에 계약은 처음부터 성립 불가능한 것이었다. 여론과 합의도 일반의지와 아무런 관계가 없다. 일반의지라는 것은 존재하지도 않는다. 오늘날 전쟁을 추진하는 '국제경찰'은 유럽 공법(公法)의 주권과도 아무런 관계가 없다. 예를 들면 미국은 동맹군을 모아 침략 전쟁을 벌이는데, 이는 유럽 공법상에 나타나는 주권 개념을 충족시키는 것이 전혀 아니다.

3) 통치 그리고 생명권력과 생명정치

근대적 주권권력의 폭력성을 온전히 보려면 근대적 주권권력의 형성 과정이 본래 폭력적이라는 것, 그리고 근대의 성격을 주권이 아니라 통치로 보는 것이 중요하다. 이러한 생각 때문에 아감벤은 '폭력성(통치성)'이라는 표현을 할 때도 있다. 이는 근대적 주권권력의 폭력성을 온전하게 보지 못했다면서 홉스를 비판하는 맥락에서 폭력성을 통치성으로 바꿔 읽어도 된다는 의미이다. 아감벤의 주문(注文)은 주권이 아니라 통치로 근대의 성격을 보라는 것이다. 이때의 통치는 생명권력이 행하는 생명정치 정도로 보면 되겠다.

아감벤이 말하는 생명정치를 이해하려면 우선 조에(zoe)와 비오스(bios)라는 개념을 간단하게라도 이해하는 게 중요하다. 조에는 생명, 벌거벗은 생명이라는 뜻이다. 근대 이전의 시대에는 '신에게 속해 있던 인간이라는 피조물' 정도의 뜻이 된다. 비오스는 정치적인 삶을 의미한다. 고대 그리스의 아테네를 예로 들자면 시민권을 가진 자들의 삶이 되겠다. 이때는 조에와 비오스가 명확히 구분되었다. 시민권이 없는 자들은 정치적 활동을 할 수 없었기 때문이다. 노예, 여성, 어린이, 이주 외국인 등이 그들이다.

그런데 아감벤에 따르면 이제는 조에가 국가의 관리 체제 아래에서 전면에 등장했다. 이 조에는 국가의 현세적인 기반이 된다. 예를 들면 국민국가란 출생(인간의 벌거벗은 생명)을 자기 주권의 기반으로 삼는 국가를 의미한다. 이러한 내용은 1789년 프랑스혁명 당시의 선언문 처음 3개 조항에도 나온다. 모든 결사체의 중심에 출생이라는 요소를 등록시켰다. 그렇기 때문에 이 선언은 주권의 원리를 원래는 단순히 출생을 의미하는 '나티오(natio)'라는 어원을 따라서 국민(nazione)과 밀접하게 연결시킨 것이다. 아감벤의 이런 분석은 태어나자마자 생명이 국가의 관리 체제 아래 들어간다는 것을 보여 준다.

생명이 국가의 관리 체제 아래로 들어간 것은 일정 부분 긍정적 측면을 지니는 것이기도 하다. 아감벤은 조에를 삶(zên)으로, 비오스를 가치 있는 삶(eû zên), 즉 단순한 살아 있음과 인간만의 고유한 삶으로 비유하기도 하는데, 그에 따르면 오늘날의 우리는 생명의 신성함이라는 원리에 너무 익숙해져 있어서 고전기 그리스에서는 이 원리가 무시되었을 뿐만 아니라 '삶(생명)'을 표현할 어떤 용어도 없었다는 점을 망각하고 있다고 지적한다. 심지어 호메로스 시대의 그리스어에는 인간의 신체를 지칭하는 용어조차 없었으며 고대 그리스처럼 동물 희생을 찬양하고 종종 인간 희생물도 바쳤던 사회들에서도 생명 그 자체는 신성시되지 않았다고 한다. 이런 점에서 보면 근대 민주주의는 생명정치라는 점에서 고대 민주주의와 구별된다.

그러나 아감벤은 근대 민주주의의 한계와 모순이 어디에서 비롯되는지를 역사적으로 추적해 들어가는 가운데 생명이 비오스가 아니라 단순한 '신체' 취급을 받았음도 밝힌다. 그에 따르면 새로운 정치적 주체로서의 벌거벗은 생명에 관한 기록은 1676년의 인신보호영장 속에 포함되어 있다. 그런데 피고의 물리적인 법정 출두를 보장하기 위해 사용된 이 영장에는 신민이나 시민이 아닌 '신체(corpus)'만이 놓여 있다. 근대 민주주의는 바로 이러한 '신체'의 요구와 제시로서 탄생했다. 예를 들면 '신병(신체)을 송치해야 한다'는 말이 그것이다. 유럽의 신생 민주주의는 절대주의에 맞선 투쟁의 정면에, 시대적인 가치 있는 삶 즉 비오스가 아니라, 조에 즉 주권적 추방령에 포획된 생명으로서 익명의 벌거벗은 생명을 내세웠다.

나아가 오늘날의 생명정치 시대에는 조에와 비오스를 구별할 수 없게 되었다. 아감벤이 이렇게 본 이유는 민주주의와 전체주의 사이의 기이한 인접성에 주목했기 때문이다. 아감벤에 따르면 20세기에 의회 민주주의 국가들이 그토록 신속하게 전체주의 국가로 변모하고 또 전체주의 국가들이 오늘날 거의 아무런 단절도 없이 그토록 신속하게 다시 의회 민주주의 국가로 되돌아올 수 있는 이유는, 두 경우 모두 정치가 이미 오래전에 생명정치로 바뀌어 정치의 유일한 진정한 문제는 벌거벗은 생명에 대한 보살핌, 통제, 향유를 보장하는 데 가장 효율적인 정치조직의 형태가 무엇인지 결정하기만 하면 되었기 때문이다.

나치가 수용소의 수용자를 대상으로 한 실험과 미국이 죄수들을 대상으로 한 실험 모두는 실험의 비인간성이라는 면에서 근본적으로 동일하다. 의도한 목표가 달랐다는 사실을 제기하는 것은 무의미하다. 두 경우 모두 인간 모르모트(marmotte)들의 특수한 지위가 결정적이었다. 이들은 사형수이거나 수용소의 수감자로서, 그곳으로 들어간다는 것은 곧 정치 공동체로부터의 최종적인 배제를 의미했다. 이들은 생물학적으로는 여전히 살아 있다는 바로 그 이유 때문에 생과 사, 내부와 외부의 경계 지역으로 내몰렸으며 그곳에서 이들은 단지 벌거벗은 생명에 불과했다. 그리고 또 하나 주목할 만한 것은 근대성의 특징인 생명정치의 지평 아래에서는 과거에 오직 주권자만이 진입할 수 있던 이 경계 지역 속으로 의사와 과학자들이 진입해 들어온다는 점이다.

민주주의 다시 보기─절합(節合)과 예외상태

1) 민주주의를 어떻게 이해할 것인가─절합(articulation)

일반적 의미의 민주주의에 대해서는 그동안 수많은 교육이 있었기 때문에 새삼스럽게 상세히 거론할 필요는 없을 것 같다. 근대를 이끌어 갔던 자들은 자신들이 내세울 정체(政體)의 전형을 로마 공화정과 아테네 민주정에서 찾았다. 공화정은 1인 왕정을 폐기하면서 등장했고 최고 통치자를 집정관(consul) 2인으로 하였으며 평민도 집정관이 될 수 있는 길을 열어 놓고 있었다는 점에서 매우 고무적으로 보였다. 아테네 민주정은 시민권을 가진 성인 남성들만의 민주주의 체제였지만 시민권을 가진 '모든' 사람들이 정치에 참여했다는 점에서 역시 본받을 만한 면모가 있었다. 오늘날에도 많은 국가들이 자신들의 정체를 '민주공화국'으로 선포한다. 한국도 예외가 아니다. '박근혜 퇴진 촛불집회' 때나 영화 〈변호인〉에서 송강호가 핏대를 올리며 말한 헌법 조문은 많은 사람들의 가슴을 울렸다. 대한민국은 민주공화국이다! 주권은 국민에게 있고 모든 권력은 국민으로부터 나온다!

그러나 민주주의에 관한 아감벤의 언급을 보면 민주주의와 전체주의 간의 연속성 내지는 유사성, 민주주의를 파괴하면서 민주주의를 전파하는 민주주의, 민주주의를 수호하지 않는 민주주의 등이 보인다. 그리고 아감벤이 민주주의에 관해 비판적으로 검토하는 부분을 보면 민주주의가 무엇인지 정의하려는 노력은 그다지 의미가 없다. 그는 '민주주의'를 주어로 사용하기보다는 '민주주의에 관한 이야기'를 주어로 사용한다. '민주주의란 무엇인가'보다도 민주주의가 어떻게 이해되고 적용되고 있는가가 더 중요하다는 뜻이다. 민주주의는 어떤 본질로서 존재하는 것이 아니라 역사적으로 구성되는 과정에 있는 것이기 때문이다. 따라서 아감벤은 민주주의의 본질을 먼저 상정해 놓고 그 본질과 실제 현실이 어떻게 다른지 또는 실제 현실이 그 본질에 어느 정도 접근해 있는지 따위의 방식은 따르지 않는다. 대신에 아감벤은 두 개이면서 하나인 '절합(articulation)'이라는 용어를 사용하면서 민주주의를 어떻게 이해해야 하는지 설명하는 방식을 취한다.

예를 들면 통치를 단순한 행정(府)으로 파악하는 것은 서구 정치사의 심각한 오류 중 하나다. 이렇게 된 이유는 근대성에 대한 정치적 성찰이 법, 일반의지, 인민주권 같은 텅 빈 추상 개념 뒤에서 방황했기 때문이다. 통치, 그리고 통치와 주권자의 절합이라는 결정적인 문제에 대해서는 묵묵부답이었다. 따라서 서구 정치체계를 제대로 보려면 우선 이질적인 두 요소의 묶음을 봐야 한다.

아감벤에 따르면 근대 민주주의가 일정한 성과와 업적을 가지고 있지만 민주주의가 전제군주와 같은 적대자들에게 승리를 거두고 정점에 도달한 것으로 보이는 순간, 조에를 전례 없는 파멸에서 구해 내는 데에 무능력했던 이유는 통치와 주권자의 절합이 생명권력으로 전환된 데 있다. 그리고 근대 민주주의는 스펙터클 사회 속에서 점차 쇠퇴하면서 전체주의 국가로 수렴되는 현상을 보인다. 스펙터클 사회란 사람들 간의 관계가 이미지들에 의해 매개된 것을 의미하며, 자본으로 비유하면 하나의 이미지가 될 정도로 축적된 자본을 의미한다.

근대 민주주의의 쇠퇴는 다음과 같은 의미이기도 하다. 교회가 근대 세계와 협정을 맺었듯이 혁명은 자본·권력과 타협하곤 했다. 진보주의적 전략을 이끌었던 좌우명은 자본·권력과 타협하면서 조금씩 형태를 갖춰 갔다. 지성은 텔레비전·광고와 화해하고, 노동계급은 자본과 화해하며, 언론의 자유는 스펙터클한 국가와 화해하고, 환경은 산업 발전과 화해하며, 과학은 의견과 화해하고, 민주주의는 투표기계와 화해하며, 죄의식·개종은 기억·충실성과 화해한다.

2) 민주주의와 전체주의가 공유하는 것—예외상태

통치성은 주권자가 예외상태를 선포할 때 잘 드러나는데, 주권자가 예외상태를 선포하는 명분은 '긴급사태' 때문이라는 것이다. 그런데 중요한 사실은 현대적인 예외상태가 절대주의 전통이 아니라 민주주의 혁명 전통의 창조물이라는 것이다. 말년의 바이마르공화국은 완전히 예외상태 체제로 운용되었다. 그렇기 때문에 만약 독일이 3년 동안이나 대통령 독재체제 하에 놓이지 않았고 의회가 제대로 기능했다면 히틀러가 권력을 장악하지 못했을 것이라는 추측은 그다지 확실한 것이 아니다. 바이마르공화국은 히틀러 권력 체제와는 다른, 아주 이질적인 체제로 여겨지지만 히틀러 체제와 마찬가지로 예외상태 체제로 운용되었기 때문에 히틀러 체제를 잉태할 수 있는 요소가 있었다는 뜻이다. 이런 점에서 보면 두 체제는 두 개이면서 하나였다. 독일 최초의 수용소 역시 나치 체제가 아니라 바이마르공화국의 사회민주주의 정부에 의해 세워졌다. 이 정부는 1923년 비상사태를 선포하고 '예비 검속'에 근거해 수천 명의 공산당 활동가들을 감금했으며, '외국인 집단수용소'를 세워 주로 동유럽의 피난민들을 수용했다. 이 수용소는 학살 수용소가 절대 아니었지만 20세기 최초의 유대인 수용소로 간주될 수 있을 것이다.

아감벤은 파시스트 정부들이 긴급 법령 선포를 남용해 1939년에는 이 정권 자체가 그것의 해당 영역을 제한할 필요를 느낄 정도였는데도, 오늘날까지도 통용되고 있는 1947년 12월에 제정된 공화국 헌법은 제77조에서 주목할 만하게도 과거와의 연속성을 고수하고 있다고 지적한다. 이렇게 보면 나치 체제와 민주주의 사회로 일컬어지는 체제 사이에는 연속성과 유사성이 있는 셈이다. 그리고 예외상태에는 벌거벗은 생명, 호모 사케르만 있는 것이 아니라 예외상태를 선포한 권력도 예외상태에 있다는 것을 알 수 있다.

1968년 6월 24일 기민당과 사민당 사이의 '대연정' 역시 예외상태('대내적 긴급 상태'라고 정의된)를 재도입하는 헌법 보충법을 통과시켰다. 이 일은 치안과 공공질서를 수호하기 위해서만이 아니라 '자유민주주의 헌법'을 수호하기 위해 예외상태를 선포한 것으로서 예외상태가 결코 반민주적 전통의 배타적 전유물이 아니라는 것을 보여 준다. 예외상태는 민주주의 안에 내포되어 있다.

나아가 서양의 정치문화가 깨닫지 못하고 있는 것은 서구의 정치문화를 민주주의라는 형태로 다른 문화와 전통들에 전파하려는 바로 그 순간, 민주주의를 위한 원칙을 철저히 저버렸다는 사실이다. 민주주의 전파 속에서는 민주주의의 파괴가 있었다. 이렇게 보면 민주주의와 전체주의는 전혀 이질적인 체제가 아니다. 민주주의와 전체주의는 정상과 비정상의 관계에 있는 것이 아니라 서로 구별되면서도 자기 존재의 전제가 되는 관계에 있으며, 예외상태는 "민주주의와 절대주의 사이의 확정 불가능한 문턱"인 것처럼 보인다.

3) 생명 이외의 가치 찾기

아감벤의 정치철학에서 규칙과 예외는 둘이면서 하나이다. 근대 민주주의는 예외상태를 두면서 규칙을 만드는, 다시 말하면 '예외상태가 있는 정상상태'이다. 그리고 이러한 예외상태를 정하는 자가 주권(자), 주권권력이다. 주권권력이 예외상태를 정할 수 있는 것은 자신이 예외상태에 있기 때문이다. 주권권력은 법 내부에 있으면서 법 외부에 있다. 그런데 호모 사케르 역시 주권권력과 마찬가지로 예외상태에 있다. 호모 사케르는 법 외부에 있으면서 내부에, 즉 배제되면서 포함되어 있기 때문이다. 이렇든 아감벤의 정치철학 또는 근대 민주주의를 이해하려면 예외와 규칙, 예외상태와 정상상태, 내부와 외부를 이분법적으로 구별할 수 없는 비식별역을 보아야 한다. 절합 개념을 끌어들인 것도 바로 이런 이유다.

근대 민주주의는 조에의 정치적 삶, 즉 비오스를 찾아내려고 한다는 점에서 고대 민주주의와 구별된다. 그러나 근대 민주주의를 이끌어 갔던 주권자는 인간을 하나의 벌거벗은 생명, 호모 사케르, 조에, 신체로 보고 비오스로 끌어올리지 않았기 때문에 그의 권력은 주권권력이 아니라 생명권력으로 불리는 것이 더 적절하다. 생명정치로서의 근대 민주주의는 전체주의와 결탁되어 있기도 하다. 민주적인 법 역시 전체주의를 정당화해 주기도 한다. 예를 들면 예외상태론은 1934년-1948년 사이에 유럽의 민주주의 국가들이 와해되는 틈을 타 소위 '입헌독재'를 둘러싼 논쟁이 일어나면서부터 활성화되었다. 이 시기는 나치가 권력을 잡았을 때부터 동유럽 국가들이 사회주의 국가로 전환되었을 때까지의 기간인데, 독재 또는 전권을 가진 주권권력이 이론적으로는 민주적 헌법을 가진 채로 등장한 시기이기도 하다. 민주적 헌법과 독재 또는 전권을 쥔 자는 각각 별개로 대립적인 관계에서 등장한 것이 아니다. 이런 측면에서 보면 민주주의는 민주주의를 수호하지 않는 민주주의이기도 하다.

아감벤은 오늘날의 정치가 생명 이외의 어떤 다른 가치를 찾지 못한다면 나치즘과 파시즘이 현실로 남아 있을 것이라고 경고한다. "오늘날, 상이하면서도 여전히 유사한 방식으로, 발전을 통해 빈민계층을 제거하려는 자본주의적-민주주의적 계획은 자신의 내부에서 배제된 자들로 구성된 인민을 재생산할 뿐만 아니라, 제3세계의 모든 주민을 벌거벗은 생명으로 바꿔놓고 있"기 때문이다.

아감벤 정치철학의 의의—근대주의 넘어서기

아감벤이 근대적 주권권력뿐만 아니라 이 권력이 생명권력으로 전환된 점에 주목하라고 하는 이유는 근대를 이른바 근대주의자들과는 다르게 해명하되 근대주의를 넘어서는 사유를 해야 한다고 생각하기 때문이다.

아감벤은 출생과 동시에 조에(생명)가 국가의 관리 체제 아래 들어간다는 것을 말했다. 이를 근대주의의 관점에서 보면 출생한 모든 아동은 국가기관에 등록되어야 하고 등록될 권리를 가진다. 말하자면 등록의 의무와 권리가 동시에 있다. 유엔아동권리협약 제7조 제2항에도 "아동은 출생 후 즉시 등록되어야 하며, 출생 시부터 성명권과 국적 취득권을 가진다"고 규정하고 있다. 그런데 예를 들면 한국의 경우 미혼부의 아이는 출생신고를 받아주지 않는다. 외국 국적을 가진 이주 아동은 출생신고에 해당하지 않으며 '수리(접수) 증명서'만 발급 가능하다. 한국 정부는 이들이 본국 대사관을 통해 출생신고를 하면 된다는 입장이지만 고문, 체포 등의 박해를 피해 도망친 난민의 경우는 현실적으로 출생신고가 불가능하다. 한국에 영사관이나 대사관이 없는 국가도 30여 개나 된다. 출생신고를 하지 못해 무국적 상태가 되면 어느 국가의 보호도 받지 못하는 상태가 된다. 이렇게 보면 출생 시 국가에 등록되고 국가의 보호를 받는 아동의 보편적 권리, 인권은 매우 중요하다고 할 수 있다.

아감벤의 관심은 이러한 등록과 보호 이면에 존재하는 신체, 생명에 있다. 신체는 태어나자마자 국가권력의 관리·통제 아래 들어간다. 인간은 생명·신체로서만, 계량화한 인구로서만 의미를 지닌다. 국가는 출산을 억제하고 낙태를 조장하기도 하고 출산을 장려하기도 한다. 출생한 인간의 정치적·사회적 삶에는 관심이 없다. 국가권력의 관심은 조에이지 비오스가 아니기 때문이다. 난민을 대할 때도 그가 난민 자격을 가졌는가보다는 난민 신청자의 숫자가 더 중요하다. 일정 숫자를 넘어서면 난민 지위를 부여하지 않으려 한다. 한편 아감벤은 주권자의 영역에 의사와 과학자들이 진입해 들어온다는 것을 지적했다. 과학자들이 핵폭탄과 같은 대량 살상 무기를 만들어 국가권력에 봉사한 적이 있다는 것은 새삼 강조할 필요가 없다. 국가기관이 정한 과정과 시험을 통과한 의사는 인간의 신체를 진단하고 처방할 수 있는 독점적 권한을 가진다. 물론 의사는 아픈 곳을 치료해 주는 사람이기도 하다. 하지만 그 과정에서 생기는 진단과 처방, 치료에 관한 모든 데이터는 축적되고 분석되어 또 다른 신체를 안정적으로 대할 수 있는 정보가 된다. 신체는 치료의 대상이기도 하고 더 나은 정보를 얻기 위한 실험 대상이기도 하다. 자본이 만든 병원이라면 신체는 이윤을 창출하는 도구가 된다. 이런 측면에서 보면 인간의 생명은 그 자체로 존엄하다는 식의 주장, 다시 말하면 왜 존엄한지 그 이유를 말할 필요가 없는 존엄성을 지닌다는 주장은 매우 공허한 외침일 뿐이다.

생명은 태어나자마자 국가기관에 출생신고가 되고 보호되지만 감시와 통제의 대상이 되고 의료산업계가 더 큰 이윤을 얻을 수 있도록 더 나은 정보, 더 큰 이윤을 낳는 도구가 되기도 한다. 아감벤이 이러한 측면에 주목하는 이유는 보편적 인권운동이 갖는 한계를 지적하기 위해서다. 출생신고를 받아주고 보호해 달라는 요구는 생명권력의 통제 아래 들어가겠다는 것이기도 하다. 국가에게 세월호 침몰의 책임을 묻는 것은 '살릴 수 있는데 살리지 않은 것'에 대한 지적이지만 국가란 본래 '죽게 내버려두는 권력'이라는 측면은 잊고 있는 것이다. '해고는 살인'이 맞다. 조에로서의 삶을 영위할 수 없기 때문이다. 하지만 '복직'이 정치적 삶으로서의 비오스를 보장해 주는 것은 아니다. 자본주의 사회에서의 착취는 계약으로 이루어진 지극히 합법적인 과정이다. 이 계약은 이미 불평등을 전제하고 있다. 그러므로 복직 요구는 안정적으로 착취 받겠다는 것이기도 하다. 비정규직의 정규직화 역시 마찬가지다. 불안정하게 착취 받는 것에서 안정적으로 착취 받는 것으로의 이동이다.

사회계약론자들이 말하는 계약이 성립하려면 계약 당사자가 서로를 주체로 인정해야 한다. 그러나 과연 이러한 계약이 존재했고 존재할 수 있는가? 아마도 사회계약론자들이 말하는 계약 관계에 온전한 형태로 진입한 두 사람은 사르트르와 보부아르일 것이다. 그들은 계약결혼이라는 관계를 맺었는데, 그 내용은 서로가 서로를 완전히 자유로운 주체로 인정하는 것이었다. 처음이자 마지막인, 그래서 유일한 계약 관계는 그들 두 사람에게만 있을지도 모른다.

　　아감벤이 근대를 주권이 아니라 통치로 보라고 권하는 이유는 인민주권이든 주권재민이든 국민주권이든 그러한 것은 애초부터 존재하지도 않았기 때문이며 국민 역시 생명을 국가의 관리 체제 아래 둠으로써 성립한 것이기 때문이다. 그렇다면 '박근혜 퇴진 촛불집회'에서 그리고 영화 〈변호인〉에서 송강호가 외쳤던 헌법 조문에 나오는 국민은 개개인을 주체로 구성하게 하는 소환(호명, interpellation)에 지나지 않는다. 소환에 응한 개인은 자신을 주권자로 여기고 권력이 자신에게서 나오는 걸로 착각하면서, 자신을 사회적 관계에 알맞게 조정하는 주체로 구성한다. 그러나 이러한 태도를 가진 사람은 자신이 법(주권자)이 가진 생살여탈권에 복속되는 한에서만 보존되고 보호될 수 있는 존재라는 것을 간과하고 있다. 자신이 그 사회에서 배제되어 있으면서 포함되어 있는 존재라는 것을 잊고 있는 것이다. 만일 그것을 안다면 박근혜 정부를 퇴진시켰지만 국가권력의 성격이 바뀐것은 아니라는 것을 알 수 있다. 법은 강자가 약자를 힘으로 마구 누르지 못하도록 할 수는 있지만 애초부터 약자를 보호하기 위해 만든 것도 아니고 약자를 위해 존재하는 것도 아니다.

　　아감벤의 입장에서 보면 무국적 상태에 있는 이주 외국인, 불법체류자는 오늘날 새롭게 부상하고 있는 호모 사케르다. 아감벤의 관심은 본국 법에도 적용되지 않고 이주한 국가의 법에도 적용되지 않는 상태, 법 외부에 있는 상태, 예외상태에 있는 벌거벗은 생명이다. 관타나모 수용소에 감금

되어 있는 사람들도 마찬가지다. 미국 법을 적용한다면 그들 대부분은 금방 풀려난다. 그러나 그들은 미국 법을 적용받지도 않고 쿠바 법을 적용받지도 않는 상태에 있다.

아감벤의 호모 사케르, 추방(령), 예외상태 등의 개념은 근대적 주권권력의 성격뿐만 아니라 그 권력이 생명권력으로 바뀌었다는 것을 잘 보여 주고 있지만 한편으로는 아감벤 특유의 해방적 기획도 있는 것으로 보인다. 왜냐하면 '추방된, 추방령을 받은'이라는 말은 '누군가의 처분대로 하다'는 뜻과 함께 '도망가게 내버려 두다'라는 표현에서처럼 '자유롭게'라는 뜻을 동시에 가지기 때문이다. '비적(匪賊)'이라는 말도 '배제된, 추방된' 그리고 '모두에게 열려 있는, 자유로운'이라는 뜻을 동시에 갖는다. 추방령 역시 공동체로부터의 추방과 동시에 주권의 표식을 의미한다. 근대적 주권자는 자기 자신이 예외상태에 있으면서 벌거벗은 생명을 예외상태에 두는 자이다. 다시 말하면 주권자는 호모 사케르를 예외상태에 추방시킴으로써 존립하는 자이다. 그런데 추방된 자는 자유롭게 도망갈 수 있는 자이며 주권자를 밀어낼 수 있는 자이기도 하다.

근대주의를 넘어서야 한다는 아감벤의 기획이 성공했는지 또는 성공할 가능성이 있는지는 미지수다. 그는 조에와 비오스를 구별할 수 없게 된 생명정치의 시대를 잘 드러냈다. 민주주의와 전체주의 간의 유사성·연속성을 말하는 부분은 민주주의에 대한 환상을 깨기에 충분할 정도다. 그러나 그는 조에가 정치적 삶으로서의 비오스를 적극적으로 회복해야 한다고 주장하지도 않고, 비오스로 끌어올려진 정치적 삶이 무엇인지도 말하지 않고 있으며, 민주주의를 넘어서는 어떤 대안 체제를 말하는 것도 아니다. 대안에 목마른 사람에게는 아감벤의 이야기가 미흡해 보일 수 있다.

그러나 근대주의를 넘어서려는 아감벤의 기획은 적어도 다음과 같은 의미는 지닐 수 있다. 아감벤은 이것과 저것 간의 절합을 보라고, 이것 아니면 저것이라는 이분법적 발상에서 벗어나라고 한다. 예를 들면 인권운동은 보호받을 자와 보호할 자를 이분법적으로 나누는 데에서 그 한계를 발견할 수 있다. 그러므로 인권을 추구하지 말라는 것이 아니라 오늘날 존중받고 존중받아야 할 인권에는 생명권력에 포획되는 부분도 있다는 것을 깨달으라는 것이다. 이것을 깨닫는 자가 권력에 더 근본적으로 저항하는 자이며, 그러한 자들이 구성하는 권력이 훨씬 더 즐겁고 생산적인 권력이 된다는 것이다. 이때는 생명권력과 결합한 민주주의가 새로운 모습을 띨 것이다.

그리고 새로운 권력을 구성하는 주체에 관해 말해야 한다면 이 주체는 현실적으로 그리고 가시적으로 존재하는 호모 사케르라기보다는 자신을 호모 사케르로 인식하는 자라고 할 수 있다. 배제되어 있으면서 포획된 자신의 상태를 깨닫는 자야말로 예외상태로의 추방이 주권자를 밀어낼 수 있는 기회가 된다는 것을 안다.

4
슬라보예 지젝
Slavoj Zizek

김성우

상지대학교 교양대학 교수이며 올인고전학당 연구소장이다. 철학 교양서로 『스무 살의 철학 멘토』, 『로크의 정부론』, 『열여덟을 위한 논리개그 캠프』(공저), 『철학, 문화를 읽다』(공저)를 썼으며, 연구서로 『장자의 눈으로 푸코를 읽다』, 『자유주의는 윤리적인가』, 『로크의 지성과 윤리』, 『롤즈의 정의론과 그 이후』(공저)를 출간했다. 그밖에도 『청춘의 고전』, 『철학자가 사랑한 그림』, 『열여덟을 위한 철학 캠프』, 『다시 쓰는 서양 근대 철학사』, 『다시 쓰는 맑스주의 사상사』 등을 함께 기획하고 펴냈다.

슬라보예 지젝: 민주주의에 비판적인 거리 두는 혁명 정치 복원[1]

현실 공산주의는 패배했다.
그러나 그 패배가 자본주의의 승리를 정당화시킬 수 있는 것은 아니다.
자본주의는 바로 이 공산주의의 실패, 전체주의의 패배를 앞세워
자본주의 이데올로기가 우리에게 선을 가져다 줄 것처럼 여기도록 조장한다.
그러면서 우리의 사유 방식에 혼란을 조성한다.
공동선, 평등, 공공성을 가진 재화와 제도의 사회적 소유
같은 개념들을 혐오하게 만든다.
그 혐오의 심리적 작동 속에 자본주의의 지배 전략이 숨어 있다.
나는 이 기만을 해체하는 노력을 중단하지 않을 것이다.[2]

생애 간단 요약[3]

슬라보예 지젝(Slavoj Žižek, 1949년-현재)은 1980년대 말 동구권의 붕괴와 더불어 구 유고연방에서 갈라져 나온 슬로베니아 출신이다. 철학적으로 변방이었지만 그 당시 슬로베니아 철학계에 존재하던 다양성으로부터 혜택을 받았다. 공부하던 시절에 세르비아나 크로아티아와는 달리 슬로베니아에는 강력한 국제적인 철학적 흐름이 존재하지 않았지만, 철학의 모든 주요한 경향들을 대표하는 학자들이 있었다. 예를 들어 프랑크푸르트학파

---

1 이 글은 지젝에 관해 글쓴이가 쓴 다섯 논문 「지젝과 '변증법적 유물론'의 복권」, 「지젝의 유물론과 정치 혁명론」, 「포스트모던 스피노자 윤리학에 대한 헤겔주의적 비판」(김성민 공저), 「급진 민주주의와 그 윤리적 기초에 관한 지젝의 헤겔주의적 비판」, 「가라타니 고진의 '세계공화국'에 대한 지젝의 비판」―을 토대로 쓴 것이다.

2 슬라보예 지젝 인터뷰, 『불가능한 것의 가능성』, 인디고 연구소(기획), 궁리출판사, 2012.

3 Slavoj Žižek , *Conversations with Žižek*(Polity, 2003)을 주로 참조.

추종자, 맑스주의자, 하이데거주의자, 분석철학자 등등이 있었다.

지젝이 말하기를 "그래서 나는 운이 좋게도 모든 주요한 경향에 노출되었다." 그는 이런 슬로베니아의 지적 분위기 속에서 처음에는 해체론적인 경향에 쏠렸다. 해체(Destruktion)라는 개념을 최초로 사용한, 존재의 사건 철학자인 하이데거를 주제로 박사학위 논문을 썼다. 이후 데리다의 해체론을 통해 하이데거를 비판하게 되는 시각을 얻는 동시에 데리다도 넘어서기 시작했다. 이때 학문적인 친구들과 함께 레비-스트로스, 푸코, 크리스테바, 라캉 등 프랑스 구조주의와 포스트모던 철학자들을 집중적으로 받아들이면서 최종적으로 라캉을 선택했다. 그들은 1970년대 후반에 라캉의 정신분석학에 관한 학회를 만들어 꾸준히 연구했다.

지젝은 구 공산주의 국가인 유고슬라비아에서 공식 이데올로기인 맑스주의를 표방하는 학자가 아니라는 이유와 프랑스 철학을 연구한다는 이유로 제대로 된 직업을 갖지 못했다. 실제로는 '사기(?)'에 가까운 라캉 국제학술대회를 열어 라캉의 사위이자 그의 사후에 라캉 정신분석학 그룹을 이끄는 지적 지도자인 자크-알렝 밀레를 슬로베니아에 초대하여 커다란 성공을 거둔다.

이때 밀레는 지젝에게 파리 제8대학의 외국인 초청 교수를 제의했다. 그 결과로 그는 파리에서 다시 정신분석학으로 박사학위를 받았다. 그리고 1989년 『이데올로기라는 숭고한 대상』[4]이라는 최초의 영어 저작으로 각광받기 시작해서 정력적인 저술과 강연 활동으로 라캉 정신분석학의 소개자이자 독일관념론의 재해석의 선두 주자, 급진적인 정치비평과 영화를 중심으로 한 삐딱한 문화비평의 주도자로 널리 알려지게 되었다.

지젝은 늘 계몽주의와 낭만주의 사이에서 변증법적인 진동을 한다. 전기에는 라캉 초창기의 상징적 질서 중심의 계몽주의로 흐르다가, 1990년대 중반에 행한 셸링 탐구를 통해 지적인 변화를 일으켜서 낭만주인적인

---

4   슬라보예 지젝, 『이데올로기라는 숭고한 대상』, 이수련 옮김, 인간사랑, 2002.

경향 속에서 라캉 후반기의 핵심 개념인 리얼(진정한 실재)을 강조하기 시작한다. 아울러 정치적 색채도 변화한다. 초기에는 라클라우식의 급진 민주주의에서 전환한 이후에는 레닌식의 혁명적 전위주의로 기울게 된다.

지젝에 대한 평가는 크게 상반된다. 어떤 이들에게 지젝은 자유주의를 역사의 완성으로 보는 자유민주주의적인 합의 및 이를 바탕으로 강성해진 신자유주의적인 세계화의 흐름을 비판하면서 해방적인 정치 대안의 가능성을 연 철학자이다. 하지만 다른 사람들에게 그는 무책임한 도발과 자극을 남발하고 정치적 진공과 도덕적인 맹목성을 불러일으키며 전체주의적 경향을 보이고 아카데미의 정상적인 관행을 거스르며 이론적으로 모순되고 정확하게 참조 사항을 밝히지 않고 여러 가지 잡다한 예들을 반복적으로 사용하는 점에서 비판받아 마땅한 학자이다.

하지만 지젝은 이러한 논란을 떠나 유럽 변방의 소국인 슬로베니아 출신으로서 푸코와 들뢰즈나 데리다급의 세계적인 철학자로 각광받고 있다.

주요 사상

1) 헤겔의 변증법과 라캉의 정신분석학의 콜라주

적들로부터 영역 빼앗기를 즐기는 지젝의 작업은 크게 세 개의 중심축으로 이루어져 있다. 헤겔의 변증법, 라캉의 정신분석학, 현대의 이데올로기 비판(맑스주의)이 그것이다. 이 중에서 두 번째 항목인 라캉의 정신분석학이 사유 기관에 해당하는 **일반 논리학**으로 간주된다. "내 전체 작업의 핵심은 라캉을 독일관념론을 다시 활성화하는 특권적인 지적 도구로 사용하려는 노력이다."[5] 그는 특히 헤겔과 셸링의 독일관념론을 라캉의 정신분석

---

5   Slavoj Žižek, *The Žižek Reader*, Ed. Edmond Leo Wright, Elizabeth Wright, Oxford, UK ;

학을 통해 다시 활성화하려고 시도한다. 독일관념론의 장점은 주체의 주체성과 활동력이다. 이 점은 데카르트가 시작하고 헤겔에서 정점에 도달한 근대의 주체 이론에서 잘 나타난다.

2) 라캉의 정신분석학

지젝은 하이데거나 데리다의 해체론으로부터 라캉의 정신분석학을 통해 독일관념론으로 복귀한다. 그 이유는 데카르트가 시작한 주체성이라는 지반을 포기하지 않기 위해서이다. 도리어 그는 포스트모던 철학의 주체 해체를 비판하고 근대 주체의 복권을 추진한다. 근대 주체의 복권이 그의 철학의 세 중심축을 하나로 엮는 핵심적인 주제이다. 그는 라캉에게서 주체 복권의 가능성을 발견한다. 한마디로 그는 이론적으로 라캉의 정신분학적인 개념과 통찰로 헤겔의 변증법을 재해석하고 라캉의 정신분석학을 일종의 보편 수학(보편학)으로 활용하면서 정신분석학적인 진단의 범주들을 기존의 철학이론들과 정치비평과 문화비평에 적용한다.

지젝의 라캉은 주체를 해체하고 상징적 질서, 즉 언어적인 구조를 강조하는 구조주의자가 아니다. 구조주의는 유아론적인 의식을 강조하는 주관주의나 형이상학적인 거대 주체 철학을 비판하고 언어의 객관성을 추구한다. 의식은 크게 로크식의 경험론적인 주관적 의식과 칸트식의 선험론적인 보편적 의식으로 구분된다.

그런데 경험론적인 의식은 내면성에 갇힌 감옥이다. 선험론적인 의식도 의식 자체의 보편적인 형식에 갇힌 감옥이다. 이들을 비판한 구조주의도 과학성을 선호하여 언어 문법의 불변적인 보편적 구조에 갇혀 버린 감옥이다. 칸트의 선험론 철학이나 구조주의도 둘 다 과학성이라는 형식주의에 갇혀 있다. 지젝의 라캉은 이러한 구조주의적인 형식주의의 메마른 과

Malden, MA : Blackwell Publishers, 1999.

학성을 반대한다. 그래서 그는 변증법의 복원을 원한다.

원래 형식주의는 헤겔이나 맑스의 변증법이 철학적으로 극복하기를 원했던 적(敵)이다. 그런데 해체론은 변증법과 마찬가지로 형식주의가 아니다. 해체론도 변증법과 마찬가지로 형식주의적 과학주의를 비판하며 등장한 철학 사조이다. 그런데 서양의 변증법과 해체론의 형성에 큰 영향을 미친 것은 또한 동양의 불교 논리이다. 그래서 지젝이 지적한 것처럼 21세기 서구 문명의 과제는 불교와 대결하는 것이다. 서구 문명의 논리 끝에 불교가 나타난다. 이런 이유로 하이데거도 라캉도 지젝도 불교와 대결한다.

물론 변증법과 해체론의 상징적인 대표자는 헤겔과 하이데거이다. 마찬가지로 라캉의 주요 준거점도 헤겔과 하이데거이다. 그런데 지젝은 라캉을 헤겔적으로 읽고 반(反)하이데거적으로 읽겠다는 선언을 한다. 이 무슨 기묘한 시도란 말인가?

이러한 기묘한 시도를 이해하기 위해 지젝이 어떻게 현대의 철학적 경향들에 대해 비판하는지를 살펴보자. 그에 따르면 우선 데카르트의 주체라는 유령이 아카데미 안에 배회하고 있다. 모든 학자들의 노력은 이 유령을 쫓아내기 위해 신성동맹을 맺고 있다. 지젝의 시도는 이러한 현대 철학의 반(反)데카르트주의적인 합의를 비판하고 다시 데카르트적인 주체를 정립하자고 한다. 그러나 물론 이 주체는 근대 사유를 지배한 '자기 투명적인 생각하는 주체'라는 위장된 코기토(cogito, 생각하는 나)가 아니며 이 코기토의 잊힌 이면, 즉 과잉이며 인정되지 않은 중핵을 밝히는 것이라고 그는 주장한다.

이러한 라캉적인 주체는 투명한 자아의 평온한 이미지와는 전혀 다르다. 자아(ego)라는 껍질을 벗으면 진정한 자기(self)라는 핵심이 드러난다는 카를 융의 주체관과도 다르다. 라캉적인 주체는 자아의 핵심에 리얼(특히 원초적으로 억압된 트라우마의 리얼), 즉 거짓이 자리 잡고 있으며 죽음에의 충동을 본질로 하고 있다. 지젝은 여기서 정신분석학의 죽음에의 충동과 독일관

넘론의 절대적인 자기 관계적인 부정성을 연결한다. 주체성은 존재의 질서에서 틈을 메우는 것으로 존재하는 '오브제 프티 아'(작은 대상 *a*, 욕망을 일으키는 원인으로서의 대상)이다.

지젝에 따르면 헤겔의 이성은 궁극적으로 광기이다. 이성은 그 자체로 모순과 갈등을 안고 있다. 정신분석학적으로 표현하면 이성은 광기의 과잉이다. 사디즘으로 유명한 '사드와 함께' 칸트를 해석하면 사드적인 도착증은 이성의 바깥에 있는 것이 아니라 순수 이성 자체가 된다. 이성의 과잉이 이성 그 자체에 **내재적인 것이다. 죽음에의 충동이란** 이렇게 이성을 구성하고 있는 광기에 대한 이름이다. 상징계적인 진리나 심지어 드러남의 진리 차원보다 주이상스(쾌락인 고통, 즉 향락)의 차원, 부정성의 차원, **죽음에의 충동의 차원이 더 근원적이다.** 부정성의 파괴력과 과잉이 곧 죽음에의 충동이다.

이런 식으로 주체성 분석은 오브제 프티 아의 개념과 연결된다. 오프제 프티 아란 중심의 틈을 메우는 작은 대상이다. 지젝에 따르면 **라캉의 모토는 "나는 당신을 사랑한다. 그러나 솔직히 나는 당신 자신보다 당신 안에 있는 어떤 것을 사랑한다. 그러니 나는 당신을 파괴한다."** 우리 모두는 자신 안에 빈 구멍이 있다. 우리의 주체성의 핵심은 현상(외모)에 의해 채워진 공허이다. 반면에 자유주의나 전체주의는 주체성 안에 변하지 않고 동일하며 보편적인 핵심이 있다고 본다. 즉 자유주의자에게는 권리의 근거이자 주체인 인격이고 전체주의자에게는 신인류의 씨앗인 인간의 진정한 본질이 그것이다.

3) 헤겔의 변증법

『그들은 자기가 하는 일을 알지 못하나이다』의 영문판 재판 서문에서 지젝이 밝힌 자신의 라캉적 헤겔 해석은 다음과 같다.

우리는 공허(리얼)를 인간 경험의 불가능하지만 리얼한 한계로 정립할 수 있다. 이러한 한계에 우리는 오직 부정적으로만 접근할 수 있다. 다시 말해 우리가 태양에 너무 가까이 다가가면 타버린다. 그래서 우리는 공허를 절대적인 것으로 정립하면서도 그것과 적절한 거리를 유지해야 한다. 이와는 달리 우리는 그것을 우리가 통과해야만 하는 (어떤 점에서는 이미 항상 통과해 버린) 것으로 정립할 수 있다. 이것이 '부정적인 것을 감내하기'라는 헤겔적인 관념의 골자이다. 라캉은 이러한 헤겔적인 관념을, **죽음 충동과 창조적 숭고화 사이의 심층적 연관성**[6]에 관한 자신의 개념으로 표현한다. 즉 (상징적인) 창조가 일어나기 위해서는 죽음 충동(헤겔적인 자기 관련적인 절대 부정성)이 그 작업을 완수해야, 다시 말해서 분명히 그 자리를 비움으로써 창조를 위한 공간으로 준비해야 한다.

요컨대 지젝은 공허로서의 리얼을 불가능한 한계로서의 (사)물 자체로 해석하는 칸트의 선험철학에 반대한다. 그는 이를 '시차적 관점'으로 볼 것을 제시한다. 시차적 관점(원근법주의)은 하나의 현상이나 사례를 여러 각도에서 분석하는 방법론이다. 변증법적인 논리에서 본다면 이것은 불일치와 모순을 부정성으로 활용하는 방식이다. 다시 말해 헤겔식으로 부정성을 감내하는 것(Tarrying with the Negative, Verweilen beim Negativen)이다.

통상적인 해석에 의하면 칸트의 선험철학은 유한성과 무한성의 틈을 강조하면서 본체계를 숭고에 의해 부정적으로 접근하는 길을 유일한 가능한 길로 본 (인간의 유한성에 걸맞은) 겸손한 태도를 지닌다. 반면에, 헤겔의 절대 관념론은 오만하게도 칸트적인 틈을 메우고 도로 비판 이전의 전통 형이상학으로 퇴화한 것이다.

그러나 지젝의 『시차적 관점(The Parallax View)』[7]에 의하면 **칸트야말로 용기가 부족해서 형이상학의 해체에서 자신이 발견한 길을 절반쯤 가다가 멈추어**

---

6   슬라보예 지젝, 『까다로운(성가신) 주체』, 이성민 옮김, 비, 2005. 참조.

7   슬라보예 지젝, 『시차적 관점』, 김서영 옮김, 마티, 2009.

버리고 여전히 (사)물 자체를 접근할 수 없는 외적인 실체로 지칭하는 한계에 부 딪힌다. 오히려 헤겔은 진리에 대한 용기를 가지고 절대자에 대한 칸트식의 부정적인 접근에서 탈피하여 절대자 자체를 부정성으로 보는 관점으로 전환한다. 칸트의 비판은 전통 형이상학에 대한 부정이기는 하지만 여전히 추상적인 (불완전한) 부정에 머문다. 반면에 헤겔의 칸트적인 물 자체에 대한 부정은 그 유명한 '부정의 부정'에 해당한다. **이러한 헤겔의 시도는 실패를 진정한 성 공으로 바꾸는 시각의 전환이다.** 이렇듯 헤겔은 칸트 이전의 독단적인 형이 상학자가 아니라 칸트보다 더 철저한 칸트이다.

지젝에 따르면 진정한 변증법이란 구체적인 역사적 투쟁인 동시에 절대 자 자체에 관한 투쟁을 의미한다. 즉, 각각의 특정한 시대는 그 자신의 존 재론을 지니고 있다는 말이다. 다시 말해서 특정한 사회적 투쟁은 동시에 전체 우주의 운명을 결정하는 투쟁이기도 한 것이다. 이 투쟁은 존재의 운 명이라는, 하이데거의 말의 변형이다. 변증법의 전체 핵심은 이러한 영원 한 문제들을 역사화하는 것이다. 역사화한다고 해서 이 문제들을 어떤 역 사적인 현상으로 환원한다는 의미는 아니다. 역사성을 절대자 자체에 도 입하는 것을 말한다. 이 지점에서 지젝은 헤겔과 셸링에게로 되돌아가야 한다. 하이데거에게서도 나타나듯이 존재의 드러남은 현존재라는 의미에 서의 인간을 필요로 한다. 곧 **우연한 인간성이 동시에 절대자 자체의 드러남 의 유일한 장소인 것이다.**

이렇게 지젝의 사상은 그가 비판하는 하이데거와 유사하다는 점은 다음 의 대립 구도에서 잘 드러난다. 하이데거의 존재의 역사가 지젝에서는 리 얼의 형세(constellation)의 역사로 변형된다. 마찬가지로 존재와 존재자의 구 분은 리얼과 현실의 구분으로, 존재와 현존재와는 관계는 리얼과 주체의 관계로 드러난다. 그 관계 방식이 초기 하이데거에서는 무와 불안으로 나 타나지만 지젝에게는 틈과 환상으로 나타난다.

그런데 리얼에 대한 지식과 관련해서 라캉이 문제 삼고 있는 것은 지식이 아니라 타자의 지식에 관한 지식이다. 타자의 지식이 너를 항상 괴롭힐 것이고 너에게 트라우마를 줄 것이다. 이런 관점에서 보면 죽음에의 충동은 유전적인 오작동이다. 그러나 직접적인 경험이라는 의미에서 현실은 존재하지 않는다. 헤겔이 언급한 대로 직접성은 이미 매개된 것이다. 현실 속에는 이미 틈이 있다. **환상이 바로 현실 속의 이 틈을 메운다.** 리얼이 현실 속에 틈을 열고 이 틈을 채우는 것이 가상화이다. 이 문제는 현상으로부터 현실을 얻는 방식이 아니라 현실 속에서 현상과 같은 것이 출현하는 방식이다. 현실 그 자체가 현상을 필요로 하기 때문이다. 현실은 그 자체로 전부가 아니다. 현상은 이차적인 부수 현상이 아니라 현실에 내재적이다. 이것이 헤겔과 하이데거가 제시한 '현상학'에서 현상의 의미이다.

다른 말로 하면 지젝에게 리얼은 현상으로 메워야 하는 현실의 실패와 비정합성으로서 지속한다. 현상은 현실에서 사라진 것이 남긴 공간을 통해서 출현한다. **현실 그 자체가 이미 어떤 왜곡된 시각의 결과이다. 온 우주는 공(空)이다.** 이것이 유물론적인 입장이며 '보편화된 관점주의'(들뢰즈)이다. 왜곡된 시각을 없애려면 칸트식의 '물 자체'를 없애야 한다. 이러한 왜곡 바깥에 긍정적인 실체는 없다. 이러한 통찰이 불교철학자인 나가르주나(용수)에게도 있다. 객관적으로 존재하는 것은 없다. 존재자는 오로지 관점의 분화된 결과로 나타난다. 그런데 이 분화가 본래 부분적인 왜곡이다. 지젝에 따르면 레닌의 반영론의 문제는 객관적인 현실을 반영하는 마음의 관념이 이미 감추어진 관념론에 의존한다는 데 있다. 반영 바깥에 객관적인 실재가 있다는 것은 그 현실을 반영하는 우리의 마음이 미리 이러한 현실에 외적인 것으로 존재하기 때문이다. 다시 말해 우리의 마음이 외적인 시선으로 기능하고 있다는 것을 전제하고 있기 때문이다.

보편화된 관점주의 현실 바깥에 존재하는 그러한 시선을 거절한다. **주장의 요점은 마음 바깥에 현실이 없다는 것이 아니라 현실 바깥에 마음은 없다는 것이다.** 우리 마음은 현실의 일부여서 이것에 대한 중립적인 시각을 가질 수 없다. 관찰자가 관찰되는 것의 한 부분이기 때문에 우리의 지각은 현실을 왜곡한다. 지젝에 의하면 이러한 보편화된 관점주의가 급진적으로 유물론적인 입장이다. 유물론의 진정한 공식은 우리의 왜곡시키는 시각을 넘어서 본체적 현실이 있다는 것이 아니다. 따라서 세계는 자기 완결적인 전체로서 존재하지 않는다는 것이다. 또한 현실 바깥에 외적인 관찰자도 존재하지 않는다. 다시 말해서 우리 마음이 세계 바깥에 객관적으로 존재하지 않는다. 이것이 하이데거의 '세계 안의 존재'라는 말의 의미이다. 마찬가지로 실재적인 삶이 단지 다른 윈도우에 불과하다는 것도 잘못된 개념이다. 이렇듯 세계와 마음, 객관과 주관, 자연과 정신, 육체와 자아라는 그릇된 대립에서 벗어나기 위해 하이데거는 주체를 다자인(Dasein, 거기에 있음, 존재의 터)으로 제시하고 주체와 객체의 뿌리인 근거로서의 존재도 탈근거(심연)로 해석하고 그 존재의 베일(veil)인 무도 무화시킴으로써 존재나 무의 비실체성을 드러내려고 시도한다.

레닌의 혁명 정치 복원을 향하여

기존의 서양철학에서 인간관은 이성적인 동물, 신의 창조물, 영리하고 위험한 동물, 자연적으로 비사회적인 개인의 쾌락을 극대화하는 자, 사회적인 공동체적 존재로서 인간을 규정한다. 이를 바탕으로 해서 철학자가 운영하는 **국가 유토피아, 자유시장 사회, 사회주의적 국가, 고도의 위계질서가 있는 귀족 국가, 왕권신수설에 바탕을 둔 군주 국가라는 정치적 이상들**이 등장한다. 이처럼 인간을 어떻게 보느냐는 어떤 정치적 이상을 추구하느냐의 토대가 된다. 이 때문에 하이데거식의 주체 해체의 한계에 대한 지젝의 비판은 그의 정치비평과 연관이 있다. 해체주의 존재론은 기존의 이데올로기에 대해 비판적이면서도 모든 것에 대해 냉소적인 자세로 세계화된 자본주의적인 질서에 일종의 공모하는 우를 범하고 있다. 그래서 지젝은 해체론에 기반을 둔 포스트맑스주의적인 정치학에 반대한다. 라캉의 개념들을 사용해서 헤겔로 되돌아가며 무정부주의적인 자치주의나 협동조합주의를 비판하고 레닌의 혁명적인 정치를 복원하고자 한다.

1) 정치적 입장의 변모

지젝의 정치철학은 1996년 이전과 이후로 나뉘게 된다. 그는 '현재의 상태는 어떠한가?'로부터 '바람직한 정치체제는 무엇인가?' 또는 '어떤 체제가 가능한가?'를 생각해 내려고 한다.

현재의 정치적인 상황이란 보수 쪽에서의 신자유주의적인 협박이 있다. (박근혜나 트럼프가 보여 주듯이) 보수가 훨씬 능동적이고 풀뿌리적인 포퓰리즘의 형태를 취한다. 매우 공격적인 자세로 자유주의적인 현 상태를 비판하면서도 실제로는 인권과 민주주의에 반하는 테러리스트가 된다. 이에 대한 반응으로 진보 쪽은 포스트모더니즘이라는 이름 아래 냉소적 순응주의에 빠져 있다. 양쪽에서 어느 정도 타협점을 찾은 다문화주의는 상대성이라는 명분으로 보편적인 것의 봉쇄를 명하고 있다. 세계화된 자본주의와 자유민주주의의 실상은 다음과 같다. 민주주의는 퇴색하여 절차적이고 형식적이 되어 자본과 시장의 이익을 대변하는 시스템으로 전락하고 만다. 즉 민주주의라는 이름으로 실제로는 자본의 이익을 관철하는 신자유주의가 지배하는 체제가 되었다. 원래 19세기에 개인과 시장의 자유를 중요하게 여기는 자유주의와 실질적인 평등을 중요하게 여기는 민주주의는 대립하는 관계에 있었다. 이러한 관점에서 보면 민주화 이후에 여전히 사회경제적인 불평등이 심화되는 현상을 '민주화 이후의 민주주의의 위기'(최장집)라고 부른 이유를 알 수 있다.

이를 타개하기 위한 정치적 움직임은 크게 두 가지 흐름이 있다. 우선 민주주의의 원리의 실현하기 위해 심화와 확장의 전략을 구사하여 민주주의의 실질성을 회복하려는 급진 민주주의 운동이 있다. 라클라우와 무페식의 포스트맑스주의가 대표적이다. 다음으로 민주주의에 대한 불신을 가지고 더 근본적인 변혁을 추구하는 혁명 정치학이 있다. 그런데 혁명 정치학은 들뢰즈와 가타리의 분자 혁명이나 네그리의 다중 민주주의와 레닌의 아방가르드적인 혁명에서 영감을 얻은 지젝이나 바디우의 뺄셈의 정치학으로 나뉘게 된다.

지젝에 따르면 뺄셈의 정치학이란 다음과 같은 제스처를 취하는 것이다. "새로운 경력의 커다란 기회가 여기에 있다!" 이에 대해 "나는 그렇게 하지 않는 것을 선택할 것입니다." 또는 "너의 참다운 자신의 심층을 발견하라. 내적인 평안을 찾아라!" 이에 대해 "나는 그렇게 하지 않는 것을 선택할 것입니다." 또 한편 "우리의 환경이 얼마나 위험한지 알고 있는가? 생태를 위해 무언가를 하자!" 이에 대해 "나는 그렇게 하지 않는 것을 선택할 것입니다." 또 다른 한편 "우리가 주위에서 목격하는 인종적이고 성적인 모든 불의를 어쩔 것인가? 무언가를 더 해야 할 때가 아닌가?" 이에 대해 "나는 그렇게 하지 않는 것을 선택할 것입니다." 이러한 태도가 가장 순수한 상태의 뺄셈의 제스처이다. 다시 말해서 뺄셈의 정치는 모든 질적인 차이들을 순전히 형식적인 최소한의 차이로 환원하는 것이다.

이데올로기적인 투쟁과 관련된 이론의 장에서 지젝은 신자유주의가 지배하고 있는 현 체제를 변혁하기 위해 철학적 성찰을 감행한다. 이와 연관해서 그의 정치적인 입장은 민주주의의 확장과 심화(급진 민주주의)로부터 정치체제의 전적인 변화(혁명적 전위주의)로 바뀐다. 계몽주의자인 라캉과 헤겔의 계승자인 급진 민주주의자로서의 지젝에서 낭만주의적이고 총체적인 정치적인 혁명을 받아들이는 혁명적인 전위주의자로서의 지젝으로 변모한다.

이러한 변모에는 지젝 자신의 현재의 정세 진단과 아울러 진보 진영의 이론적인 문제점에 대한 비판이 결정적인 계기로 작용한다. 현재 진보 진영의 "급진적인" 이론적인 활동의 문제점은 자신의 반대를 위한 위장술(보수주의자인 닉슨의 진보적 복지정책과 진보주의자인 블레어의 보수적 시장주의 정책의 예)에 있다. 다시 말하자면, 토니 블레어식의 진보 이론은 사회적이고 정치적인 운동과의 연계성이 완전히 결여되어 있으며, 새로운 사회에 대한 비전이 완전히 결여되어 있다는 점을 감추고 있고, 그러면서 또한 기존의 어떤 것도 바꾸지 않으려는 비밀스런 욕망을 숨기고 있다는 문제점이 있다.

예를 들어 제3의 길 사회민주주의와 같은 노선처럼 진보 이론들은 신자유주의적인 자본주의의 프레임을 그대로 수용하고 그 규칙 안에서 해방을 위한 투쟁을 벌이고 있다. 게다가 이 프레임을 계속 존속하는 것이므로 저항할 수 없는 것으로 받아들인다. 궁극적으로 이 프레임이 오늘날 모든 것을 포괄하면서 자신의 반대와도 합일하므로 이 프레임에 반대하는 어떤 것도 실제로는 할 수 없다고 주장한다. 그래서 모든 투쟁의 무용론을 인정한다. 결국 세계의 노동자계급에서 혁명적 정신이 되살아날 때까지 마지막 비판적인 활동을 할 수 있는 문화연구로 물러나고 만다.

이러한 상태에 마음이 찔린 진보 이론들은 자본주의 문제보다 더 근본적인 문제가 있다고 강조한다. 예를 들어 세계화된 자본주의는 궁극적으로 그 바탕에 깔려 있는 기술이나 도구적 이성의 존재론적인 원리의 존재자적인 효과일 뿐이다. 그래서 다음과 같은 신념이 퍼진다. 즉 세계화된 자본주의와 국가권력을 직접 공격함으로써가 아니라 일상 행위들에 관한 투쟁의 장을 재정립함으로써 이것들을 훼손할 수 있다. 이런 식으로 '포스트모던'적인 이론들에서 반(反)자본주의적인 투쟁으로부터 헤게모니를 향한 정치적이고 이데올로기적인 투쟁의 다양한 형태들로 강조점의 이동이 일어난다. 포스트모던적인 수준에서 고전적인 맑스주의적인 제스처를 반복하거나 자본주의의 "규정적인 부정(추상적인 부정과는 달리 부정적인 해체만이 아니라 긍정적인 대안도 제시하는 부정)"을 연기(演技)하는 정도로만 내기를 한다.

이러한 이론적인 진단 속에서 지젝은 민주주의 정치학과 욕망의 사회화를 추구하려는 노력을 그만둔다. 왜냐하면 욕망은 완전한 큰 타자에 의존하는 요구와 마찬가지로 법의 거세된 큰 타자에 의존하여 여전히 법의 금기를 위반하는 데 그치기 때문이다.[8] 대신에 도덕적인 본래성과 정치적 권위주의를 지지하면서 죽음에의 충동을 동원하여 '좋은 테러(신적인 폭력)'를 감행하려고 한다. 죽음에의 충동은 기존의 사회질서인 큰 타자가 아니라 큰 사물인 리얼에서 기원하여 기존 질서를 해체하려고 하기 때문이다.

오늘날 가장 심각한 문제는 경제의 탈정치화와 자본주의적인 세계화가 동시에 우리 현실을 지배하고 있다는 데 있다. 그런데 현재의 진보 이론들인 인정과 정체성의 정치학(다문화주의 사회와 정치적 다원주의)과 이러한 문화적인 인정을 향한 다양한 투쟁과 생태주의적이고 페미니스트적이고 게이주의적인 것을 포함한 상이한 종류의 정치적인 요구의 토대가 되는 급진 민주주의의 이름 아래에서 기획되고 있는 연합의 정치학이 문제이다. 지젝은 이에 대한 비판이 시급하다고 생각한다. 그래서 그는 다시 사회주의적 혁명을 주장하기 위해 레닌을 반복하기를 원한다.

정리하자면, 지젝의 진단은 셸링을 만난 이후 히스테리아(신경증의 세 하위 범주 중의 하나, 나머지 둘은 강박증과 공포증임)에서 도착증으로 바뀐다. 그래서 그

---

8 라캉의 후기 단계에 이르면 그도 한때 믿었던 무의식적인 욕망이 급진적이고 혁명적인 힘이라는 생각을 버린다. 법을 위반하는 행위도 여전히 법에 의존하기 때문이다. 법의 금지에 의해 욕망이 생겨난다. 법이 금지하는 것을 욕망이 추구하기 때문이다. 욕망이 큰 타자에 등록되어 있다면 주체는 이와는 다른 것이다. 주체는 큰 타자 바깥에 이것과는 독립적으로 실존한다. 주체는 그것(이드), 즉 충동의 자리이다. 라캉의 주체는 충족을 추구하는 머리 없는 주체이다. "충동이 처음에는 큰 타자의 요구에 종속되어 있다가 그 다음에는 큰 타자의 욕망에 종속되다가 마침내 오브제 프티 아를 추구하도록 자유로워진다. 충동으로서의 주체는 리얼로서의 주체이다." 왜냐하면 라캉이 욕망은 큰 타자에서 온 것이라면 충동은 큰 사물(리얼) 쪽에 있다고 주장했기 때문이다. 프로이트에서는 표상의 주체가 라캉에서는 욕망의 주체, 욕망하는 주체가 무의식적인 욕망의 언어적 표현(분절) 및 발전과 연관된다면, 기분의 주체, 즉 감정에 젖은 주체는 주이상스의 주체, 즐기는(향락을 누리는) 주체가 된다.(브루스 핑크, 『라캉과 정신의학』, 맹정현 옮김, 민음사, 2002.)

의 과제는 더 이상 증상을 해석하는 것이 아니라 직접적으로 사회를 분석하는 것이다. 그는 자본주의적인 소비주의의 초아적인 명령과 근본주의적 종교적 반동이 단지 세계화된 자본주의가 새로운 세계의 상징적인 질서가 되는 방식의 이면임을 보여 준다. 현대의 진보 진영의 정치이론들의 전략은 문화적 인정을 향한 다수의 투쟁이나 무지개(빨강·녹색·보라=사회주의+생태주의+페미니즘) 연합 정치가 기본이다.

그런데 문제는 이러한 포스트모던 정치에는 불인정된 '근본적인 환상'이 있다. 그것이 탈정치화된 경제이다. 고유한 정치적인 행위는 필연적으로 경제를 다시 정치화해야 한다. 그런 점에서 맑스의 정치경제학 비판의 노선이 복원되어야 하며 레닌의 혁명론의 반복이 이루어져야 한다.

결국 지젝이 급진 민주주의론을 비판하고 레닌적인 혁명 정치학으로 전향하는 이유에는 현대사회의 조건에서 민주주의의 한계를 인식했기 때문이다. "겉으로 보기에는 자본주의가 민주주의의 테두리 안에 있는 것처럼 보이지만, 사실상 이는 껍데기에 불과하고 독재적인 힘의 논리가 더 잘 통하는 상태로 진입하고 있습니다." 이러한 상황 인식에 바탕을 두고 지젝은 자본주와 민주주의 사이의 불화와 간극이 커져 가고 있다고 주장한다. 1990년도가 의미하는 바를 그는 다음과 같이 규정한다. 모든 사회적인 모델들, 즉 공산주의 국가 형태, 조금 완화된 사회민주주의 형태, 직접 민주주의 모델 등이 실패로 끝났다고 말이다. 그래서 모든 것에 관하여 다시 새롭게 사유를 시작해야 한다고 말이다.[9]

이를 위해 그는 **민주주의 형태의 '계급적 편견'에 관한 올바른 직관**을 해야 한다고 주장한다. "프롤레타리아트 독재란 민주주의가 철폐되는 것이 아니라 사용되는 방식"이라는 로자 룩셈부르크의 격언이 있다. 지젝에 의하면 **이 테제는 민주주의가 상이한 정치 주체들이 아무렇게나 사용할 수 있는 '텅 빈 틀'임을 강조하는 것이 아니라, 텅 빈 절차적인 틀 안에 계급적 편견이 새겨**

---

9 『불가능성의 가능성』참조.

져 있음에 주목하는 것이라고.[10] 현재의 자유민주주의의 헤게모니 속에서 민주주의를 기준으로 삼는 것의 태도의 문제점은 '바깥으로 나가려는 급진적인 시도'를 거부한다는 것이다. 예를 들어 마리오 바르가스 로사의『세계의 종말의 전쟁』은 브라질 심장부 깊숙이 존재했던 불법적인 공동체인 카누도스(Canudos)에 관한 슬픈 이야기이다. '진보적인' 자유 민주공화국임을 선언한 정부가 이 공동체를 짓밟았다는 것은 지극히 아이러니하다.[11]

2) 현재의 다섯 유형의 정치학 비판[12]

정치적인 갈등의 고유한 논리, 즉 정치적인 순간에 대한 일련의 부인(Verleugnung, disavowal)[13]들이 있다. 랑시에르의 구분을 본받아 지젝은 이러한 정치에 대한 불인정들을 다음과 같이 분류한다.

a) 원형(arche) 정치. 공동체주의자는 전통적인 폐쇄된 유기적으로 구조화된 동질적인 사회 공간을 정의하려고 시도한다. 이 공간은 정치적인 순

---

10 지젝 외, 「민주주의에서 신의 폭력으로」, 『민주주의는 죽었는가?—새로운 논쟁을 위하여』, 김상운 외 옮김, 난장, 2010 참조.

11 슬라보예 지젝, 『이라크』, 이성민·박제철·박대진 옮김, 비, 2004. 참조.

12 『까다로운(성가신) 주체』 참조.

13 무의식의 저항으로서의 방어 메커니즘으로서의 부정(Negation)은 세 가지 형태(1. 부정, Verneinung, denial 또는 억압, Verdrägung, repression, 2. 부인, Verleugnung, disavowal, 3. 거부, Verwerfung, foreclosure)를 지닌다. 이러한 부정의 세 방식은 신경증, 도착증, 정신병이라는 진단 범주들에 상응하는 세 가지로 구별되는 심리적인 메커니즘이다.(브루스 핑크, 『라캉과 정신의 학』) 구체적으로 예를 들어 보자. 지젝의『이라크』에 따르면 신경증적인 부정(Verneigung) 또는 억압(Verdrägung)의 사례는 큰 타자의 금지로 인한 억압과 관련해서 "난 결코 당신에게서 주전자를 빌린 적이 없어요." 물신주의적인(도착증적인) 부인(Verleugnung)의 사례는 거세와 관련해서 감정적인 차원이 아니라 관념적인 방식으로 사실을 모른 척한다. "온전한 상태로 주전자를 당신에게 돌려주었잖소." 정신병적인 거부(Verwerfung)의 사례는 상징적인 큰 타자를 배제하고 있어서 전혀 논리가 서지 않은 말을 한다. "당신이 내게 주전자를 빌려주었을 때 이미 그 주전자는 구멍이 나 있었어."

간, 즉 사건이 출현할 수 있는 공허에 대한 여지를 주지 않는다. 신좌파적인 공화주의나 신보수의적인 공화주의 모두 이러한 원형 정치의 형태로서 타락 이전의 태고적인 형태의 공동체에 대한 일종의 향수이다.

b) 유사(para) 정치. 절차 민주주의적인 사회계약론이 이러한 정치 형태를 잘 보여 준다. 전략적인 합리성을 강조하는 홉스적인 모델과 보편적인 절차를 강조하는 하버마스/롤스 모델이 있다. 이는 정치를 경찰의 논리로 바꾸어 탈정치화하려는 시도이다. 보편주의자는 정치적인 갈등을 받아들이지만 이를 대의제 공간 안에서 행정권의 자리를 일시적으로 차지하기 위한 이미 인정된 정당과 기관들 사이의 경쟁으로 재구성한다. 이는 경쟁적인 소송절차에 불과하며 고유한 의미의 정치로 폭발하지 못한다.

c) 메타(meta) 정치. 경제가 정치의 메타이다. 맑스의 과학적 사회주의나 신자유주의의 과학적 경제학이 그 예이다. 경제결정론을 주장하는 맑스주의자나 공상적인 사회주의자는 정치적 갈등을 충분히 인정하지만 이는 그림자 극장에 불과하다. 여기서 사건들의 고유한 장소는 다른 장, 즉 경제적 과정에 있다. '진정한' 정치의 궁극적인 목적은 정치가 스스로 사라지는 것이다. 이는 집단 의지의 충분히 자명한 합리적인 질서 안에서 사람에 대한 관리가 사물에 대한 관리로 변형되는 것이다. 실제로 인간 행동을 효용 극대화라고 규정하는 신자유주의나 사회의 경제적인 토대에 의해 상부구조를 결정하는 논리를 강조하는 맑스주의는 고유한 의미의 모든 정치 차원을 무시한다. 이러한 무시의 결과는 억압된 정치적 차원이 다시 폭력적으로 귀환하는 스탈린주의와 같은 현상에서 잘 나타난다.

d) 가장 교묘하고 급진적인 버전의 거부인 극단(ultra) 정치(랑시에르가 언급하지 않고 지젝이 만든 용어). 이는 나치즘과 파시즘 또는 미국의 네오콘과 같은

극우 전쟁광의 테러리즘이다. 이는 정치의 직접적인 군사화를 통해 갈등을 극단화시킴으로써 이를 탈정치화하려는 시도이다. 다시 말해 갈등을 우리와 우리의 적인 그들 사이의 전쟁으로 재구성한다. 여기에는 상징적인 갈등을 위한 공통의 근거가 없다. 극우는 계급투쟁이 아니라 계급 전쟁 또는 인종 전쟁이라고 선언한다는 점은 지극히 증상적인 것이다.

그러나 이런 정치적인 것의 불인정은 지극히 정치적인 것이다. 그런데 이러한 정치를 억압하고 불인정하지 않고 아예 거부(Verwerfung, foreclosure)하는 형태가 있다.

e) 탈(post)정치. 이는 정치를 기술 관료적인 관리의 형태로 바꿈으로써 정치적인 갈등을 해소하려는 형태이다. 탈정치에서는 권력을 향해 경쟁하는 상이한 정당들로 구현된 지구적인 이데올로기적인 비전들의 갈등이 계몽된 기술 관료들(경제학자, 여론조사 전문가 등)과 자유주의적인 다문화주의자들의 협조로 대체된다. 이해관계의 협상에 의한 타협이 보편적인 합의의 위장된 형태로 이루어진다. 탈정치는 낡은 이데올로기적 구분에서 벗어날 것을 요구한다. 탈정치의 역설은 토니 블레어의 좌파와 우파를 넘어서는 급진적인 중도라는 표현과 노무현의 좌파 신자유주의는 말에서 잘 드러난다.
그런데 지젝에게 탈정치는 오늘날의 정치적 경향들을 총체적으로 진단하는 용어가 되며 앞의 네 가지를 포함한다.

3) 민주주의에 거리 두기

민주주의에 대한 비판적 거리두기는 우선 '민주주의 아니면 전체주의라는 강요된 선택'의 협박에서 벗어나는 것이다. 지젝은 바디우를 인용하면서 20세기의 정치는 '리얼을 향한 열정'이라고 규정한다. 이것은 정화(purification)와 뺄셈(subtraction)의 양면성을 지닌다. 정화는 폭력적인 껍질 까기를 통해 리얼의 중핵을 드러내려고 시도한다. 반대파에 대한 끔찍한 숙청으로 현상한 스탈린주의의 정화가 대표적이다. 이와는 달리, 뺄셈의 정치는 공허(the Void), 즉 모든 규정된 내용의 제거로 시작해서 이 공허와 이를 대신하여 기능하는 하나의 원소 사이에 최소한의 차이를 설정하려고 시도한다.

바디우와는 별개로 랑시에르는 이러한 구조를 '공집합'(empty set), 즉 그 집합에 속하면서도 그 안에 별도의 자리를 갖지 않는 '여분의'(supernumerary)의 정치로서 전개한다. 우선 지젝은 랑시에르의 고유한 정치(뺄셈의 정치)에 대해 묻기 시작한다.[14]

> 데모스(위계 서열적인 사회구조물에서 확고한 규정된 자리를 갖지 못한 자들)의 구성원들이 권력을 쥐고, 사회 통제를 행하는 자들에 반대해서 자신들의 목소리를 냈을 뿐만 아니라, 즉 그들이 겪고 있는 잘못된 일에 저항했을 뿐만 아니라, 지배하는 과두정이나 귀족정과 동일한 지반에 서서 자신들의 목소리를 내기를 원했던 때인, 즉 공론장에 포함되는 것으로 인정받기를 원했던 시대인 고대 그리스에서 민주주의는 처음으로 출현했던 현상이다. 더욱이 그들, 배제된 자들, 사회구조물에 고정된 자리를 갖지 못한 자들이 스스로를 사회 전체, 즉 참다운 보편성의 대표자, 대변자로 제시했다."

이 말은 '부분이 아닌 부분'이 전체와 동일시되는 것을 의미한다. 이러한 제스처가 프랑스대혁명(네이션을 대표하는 제3신분)으로부터 동유럽의 탈사회주의화(전체 사회를 대변하는 반대자 포럼들)에 이르기까지의 모든 거대한 민주화 사건에서 식별 가능한 정치화의 기초이다.

---

14 Slavoj Žižek, *For They Know Not What They Do: Enjoyment as a Political Factor* (London and New York: Verso, 1st Edition 1991 and 2nd Edition 2008), 한국어 번역은 『그들은 자기가 하는 일을 알지 못하나이다』, 박정수 옮김, 인간사랑, 2004, (영문판 재판 서문 참조)

이러한 보편자와 특수자 사이의 합선, 즉 특이한 보편자의 역설이 고유한 정치에 포함되어 있다. 여기서 특이한 보편자란 보편자를 대표하는 것으로 나타나는 특이자이다. 즉 그것은 각 부분의 자리가 정해진 구조화된 사회체에서 전혀 부분이 아닌 부분, 예를 들어 중국의 유맹(流氓)이나 비물질 노동자로서 다중이다. 이런 점에서 **정치와 민주주의는 동의어이다.**

반(反)민주주의적인 정치의 기본적인 목표는 그 정의상 항상 탈정치화이다. 반(反)국가적인 용어로 표현하면 국가의 장악에서 배제된 자들의 다양한 현존이 국가라는 일자(the One) 안에서는 적절하게 대표되지 않는다. **라클라우와 무페의 관점에서 이러한 '여분의' 원소는 차이로부터 적대로의 이행에서 출현한다.** 사회구조물에 내재한 모든 질적인 차이들이 여분의 원소 안에서 중지되고, 그 여분의 원소는 순수한 차이 자체, 즉 사회적 것의 장 내부에서 비(非)사회적인 것을 대표한다. 시니피앙의 논리로 말하자면 그것 안에서 영(the Zero) 자체가 하나(one)로 세어진다.

그런데 **정화는 국가권력에 해당하고 뺄셈은 이에 대한 저항에 해당한다.** 당(the Party)이 국가권력을 장악하면 뺄셈은 다시 정화(숙청)로 역전된다. **문제는 권좌에 앉아서 어떻게 뺄셈의 정치를 추구할 수 있는가이다. 즉 '저항'에 영원히 꽂힌, 다시 말하면 권력을 실제로는 전복하기를 원치 않으면서 권력에 대립하는 '아름다운 영혼'의 입장을 어떻게 피할 수 있는가이다.**

이에 대한 라클라우의 표준적인 대답이 민주주의이다. 바꿔 말하면 이러한 뺄셈의 정치가 라클라우에게는 민주주의 자체이다. 민주주의 안에서는 어떤 자격 조건이 없이 아무런 형태가 없는 나머지 사람들이 권력을 가져간다. 더구나 민주주의 안에서 권력을 행사한다는 것은 권력의 텅 빈 자리를 일시적으로 점유하는 것일 뿐이다. 권력의 자리와 권력을 행사하는 행위자(원소) 사이의 이러한 최소한의 차이가 전체주의에서나 전근대적인 국가에서는 사라지고 만다.

그러나 지젝은 이러한 쉬운 해법을 거절한다. **민주주의의 문제점은 다수**

의 정치 주체가 권력을 향해 경쟁하는 방식을 조절할 적극적인 형식 체제로서 민주주의가 정립될 때 그것이 어떤 선택지들을 '비(非)민주주의적인 것'이라고 배제해야 한다는 점이다. 그런데 이러한 배제가 민주주의적이지 않다는 데 있다. 궁극적인 민주주의적인 환상은 사회혁명을 고통 없이 평화로운 수단, 즉 선거의 승리에 의해 달성할 수 있다는 것이다. 이러한 환상은 결국 칸트적인 형식주의일 뿐이다.

이러한 민주주의의 문제점은 결국 민주주의가 특정한 생산관계와 관련된 국가권력의 형태라는 사실이다. 이미 앞에서도 말했듯이 지젝은 라클라우의 급진 민주주의론을 칸트주의라고 비판한다. 라클라우의 이론적인 체계는 '헤게모니 논리의 무시간적인 실존적인 아 프리오리'와 '본질주의적인 전통적 맑스주의적 계급 정치로부터 헤게모니 투쟁의 우연성에 관한 충분한 주장으로의 점진적인 이행의 역사적인 서사' 사이의 전형적인 칸트적인 상호의존성을 띤다. 마치 칸트의 '선험적 아 프리오리'가 '계몽된 성숙함으로 나아가는 인류의 점진적인 진보에 관한 인간학적이고 정치적인 진화론적 서사'와 상호의존하는 것처럼 말이다.

이러한 해법의 문제점은 두 가지이다. 첫 번째로 라클라우는 정치투쟁을 조건 지우고 정박시키는 필연적인 역사적 발전에 관한 헤겔의 개념에 의존하는 것을 거부한다. 두 번째로 오늘날의 다양한 주체성의 포스트모던 정치는 충분히 정치적이지 않다. 왜냐하면 그것은 은연중에 비(非)주체화되고 자연화된 경제 관계의 틀을 전제하기 때문이다. 따라서 포스트모던 정치투쟁은 자본의 총체성에 대립하지 않고, 도리어 자본주의가 '이동하고 퍼지고 우연적이고 아이러니한' 정치 주체성들의 출현을 위한 배경과 마당을 제공한다.[15]

---

15 슬라보예 지젝 외, 『우연성, 헤게모니, 보편성: 좌파에 대한 현재적 대화들』, 박미선 · 박대진 옮김, 비, 2009 참조.

4) 민주주의의 계급적 편향을 넘어서

정체성의 정치학으로 환원되어 레인보우 연합을 강조하는 급진 민주주의적인 입장이나 아나키즘처럼 자치(어소시에이션)를 강조하는 입장은 경제 결정론을 비판하고 정치 내적인 논리만을 강조하다가 정치경제적 비판의 영역을 도외시하는 문제점을 안고 있다. 또한 자유 민주주의도 형식적인 권리와 절차를 강조하다가 특히 경제적 힘의 불균등을 배제하는 오류를 범한다. 급진 민주주의와 자유민주주의 양자가 모두 정치경제학 비판의 부재가 근본 문제점이다.

이와는 달리 기존의 체제를 더 근본적으로 변혁하려고 시도하면서 맑스의 정치경제학 비판에 기반을 둔 혁명 정치학이 있다. 우선 들뢰즈와 가타리의 분자혁명에 근거를 둔 네그리의 절대 민주주의가 있다. 다음으로 신자유주의가 지배하고 있는 현 체제를 변혁하기 위한 철학적 성찰을 감행하면서 정치적인 입장을 민주주의의 확장과 심화(급진 민주주의)로부터 정치 체제의 전적인 변화(혁명적 전위주의)로 바꾼 지젝이 있다. 즉 계몽주의적인 구조주의 시기의 라캉에 영향을 받은 급진 민주주의로부터 낭만주의적이고 총체적인 정치적인 혁명을 받아들이는 혁명적인 전위주의자로 전환한 지젝이 그것이다.

앞에서 소개한 진보 진영의 이론적인 지도 그리기 속에서 지젝은 민주주의 정치학과 욕망(욕망은 완전한 큰 타자에 의존하는 요구와 마찬가지로 법의 거세된 큰 타자에 의존하여 여전히 법의 금기를 위반하는 데 그침)의 사회화의 노력 대신에 도덕적인 본래성과 정치적 권위주의를 지지하면서 죽음에의 충동(큰 타자가 아니라 큰 사물인 리얼에서 기원)을 동원하여 "좋은 테러"를 감행하려고 한다. 왜냐하면 심각한 문제는 경제의 탈정치화와 자본주의적인 세계화가 동시에 오늘의 현실을 지배하고 있는 것이기 때문이다. 그런데 현재의 진보 이론들인 '인정과 정체성의 정치학'(사회적 다문화주의와 정치적 다원주의)의 이름 아래 이러한 문화적인 인정을 향한 다양한 투쟁들과 생태주의적이고 페미니스트적이고 게이주의적인 것들을 한꺼번에 포함하는 연합(레인보우) 정치학은 도리어 혁명적인 역량을 저하시키고 있다.

지젝에 의하면 급진 민주주의의 칸트적 불가능성의 한계는 명확하다. 혁명 정치학은 여전히 주권국가, 구심점, 자유의 체제, 즉 헤겔적인 것에 토대를 두어야 한다. 지젝의 『시차적 관점』에 의하면 "여기서 우리가 다루고 있는 전환은 열쇠가 되는 변증법적인 전환이다. 그러나 '부정 변증법'은 부정성의 폭발을 사랑하고 '저항'과 '전복'의 상상 가능한 모든 형태를 사랑하지만 기존의 실정적인 질서에 자신이 기생하고 있다는 현실을 극복할 수 없다. 그래서 '부정 변증법'이 이러한 전환을 파악하기는 대단히 어렵다. 그 전환이란 (억압적인) 체제에서 해방되는 야생의 댄스로부터 (독일관념론이 부르는 것처럼) 자유의 체제로의 전환이다."

비판과 영향

『지젝: 비판적 독해』에서 이안 파커는 전환 이후의 지젝의 정치적인 입장을 메타 정치와 극단 정치의 조합으로 본다. 지젝은 슈미트적인 결단주의적인 극단 정치의 형태를 탄생시킨다. 이는 세계화된 자본주의와 자유민주주의에 대한 적대감을 좌파 쪽으로 정립시키려고 피상적인 메타 정치의 색깔을 "메시아적인 맑스주의"로 받아들이는 것이다.

샤피와 부처에 의하면[16] 이러한 지젝의 메시아적인 맑스주의는 자의적인 결단에 근거한 총체적인 혁명이다. 왜냐하면 자아 이상이나 마스터 시니피앙(기호표현)은 라캉 이론에서는 자의적이므로 지젝 또한 혁명 이전에

---

16 Mattew Sharpe and Geoff Boucher, *Žižek's and Politics: A Critical Introduction*, Edinburgh: Edinburgh University Press, 2010. 참조.

는 어떤 자아 이상이 가장 좋은지를 말할 방법이 없다고 생각하기 때문이다. 이것이 의미하는 바는 지젝의 입장은 제한적으로 단일 문화적이고 결단주의적이 될 가능성이 많다는 것이다. 즉 지젝의 입장은 정치적인 의지력의 자의성에 근거를 두고 있는 것이다.

결론적으로 지젝의 혁명 정치학에 관해 부정적인 학자들은 메시아주의와 의지주의를 지적하면서 그의 정치적 프로그램이 구체성을 결여하고 있다는 점을 비판한다. 그렇지만 지젝은 라캉의 정신분석학을 토대로 헤겔의 새로운 가능성을 보여 주고 이를 토대로 유물 변증법을 창조적으로 해석하여 레닌의 혁명 정치를 복권시킨다. '현실 공산주의의 몰락' 이후 신자유주의가 지배하고 진보 이론들이 여기에 포섭되는 이론적 진공 상태에서 독일관념론과 혁명 정치의 연관성을 독창적으로 제시하고 현대 철학계의 주요 논쟁을 이끌며. 이를 통해 전 세계 많은 청년들과 지식인의 철학적 멘토가 되고 있는 것이다.